MÉMOIRES

DE

LÉONARD

ANCIEN GARÇON MAÇON

PAR

Martin NADAUD

Ancien Questeur de la Chambre des Députés.

BOURGANEUF
A. DUBOUEIX, IMPRIMEUR-LIBRAIRE

1895

MÉMOIRES
DE LÉONARD
ANCIEN GARÇON MAÇON

MÉMOIRES

DE

LÉONARD

ANCIEN GARÇON MAÇON

PAR

Martin NADAUD

Ancien Questeur de la Chambre des Députés.

BOURGANEUF
A. DUBOUEIX, IMPRIMEUR-LIBRAIRE

1895

A mes trois petits enfants,

Louis, Marie, Hélène BOUQUET.

Ces souvenirs étant un livre de famille, je vous les dédie, ainsi qu'à Henri Lombard et à Alphonse Bertrand, mes deux petits gendres, si dignes l'un et l'autre d'être entrés dans notre famille.

Je n'oublie pas mes deux arrière-petits-enfants, Michel et Julienne Lombard; aussi suis-je bien heureux d'ajouter leurs noms à cette dédicace.

Je vous ai eus sous ma direction, comme orphelins, bien jeunes, mes chers enfants; et j'aime à vous rendre aujourd'hui cette justice, c'est que vous m'avez toujours témoigné la plus grande affection et le plus grand respect.

Le vœu le plus cher de votre grand-père et arrière-grand-père, est d'espérer que dans toutes les circonstances de la vie, vous vous conduirez en honnêtes citoyens; que vous entretiendrez parmi vous, la plus pure et la plus étroite amitié et que vous porterez constamment haut et ferme le drapeau républicain, drapeau qui assurera, soyez-en sûrs, des destinées tranquilles à notre chère et digne patrie.

Martin NADAUD.

AVERTISSEMENT

Dans quel esprit, dans quel but, ce livre est-il écrit ? — Son titre seul l'indique ; aussi me dispenserai-je de faire une préface qui n'ajouterait que peu ou point à sa valeur intrinsèque, qui, au contraire, en démontrerait plutôt l'imperfection.

Ce volume, on l'a deviné, est le détail complet de la majeure partie de mon existence ; il comprend aussi l'énumération des faits et des évènements qui se sont déroulés devant moi.

En évoquant et en recherchant les souvenirs et les images de ma jeunesse, j'ai éprouvé, je dois l'avouer, un certain plaisir ; car, comme a dit le grand tragédien allemand, Schiller : « Tout homme, à un certain moment de la vie, cherche à se rebercer dans ses premiers printemps. »

Cependant, ce n'est point une considération personnelle seule qui m'a déterminé à publier ces pages.

Être utile au peuple, chercher à élever son esprit, son cœur et sa conscience, le pousser vers les lectures sérieuses, afin de lui apprendre à connaître ses droits et les moyens de les faire valoir : tel a été encore mon but.

Je crois donc bien être resté dans la pensée de ces républicains vaillants et dévoués auxquels j'entendis parler du suffrage universel, longtemps avant 1848, et qui ouvrirent au peuple, cette école de progrès, école que les générations futures trouveront toujours ouverte,

Pour rester impartial et exact, je me suis efforcé de ne rien omettre de ce qui appartient à mon sujet. Ce qui m'importait surtout, c'est la réalité des faits. Sur certains points il se peut que ma mémoire et mon jugement auront pu s'égarer ; ma sincérité, jamais.

Enfin, en racontant ma vie, je n'ai nullement cherché à tirer vanité des épisodes les plus saillants qui la composent ; j'ai voulu surtout la soumettre à mes compatriotes, aux jeunes ouvriers de notre époque, pour qu'elle soit pour eux un exemple et un espoir.

Martin NADAUD.

MÉMOIRES
DE LÉONARD,

ANCIEN GARÇON MAÇON

Je naquis le 17 novembre 1815, dans un petit village de l'arrondissement de Bourganeuf, appelé La Martinèche, commune de Soubrebost.

Je ne m'attarderai pas à rechercher l'origine de ma famille, je dirai seulement qu'elle se rattache à la grande et puissante race gauloise qui, malgré son activité au travail, son génie créateur et ses brillantes qualités guerrières, fut réduite à l'esclavage par la double conquête des Romains et des Francs. La Gaule perdit alors son nom; les habitants, leurs richesses et leur indépendance locale.

Nos vainqueurs se montrèrent si cruels et surtout si lâches que notre histoire nous apprend que dix-huit siècles après le premier de ces évènements, un Gaulois, Fréret, fut plongé dans les cachots de la Bastille pour avoir osé faire l'éloge de notre chevaleresque patrie gauloise.

D'où provenaient les causes de cette longue et cruelle domination que la durée des siècles n'eut pas la puissance d'apaiser? C'est qu'alors comme en 1792, les nobles gaulois après la défaite de l'illustre

Vercingétorix, par César, eurent l'infamie d'aller prendre place dans le Sénat romain.

Le peuple resta seul pour reconquérir la patrie perdue et pour empêcher notre tradition républicaine de disparaître. Soyons fiers, prolétaires de nos jours, de la force d'âme et d'énergie de nos illustres ancêtres ; ils ne laissèrent jamais en repos nos vainqueurs. Un jour, dans une des insurrections des Bagaudes, les paysans se soulevèrent sous la conduite de Tibalti, Cotuat et Cénatodun, trois paysans célèbres ; ils prirent des villes après sept mois de siège, et, avec les fers dont les empereurs romains avaient chargé leurs mains, ils brisèrent le crâne de leurs oppresseurs.

C'est que les Gaulois voulurent toujours la république. Mais ils ne fondèrent jamais que des républiques fédératives, en attendant la grande république qui préside aujourd'hui aux destinées de notre chère patrie.

Les Pierres druidiques

Pendant les soixante ans que j'ai habité Paris ou Londres, dans les courtes visites que j'ai pu faire au pays, j'ai revu bien des fois les lieux où j'ai gardé les troupeaux, et les ruisseaux où je pêchais à la main, les goujons et quelquefois les truites ; mais où je me rendais toujours avec le plus d'agrément, c'était au sommet d'une des trois montagnes qui entourent notre village et que nous appelons le Puy-Maria. Là, on trouve de nombreuses pierres sur lesquelles la légende croit voir la main de l'ouvrier gaulois.

Dans le nombre, il s'en trouve une beaucoup plus élevée que les autres et remarquable à plusieurs points de vue. On voit d'abord taillé dans le roc un escalier de neuf marches qui conduit le visiteur jusqu'au haut, où on aperçoit deux bassins : le premier qui a une forme elliptique, mesure au petit axe un mètre, et au grand, un mètre cinquante-sept, et à trente-deux centimètres de profondeur.

Le plus petit est en forme de circonférence, et mesure dans son diamètre, soixante-deux centimètres.

Ces deux bassins communiquent par un conduit ayant de dix-huit à vingt centimètres dans sa plus grande largeur.

C'est là, disent nos villageois et les nombreux touristes qui viennent visiter la pierre mystérieuse, que les Druides faisaient leurs ablations et mettaient à nu les entrailles de leurs victimes. Car, au temps où tous les peuples croyaient aux augures, le sort désignait ceux qui, à la veille d'une guerre ou de tout autre évènement intéressant les populations, devaient être livrés aux dieux pour désarmer leur colère. Cependant, à l'époque où l'illustre Vercingétorix combattit avec tant de vaillance contre César, les druides qui, au point de vue des sentiments moraux étaient bien supérieurs aux Romains et aux prétendus chrétiens, n'avaient plus recours à ce genre de sacrifice. Mais, malheur aux vaincus ! Les persécuteurs des Gaulois pour pallier leurs crimes et leurs forfaits ont inventé une légende qui a traversé les siècles et pèse encore sur la mémoire de nos dignes ancêtres. On nous les montre toujours prêts à égorger leurs populations. Les historiens nous révèlent en effet un temps, où la plupart des peuples se livraient aux sacrifices humains.

Ce qui ne paraît point douteux, c'est que les Gaulois appliquaient ce genre de peine de mort à leurs criminels, comme nous nous servons aujourd'hui de la guillotine, les Anglais, de la potence, et les Espagnols, de l'écrou.

Du sommet de cette montagne, la vue s'étend sur un espace immense ; on découvre à l'Est, les monts d'Auvergne ; au nord et à l'ouest, les forêts de Guéret et au sud-ouest, jusqu'aux confins de la Haute-Vienne.

Contemplé de plus près, notre panorama ne perd rien de sa beauté et continue d'étonner et d'émouvoir la pensée du visiteur.

Au lever du soleil, alors que ses rayons brillent sur cette immensité, le spectacle est ravissant et féerique ; nos champs de blé au moment des moissons ressemblent à une nappe d'or. On est bien près de croire alors à l'existence d'un être suprême, mais on comprend mieux surtout ce cri arraché du cœur de J.-J. Rousseau : « Que la nature est belle et imposante ! »

A quelques centaines de mètres de notre village, coule le Thaurion, rivière assez importante et surtout très poissonneuse, suivant son lit en de riants méandres et fertilisant une grande prairie du château féodal de Pontarion qui fut si fortement éprouvé par quelques sanglantes batailles livrées entre catholiques et protestants, dans cette localité même.

J'éprouvai un jour au sujet de ce beau et superbe coup d'œil une bien réelle satisfaction. Ayant abandonné la truelle en Angleterre par manque de travail, je m'improvisai professeur de français. Un jour que je donnais mes leçons à deux jeunes filles irlandaises, leur mère ayant appris que j'étais Creusois, vint me parler de mon département avec un grand enthousiasme. Son langage me disait qu'elle avait éprouvé une bien grande admiration en visitant les ruines de Crozant, qu'elle comparait à ce qui lui avait offert le plus d'attraits en Suisse. Son mari, homme de goût, présent à la conversation, s'adonnait aux études archéologiques, et telle ne fut pas ma surprise lorsqu'il me raconta qu'il avait visité la tour de Zizim, à Bourganeuf, où le frère de Bajazet II fut enfermé. Puis, continuant leurs voyages vers l'Auvergne, ils avaient fait l'ascension du Puy Maria. La grande dame me mit sous les yeux le croquis qu'elle avait pris étant assise sur le bord du bassin creusé dans la pierre mystérieuse ; son admiration n'avait d'égal que la beauté du cite, et elle ajoutait qu'elle n'avait rien vu en Suisse qui put lui faire oublier certains points de vue de notre département.

Je le répète, ma joie fut grande et j'aurais désiré que ceux de nos concitoyens qui sont toujours enclins à médire de notre vieille Marche eussent été témoins de la conversation que cette dame m'avait tenue avec tant d'enthousiasme. Probablement qu'avant de se livrer à des critiques mal fondées, ils prendraient la peine d'étudier notre si charmant pays.

État des mœurs et de l'éducation qu'on nous donnait.

J'ai beau consulter ma mémoire, et chercher à me

rappeler les conversations que les vieilles femmes du village nous tenaient ; rien ne se présente à mon esprit, si ce ne sont les aventures drôlatiques du loup-garou, des revenants, l'histoire de Barbe-bleue et la complainte de sœur Anne.

Nos veillées avaient toujours lieu dans la même maison et sous la présidence d'une vieille femme, qu'on écoutait attentivement et avec le plus grand respect.

La vieille Fouéssoune, dont la parole faisait autorité, était la sage-femme du village ; elle avait assisté nos mères à la naissance de chacun d'entre nous ; elle connaissait aussi les propriétés de toutes les plantes. Jamais d'autre médecin n'avait apporté ses soins dans notre village.

Habituée à ne jamais être contredite, elle affirmait avec un imperturbable aplomb que Pierre ou Paul, morts depuis plusieurs années étaient venus voir d'anciens voisins et qu'ils avaient donné les noms de ceux qui étaient dans le paradis ou dans l'enfer.

Elle nous donnait les noms aussi de ceux qui étaient connus pour courir le loup-garou, et ceux également qui avaient usé de leur force pour le terrasser. Alors, la joie brillait dans les yeux de toutes les personnes présentes, chacun aurait voulu être un de ces forts-à-bras qui avaient terrassé le loup-garou.

Il y avait quelque chose de vrai dans le récit des revenants ; c'étaient de malheureuses victimes du charlatanisme des prêtres qui envoyaient celles-ci, à la suite de leur confession, faire pénitence à une heure très avancée de la nuit, au pied d'une croix ou à la jonction de plusieurs chemins.

La durée de la pénitence était fixée comme celle du soldat en faction, par le prêtre qui l'infligeait.

Nous sortions de ces veillées tellement effrayés qu'il fallait nous tenir par la main pour nous reconduire à la maison.

L'épouvante, l'effroi qui s'étaient emparés de nous ne cessaient même pas à notre retour au logis. Je me rappelle que ma mère venait souvent s'asseoir au chevet de mon lit et elle me parlait jusqu'au moment où le sommeil m'avait gagné.

Il y avait aussi des voisins dont la présence portait malheur aux famillles. La ménagère se cachait d'eux pour aller traire les vaches ou battre le beurre ; ceux-là avaient le don de la sorcellerie. Enfin, on eût cru avoir des malheurs de famille toute l'année, tels que perte des moissons, maladie des bestiaux, si on eût manqué de se signer devant une croix, et chose à peine croyable ! les prêtres dans leurs prônes du dimanche, au lieu de s'élever contre ces turpitudes, prenaient un malin plaisir à les confirmer, chaque fois qu'ils en avaient l'occasion.

Il n'était pas de date récente, cet enseignement ahurissant et abrutissant, il avait pour lui la consécration des siècles, et pourtant on ose encore de nos jours vanter les bienfaits civilisateurs de la religion catholique, et ceux de la royauté.

Voilons-nous la face et ne nous écartons pas trop de notre sujet.

Eugène Suë nous dit dans son *Histoire des prolétaires à travers les âges*, qu'au XV° siècle, les paysans n'avaient guère de noms de famille. On leur donnait des noms de fantaisie et plus souvent des sobriquets se rapportant au métier exercé par le chef de famille.

Chez nous, c'était chez Peillarau. Ce sobriquet nous venait de ce que l'un de mes ancêtres avait exercé le métier de chiffonnier.

On sait qu'après l'invention de l'imprimerie, ce métier devint assez lucratif ; le parchemin étant devenu insuffisant pour les besoins du commerce, il fallut avoir recours au papier de chiffons. De là, la création en France, d'une industrie nouvelle.

En faisant ce commerce pendant plusieurs générations, mes ancêtres parvinrent à se rendre propriétaires de plusieurs lopins de terre et à se construire une petite maisonnette, au milieu du XV⁰ siècle. Y eut-il des malheurs dans la famille, à une époque où d'un jour à l'autre les paysans pouvaient être dépouillés par les seigneurs et par les évêques ? toujours est-il que si mes ancêtres conservèrent ce qu'ils avaient gagné au commencement du XVI⁰ siècle, cette prospérité resta stationnaire pendant tous les siècles suivants.

C'est seulement en 1808 que la baraque des chiffonniers fut transformée par mon grand-père et mon père.

Ce dernier m'en a donné souvent la description ; elle nous fait assez bien connaître l'état des paysans pour que je n'y consacre pas quelques lignes. La porte d'entrée existe encore dans son état primitif ; tout passait par cette ouverture : les personnes et les animaux ; ces derniers tournaient à gauche ; une simple cloison les séparait de la pièce qui servait de chambre à coucher et de cuisine à la famille qui, pêle-mêle, couchait sur de misérables grabats.

Mais ce n'était pas là le plus grand des inconvénients ; on faisait la pâture des bestiaux sur le lambris que recouvrait un plancher disjoint de la chambre d'habitation. Il en résultait que les graines de foin, des brins de paille tombaient à chaque instant sur la table où on prenait les repas.

Cette situation faite à ma famille, indique à n'en pas douter, l'état général de nos populations, il y a un peu plus de cent ans.

Si les paysans étaient au point de vue de l'habitation et de l'hygiène dans un pareil état de misère et de dégradation morale, au point de vue des produits de leur travail, ils étaient encore des esclaves et des serfs ; car, si un paysan était connu pour avoir fait quelques économies, les seigneurs ne se contentaient pas de leur droit de dîme, ils faisaient main-basse sur les bestiaux, ou s'arrogeaient un crédit illimité qui pouvait amener la ruine complète du malheureux paysan.

Une fête des maçons.
Léonard ira-t-il à l'école ou n'ira-t-il pas ?

Un des plus grands agréments du maçon à son retour au village, c'était d'aller le dimanche suivant, avec sa femme, au bourg le plus rapproché. Là, les amis se rencontraient et après un échange de poignées de main cordiales entre eux et ceux qui n'émigraient pas, on allait au cabaret boire chopine.

D'une table à l'autre régnait la plus franche gaîté ; les conversations les plus amicales avaient lieu. On fêtait le retour de l'arrivant ; on tenait à savoir si l'ouvrage ne lui avait pas manqué, si on avait eu la chance de travailler pour un bon maître, si les journées avaient été bonnes et le pain pas cher. Les femmes ravies de joie du retour des maris donnaient à ces petites parties de plaisir, par leur contentement, leur figure souriante et gracieuse, un air d'incomparable satisfaction.

Nous rentrâmes, un dimanche, chez Rouchon, de Pontarion, avec mon père et ma mère ; mon grand-père ne tarda pas à venir nous rejoindre. J'assistai alors à un bruit étourdissant. On s'appelait par son nom d'une table à l'autre, mais toujours le sourire sur les lèvres. J'étais joyeux de voir combien mon père était aimé et respecté par les jeunes émigrants. C'est que la plupart d'entre eux avaient été conduits à Paris par lui, et il n'avait pas manqué de diriger leurs premiers pas. On savait en outre que c'était un des meilleurs ouvriers de nos environs et qu'avec ses nombreuses connaissances il était souvent à même de leur procurer du travail.

En face de notre table se trouvait le père Faucher, le marguillier de Pontarion, vieillard universellement respecté de tout le monde de nos environs, et qui buvait aussi chopine. Mon père savait que de temps en temps, il prenait des enfants chez lui, auxquels il enseignait l'alphabet et quelques notions d'écriture.

En me posant la main sur la tête mon père lui dit : « Voilà un petit gars que je vous enverrais si vous vouliez l'accepter. » La réponse fut affirmative. Jamais je n'oublierai le « tollé » que soulevèrent ces paroles, de la part de mon grand-père et de ma mère. La conversation s'engagea aussitôt sur l'utilité et sur la non utilité de l'envoi à l'école des enfants de la campagne.

Ma mère protesta avec la plus grande vigueur disant qu'elle avait besoin de moi pour aller aux champs. Mon grand-père fut de son avis ainsi que d'autres paysans qui ne tardèrent pas à prendre part à la conversation. Enfin tous prétendirent que pour des enfants de la campagne ce qu'ils pouvaient apprendre à l'école ne leur servirait pas à grand chose, sinon à faire quelques lettres et à porter le livre à la messe.

« Depuis ton retour de Paris, disait mon grand-père à son fils, tu n'as pas passé un jour sans nous entretenir de ce que tu voulais faire de ton garçon ; tu aurais mieux fait de rester à Paris que de venir là nous parler de tes projets d'école. Ni mes frères, ni toi, ni moi, n'avons jamais appris à connaître nos lettres et nous avons mangé du pain tout de même. »

« Je te disais bien toujours que ces paperasses qui venaient de la guerre, (les Bulletins de la grande armée) et que tu achetais au marché St-Jean, finiraient par te troubler la cervelle. C'est ce qui est arrivé à mon logeur de la rue de la Mortellerie. Il avait un fils, il voulut l'envoyer à l'école. Qu'en a-t-il fait ? Un petit faiseur d'embarras qui ne nous parlait que pour se moquer de nous. Plus tard il a fait honte à sa famille, car il est devenu une franche canaille. »

Néanmoins, la fermeté de caractère de mon père, son inébranlable volonté en toute chose eurent raison de l'opinion de son père et de ma mère.

Un matin, après avoir mangé la soupe plus de bonne heure que les autres jours, il me mit à la main un joli petit panier qu'il avait tressé lui-même, et me voilà parti chez le père Faucher à Pontarion. Peu de jours après, mon père reprit la route de

Paris et je ne devais le revoir que neuf mois après.

Je me rendais tous les matins à Pontarion après avoir ramené les brebis à l'étable ; je restais à peine deux heures, chez le vieux marguillier, et le soir je retournais aux champs. Pendant les mois de moissons, on me gardait tout à fait. Je passai l'année à apprendre l'alphabet et à épeler les syllabes.

A son retour de Paris, mon père ne fut pas très satisfait ; on lui disait que j'avais la tête dure et que je n'écoutais pas le vénérable père Faucher.

Il y avait quelque chose de vrai dans ce reproche, car, comme tous les enfants forts et vigoureux, j'avais la passion du jeu et, en plus, j'étais turbulent et batailleur.

L'année suivante, nous devions avoir à Pontarion un instituteur de profession qui s'appelait Rioublanc. M'enverrait-on chez lui, ou ne m'y enverrait-on pas ?

A cet effet, nouvelle querelle dans la famille. L'argument principal de ma mère et de mon grand-père était que j'avais déjà dépensé douze francs et que nos brebis ou nos vaches étaient mal gardées.

Ces paroles mirent mon père qui arrivait de Paris dans une forte colère, et il n'était pas bon pour quiconque le poussait à bout. Il fit taire sa femme en la menaçant de la souffleter et il reprocha à son père qu'il aimait mieux dépenser de l'argent au cabaret que de songer à l'instruction de son petit-fils.

J'irai donc chez le nouvel instituteur. — On lui donna l'ordre de me garder pendant la durée des classes aussi bien le soir que le matin. Ce qui adoucit la mauvaise humeur du grand-père et de la mère, c'est que madame Rouchon, qui fut toujours pour moi si bonne et si affectueuse, s'offrit de me tremper la soupe en même temps qu'à ses enfants.

Rioublanc était un homme qui avait la passion de son métier, il était dur et même un peu trop bourru. Il ne tarda pas à introduire dans son école une discipline sévère. Malheur à celui qui aurait voulu rire et jouer en classe ou se présenter devant lui sans avoir étudié sa leçon, il était sûr d'aller à la cave ou au grenier, en guise de punition.

Nous recevions de temps en temps la visite de notre vieux et vénéré curé Mourlon, homme grave et sérieux qui avait passé plus de dix ans à faire les guerres sous l'Empire.

Sous l'influence de ce curé austère dont le nom vit dans le souvenir des habitants de Pontarion, Rioublanc avait fondé une très bonne école.

J'étais un de ceux qui, au commencement, lui avaient donné le plus d'ennui. Indiscipliné, je l'ai été pendant bien des années. Je ne craignais pas d'être battu ; mais il fallait que je batte à mon tour.

Le vieux Rioublanc nous conduisait tous les dimanches à la messe. Je m'y plaisais beaucoup ; d'abord on y chantait bien, et, comme tout le monde parlait du bon Dieu, de la bonne Vierge, j'aimais à en parler aussi à mon tour.

Il y avait sur un des bancs de l'église une vieille femme, grosse, grasse et superbement habillée, et constamment entourée d'autres personnes mieux mises aussi que le reste de l'assistance, c'était la baronne de Corbier, vieille émigrée récemment de retour de son exil volontaire.

On entourait la baronne de tant de soins, de tant de respect que dès qu'elle quittait son banc pour sortir de l'église, les fidèles s'écartaient pour lui livrer passage. Devant la porte, les villageois se découvraient et on la suivait des yeux jusqu'à la porte de son château qui était en face l'église. Puis, chacun se lamentait sur ses malheurs et sur son exil, maudissant Robespierre et les autres grands hommes de cette incomparable époque.

Lamentable constraste ! souvenirs douloureux qui rappellent que ce n'est pas toujours ceux qui font du bien au peuple qui obtiennent sa reconnaissance et ses faveurs.

Les maudits d'alors, c'étaient ceux qui avaient mis sous séquestre les biens de la noblesse et du clergé et permis aux paysans d'en devenir propriétaires à des prix dérisoires. Il fallait du courage aux libéraux de la Restauration, luttant contre un courant d'idées qui tendait à nous ramener à une sorte d'idolâtrie pour nos anciens rois et notre vieille église apostolique et romaine. Ils en eurent ; honneur à leur mémoire !

Un jour de distribution de prix, notre maître, Rioublanc, nous conduisit dans le vieux manoir féodal et on décerna des récompenses aux élèves qui s'étaient le plus distingués.

On me fit approcher à mon tour de la baronne ; elle me posa sur la tête une couronne de chêne et me remit deux petits livres religieux qui avaient dû coûter quatre ou cinq sous chacun. Mes parents furent tout à la joie, ils ne cherchèrent pas à retenir leurs larmes ni à me marchander leurs embrassements et leurs compliments.

Arrivé à la maison, mon père dit à ma mère : « Regrettes-tu encore l'argent que nous dépensons pour notre fils ? Le pauvre enfant, j'espère bien qu'il pourra faire ce que je n'ai pas pu faire moi-même. Si j'avais su lire et écrire, vous ne seriez pas aussi malheureux que vous l'êtes ; car, les occasions de gagner de l'argent ne m'ont pas manqué ; mais ne sachant rien, il m'a fallu rester simple compagnon et avoir toujours le nez dans l'auge.

Le lendemain, j'allai voir des ouvriers occupés à l'élévation d'un mur qui devait séparer notre grange, de l'étable des bestiaux ; je tombai à la renverse de quatre à cinq pieds de hauteur. Je restai alité ou en convalescence environ trois mois. Une fois rétabli, je ne trouvai plus mon excellent maître à Pontarion ; il était allé mourir, je crois, dans les environs de Chénérailles.

Celui qui le remplaça, un nommé Martin, n'avait ni le même courage, ni la même énergie ; nous faisions à peu près ce que nous voulions. Il avait une gande fille, qui venait causer et jouer avec nous et nous faisait perdre notre temps. Nous l'appelions Bizizie. Elle avait des apparences plutôt effrontées que modestes. Ce nouveau maître s'occupait peu de moi, je m'étais mis dans l'idée qu'il ne m'aimait pas ou qu'il me considérait comme un enfant sans famille duquel personne ne s'occupait.

En effet, mon père était retourné à Paris, et ma mère écrasée par le travail des champs ou par les soins du ménage, n'était pas venue le voir.

Un fait de peu d'importance que je commis avec colère lui déplut beaucoup ; dès lors, il ne me cacha plus qu'il me détestait.

Il y avait un élève du nom de Joseph Délinard, que toute la classe savait qu'il m'était inférieur en calcul et en écriture, et il lui attacha, un samedi, la croix à la boutonnière.

J'en ressentis un tel dépit, que m'ayant offert cette récompense la semaine d'après, il fut forcé de me contraindre à l'accepter.

A partir de ce moment, je ne faisais presque plus rien à l'école, et très souvent, je m'efforçais d'empêcher de travailler ceux qui en avaient bonne envie.

Un accident qui devait avoir de graves conséquences finit par me faire prendre cette école en aversion.

Il y avait parmi nous un écolier du nom de Bayle, plus âgé que moi de trois ou quatre ans. Sa famille habitait Soubrebost. Les soirs, en sortant nous nous suivions jusqu'à Lamartinèche. Obstiné, taquin, brutal, il n'y avait pas de mauvais tours qu'il ne cherchât à faire à ceux d'entre nous qui étaient moins forts que lui. Il se mettait en travers de tous nos jeux, il abattait nos quilles, volait nos toupies et pardessus le marché, il nous donnait des coups.

Tout à côté de la maison d'école, on en construisait une autre, Bayle montait les échelles, se cachait derrière les murs et se livrait à des jeux très désagréables. Il nous arrosait la tête ou nous jetait du sable.

Un jour, trois ou quatre d'entre nous résolurent de se venger ; comme nous le vîmes descendre l'échelle, rageant, bleus de colère, nous tirâmes l'échelle par le pied, et le pauvre diable tomba sur un tas de pierres d'une manière si malheureuse qu'il ne put se remettre de cette chute et il en mourut quelques mois après.

Cela fit grand bruit dans le bourg. On nous agonisait de sottises ; on parlait de nous faire mettre

en prison. Les femmes surtout disaient très haut :
« Jamais ce petit Léonard ne fera rien si ce n'est un mauvais sujet. »

Cependant cet accident n'avait affecté personne autant que moi. Pendant longtemps, je n'osais regarder personne ; je me sentais coupable, j'avais été l'âme de ce complot.

A aucun prix, je ne voulus retourner chez Martin.

Heureusement, mon père était à Paris, et ma mère n'aurait pas pu m'empêcher de faire ce que je voulais. Je passais plusieurs mois à la maison à fainéanter, à chercher les nids, à courir d'un ruisseau à l'autre, à la recherche des goujons et des truites.

Fort ennuyée et redoutant la colère de mon père, s'il ne me trouvait pas à l'école à son retour de Paris, ma mère résolut de m'envoyer à Fournaux, petit village, assez rapproché du nôtre, chez un nommé Jeanjou qui consentit à m'apprendre à lire avec quatre ou cinq autres enfants.

Ce Jeanjou était un homme tellement bizarre de manières et d'un caractère si peu disposé à l'enseignement qu'il prenait très peu de peine pour nous faire lire ou pour corriger nos petites dictées. Puis, nous revenions chacun chez nous.

Ce brave homme ennuyé du monde, n'éprouvant aucun besoin d'avoir la moindre société, se retira au milieu d'un bois en face du village de Laugère ; il construisit une baraque où il vécut seul pendant bien des années, et y mourut isolé de tous ceux qui l'avaient connu.

C'est mon père à son retour de Paris qui se chargea de me corriger. Que lui dire pour ma défense ? Je ne pouvais pas lui avouer que j'avais joué le principal rôle dans l'accident qui avait causé la mort de Bayle.

D'ailleurs, excuses, larmes, rien ne l'adoucissait et ma pauvre mère était aussi malmenée que moi.

Il avait entrepris des terrassements dans une de nos terres ; il exigea que je le suive et que je marne toute la journée sans souffler mot, malgré que mes mains fussent abîmées de crevasses.

Nous avions alors pour ami à Saint-Hilaire, un nommé Jean Roby qui avait été à Paris, le garçon maçon d'un de mes oncles. Un jour, il vint nous voir et il fit à mon père tant d'éloges d'un nommé Dyprès, qui avait ouvert une école à St-Hilaire, qu'il consentit à aller lui rendre visite.

Ce M. Dyprès s'était retiré à Saint-Hilaire, il y avait peu de temps. C'était un ancien officier des armées de l'Empire. On connaît par l'histoire l'expédition entreprise par le général Leclerc, beau-frère de Napoléon, sur Saint-Domingue. On en connaît aussi la fin tragique et funeste pour la France.

Après avoir accompli des actes de dévoûment ou d'héroïsme, notre armée fut vaincue et les survivants dûrent s'embarquer et revenir en France.

Un officier qui avait servi avec distinction dans l'armée française, bien que créole, voulut dans sa défaite partager son sort. Le capitaine Dyprès s'embarqua avec nos malheureux compatriotes.

Quelles furent les circonstances qui conduisirent cet homme à Saint-Hilaire ? je les ignore ; je sais seulement qu'il voyageait sans trop savoir où il allait. Le brigadier de gendarmerie, ancien soldat de l'Empire, entra dans l'auberge où Dyprès s'était arrêté. Il examina ses papiers et les trouva en règle.

Aussitôt l'inconnu lui mit devant les yeux ses états de service, les deux vieux militaires s'embrassèrent et ce furent deux amis ; sans doute que Dyprès lui raconta sa vie, ses aventures, et cette vie ne dut pas être sans intérêt pour notre brigadier. Il le présenta ensuite au maire de St-Hilaire qui était alors un riche bourgeois, M. Duché. Ce dernier lui conseilla d'ouvrir une école à St-Hilaire, ce qu'il fit en effet.

En peu de temps, l'instituteur improvisé reçut autant d'élèves que la maison pouvait en contenir.

Sa réputation d'homme instruit, de bon maître, se répandit dans tous nos environs. De Bourganeuf, un riche bourgeois, du nom de Tixier Beraud, lui envoya trois de ses fils. Il n'en fallut pas davantage pour consacrer aux yeux du public la supériorité du talent du nouveau venu.

Mon père qui brûlait du désir de me voir instruire me conduisit un jour à St-Hilaire. Dyprès demanda aussitôt à m'interroger, et il ne fut pas long à avouer à mon père que je ne savais presque rien, mais que je lui paraissais bien réveillé et intelligent.

Ce qui donnait de l'ennui à ma famille, c'est que St-Hilaire était trop éloigné de notre village, de Lamartinèche. Il fallait que je prenne pension dans le bourg, — de là des dépenses au-dessus de nos moyens. — « Peu importe l'argent, dit mon père, avant tout il faut faire instruire notre fils. »

On s'arrêta aux conditions suivantes : on donnerait cinq francs par mois à l'instituteur, et trois francs, à la Jeannette Bussière pour me coucher et me tremper la soupe. Il était réservé à ma mère une rude et fatigante corvée : elle devait m'apporter pendant dix-huit mois, une tourte de pain par semaine et un fromage. Aussi, chaque dimanche j'allais au devant d'elle ; je la rencontrais avec son fardeau qu'elle portait sur l'épaule au bout d'un bâton. La Jeannette la faisait reposer un instant, elle m'embrassait, me faisait maintes recommandations et s'en retournait à la maison, contente de me voir profiter et d'entendre faire mon éloge par la Jeannette et quelquefois par mon maître.

Un jour, mon père envoya de Paris, à ce dernier, une belle pipe en écume de mer et garnie en argent. Il en fut excessivement content et il redoubla ses soins auprès de moi. Dans la lettre de remerciements qu'il adressa à mon père, il lui disait : « Si votre fils continue à s'appliquer avec l'ardeur dont il fait preuve en ce moment, vous en ferez autre chose qu'un maçon. » Si je n'avais pas eu à faire à cet homme dont la voix et le commandement impérieux me remuaient profondément l'esprit, je n'aurais jamais connu mes quatre règles, ni la distinction entre le substantif et l'adjectif.

Comme nous étions logés dans la même maison, Dyprès aimait assez à me charger de certaines petites commissions au dehors. Si je le trouvais en conversation avec le brigadier de gendarmerie et un autre vieux militaire, Busson, qui avait reçu la croix de la Légion d'honneur sur le champ de bataille de Wagram ou d'Eylau, je tressaillais de joie en écoutant les descriptions des épisodes auxquels ils avaient assisté.

Bien que nous fussions alors en pleine Restauration, les trois vieux grognards bondissaient de colère contre les juges du maréchal Ney et les assassins de Brune et de tant d'autres guerriers qui n'avaient jamais trahi la France.

Le seul danger pour moi, si j'étais resté plus longtemps chez Dyprès, c'est que j'aurais pu devenir un ivrogne. Il buvait de l'eau-de-vie à pleins verres, et trois ou quatre fois, je m'étais grisé avec le fils d'un gendarme appelé Richard.

Il nous arriva un jour, une petite aventure dont le récit nous faisait bien rire ainsi que nos jeunes amis auxquels nous la racontions.

Étant un soir, dans ses moments de gaîté, il prit fantaisie à notre maître d'école, de manger une omelette au fromage. Il envoya Fialon lui acheter des œufs pendant que moi je coupais le fromage en petits morceaux. En tournant autour des chaises, Dyprès s'assit sur celle qui contenait les œufs. Au même instant le fond de sa culotte fut marqué tout jaune et ses mains aussi. Nous empêcher de rire, celà n'était pas possible. Aussitôt notre maître se mit dans une colère bleue. Pris de peur, Fialon et moi, en voyant tourner et jurer cet homme, grand, fort, au teint bronzé, nous nous sauvâmes chez la Jeannette. Puis, soudainement, nous n'entendîmes plus rien ; notre homme s'était endormi. Il est à croire qu'il ne fit qu'un somme ; car, le lendemain, lorsque les élèves arrivèrent, il fut comme d'habitude à son travail ; il savait que nous l'aimions et que nous étions très discrets ; en effet, le plus grand silence fut observé par nous.

Les incartades de notre maître arrivèrent peu à peu à être connues des parents des élèves, et chacun de se dire : Quel dommage qu'un si bon maître, ait le défaut de se griser ! De temps à autre on lui retirait des élèves, et lui-même sentait que l'enthousiasme du public s'était refroidi à son égard et que s'il quittait St-Hilaire on ne le regretterait pas beaucoup. Je continuai à l'aimer. Un jour, le curé de St-Hilaire vint lui demander de m'envoyer les matins à l'église pour faire réciter le catéchisme aux jeunes villageoises. Je me gardai bien de lui refuser ; il me semblait qu'on m'accordait une grande faveur.

Avec un grand zèle me voilà à demander à ces jeunes filles : Qui est-ce qui vous a créées et mises au monde ? Et il ne fallait pas rire en leur posant cette question. C'était considéré comme un péché et nous aurions eu trop peur de nous damner.

Dans cette même église, je fis au mois d'avril 1829, ma première communion, comme deux ans auparavant j'avais confirmé dans celle de Pontarion.

C'est vers cette époque ou un peu avant que Dyprès quitta Saint-Hilaire pour aller momentanément à Pontarion.

Je l'y suivis; mais il ne tarda pas à aller habiter à Bourganeuf. Il fut remplacé par un nommé Mingonnat, chez lequel je ne restai guère que trois ou quatre mois.

Là s'arrêtèrent pour toujours les mois d'école que je devais coûter à mes bons et respectables parents.

Après ma sortie de l'école, je revins de nouveau au travail des champs.

Je n'étais plus alors le tout petit berger, ou le pâtre des premières années. L'école et l'âge avaient fait de moi, un garçon plus raisonnable.

Je me plaisais beaucoup dans les champs. Les bergères ne dédaignaient plus de m'apprendre à danser et à chanter. Ma sœur Magdeleine plus âgée que moi de trois ans, la Thérèse et la Nanette Taboury, la Rosalie Vergnaud et tant d'autres des villages voisins, de Perseix et de Linard n'ignoraient aucune de nos bourrées et de nos chansons. Nos réunions ne manquaient pas d'attraits autant pour les uns que pour les autres. C'était les dimanches que nous nous en donnions à cœur joie, surtout lorsque nous pouvions saisir Marceau, un musetaire très complaisant.

L'hiver de 1829 et de 1830 fut cruellement rigoureux ; les neiges épaisses couvraient le sol et les brebis restèrent à l'étable, nourries de fougères ou de feuillage.

Nos veillées étaient longues ; mon père qui était un homme très gai quand rien ne le contrariait, savait par les récits qu'il nous faisait de Paris, les rendre agréables et animées.

Comme je lisais assez couramment, il avait toujours à offrir à ma curiosité des brochures et d'anciens bulletins de la grande armée portant aux nues, les hauts faits du héros de son cœur, Napoléon.

Pendant plus de deux ans il avait travaillé à Frémigny chez le général Montholon, à son retour de St-Hélène, après la mort de Napoléon.

Les domestiques du général, avaient meublé sa riche et puissante mémoire de tant de faits, qu'en l'écoutant nous étions tous éblouis, et minuit arrivait sans que nous nous en apercevions.

Je m'étonne encore qu'un homme qui ne savait ni lire ni écrire ait pu se mettre dans sa tête les principaux évènements de cette épopée impériale. Il avait apporté des chansons de Béranger et à force de me les faire lire, ma sœur et les autres jeunes filles en avaient retenu quelques-unes. Les personnes de la

veillée aimaient surtout à entendre ces refrains :
« Il s'est assis là, grand-mère ; grand-mère, il s'est
assis là. » Et cet autre : « Si j'étais hirondelle, que je
je puisse voler, à l'île St-Hélène j'irai me reposer. »

Mon père et surtout mon oncle qui avait été blessé
à Waterloo criaient ce refrain comme deux sourds.
Mais la chanson visant les dames de Vienne, qui,
après une bataille perdue par les Autrichiens, étaient
venues implorer la générosité de Napoléon, nous
arrachait des cris d'admiration : « De votre argent
mesdames, je ne sais quoi en faire ; mes canonniers
brûleront vos maisons, mes soldats les pilleront. »

On le voit, en meublant ainsi mon imagination de
tous ces faits militaires, mon père croyait bien avoir
fait de son fils un bonapartiste, et il en fit aussitôt
après la révolution de 1830, un républicain.

Préparatifs du départ pour Paris

Levé longtemps avant le jour, je revêtis l'accoutrement que ma mère m'avait fait confectionner à cette occasion, selon les habitudes du pays. Quel drap avait-elle choisi ? Naturellement du droguet, produit de la laine de nos brebis. Veste, pantalon et gilet, tout était de même étoffe.

L'ensemble était raide comme du carton et paralysait presque tous les mouvements du corps, avec cela de gros souliers qui ne devaient pas tarder à m'écorcher les pieds, un chapeau haute forme, à la mode du jour, que nous étions allés acheter à St-Georges. C'est avec cette armure sur le corps qu'il me fallut entreprendre à pied le voyage de la Creuse à Paris.

Ainsi harnaché, le 26 mars 1830, je fis avec mon père mes adieux à ma famille. Il fallut même nous soustraire aux embrassements de ma mère, de ma grand-mère, de mes sœurs. Ce fut un douloureux et pénible moment. Je crois que si on nous eût portés en terre, les cris de ces femmes n'eussent pas été plus déchirants.

L'affection que ma grand-mère avait pour moi était si grande qu'il fallut m'arracher de ses bras. Bien que je fusse jeune, les soins et les égards que la digne femme avait eus pour moi se présentent encore aujourd'hui à mon esprit et je puis dire que, depuis, j'ai connu la grandeur d'âme, les trésors de bonté et de dévoûment que renferme le cœur de la plupart des femmes.

Françoise Tixier, ma grand-mère, était née au Theil, commune de Saint-Hilaire ; mais devenue orpheline, on l'amena à St-Amand, à l'extrémité sud de notre département, chez des petits cousins qui étaient de très pauvres bordiers. Dès qu'elle fut assez forte, on l'envoya chercher son pain de village en village. Elle grandit ainsi sans savoir son nom, et sans connaître le lieu de sa naissance.

On lui apprit un jour qu'elle avait une cousine qui vendait des châtaignes sur le marché de Bourganeuf. Cette parente était Anne Nadaud, ma marraine ; la jeune fille lui plut et elle la présenta à son frère, Jean Nadaud, qui l'épousa bientôt après. De ce mariage, naquit mon père en 1786. Laborieuse, économe, Françoise Tixier devait être la providence de notre famille.

Pour bien faire rire cette excellente femme qui m'accablait de ses soins, je n'avais qu'à lui demander si elle avait bien su danser quand elle était jeune.

« Ah ! oui, mon petit, répondait-elle, lorsque j'étais dans une grange, je n'étais pas la dernière demandée. » Elle ne devait pas mentir, car elle était jolie et gracieuse. Elle mourut, comme on dit communément, d'un chaud et froid, en 1832.

Mon grand-père, l'avait précédée au tombeau de quelques années. C'était aussi un beau et solide gaillard, taillé en hercule, mais bon jusqu'à la simplicité. S'il entrait au cabaret pour boire chopine, dès qu'il en avait bu deux, il commençait à être gris ; c'est même ce qui causa sa mort, à l'âge de soixante-trois ans.

Un soir, qu'il revenait assez tard de Pontarion, il s'assit ou tomba au bord d'un petit ruisseau qui se jette dans le Thaurion au-dessus du Machecou. Il s'endormit les pieds dans l'eau, fut saisi par le froid, et une fluxion de poitrine s'ensuivit et ne tarda pas à l'entraîner dans la tombe.

Après ces premières scènes de tendresse, suffisantes pour déchirer le cœur de chacun des membres d'une famille très sincèrement unie, j'allais assister à de nouvelles émotions presque aussi touchantes que les précédentes.

Mes jeunes camarades d'enfance, Martin et Michel Vergnaud, ainsi que les deux Taboury, François et Jean m'attendaient devant notre porte. Nous nous enfermâmes dans une grange pour nous faire nos adieux et pour échanger nos sentiments de réelle amitié de jeunesse.

Mes chers camarades partaient pour Lyon, et moi pour Paris. Hélas ! nous ne devions plus nous revoir. Trois d'entre nous, Martin Vergnaud et les deux

Taboury ne devaient plus reparaître au village ; ils trouvèrent une mort prématurée et des plus affligeantes dans les chantiers de Lyon, ce qui est trop souvent, hélas ! le lot des pauvres parias de la Creuse.

Enfin il fallut bien nous séparer, avant même d'avoir pu sécher nos larmes.

Un instant après j'arrivais à Pontarion à l'auberge du père Duphot où nous attendaient les camarades qui se dirigeaient avec nous vers Paris et ceux qui, en plus grand nombre, étaient venus nous accompagner ; là, on commença à vider des bouteilles de vin blanc, et les vieux qui restaient nous adressaient des paroles encourageantes et nous recommandaient surtout d'avoir de la conduite et de garder toujours un bon souvenir du pays.

Arrivés au Marivet, petit village non loin de Pontarion, nous attendaient d'autres compagnons de route. Au-dessus de Sardent nous nous engageâmes dans des chemins de traverse ; car, à ce moment, la route de Sardent à Guéret n'existait pas encore. Les sentiers que nous devions suivre étaient peu praticables vu l'abondance des pluies que nous avions eues la veille.

Au-delà de St-Christophe, nous entrâmes dans la forêt de Guéret, où les chemins boueux et ravinés par les eaux étaient encore plus mauvais ; en certains endroits, les branchilles des arbres nous barraient presque le passage ; en les secouant une pluie fine et froide nous tombait sur les épaules, ce qui était, on le devine, peu agréable.

L'eau avait déjà pénétré dans mes souliers, et j'avoue que si je l'eusse osé j'aurais demandé à rebrousser chemin.

Vers 11 heures nous arrivâmes à Guéret un peu fatigués et éclopés, mais nous sentions le but, et nous allâmes déjeuner chez le père Gerbeau où mon père et plusieurs autres de nos compagnons de route étaient avantageusement connus.

De passage deux fois par an, les émigrants avaient leurs auberges attitrées et qu'ils changeaient bien rarement. Gerbeau était connu des maçons comme Napoléon de ses soldats ; il n'en passsait pas un sans entrer chez lui, c'est parce qu'il ne nous écorchait pas trop tout en nous servant bien et à bon marché ; en outre, « il n'était pas chien » pour payer la goutte après le dîner.

Mon père, en me présentant à ce maître d'hôtel, lui dit : « Gerbeau, voilà un nouveau client », et au même instant il fit venir sa femme qui m'embrassa et me remplit mes poches de toute espèce de friandises. Dès lors je fus attaché à cette maison pour toujours, jamais il ne m'arriva de passer à Guéret sans entrer dans cette auberge. Ces relations furent si suivies, que plus tard lorsque j'eus placé ma fille dans la pension de Mme Baillet qui était en face de cet hôtel, Mlle Gerbeau devenue Madame Audoine ne manqua pas un jour de lui prodiguer les soins d'une bonne et affectueuse mère. En 1870, je devins préfet de la Creuse, Madame Audoine me faisait apporter à la préfecture tous mes repas au prix bien modique de 1 fr. 75 ; à sa mort j'éprouvai autant de chagrin que si elle eût appartenu à ma famille.

A ce premier départ de 1830, et avant de quitter l'hôtel Gerbeau nos compagnons de route versèrent chacun 10 fr. entre les mains de mon père ; le voilà trésorier de notre société jusqu'à Paris. Ses fonctions honorifiques consistaient à aller de l'avant sur la route pour faire préparer nos repas, choisir les plats, compter les bouteilles de vins et débattre le prix de la table. Ce choix lui imposait un plus grand devoir encore ; comme la route était suivie par de nombreux émigrants, chaque groupe choisissait un solide marcheur, dont la mission consistait à arriver le premier, le soir, à l'auberge afin de retenir des lits.

D'une taille moyenne, très solidement constitué, mon père aimait à se flatter qu'il n'avait jamais trouvé son pareil pour marcher vite et longtemps.

Cela devait être vrai, car les camarades ne songèrent jamais à lui retirer leur confiance. En quittant Guéret nous nous dirigeâmes vers Genouillat, nous arrêtant seulement dans différentes auberges pour boire un coup. Jusque là, point de retardataires, et afin de donner courage à ceux des jeunes qui commençaient à tirer la jambe, les anciens fredonnaient à leurs oreilles quelques vieilles chansonnettes du pays, ce qui nous faisait rire et oublier la fatigue qui commençait à nous accabler.

Nous arrivâmes à la nuit tombante à Genouillat, où mon père avait fait préparer le souper à l'auberge du boulanger Meillant ; mais en marchant de l'avant avec d'autres amis, ils s'aperçurent qu'il était venu par la route de Jarnages, un nombre considérable d'émigrants se rendant comme nous à Paris.

A table, mon père nous fit remarquer qu'il y allait de notre intérêt de hâter notre dîner et de poursuivre à deux lieues de là, à Bordesoulle, notre route, afin d'être le lendemain bien en avant du gros de la foule.

Chacun comprit, et aussitôt après le dîner, on se mit

en route, par un clair de lune superbe ; un bon nombre d'entre nous continuait à entonner des chansons joyeuses, mais malgré cela, les jambes défaillaient et quelques traînards restaient en arrière. J'étais du nombre ; un de nos compagnons de route, Chabannat, fort et vigoureux gaillard, s'avança vers moi, m'encouragea et s'offrit à porter mon baluchon ; j'aurais éprouvé un bien grand délassement, s'il eût pu me débarrasser de mes gros souliers neufs qui m'écorchaient les talons.

Enfin nous arrivâmes ; je me trouvais, à la chute de la journée, avoir fait quinze lieues, pour cette première étape. Accablé par la fatigue, un sommeil réparateur m'était plutôt nécessaire que le dîner qu'on allait nous faire servir.

Notre auberge était connue pour être le rendez-vous des rouliers et des muletiers ; les salles de cette maison étaient spacieuses et comportaient tout le nécessaire pour ces sortes de gens.

En même temps que nous, arrivaient deux bandes de mulets ; les uns portaient d'énormes grelots qui faisaient un carillon indescriptible ; on sait qu'alors la France était dépourvue de moyens de transport ; et ces animaux étaient employés pour porter des doubles outres de vin sur le parcours des routes ; les autres, jeunes mulets, étaient destinés à approvisionner les marchés voisins, voire même ceux de Paris. Ceux qui les conduisaient offraient à nous qui ne faisions que de sortir de notre village un aspect étonnant ; leur voix rauque faisait peur à entendre, leur mine bouffie, rougeâtre et effrontée leur donnait l'apparence de ce qu'ils n'étaient pas, de véritables détrousseurs de grands chemins, toujours prêts à dépouiller les voyageurs. Le claquement des fouets, le cliquetis des grelots et les aboiements des chiens m'impressionnaient énormément.

Nous entrâmes dans l'auberge et nous voilà dans une vaste cuisine où un bourdonnement semblable à celui d'une ménagerie se faisait entendre.

Dans la cheminée démesurément grande, rôtissaient d'énormes quartiers de viande que nous regardions tous d'un œil de convoitise. Mon étonnement, comme celui de mes jeunes compagnons était singulier ; il me semblait que nous ne pourrions plus nous reconnaître.

Nous allâmes nous asseoir au bout d'une très longue table placée à côté de deux autres qui réunissaient bon nombre de voyageurs. Comme nous avions soupé à Genouillat, la soif se faisait plutôt sentir que la faim ; mon père me fit prendre quelques gorgées de vin chaud que je bus avec peine, tant la fatigue de cette première journée m'avait accablé.

Le repos était nécessaire, on nous conduisit par un petit escalier et nous vîmes alors les grabats qui nous étaient destinés ; mon père m'aida à retirer mes souliers et mes bas, et quelle ne fut pas sa surprise de voir mes pieds déchirés et en sang ; il les graissa, les entortilla avec quelques menues toiles, puis nous nous couchâmes non sur des lits, mais sur des balles de son et de paille hachée par l'usure et naturellement pleine de vermine.

En ouvrant les draps, on vit qu'il étaient noirs comme de la suie et portaient en outre différentes marques de malpropreté. Tel était alors le sans-gêne des aubergistes sur toute notre route. Au moment du passage des émigrants, vers le milieu de novembre, on mettait des draps blancs qui devaient servir jusque vers le milieu de mars, à moins qu'ils ne fussent pas trop sales ou déchirés ; voilà lorsqu'il s'agissait du passage des maçons, comment on observait les lois de l'hygiène.

Ces lois existaient bien, mais à l'usage des riches qui développaient le faste et le luxe dans leurs maisons et leurs châteaux. Le peuple n'ayant jamais été considéré par l'église catholique et par la royauté que comme un troupeau d'esclaves, il n'y avait donc rien d'étonnant que nous soyons parqués pêle-mêle dans des bouges. Aussi se gardait-on bien de se déshabiller. Nous nous enveloppions la tête pour que la figure ne portât pas sur le traversin, et on se croisait les bras sur la poitrine ne sachant où les placer. Chose à peine croyable, on se fourrait dans ces saletés plutôt en riant qu'en maugréant. Les vieux routiers ne s'étonnaient de rien, ils nous disaient: « Enfants, vous en verrez bien d'autres ; vous allez même voir que la fatigue rend le sommeil profond et agréable quand bien même vous seriez émoustillés par les puces et les punaises. »

On ne nous avait pas trompés, la nuit fut bonne ; le repos semblait avoir allégé toutes les fatigues que j'avais éprouvées la veille. Le lendemain, à peine commençait-il à faire clair que certains d'entre nous étaient déjà animés d'une gaîté folle. On s'apprêta en riant et en chantant ; les uns demandaient de l'eau pour se débarbouiller, les autres répondaient : « Tu l'attendras longtemps » ; c'est alors qu'on visa à d'autres moyens, et nous fûmes obligés de nous servir du pan de notre chemise et de notre salive pour nous laver légèrement les yeux, en attendant que nous trouvions de l'eau claire sur notre route.

Au moment du départ, on but du vin blanc ; tout le monde était prêt et le sac au dos ; pendant les premières heures, point de traînards, la route était bonne et la gaîté continuait. Arrivés à Nouhant où se trouvait la belle habitation de Mme Georges Sand, nous nous lançâmes dans les plaines de St-Chartier ; il fallut suivre de bien mauvais chemins, effondrés par les chariots, et remplis de petites mares ou de grosses pierres. Cette marche était d'autant plus pénible que, de temps à autre, nous nous enfoncions dans l'eau et dans la boue jusqu'à la cheville ; l'eau clapotait dans nos souliers, ce qui ne contribuait pas peu à nous rendre cette traversée très désagréable.

Le plus ennuyeux pour nous, les jeunes, c'était de voir les vieux filer, sans pouvoir les suivre.

Soumettre des enfants de treize à quatorze ans à de si dures épreuves me semblerait aujourd'hui de la dernière cruauté.

Arrivés le soir à Issoudun, le quart d'entre nous était exténué de fatigue ; je m'étais mis dans la tête que le lendemain je ne pourrais pas entreprendre une marche semblable.

Comme consolation, mon père me disait : « J'ai fait plus jeune que toi le voyage de la Vendée, et je ne pleurnichais pas, comme tu as l'air de le faire. »

J'ajoutais que si mes souliers ne m'avaient pas tant fait souffrir, j'aurais été moins fatigué ; il me les coupa à nouveau et me pria, me supplia de ne pas bouder devant le souper. Voulant lui faire plaisir, je fis honneur à la table ; nous étions arrivés à l'auberge Moreau. Si le dîner fut confortable, il n'en fut pas de même du coucher. Ce soir-là, nous n'étions pas moins de cent Creusois venus de tous les points de notre département, et pour loger tout ce monde, on nous avait entassés environ une trentaine dans une chambre à moitié décarrelée, où nos lits étaient les uns sur les autres. Comme à Bordessoule, nous nous gardâmes bien de nous déshabiller, car la malpropreté n'y était pas moins grande.

Néanmoins, le confortable repas qui nous avait été servi à l'auberge Moreau, un peu trop de vin que je m'étais efforcé de boire, contribuèrent à me délier la langue, pour la première fois. Mon père qui m'aimait beaucoup, et qui était fier du peu d'instruction qu'il m'avait fait donner, autant que de ma force physique, reçut des compliments de certains de nos compagnons de voyage qui lui disaient : « Ah ! le petit mâtin, il n'a pas sa langue dans sa poche et quand il aura fait quelques campagnes, il ne sera pas facile à brider. »

J'étais, en effet, un peu plus dégourdi et moins gauche que les autres enfants qui faisaient comme moi, la route pour la première fois.

Un fait que je dois mentionner et qui montre bien la supériorité de notre civilisation d'aujourd'hui sur celle des années dont il est ici question : c'est qu'alors, les émigrants maçons ne jouissaient d'aucune considération. Pendant notre voyage, on nous accablait de quolibets les plus humiliants et d'insultes parfois grossières. Disons aussi que notre conduite n'était pas toujours irréprochable. Comme nous partions tous à la fois le matin, d'une ville ou d'un bourg, nous commencions à pousser le vieux cri des Creusois, quand ils sont en train de danser au son de la musette, dans nos granges : « hif, hif, hif fou fou ! »

Nous faisions donc un tapage étourdissant et cela, bien entendu, sans craindre de réveiller les habitants qui pouvaient dormir encore. Ces airs de bravade et de sans-gêne, joints à notre marche momentanément déréglée, ne nous faisaient pas grand honneur ; mais on voyait du moins que les Marchois avaient toujours du sang gaulois dans les veines.

A peine fûmes-nous à une heure ou deux de Vierzon que des ouvriers qui taillaient des haies dans les jardins, se mirent à crier à leur tour : « Aux dindes, à l'oie ! » ; d'autres paysans, qui se trouvaient dans des prés, firent chorus ; naturellement nous, nous étions indignés d'être comparés à des bandes de dindes et d'oies.

Je dois avouer que ma surprise ne fut pas très grande ; mon père nous avait entretenus bien des fois pendant nos veillées, de ces genres d'accueil vieux comme l'émigration, de sorte que mon émotion fut moins grande que ma curiosité. Alors, des deux côtés on s'insulta ; les plus hardis de notre bande s'attroupèrent ; on voyait dans leurs regards que ces insultes ne pouvaient pas rester impunies. Il y avait dans notre groupe deux forts à bras, Vacheron, du grand Blessac, et Gadoux, le fameux maître de chausson. Aussitôt, ils dirent à mon père qui était aussi un fort luron : « Léonard, sautons-y. » Ils mirent sac à terre ; Dizier, de Beaumont, et plusieurs autres furent vite décidés. Voyant qu'on se préparait à escalader les haies, nos insulteurs se sauvèrent dans les prés en nous faisant à distance toutes sortes de grimaces. Il était facile de voir que ces hommes n'avaient aucune haine contre nous ; leur satisfaction était simple, ils voulaient nous vexer et se moquer de nous.

A cette époque, on le sait, une grande animosité prévalait entre tous les métiers. Suivant une habitude séculaire les compagnons de tous les devoirs ne se rencontraient jamais sur les routes sans s'assommer à coups de canne, et cette coutume barbare s'était étendue dans la France entière.

Mais il était sûr que si nous nous fussions conduits en poltrons, ils auraient recommencé le lendemain contre d'autres émigrants, puis on n'aurait pas manqué de le savoir à Paris, dans les garnis; car, à aucun prix, les insultes collectives adressées à la corporation des maçons ne devaient rester impunies.

Après cette petite algarade, nous nous acheminâmes vers Salbris où nous devions coucher. Le bruit d'une lutte et même d'une bataille rangée s'y était déjà répandue, et nous y trouvâmes les gendarmes sur pied; mais là comme ailleurs, nous connaissions notre auberge, nous allâmes droit chez Labonne, si ma mémoire m'est fidèle ; car j'écris ces lignes à soixante ans de date. Là, on soupa gaiement, ces braves gens offrirent à mon père un des lits de leurs enfants, c'est dire que nous eûmes, chose rare, des draps propres et que le sommeil fut aussi bon que possible.

Nos autres camarades ne se plaignirent pas non plus de cette auberge ; le matin, au moment du départ, on nous apprit que cette journée était notre dernière étape à pied ; naturellement, notre joie fut grande ; nous jetions nos chapeaux en l'air, en signe de contentement. En effet, ce même soir, nous devions arriver à Orléans, et là, on savait que nous devions prendre les pataches.

Au moment d'arriver à Olivet, on nous montra dans le lointain le clocher de la cathédrale d'Orléans. Encore quelques heures et nous arrivions au port. Mon père, Vacheron et Dizier nous quittèrent après déjeuner, et les voilà arpentant la route à grands pas pour arriver des premiers à Orléans afin de retenir nos places dans les maudits « coucous » qui devaient nous conduire à Paris.

Nos chefs de file avaient été bien inspirés en s'efforçant d'activer leur marche pour aller retenir nos places ; il y eut, une fois que tous les émigrants furent arrivés à Orléans un véritable encombrement dans les bureaux de départ ; on s'aperçut bien vite que le nombre des voitures serait insuffisant pour prendre tous les voyageurs.

Ces conducteurs avaient l'habitude de s'entendre pour se mettre en route. Hélas ! A quel monde allions-nous confier la fin de notre voyage ; ces hommes au physique, avaient l'air peu sympathique ; en tout cas, c'étaient de vrais ivrognes. A chaque auberge ils s'arrêtaient et il nous devenait difficile de les faire remettre en route. Si nous nous fâchions, ils riaient et nous regardaient sans répondre d'un air qui nous révoltait, tant leur aspect nous paraissait grossier et repoussant.

Le panier qui se trouvait accroché sous l'essieu de la voiture, contenait quatre d'entre nous et par ses oscillations simulait assez bien le roulis d'un bateau. C'est ballotté de cette manière que j'arrivai à Paris.

Avant d'entrer dans le garni où mon père devait me conduire, chez M*m*e Champesme, au n° 62 de la rue de la Tisseranderie, il me mena sur le quai de la

Grève, au bord de la Seine, pour me laver la figure et les mains ; j'avais besoin de cette lessive, mes mains étaient noires comme du charbon ; à force de les frotter avec du sable, je réussis à les blanchir un peu. J'avais retiré ma veste et mon gilet pour chasser la vermine qui me dévorait.

Arrivés au garni, nous ne trouvâmes que les deux filles Champesme, Caroline et Éléonore, toutes deux en grand deuil ; elles venaient de perdre leur mère. Aussitôt l'aînée vint m'embrasser, je baissai les yeux et je n'osai pas la regarder, elle dit alors à mon père : « Comment, père Nadaud, vous nous disiez que votre fils était si déluré, il me paraît bien timide. »

Mon père lui répondit : « Attendez quelques jours et vous m'en direz des nouvelles. » Cinq minutes après, nous voilà partis pour aller voir François Thaury, qui était maître compagnon, près de la place St-Sulpice ; nous le trouvâmes devant la porte de son chantier, occupé à faire décharger des tombereaux de sable et des voitures de moellons ; c'était la première fois que je voyais un maçon en habit de travail ; cela me parut assez drôle. A ce moment nous nous dirigeâmes pour boire chopine, chez un marchand de vin. Thaury appela son garçon : « Eh ! la joie, viens ici. » Trouvant qu'il n'obéissait pas assez rapidement, d'un ton de colère, il lui cria : « Vas-tu venir, rapointi. » Il lui dit alors : « Si le *singe* arrive, tu viendras me chercher chez le marchand de vin du coin » ; et nous voilà partis.

Dix minutes ne s'étaient pas écoulées que « la joie » vint lui dire que l'architecte et le *singe* étaient là. Thaury nous quitta.

Je n'avais pas fini de marcher, il fallut nous rendre

de la place St-Sulpice à la place de la Bastille. Là, nous prîmes la voiture du Raincy qui nous conduisit à Villemomble où nous avions des travaux chez un de mes oncles.

Ainsi, en quatre jours de temps, nous avions arpenté les soixante lieues qui séparent la Creuse d'Orléans, sans compter le temps que nous avions passé dans ces maudits coucous pour finir d'arriver à Paris ; c'était, je crois, une assez pénible épreuve pour un enfant de quatorze ans.

J'ai tenu à entrer dans de longs détails à propos de ce voyage, car, les hommes de ma génération devaient être les derniers à se livrer à de si dures fatigues ; en effet, avec les chemins de fer qui se préparaient l'âge d'or allait commencer.

Léonard sert les maçons

Le lendemain de mon arrivée, je me croyais encore à La Martinèche. Je me retrouvai chez mon oncle au milieu de ses enfants, dont deux étaient nés dans la maison paternelle, donc pas d'ennui possible. Mon oncle se montrait d'autant plus satisfait de me voir à côté de lui, que jusque-là, il avait eu recours à des étrangers pour tenir ses écritures ; car, pas plus que mon père, il n'avait jamais appris à lire et à écrire.

A ce moment, il avait, comme entrepreneur, trois maisons commencées, dans la rue des Trois Frères à Villemomble et d'autres travaux assez importants dans le château et dans le parc du propriétaire, M. Leval.

Il me fit mettre au courant de sa comptabilité, par le

sacristain du village qui était une sorte de géant,
mais d'un caractère avenant et simple. Celui-ci ne
tarda pas à faire remarquer à mon père que mon
instruction laissait beaucoup à désirer. — J'ai toujours douté qu'il fut très expert en la matière. —
Alors, on convint que les soirs, il me donnerait des
leçons ; il ne tarda pas à s'en fatiguer ; quand il
trouvait quelqu'un pour lui payer un canon, il
n'hésitait pas à laisser son élève seul.

Logé et nourri chez mon oncle, il ne me donna pas
tout de suite de compagnon à servir ; on m'occupait
dans les travaux du château et ceux du parc, à rouler
de côté et d'autres des brouettées de sable, de cailloux
ou de moellons ; les soirs je marquais les journées des
ouvriers et j'inscrivais sur un livre, les marchandises
qui nous arrivaient. C'est sur ce point que les cours
de mon maître m'étaient assez utiles. Un jour que je
rôdais autour d'un groupe d'ouvriers occupés à
creuser un puits artésien, trois ou quatre d'entre
eux plus effrontés que les autres, se mirent à me
plaisanter. « Eh ! petit muffle, tu n'avais donc plus
de châtaignes à te mettre sous la dent, que tu viens
manger notre pain. » D'autres ajoutaient : « Donnenous donc l'adresse de ton tailleur, ton accoutrement
te va étonnamment bien ». Un autre vint secouer ma
casquette sur ma tête. — La rougeur me monta au
front, je lui donnai de la pointe de mon soulier un
coup sur la jambe ; il me souffleta légèrement. Alors
pleurant de colère et de rage, d'autres vinrent me
consoler et me mignarder. On raconta cette petite
aventure à mon oncle, qui ne se fâcha point et me
donna à servir un nommé Henri Raymond, de Gagny,
village peu éloigné de Villemomble. Ce compagnon

était très bon pour moi, — lui-même avait été le garçon maçon de mon père. Nous étions occupés à faire des murs de clôture de jardin. Je faisais tant bien que mal, mon service, pendant que nous étions dans les fouilles et jusqu'à hauteur d'échafaud.

Mais, quand il fallut lever des gros moellons de plâtre sur cet échafaud, la force me manquait, je les roulais comme je pouvais sur mon estomac et mon compagnon me les prenait dans les mains. Il avait bien de temps en temps pitié de moi, souvent il descendait de son échafaud pour se servir lui même. Mais, pendant ce temps, le camarade qui maçonnait à côté de lui, montait son bout, et celui de mon compagnon restait. Orgueilleux et bon ouvrier il rageait de se voir toujours enterré, mangé, comme on dit dans nos chantiers, par ses camarades qui ne le valaient pas, mais mon oncle ne lui conservait pas moins sa confiance.

Je n'ai jamais revu depuis, Henri Raymond, mais le souvenir de tous les soins qu'il eut pour moi, alors que je n'étais qu'un faible enfant, est toujours resté gravé dans mon esprit. Plus tard, quand il apprit que j'avais été nommé représentant du peuple, il m'adressait des habitants de Gagny, pour que je les fisse entrer à la Chambre des députés, et de cette manière, je savais des nouvelles de mon premier compagnon.

La Révolution de 1830

Dans cet intervalle, arriva la Révolution de 1830. La population se souleva et courut vers Paris ; mon père ne fut pas des derniers à se mettre en route, et d'un bon pas je le suivis. Nous rentrâmes dans Paris par la barrière de Montreuil. C'était le 31 juillet; ai-je besoin d'ajouter que mon émotion fut grande en voyant barricades sur barricades jusqu'à la Bastille, mais il nous fut impossible d'aller plus loin.

Quel tableau ! pour un enfant qui sortait de son village ; c'était un coup d'œil grandiose, au-delà de toute expression, que de voir tout un peuple dans la rue, fier de sa victoire sur un roi et des ministres pervers qui avaient cherché à lui ravir les quelques lambeaux de liberté que lui avait octroyés la Charte de 1815. Il y avait de quoi s'extasier et rester muet d'étonnement.

Les derniers coups de fusils avaient été tirés la veille. Mais la population entière, combattants et non combattants étaient dehors, criant à pleins poumons. « Vive la Charte !.. A bas les Bourbons !.. »

Devant cet océan de monde qui nous empêchait d'avancer, mon regard était fasciné ; je restais plein d'admiration devant cet effrayant tableau, étourdi par le tumulte et le cliquetis des armes, au milieu de cette foule innombrable d'hommes, dont les mains et le visage étaient couverts de sueur et noirs de poudre.

Harassés de fatigue, mourant de soif, nous parvînmes à entrer chez le marchand de vin dont la boutique faisait l'angle de la place de la Bastille et du faubourg St-Antoine, et qui existe encore aujourd'hui.

La salle était pleine de ces hommes, aux regards terribles et effrayants, ayant leurs manches de chemises relevées jusqu'au-dessus du coude, et radieux de leurs victoires sur l'armée, commandée par le traître duc de Raguse Marmont.

L'impression que je ressentis alors, — le talent me manque pour en faire le récit aux lecteurs. Toujours est-il que cet évènement est celui qui s'est le plus fortement gravé dans ma mémoire, de tous ceux que j'ai vus passer à Paris, pendant toute la durée du règne de Louis-Philippe, où tant d'émeutes et de prises d'armes devaient avoir lieu. J'en excepte les meurtres à sang-froid qui suivirent les horribles journées de juin 1848 et les massacres de la Commune.

Le soleil disparaissait, ses derniers rayons brillaient encore sur cette place de la Bastille, si étonnante à voir pendant cette journée du 31 juillet, lorsque nous résolûmes de nous en retourner voulant arriver à Villemomble avant la nuit.

Les difficultés que nous avions rencontrées le matin pour descendre le faubourg St-Antoine, nous les retrouvâmes pour le remonter. Nous essayâmes bien de pénétrer dans les rues latérales, mais l'embarras était partout le même. Néanmoins, à force de donner des coups de coude et d'en recevoir, nous finîmes par arriver vers les terrains non bâtis de Charonnes, puis nous gagnâmes notre route au-dessus de Montreuil. Deux heures plus tard, nous arrivions à Villemomble. Chacun voulait entendre le récit de ce que nous avions pu observer pendant notre voyage. Nous entrâmes chez un marchand de vin, appelé Guérin, et nous passâmes la nuit à parler, à boire et à chanter.

Dans nul autre village autour de Paris, je doute que la Révolution de 1830, ait fait naître d'aussi belles espérances, que celles qui remplissaient l'esprit des habitants de Villemomble.

On sait que ce village est à la porte du parc de Raincy, propriété du duc d'Orléans, et que c'était là que Louis-Philippe était venu se cacher pendant la lutte des trois immortelles journées, attendant les commissaires de la Chambre des députés qui devaient venir lui offrir la place que Charles X venait de perdre.

A cette nouvelle, les habitants manifestèrent leur joie par des feux d'artifice, par des bals en plein vent et par toutes sortes d'autres réjouissances.

Chacun disait : « Le nouveau roi est notre voisin, la prospérité de Villemomble va considérablement s'accroître, donc vive Louis-Philippe ! »

Ces fêtes durèrent plusieurs jours et me donnèrent bien l'idée des amusements d'un monde que je ne connaissais pas du tout.

Mon père me disait à l'oreille : « Qu'ils sont bêtes et fous, ces gens-là ! ce n'est pas celui-là qu'il nous faudrait. — Louis-Philippe est un Bourbon, et avec les Bourbons ce sera toujours la calotte qui nous gouvernera. Ce qu'il nous faudrait, c'est le fils du grand Napoléon. » Mais il se gardait bien de manifester tout haut son opinion. Il eût été assurément écharpé.

La satisfaction qu'avaient éprouvée les habitants de Villemomble, et surtout les ouvriers, ne tarda pas à se changer en une amère désillusion.

Le propriétaire du parc et du château, M. Leval, qui avait occupé pendant bien des années, des quantités d'ouvriers, en ouvrant des carrières de plâtre dans cette localité, et qui avait fait construire tant de maisons, se trouva tout à coup ruiné par les évènements de juillet.

Soudainement, tous les travaux s'arrêtèrent ; les

habitants en éprouvèrent un si réel chagrin, que quand on vint pour mettre à exécution la prise de corps lancée contre M. Leval, la garde nationale prit les armes et pendant plusieurs jours monta la garde à toutes les issues du château.

Néanmoins, celà ne pouvait durer qu'un temps, et M. Leval se refugia en Suisse et ne reparut plus à à Villemomble. Le départ de cet homme, véritablement bon, causa la ruine de mon père et de mon oncle, et de beaucoup d'autres hommes du bâtiment et du petit commerce. On verra par la suite qu'elle engloutit les économies que je devais faire de 1830 à 1848.

Verbalement associés, les deux frères perdirent environ 12.000 fr. dont la moitié resta pour le compte de mon père. Tout est relatif dans la vie ; cette somme, pour un simple ouvrier, était évidemment au-dessus de ses forces. Bon jusqu'à la simplicité, mon père n'avait prélevé sur son salaire que ce qui lui était nécessaire pour vivre et pour se vêtir.

Malheureusement, il avait épuisé la bourse de plusieurs de ses amis, n'osant pas demander d'argent à M. Leval, qui passait pour être plusieurs fois millionnaire ; d'ailleurs, il était sans droit pour lui adresser la moindre demande, son frère était seul en nom, et ce dernier lui conseillait toujours d'attendre.

J'ai été témoin des querelles des deux frères et assurément elles furent violentes et peu s'en fallut qu'elles devinssent encore plus regrettables sans l'intervention de plusieurs amis ; mais le malheur était complet, il fallut bien se résigner. Pour surcroît d'ennui et de chagrin, mon père venait d'acheter pour 4.500 fr. la part qui revenait à son frère, sur notre petite propriété de La Martinèche.

Il résulte de ces faits, que, tout compte établi, lorsque, le 27 septembre 1830, nous quittâmes Villemomble, mon père devait un peu plus de 11.000 francs. De ma vie je n'ai rencontré un homme plus sincèrement délicat et honnête que mon père ; témoin de ses chagrins, il me dit un jour : « Sans ta mère et vous trois, mes enfants, je me jetterais sous le pont Notre-Dame. Où vais-je cacher ma honte, quand les huissiers vont venir saisir à La Martinèche tout ce que nous y avons ?.. Si encore j'étais plus jeune, (il avait 46 ans), je m'en sortirais plus facilement, mais dans trois ou quatre ans on ne voudra plus de moi dans les chantiers. » Ses lamentations redoublaient.

— « Allons, allons, mon père, lui disais-je, dans quelques années, je serai maçon et je vous aiderai ; d'ici-là, il faudrait que nous eussions bien peu de chances, si nous ne gagnions pas assez pour payer nos intérêts. » Nous quittâmes Villemomble pour venir travailler à Paris.

A notre arrivée à Paris, nous nous rendîmes dans le garni où mon père avait passé sa jeunesse et où il m'avait conduit le premier jour de mon arrivée au numéro 62 de la rue de la Tisseranderie, chez Mme Champême, garni qui, à la mort de cette dernière, était tenue par sa fille aînée, mademoiselle Rose. Celle-ci me conduisit au quatrième étage de cette maison, elle me montra mon lit et déposa mon petit paquet sur une planche, puis elle me présenta aux hommes de la chambrée en ayant soin de me dire qu'ils étaient tous bons enfants, ce qui était vrai, et qu'ils auraient soin de moi, ce qui était vrai encore, et que d'ailleurs c'étaient des gens de ma commune ou de Pontarion.

Dans cette chambre il y avait six lits et douze locataires. On y était tellement entassé les uns sur les autres qu'il ne restait qu'un passage de cinquante centimètres, pour servir de couloir le long de cette chambre. Je ne tardai pas en effet à me familiariser avec mes camarades. Soir et matin, j'entendais bien des conversations de « bric et de brac, » plus drôlatiques les unes que les autres, toujours insignifiantes, quand elles n'étaient pas énervantes ou abrutissantes pour l'enfance.

Il y a dans chaque chambrée deux courants de conversation : celle des avares et celle des prodigues. Chez les premiers, on apprend à compter avec les sous. Généralement ceux-là ont mauvaise langue, ils sont toujours prêts à porter un jugement peu favorable sur ceux dont les qualités s'éloignent des leurs.

Je n'entends pas ici faire le portrait de l'avare, sur un type que Shakespeare nous a décrit, en montrant un shilock, qui, pour recouvrer sa créance, pousse la perversité jusqu'à vouloir enlever à son débiteur, Antonio, une livre de sa chair, ni même celui de Molière, qui pousse l'audace, jusqu'à expulser par fraude son propriétaire.

L'avare, dont j'entends parler ne manquait ni de droiture ni de loyauté, il aimait au contraire sa famille et peut-être ses amis, mais il était bourreau de son corps. Il ne devait pas dépenser plus de quatorze à quinze francs par mois, non compris son garni, où on le couchait et où on lui trempait la soupe moyennant six francs par mois, et son pain qu'il prenait à la taille et qu'il réglait aussi tous les mois. Il en laissait chaque matin, un morceau sur une planche, qui n'était pas époussetée tous les jours.

L'hôtesse venait ramasser tous ces morceaux de pain dans son tablier, et sans savoir celui qui appartenait à Pierre ou à Paul, elle trempait ces soixante ou quatre-vingts écuelles, dès que l'eau de la grande marmite était chaude.

Le second morceau de pain, notre homme le mettait sous son bras, le grignotait en allant au chantier, puis déposait le reste, au besoin, dans un trou de boulin ou ailleurs. Il le prenait à neuf heures, pour aller dépenser cinq ou sept sous à son déjeuner, selon qu'il prenait un bouillon ou qu'il n'en prenait pas. Si ce déjeuner était au complet, il conservait le petit morceau de viande qu'on lui servait le matin, pour le repas de deux heures, qu'il prenait assis sur le plâtre, ou dans quelque coin du chantier. C'est ce que l'on appelait *battre les gravats*.

La soupe, le soir, était quelquefois trempée une heure ou deux avant notre arrivée, cela dépendait de la distance qu'on avait à parcourir du chantier à la maison. Si elle était trop froide, si le pain avait bu le bouillon, le retardataire en réclamait, mais il n'y en avait pas toujours, alors il faisait entendre un petit juron. L'hôtesse ne se fâchait pas, — la nôtre qui avait l'esprit d'à-propos, trouvait toujours quelques paroles aimables pour nous faire rire. Puis, nous aimions notre bonne Rose, et d'autres conversations s'engageaient ; car, pour rien au monde on eût voulu lui faire de la peine.

Il n'y a pas à s'ennuyer dans un garni, quand on n'est pas soi-même un esprit chagrin ou une sorte de butor ; — les uns se mettent à parler du pays ; ceux qui ne sont pas mariés plaisantent à propos des femmes restées seules, ceux qui le sont ; puis on loue ou on critique le maître. — « C'est un *rapiat*, dit-on, qui ne donne pas la journée et il faudrait s'esquinter pour ce gars-là, va-t'en voir s'il vient Jeannette ! » Tel autre est généreux, et on lui prodigue toutes sortes de compliments.

A ce moment, il n'entrait ni livres ni journaux dans nos garnis ; on peut dire qu'on mangeait et qu'on dormait, sans jamais songer à la culture de l'esprit. Puis, nous remontions dans nos chambres, respirer un air fétide et vicié, et par comble, le seul cabinet d'aisance qu'il y eût dans la maison, à l'usage de plus de 60 personnes, se trouvait sur notre carré, et j'avoue qu'il n'était pas facile d'y pénétrer bien qu'il y eût de chaque côté de la lunette pierres sur pierres. Quand les hommes de notre chambrée se déchaussaient pour se mettre au lit, les pieds en sueur ou sortant de bas crasseux qu'ils ne changeaient pas toujours chaque semaine, il fallait être bien habitué à ce genre de vie pour ne pas se boucher les narines.

Nous avons dit qu'à côté de la conversation des avares, il y avait celle des prodigues ou des mange-tout. L'argent leur fond dans les mains, ils le dépensent en détail, en buvant des gouttes et des canons, toute la journée, avec le premier venu, ou en masse, le jour de la paie ou le lendemain ; puis, le reste de la semaine ils mangent du pain sec ou cherchent à emprunter de l'argent qu'ils ne rendent jamais.

Les conversations de ces derniers nous amusaient beaucoup, car les avares avaient un *chic* tout particulier pour les faire causer. Ils jouissaient un moment de leurs histoires de femmes et de leurs autres aventures ; on eût dit qu'ils avaient du regret de ne pas y avoir pris part.

Parmi ceux-là, il y en avait qui rentraient à toute heure de la nuit, quelquefois ils nous réveillaient en faisant un peu de tapage ; mais, si on ne leur répondait pas, le sommeil les avait bientôt gagnés. D'abord, ces gens-là n'étaient pas des voyous, ils conservaient les habitudes du travail. Si on leur faisait bonne mine, le lendemain, ils se montraient heureux, tant il est vrai que l'homme a besoin de la considération de ses semblables pour supporter le fardeau de la vie.

Il y en avait un surtout qui était un véritable ivrogne, mais d'un genre assez particulier. Quand il avait ouvert la porte il la refermait doucement ; il n'avait pas toujours la force de se déshabiller, mais n'importe, il restait muet comme une carpe, sur son lit ou sur le carreau.

D'ailleurs, les hommes dont je parle, n'étaient pas, tant s'en fallait, tombés au dernier degré de l'ivrognerie et de l'abrutissement.

Conservant toujours le goût du travail, cette qualité avait fini par faire de plusieurs d'entre eux, des hommes sérieux et dignes d'estime.

L'un de mes compagnons de chambre, le gros Dizier, bon ouvrier et bon camarade, avait un garçon, qu'il appelait *Neuf heures*. Deux jours après mon arrivée, ce dernier me conduisit à la grève, il m'acheta une hotte, une pelle, une calotte bien bourrée de chiffons pour que l'auge ne me blessât pas la tête, puis une blouse et un pantalon de fatigue, et me voilà parti, avec mon nouveau camarade, pour la rue de la Chaussée d'Antin, à l'ancien n° 29. Là, il me conduisit dans le gâchoir, au milieu de quinze à vingt garçons maçons. Le premier mot que je saisis fut celui-ci : « C'est un poulain, c'est un poulain ! » On appelait de ce nom, celui qui arrivait du pays et qui ne connaissait pas le métier, puis ils ajoutèrent en m'entourant : « *Régales-tu, coco.* » On m'avait averti et je répondis que je n'avais pas le sou. Quand on sut que je devais servir le maître compagnon, on me laissa tranquille.

Le bruit que faisait chaque garçon à tout instant, pour répondre à son compagnon, me causait beaucoup de surprise. A un moment, tous se préparèrent pour gâcher. Comme il n'y avait pas assez d'eau dans les sceaux, ils se les arrachaient des mains, ce qui amenait de fréquentes disputes et quelquefois des poussées violentes qui se terminaient par des menaces ou même par des coups. L'un d'eux me dit : « Va donc au puits, toi qui nous regardes comme un petit serin. » J'y allai, mais quel ne fut pas mon étonnement ! la corde du puits, en osier, était pleine de nœuds ; pour les faire sauter sur la poulie, le tirage devenait trop difficile pour mes forces, et il fallut laisser retomber le sceau, au fond du puits. *Neuf heures* qui m'avait amené au chantier en parla à son compagnon qui, à son tour, en parla au maître compagnon François Thaury que je devais servir et celui-ci me dit. « Tant que je ne t'appellerai pas pour gâcher pour moi, tu n'as pas à écouter cette racaille de garçons dont la moitié ne sont que des fainéants. » Me voilà avec un embarras en moins. Alors, mes copains me dirent : « Puisque tu ne vas pas à l'eau, voici une batte et aide à battre la couche. »

A cette époque, le plâtre venait de la carrière, sans

avoir été tamisé, il fallait le remanier à la pelle et le passer dans des tamis. Les morceaux qui restaient on les étalait à terre, puis quand il y en avait une certaine quantité, les garçons prenaient en mains une lourde batte et les écrasaient. Ce travail qui nous faisait avaler de la poussière à pleins poumons, avait un autre désagrément : le maniement de cette batte m'abîmait les mains, je les eus bientôt couvertes de crevasses à un point que j'en souffrais beaucoup. A cela, il n'y avait rien à faire, c'était la conséquence du métier.

Un jour, mon compagnon se mit à pigeonner les têtes de cheminées de ce bâtiment, travail qui consistait à adosser aux murs, avec la main, des languettes de plâtre. Dans ce temps, un maçon adroit à pigeonner, était aussi recherché que celui qui, de nos jours, est adroit dans la moulure.

Ce qui n'était pas risible pour moi, c'est qu'il me fallut commencer par monter l'auge au 5ᵉ étage. Mon compagnon ne me demandait que de petites truellées à la fois, mais il n'en fallait pas moins tendre le jarret du bas en haut de ces cinq étages, et cela environ vingt-cinq à trente fois par jour. J'avais le cou enfoncé dans les épaules; souvent, au milieu de l'échelle, il me semblait que j'étais à bout d'haleine ; mais il n'y avait pas à songer à se reposer, si j'avais mis trop longtemps à monter mon compagnon ne pouvait plus remuer le plâtre dans l'auge, il était à moitié pris.

Alors, celui-ci sortait de la bouche, son énorme chique, et il devenait furieux, sans que pour cela, il ne m'adressa aucune mauvaise raison. Il tenait à moi, parce que j'étais le fils de son ami et de son coucheur. Quelquefois, il me disait : « Ne gâche pas si serré, tâche de monter un peu plus vite ; tu as l'air d'avoir bon jarret. » Et en effet j'étais plus fort que la plupart des enfants de mon âge ; mais je n'étais pas habitué à ce pénible et exténuant travail. Le soir, lorsque j'arrivais au garni, mon père qui ne fut jamais pour moi, un ingrat, m'amenait boire chopine chez le marchand de vin ; il faisait porter du pain et du fromage, et il m'encourageait par toutes sortes de bonnes paroles. Ce qui l'ennuyait, c'est qu'il savait que je n'aimais pas la viande, et que je changeais, à la gargote, avec *Neuf heures*, mon morceau de viande pour des légumes. « Tu n'y tiendras pas, disait-il, si tu continues. » C'est qu'en m'élevant chez nous, ma mère ne nous avait nourri que de soupe, de pain, de tourteaux, de pommes de terre et de bon laitage.

Je me mis à manger à mes repas, pendant plus d'un an, au lieu de bœuf, du fromage d'Italie, que je trouvais chez les charcutiers. Je m'en rassasiai tant que, depuis, je n'en ai jamais goûté.

Une fois ces cheminées montées, coiffées et débarrassées des échafauds, mon compagnon avait assez à faire de surveiller les ouvriers, et tout en m'occupant, mon ouvrage était moins fatigant.

Mon compagnon avait avant moi, un autre garçon qu'il avait donné au poseur pour me prendre sous ses ordres. Je craignais que celui-ci ne me prît en grippe ; car, il pouvait supposer que dès que je connaîtrais le métier, on le *sacquerait* ; mais notre compagnon l'avait bien rassuré sur ce point.

Parmi mes nouveaux amis, il y en avait un qui, me voyant parfois fatigué, prenait pitié de moi. Il poussait la camaraderie jusqu'à gâcher lui-même et il montait mon auge jusqu'au deuxième étage où je la lui prenais sur la tête.

C'était Laurent Luquet, de Planet, commune de St-Alpinien, dont je vais avoir à parler souvent dans cette esquisse de ma vie d'ouvrier.

Luquet a été le premier, parmi les ouvriers du bâtiment, dans nos pays, à braver les préjugés du temps. Jamais il ne tut ses opinions, ni au chantier, ni au garni, ni dans les gargotes ; si je suis devenu ce que je crois avoir été toujours, un défenseur du peuple et un républicain convaincu, je tiens à le constater, Luquet ne fut pas sans exercer une certaine influence sur ma conduite et mon esprit, pendant mes premières années. Comme maîtres garçons nous restions les deux derniers au chantier. Nous avions à balayer la rue, allumer les lanternes, ramasser les pinces, les ronds et les cordages.

Si les autres garçons s'étaient avisés de me chercher querelle, comme on le faisait souvent auprès des jeunes, qui n'étaient pas assez forts pour se défendre, Luquet se mettait de mon côté et il savait très bien se faire respecter.

Dans cette même rue de la Chaussée d'Antin, habitait le général Lafayette, alors commandant en chef des gardes nationales. Dans la gargote, où nous prenions nos repas, il y venait plusieurs tambours de son état major, tous anciens soldats de Napoléon.

Ces vieux grognards ne se gênaient pas pour attaquer avec la dernière violence Louis-Philippe et pour avouer leurs opinions comme républicains.

Luquet et moi nous les dévorions des yeux surtout quand ils parlaient des combats de géants, auxquels ils avaient assisté. Il y en avait même parmi eux, deux ou trois qui racontaient les évènements de la journée où Louis XVI fut guillotiné.

C'était la première fois que j'entendais parler de république, — et, comme il y avait alors beaucoup d'agitation dans les esprits, nous devînmes des apôtres de cette grande et noble cause, à laquelle nous devions consacrer toute notre vie.

Dans cet intervalle, un accident ruineux arriva à notre entrepreneur, un nommé Leteix, dit Brocard. Soudainement, on s'aperçut qu'un grand pignon, monté jusqu'au cinquième étage, donnant sur un passage, surplombait de plus de soixante centimètres. Naturellement le propriétaire actionna l'entrepreneur. Il y eut procès, et finalement le pignon fut démoli jusqu'au premier étage. Les travaux furent suspendus. On nous employa ensuite à une dure corvée dans la rue Coq-Héron, en face la grande poste ; là, nous passâmes l'hiver de 1830 à 1831.

Je ne crois pas avoir jamais traversé de plus mauvais jours que dans ce chantier. D'abord, l'hiver était excessivement rigoureux. Le maître compagnon, François Thaury, nous faisait ramasser dans la cour ou le jardin, au moment des plus grands froids, des moellons, des plâtras provenant de la démolition, et que nous mettions en petits tas pour resservir à la nouvelle construction. De même, il fallait aussi trier les vieilles lattes, les vieilles tuiles, la vieille charpente. Il fallait bien nous garder, — car il y avait là deux autres jeunes garçons de mon âge, Dizier et Durand, — de souffler dans nos doigts ou de battre des pieds pour nous réchauffer, cela aurait suffi pour que François Thaury nous regardât de ses grands yeux gris, tournés de travers, et qui nous donnaient le frisson. Pour peu qu'il fût en colère, il serrait les lèvres et quand il ouvrait la bouche c'était, après avoir sorti sa chique, pour nous appeler : fainéants, voleurs de journées. Heureux encore, quand il n'ajoutait pas : « F.... *le camp*, trois rapointis, vous n'êtes bons à rien. » Avec un homme aussi dur et aussi courageux au travail que Thaury il n'y avait pas à broncher ; il fallait rester au froid et ne pas pleurnicher pour quelques crevasses aux mains.

Je souffrais cruellement. J'avoue néanmoins que cet homme nous aimait beaucoup. Il était très juste, mais c'était un de ces types très rares même parmi les Creusois, qui ont acquis une réputation bien méritée d'hommes durs au travail et à la peine.

Du matin au soir, François Thaury avait le nez dans l'auge et ne prenait haleine que pendant qu'il brettelait son plâtre et qu'il finissait de le nettoyer. Je ne suivrai pas mon compagnon dans sa longue carrière de maçon, qu'il commença en 1800 et qu'il termina en 1846.

Thaury avait rencontré un bourgeois qui lui fit faire une maison, où il gagna un peu d'argent, mais étant même simple journalier, il sut toujours tirer profit de ses peines.

Il se retira à Beaumartys, où il était né en 1776, village situé sur un plateau formé par trois hautes montagnes, et si isolé que personne ne cherche à y habiter sauf ceux qui y sont nés. On montre sur le versant d'une de ces montagnes, voisines de mon village, un ouvrage de terrassement qu'il commença à 60 ans, qui ferait peur à entreprendre aux plus hardis de nos terrassiers. Là, où il n'y avait que marécages, ronces ou rochers, on y voit une prairie des plus fertiles, arrosée par de magnifiques sources ; c'est là, après ma nomination comme représentant du peuple, que je trouvai mon compagnon, grignotant un morceau de pain sec, prenant et reprenant sa tranche, sa pelle ou sa pince, et remuant de gros morceaux de pierres. Il s'était pourtant retiré avec 27.000 francs.

Un mot sur nos salaires : on nous donnait rue Coq Héron, 36 sous par jour, et 40 pendant les grandes journées. Les *Limousinants* gagnaient 55 sous ou 3 francs ; les maçons, 3 francs 25 ou 3 francs 50. Ces chiffres nous permettront de suivre le mouvement des salaires à partir de cette époque jusqu'à nos jours et on verra que notre siècle est un des plus merveilleux de notre histoire, au point de vue de l'accroissement du bien-être parmi le peuple.

Nous revînmes au mois d'avril 1831, dans le chantier de la rue de la Chaussée d'Antin.

On se mit aussitôt à remonter le pignon qui avait été démoli. On me donna à servir pendant quelque temps, un compagnon du nom de Dufour. C'était bien l'homme le plus rageur, le plus grincheux qu'il fut possible de rencontrer.

Incessamment en guerre avec ses camarades, il voulait toujours être le premier, et à tout instant il en trouvait de beaucoup plus habiles que lui. Alors, il devenait jaune de colère ou il écumait de rage, et naturellement, c'était sur son garçon qu'il cherchait à faire passer sa fureur. Un jour, il eut besoin d'un boulin pour s'échafauder, je ne le trouvai pas sous la main : « Attendez, lui dis-je, je vais aller en chercher un. » — « Comment, petit fainéant, mais il y en a là un qui te crève les yeux, tu ne le vois donc pas ? »

Je le voyais bien, il était en travers de la cage d'escalier ; il me jeta un garni pour m'obliger d'aller plus vite. N'écoutant que mon courage et aveuglé par la colère je courus et je tirai à moi ce boulin, mais malheureusement le bout me passa entre les jambes et je fus entraîné du troisième étage dans la cave.

Un cri se fit entendre : un garçon vient de tomber. C'était à qui descendrait le premier les échelles pour venir me ramasser. Un nommé Michel Dizier sauta du rez-de-chaussée dans la cave et essaya de me relever. J'étais déjà inondé de sang et j'avais les deux bras fracturés. C'est dans cet état qu'on me porta dans le gâchoir, étendu sur le plâtre.

Un médecin ne tarda pas à arriver, il me banda la tête où il y avait de larges plaies et en même temps constata la fracture des deux poignets.

En un clin d'œil, tous les ouvriers eurent abandonné leur travail pour venir me voir et chacun trouvait miraculeux qu'étant tombé de si haut, je ne me fusse pas tué raide.

Lorsque le médecin eut affirmé que je n'avais d'autres cassures que celles des bras, il fut question de m'emporter au garni, mais au lieu de se procurer un brancard, on me blottit dans un fiacre, où deux de mes amis s'assirent à côté de moi pour me soutenir.

Lorsque nous fûmes arrivés vers la rue de la Ferronnerie, le cheval, arrêté par d'autres voitures, fit un faux pas et je m'évanouis. On me crut mort, et on me sortit du fiacre pour me déposer dans la boutique d'un pharmacien. Je ne tardai pas à reprendre connaissance. Mais ce dernier fit comprendre aux personnes qui m'accompagnaient qu'elles devaient se procurer un brancard, ce qui exigea un bout de temps.

Ce fut dans cet état que le 4 mai 1831, j'arrivai dans mon garni.

De nouvelles et poignantes souffrances m'attendaient, l'escalier qui conduisait à ma chambre, située au 4e étage, était relativement étroit ; je pouvais à peine me tenir sur mes jambes. On fut obligé de m'aider à les lever l'une après l'autre pour monter sur chaque marche. Le bandeau qui me liait la tête et me fermait les yeux, augmentait encore mes souffrances ; chaque secousse m'arrachait des cris déchirants. Enfin, on parvint à me poser sur mon lit tant bien que mal. Le médecin habituel de la maison, M. Bénassy, ne tarda pas arriver en même temps que mon père qu'on était allé chercher rue Choiseuil, où il travaillait.

La première question qui fut posée était celle-ci : Ira-t-il ou n'ira-t-il pas à l'hôpital ? — « Il n'ira pas, répondit mon père, dussé-je dépenser jusqu'à mon dernier sou. »

Alors M. Bénassy constata les deux fractures, examina les blessures de la tête ; il ne s'en émut pas outre mesure. Il me fit enlever à coups de ciseaux, les effets qui le gênaient : blouse, chemise et pantalon, et trouvant les bras trop enflés, il remit au lendemain le commencement de son traitement.

Chose assez bizarre, le repos fit cesser les douleurs, et comme la nuit s'était assez bien passée, M. Bénassy parut content. — L'examen lui montra que la fracture du bras gauche était peu grave, mais il n'en était pas ainsi de celle du bras droit qui se trouvait en quelque sorte écrasé. Il défaisait les appareils, tous les jours, tant il craignait de voir apparaître la gangrène, mais peu à peu, il se rassura et nous rassura nous-mêmes.

Une fois qu'il fut convenu que je n'irais pas à l'hôpital, mon père voulut me donner un garde-malade. Aussitôt la logeuse, Mlle Rose Champême éleva la voix et dit : « C'est inutile, je veux le soigner moi-même pendant la journée, et vous, père Nadaud, et votre neveu, Hippolyte Julien, vous en aurez soin la nuit. »

La digne femme me tint parole, jamais les plus dévouées des infirmières ou des sœurs de charité ne montrèrent un plus grand dévoûment dans l'exercice de leur louables fonctions que celui que ma logeuse eut pour moi. Il faut avoir connu le degré d'affaissement moral, où un jeune homme peut tomber à la suite d'une catastrophe semblable, pour savoir combien le regard aimable d'une femme, une parole douce peut répandre de baume, sur un patient. Lorsqu'il s'agissait de me lever, elle trouvait toujours quelqu'un dans la maison pour lui aider. Quand le pansement était terminé, elle venait s'asseoir au chevet de mon lit et se mettait à ses travaux d'aiguilles ; l'ennui ne me gagnait jamais. D'abord si je ne pouvais m'aider de mes bras, je n'en souffrais pas, une fois que le pansement était terminé.

A la mort de cette digne femme, les électeurs de la Creuse avaient fait de moi, leur représentant. Je m'approchai de sa tombe avec la pensée de lui adresser quelques paroles d'adieu, mais les larmes suffoquèrent ma voix et il me fut impossible de prononcer une parole.

Vicissitudes humaines ! son mari, Dumont, était un

réactionnaire dénué de toute raison. Il m'avait si mal reçu, un jour, chez lui, que longtemps avant cette mort, il ne m'était plus possible d'aller dans cette maison, où j'avais été comblé de bienfaits.

Trois mois après, il me fallut recommencer à travailler. Mon compagnon François Thaury, que mes malheurs avaient encore plus attaché à moi que par le passé, n'était plus chez Leteix. Le procès du pignon dont j'ai déjà parlé les avait tout à fait brouillés.

Nous fûmes travailler pour le compte d'un petit entrepreneur, nommé Thévenot, qui était établi dans la rue du Petit-carreau. Parisien de naissance, aimable et bon de caractère, nous étions très bien chez lui. Il ne faisait que de petits travaux qui se trouvaient dans les vieilles maisons de son quartier. J'étais rarement dans l'obligation de porter l'auge, sur la tête, nous montions nos sacs de plâtre dans les chambres où nous travaillions ; il n'y avait plus qu'à gâcher en quelque sorte sur place.

Pour mieux me soulager encore, mon digne patron m'occupa au magasin, à couler du plâtre au sac, ou à d'autres petits travaux qui me fatiguaient fort peu.

Je gâchais sur place et mon compagnon m'aidait à porter mon auge à la main. Les forces dans les poignets revenaient tous les jours, puis le courage ne me manquait pas.

Un jour, on nous envoya dans la rue de la Huchette, travailler dans différentes chambres. Quelle ne fut pas notre surprise ! Le choléra sévissait violemment dans ce quartier, et bientôt on ne parla pas d'autre chose dans Paris.

Dans la maison où nous travaillions il y eut trois

ou quatre décès. La panique s'empara du quartier.

Malgré cela nous restâmes dans cette maison, pour achever les travaux que nous y avions commencés. J'arrivai un soir au garni et j'y trouvai un grand nombre de nos amis qui se sauvaient dans la Creuse, et dans ce nombre se trouvait mon père, qui voulait que je le suive. Je m'obstinai à rester.

Mon compagnon me dit : « Tu vas aller ramasser nos outils, et tu les apporteras rue Gaillon. » Le lendemain de notre arrivée dans ce chantier, celui qui nous avait embauchés fut soudainement enlevé par l'affreuse maladie.

Nous finissions par être déconcertés ; mais, comme les matelots, menacés par la tempête, nous nous placions en riant sous l'aide de Dieu, et il nous protégea bien ; car nous ne fûmes nullement atteints.

Paris était lugubre à voir. On crut un moment à l'empoisonnement des fontaines ; d'autres soutenaient que l'affreuse maladie était dans l'air. Alors, on ne voyait plus que des gens, un mouchoir sur les lèvres, et courant dans les rues avec l'espoir d'échapper au fléau.

Cette année-là (1832), d'importants travaux furent entrepris aux Tuileries.

De chaque côté du pavillon de l'Horloge, on jeta à bas, — surtout du côté gauche, en face du jardin — tous les plafonds à l'intérieur. Mon compagnon y fut embauché et un matin, j'arrivai là, avec nos outils sur ma hotte.

Jamais plus grand bonheur ne pouvait m'arriver vu la faiblesse de mes bras. Au lieu de me laisser servir mon compagnon, on allait m'occuper comme garçon de relais,

Cette faveur, je la devais encore à François Thaury qui me recommanda au maître compagnon Lefaure.

Je faisais à peu près ce que je voulais. Ce que l'on me demandait, c'était d'avoir une pelle à la main, surtout lorsque les inspecteurs de l'architecte, le père Fontaine, passaient ; car nos journées étaient comptées en attachement.

Je restai dans cette situation quatre mois. Cette bonne aubaine me permit de réparer entièrement mes forces.

J'avais déjà entendu attaquer Louis-Philippe avec tant de violence de langage, que, le voyant souvent se promener avec le père Fontaine et d'autres personnes de sa suite, je me disais que, s'il était vrai que cet homme rêvât de devenir un tyran pour notre pays, s'en débarrasser ne serait pas difficile. Mais, cette pensée ne me vint jamais à l'esprit.

Je me souviens qu'un jour le roi étant venu visiter les travaux d'une salle de bains, il y avait une planche posée sur une double échelle, qui avait servi à recouvrir un tuyau en plomb dans le mur. Le roi attendit pour rentrer, que la planche fût enlevée et les gravats nettoyés ; alors il porta la main à son chapeau et nous remercia. C'était un très joli homme, grand et fort. Ce qui me frappa, en le voyant, ce fut sa simplicité et une grosse chaîne de montre qu'il portait sur un gilet blanc.

Léonard pose la hotte pour prendre la truelle

Un jour, mon compagnon me dit : « Te voilà maintenant un gros et fort garçon, tu ne peux pourtant pas toujours servir les maçons et flâner dans un gâchoir. J'ai vu hier ton oncle, Martin, il commence des travaux à Bercy, chez un grand marchand de vin, appelé Soulage. Je lui ai dit qu'il devrait te faire commencer à limousiner. » Je trépignai de joie, et, le soir même, je courus chez mon oncle.

En me voyant il me dit : « J'ai donné commission à un de mes ouvriers d'aller te chercher ; il faut te procurer des outils et nous allons voir comment tu vas t'en servir. »

Je jetai ma hotte et ma pelle au diable, j'allai chercher, le lendemain, un garçon à la grève et me voilà compagnon ; j'avais dix-sept ans, et j'avais servi les maçons pendant près de trois ans.

Fier de cette nouvelle condition je pensais que le roi était à peine mon égal. En entrant au garni, je courus embrasser ma logeuse et je reçus avec une satisfaction facile à comprendre, les compliments des amis : « Allons ! Allons ! me disaient-ils, deviens un maçon comme ton père, c'est tout ce que nous te souhaitons. »

Le garçon que j'embauchai à la grève, me suivit jusqu'au garni, où il devait prendre les outils que je venais d'acheter. Que se passa-t-il dans sa tête ? Au moment de s'en charger aura-t-il deviné à la vue de mes deux auges neuves et de ma jeunesse, que j'étais un débutant ? Dès que je lui eus payé la goutte, il ne dit mot et se sauva.

Me voilà bien pris, je retournai au galop à la grève, et j'en retrouvai un autre, qui n'avait pas la figure très-douce, ni très avenante. Enfin, il vint, mais il n'était pas loin de dix heures lorsque nous arrivâmes au chantier. Tout le monde était à déjeuner, et mon gars étant sans le sou, il me fallut lui avancer dix sous pour son premier repas. Cependant, je n'eus pas à me plaindre de lui, il me rendit bien mon argent et il se montra laborieux et bon enfant.

Le maître compagnon, un nommé Lavergne, était le beau-frère de mon oncle ; c'était un soiffeur, un buveur de goutte ; il finit par contracter des habitudes d'ivrogne ; peu à peu il se démoralisa, s'abrutit. Sa fin fut des plus malheureuses, je crois même qu'il alla mourir à l'hôpital.

Lavergne me mit à remplir les fondations du mur d'un magasin. Il ne trouvait jamais que j'en faisais assez. Il alla jusqu'à dire à mon oncle que je n'avais pas de goût, que j'étais même fainéant.

Je crois qu'il m'avait pris en grippe, parce que témoin de son inconduite, il craignait que je ne le desserve auprès de mon oncle qui venait rarement sur les travaux. Il habitait Villemomble.

N'osant pas me renvoyer dès que la limousinerie fut terminée, il me mit à travailler dans les plâtres, c'est-à-dire avec les maçons qui faisaient les plafonds et les enduits des murs.

Lavergne savait bien que je ne faisais que débuter et qu'à tout, il faut un apprentissage. Il osa me dire que je ne ferais jamais un maçon comme mon père. Je me fâchai et l'envoyai promener.

L'hiver de 1832 à 1833 étant venu, la maladie du pays me gagna. Comme il y avait trois ans que je n'avais vu ni ma mère, ni mes sœurs, je résolus de partir.

Mais une chose essentielle me manquait, l'argent. Le chômage de trois mois auquel j'avais été astreint à la suite de mon accident survenu en 1831, avait dévoré toutes mes petites économies et m'avait même forcé de faire des dettes. Je m'adressai à un de mes bons amis, Jean Roby, de St-Hilaire, qui connaissait ma réelle situation, et il me prêta deux cents francs. Au comble de la joie, nous allâmes ensemble acheter des effets au Temple, ces vieilleries bien retapées, paraissant neuves.

J'allais donc être fier pour me présenter les dimanches et les jours de ballade dans la Creuse, et j'étais content de revoir la famille et nos belles et aimées Marchoises.

C'était alors un grand honneur pour nous, que de nous montrer à nos parents et à nos voisins, bien nippés et bien cravatés.

Les modes, amenées par la variété des draps et des étoffes que commençaient à produire et à livrer au public, nos usines et nos manufactures naissantes, s'emparaient de l'esprit des ouvriers. C'était bien naturel ; nous n'avions jamais connu que le droguet qui faisait de nous des êtres lourds et pesants, se remuant gauchement et se tournant avec difficulté.

Nous tenions à cette toilette, à un autre point de vue, c'est que le public nous voyant bien habillés, nous prenait pour des jeunes gens de goût et de bonne conduite.

A ce propos, il devait m'arriver une petite aventure, le premier jour que je mis mon habit bleu et mon pantalon à sous-pieds ; j'étais allé danser à Laforest, le dix-sept janvier, jour de la ballade de Vidaillat. En dansant l'auvergnate, mon pantalon craqua à la fois en plusieurs endroits ; je quittai précipitamment le bal et m'en allai la nuit à La Martinèche, peu satisfait de mon tailleur et de mes vieilleries du Temple.

Heureusement, j'avais acheté une belle blouse à collet bleu et rouge, serrée par une ceinture tricolore, ce qui était la grande mode du temps. Alors, comme dit le proverbe, la blouse cache tout, et je me trouvais encore fier et coquet.

Une tournée au village après trois ans d'absence

Dans l'esquisse que nous avons faite de notre premier voyage, nous avons dit qu'en certains endroits de la route, nous rencontrions de mauvais drôles, qui, avec leurs rires bêtes et leurs regards d'abrutis, nous donnaient toutes sortes de noms plus insultants les uns que les autres.

A Paris, on ne nous témoignait guère plus d'égards lorsqu'on nous voyait attroupés le soir, à la porte de nos garnis, ou couverts de plâtre, à la sortie de nos chantiers

Mais, ce qui était le moins excusable, ou plutôt ce qui ne l'était pas du tout, c'est la critique que faisaient de nous certains bourgeois de la Creuse, à notre retour : « Voilà nos députés d'hiver qui arrivent avec de plus beaux habits que les nôtres ! » Puis, les rires moqueurs de ce beau monde d'ignorants et de crétins qui croyaient à la servitude éternelle de la grande masse ouvrière, devenaient ou bruyants ou cyniques.

Tel était le degré de considération qu'on avait pour le peuple avant l'établissement, en 1848, du suffrage universel. — Oui, voilà où nous en étions en France, après dix-huit siècles de domination monarchique et cléricale. Il n'y avait pas dix ouvriers sur cent qui sussent signer leurs noms. La haine des classes rendait tout progrès presque impossible, et dire que certaines gens travaillent à nous ramener sous la férule de la bande noire ou blanche ! S'ils savaient ce qu'ils font, n'hésitons pas à dire que leur conduite serait doublement criminelle.

Lorsque l'émigrant arrive au pays, tout change, chacun reconnaît les siens ; ses sentiments d'hostilité et de mépris se changent en embrassements, allant jusqu'au délire de la joie, non seulement de la part de la famille, mais aussi des voisins.

On a raison d'accueillir l'émigrant avec des témoignages de sympathie, de confiance et d'estime. Il saute aux yeux de tout homme de jugement et de bon sens, que l'ouvrier émigrant a été un agent de progrès et de civilisation pour notre département.

Un très grand nombre d'enfants de nos plus simples laboureurs ont apporté dans nos villages qui avaient toujours été dominés par une petite bourgeoisie d'ignorants et de pingres, des habitudes de loyauté et de franchise que l'ouvrier intelligent acquiert au frottement de ceux qui lui sont supérieurs et qu'il coudoie à tout instant dans une grande ville.

Cet homme dans ses foyers devient l'objet de la curiosité publique. On veut savoir ce qu'il a fait, ce qu'il a vu, ce qu'il pense. La moindre de ses paroles est écoutée avec une bienveillance extrême, pourvu que ce ne soit ni un hâbleur ni un faiseur d'embarras.

A ce sujet, je me permettrai une légère digression pour rappeler quelle fut l'origine de l'émigration creusoise.

Parcourez tous nos villages, vous n'y trouverez pas un enfant, tant soit peu robuste, arrivé à l'âge de treize à quatorze ans, qui ne rêve d'abandonner les travaux de l'agriculture pour se sauver, soit à Paris, Lyon, Bordeaux ou ailleurs.

D'où leur vient cette pensée, qui domine dans l'esprit de notre jeunesse ? — C'est qu'autrefois il y eut des chasseurs d'hommes, comme il y a aujourd'hui des chasseurs de gibier.

Au temps de la guerre contre les protestants, quand Richelieu entreprit le siège de la Rochelle, et plus tard, pour la construction des places fortes et des ports maritimes, il eut besoin d'une quantité énorme d'ouvriers. Il envoya dans la Creuse des agents royaux qui engageaient moyennant un salaire relativement élevé, les ouvriers de bonne volonté.

Pressé par les circonstances et voyant que les Anglais se préparaient à venir au secours de ses adversaires, il faisait enlever de force le nombre d'ouvriers dont avaient besoin ses généraux pour augmenter leurs forces. Ceux-là étaient conduits enchaînés comme des galériens, où les nécessités de la guerre l'exigeaient. Il n'y avait pas qu'en France que prévalait ce genre de tyrannie, l'Angleterre n'a jamais connu d'autre système, elle le pratique encore tous les jours.

Quand le sergent de recrutement rencontre des hommes en ribote, il leur offre un schelling, pour boire encore. Celui qui l'a accepté est bel et bien soldat, car, s'il ne se présente pas à la caserne, il est considéré comme déserteur et livré à la justice militaire.

Le mouvement d'émigration, dans la Creuse, a même une origine plus lointaine ; Boulins-Villers, l'intendant de la généralité de Moulins, affirme que la misère contraignit les Marchois d'émigrer en Catalogne, et il nous les montre partageant avec les animaux, la table et le lit. (*Bonnemère, Histoire des paysans, volume 2, page 126.*)

Ce mouvement devint ensuite plus général et il persista sous Louis XIV, alors que notre illustre Vauban voulut continuer l'œuvre de son prédécesseur Richelieu. C'est, on le voit, pour travailler à la défense de la patrie, que les Creusois ont formé une grande légion de maçons et de tailleurs de pierres.

Partis de Paris en assez grand nombre, tout joyeux de revoir le pays, la famille et les amis, nous prîmes à la place St-Michel ou rue d'Enfer, les maudits coucous ou pataches qui nous avaient tant secoués une première fois.

Nous serons sobres de détails sur ce second voyage attendu que nous en avons décrit les principales péripéties, dans un chapitre précédent.

On a de singulières pensées sur son pays, quand on l'a entendu calomnier par des esprits superficiels et légers. Nous n'aurions plus voulu être pris pour des Limousins. Nous avions tant peur de ne pas pouvoir assez nous distinguer, que nous cherchions à transformer notre prononciation. Parler gras, ne pas avoir notre accent naturel, nous paraissait le comble de la distinction.

En arrivant à Pontarion, nous entrâmes Desservière et moi, dans l'auberge du père Duphot. Sa fille, Jeanne, nous servit chopine et nous apporta une miche ; elle ne nous reconnut pas, tant son filleul avait grandi, pendant cinq ans d'absence, et moi, pendant trois ans.

Nous commencions par faire le plus d'embarras possible ; nous nous parlions avec le plus grand respect ; nous nous appelions, l'un, Monsieur Victor ; l'autre Monsieur Théophile. Nous demandions si nous étions loin de Bourganeuf.

La digne femme dont le nom est resté si vénéré dans nos environs répondit à nos questions, mais il y avait quelque chose qui ne lui allait guère, dans ce métier de malin que nous cherchions à jouer. Ayant eu besoin de sortir de la salle, elle commença par retirer les clefs des commodes et des armoires, s'imaginant que nous pourrions bien être quelques mauvais garnements capables en son absence, de goûter à ses liqueurs ou de mettre des bouteilles sous nos blouses. A ce moment, nous éclatâmes de rire et nous lui dîmes en patois : « Vous ne connaissez donc pas votre filleul, et Martin, le fils de la Mignon ? »

A ce moment, elle s'écria : « Ah c'est vous autres, deux chétifs, puis nous la suivîmes dans la cuisine, où nous rencontrâmes certaines personnes de Pontarion qui nous avaient vu élever. On s'embrassa, on rit et un instant après je filai à La Martinèche.

En entrant à la maison, je trouvai ma mère et mes sœurs mangeant leurs soupes et un plat de raves, sur la table. Mon père qui était allé à Bourganeuf, entra un instant après. « — Que tu as grandi ! mon pauvre petit, dit ma mère, je craignais bien de ne plus te revoir après être tombé de si haut, à Paris. »

Enfin, je laissais tout le monde à la joie et j'allais me mettre au lit.

Le lendemain, à peine faisait-il jour, que ma mère vint me demander si la fatigue ne m'avait pas empêché de dormir. — « Non, non, lui dis-je, mais mon lit n'est pas très doux. Il me semble que j'ai les côtes brisées et le corps en morceaux. » C'est qu'en effet, j'avais retrouvé mon lit dans l'état où trois ans auparavant je l'avais laissé, excepté qu'ayant toujours servi au domestique, il m'avait paru plus dur.

Ma mère ajouta : « Voici la veste, le pantalon, et le gilet que je t'ai fait préparer ; j'espère que tous ces effets t'iront bien, le tailleur a pris mesure sur Michel Vergnaud qui a un an de plus que toi, mais il vaut mieux qu'ils soient trop grands que trop petits. »

La paysanne changea tout à coup de conversation et me dit : « Tu ne veux pas garder ta bourse sur toi, donne-la moi à serrer. »

— « Ma mère, ma chère mère, vous allez être bien mécontente de moi, et mon père aussi. Vous pouvez croire que ma conduite a été celle d'un enfant libertin, ingrat, qui a oublié tout ce que vous avez été pour lui ; mais je n'ai pas d'argent, cherchez dans ma poche vous n'y trouverez pas cent francs. N'oubliez pas que j'ai eu à payer mon médecin, mon boulanger et ma logeuse, et qu'à la suite de ma chute, je suis resté trois mois sans travailler. »

Alors, elle se mit à verser d'abondantes larmes. Tout en sanglotant elle me fit le récit de l'embarras où nous nous trouvions. Elle ne manqua pas de me faire observer que depuis trois ans mon père n'avait rien gagné, et que les économies qu'il avait faites pendant quatre ans, avaient disparu dans les malheureuses affaires de Villemomble, qu'en outre la récolte avait été mauvaise, que nous n'avions pas suffisamment de blé pour attendre jusqu'à l'été prochain, que nos vaches n'avaient pas une goutte de lait et qu'elle ne savait comment s'y prendre pour préparer nos repas, et elle reprit : « J'ai bien un autre souci : ta sœur Magdeleine a vingt ans, on nous la demande en mariage, il faut bien que nous lui constituions une petite dot. » J'écoutais sans dire un mot, mais mon cœur était ulcéré.

Aussitôt après sa sortie de ma chambre, elle alla mettre mon père au courant de la longue conversation que nous avions eue ensemble ; en ce qui concerne la question d'argent, mon père lui dit : « Je m'y attendais ; surtout ne lui adressons pas de reproche. Il est bon, il a du cœur ; mais il est sensible et en même temps vif et emporté ; prenons-le par le sentiment, nous le rattacherons au pays, et je pense qu'il ne nous abandonnera pas. »

Puis, à l'heure du dîner qui se composait de petit lait, de tourteaux et de pommes de terre, mon père me dit : « Eh ! bien, toi, flambard, j'espère que tu vas venir nous aider à battre à la grange. » Je fis un signe d'assentiment et l'après-midi nous nous mîmes à trois à battre les gerbes. Ce métier est fatigant, car il dure une quinzaine de jours consécutifs ; néanmoins, je ne me lassais pas.

Le soir, un peu avant la nuit, je prenais l'*hachou* ou la hache, pour couper soit des branches, soit de grosses bûches de bois pour entretenir le feu pendant la veillée, dans nos cheminées larges de plus de deux mètres.

A ces veillées, où viennent les voisins, la parole est toujours au maçon. On aime à entendre les récits qu'il fait de Paris, et pour peu qu'il ait de faconde ou d'imagination, ses conversations sont toujours plus agréables qu'ennuyeuses, surtout quand nos jeunes filles se mettant de la partie, commencent à chanter, ou qu'on vient à parler des mariages projetés.

De sa nature, mon père était un homme très gai. Comme il avait beaucoup de mémoire, ses conversations faisaient rire les personnes de la veillée, et si parfois, il s'apercevait que les anecdotes de maçons souvent répétées n'intéressaient pas suffisamment sa petite société, il se mettait à parler de Napoléon, qu'il avait vu trois ou quatre fois dans sa vie, ou de ses généraux. Sur ce sujet, sa verve était intarissable.

A cette saison de l'année, toute la jeunesse étant revenue de Paris, de Lyon ou de la Champagne, je n'aimais guère à passer les soirées chez nous, parce qu'il y avait tantôt dans un village tantôt dans l'autre, d'agréables distractions.

Les soirs venus, nous nous dirigions vers les villages où se donnaient des bals, éclairant notre route avec des torches de paille que nous avions emportées.

Les amis venaient à notre rencontre. Il y avait alors échange de poignées de mains entre tous ces jeunes gens arrivés de Paris, de Lyon ou d'ailleurs et qui souvent ne s'étaient pas revus depuis leur enfance.

C'est pourquoi, pendant l'hiver, la Creuse a plutôt la physionomie gaie que triste. De même que les riches vont l'hiver, à Paris, pour jouir de tous les agréments que leur offre une civilisation raffinée ; de même, notre population émigrante revient avec bonheur dans nos campagnes, pour égayer nos laboureurs si heureux de revoir leurs enfants pleins d'entrain et de bonne grâce. Aussi, qu'on aille dans n'importe quel hameau, il n'est question que de ballades, de danses et de mariages.

Les souvenirs d'enfance ont réclamé l'émigrant, il

accourt, si vif est le désir de revoir la maison où il est né, les champs qui l'ont vu grandir, la fontaine où il s'est désaltéré et souvent celle à laquelle il a promis le mariage.

Pendant la première quinzaine qui suit son arrivée, on fait foule autour de lui, c'est à qui lui serrera la main le premier ; on s'enquiert d'abord s'il apporte des nouvelles de ceux qui sont restés dans la ville. Puis on aime à savoir s'il a fait une bonne campagne, s'il a toujours travaillé, si la journée était bonne, le pain pas cher. Quand on est au courant de tous ces détails, on compare le gain à la dépense, et on croit pouvoir deviner la somme que l'émigrant a apportée au pays.

Ces questions en amènent d'autres, qui portent surtout sur ce qu'il a pu voir de beau à Paris. Là, son imagination est à l'aise ; il peut se vanter de ce qu'il a fait ou pas fait, sa conversation est sans contrôle. S'il a intéressé nos vieux paysans, ceux-ci se retirent en disant : « Il n'est pas bête, ce garçon ; il fera son chemin. »

Mais où l'influence de l'émigrant est prédominante, c'est auprès des femmes, et surtout des jeunes filles à marier. La mère fait son éloge, le soir, à la veillée ; les raisons qu'elle donne influent sur le père, et si le prétendant est bien cravaté, convenablement habillé, la jeune fille en devient facilement amoureuse.

Quand on danse dans nos villages, c'est toujours dans une grange que le bal se tient et que l'on s'entasse.

Ces sortes de bals, s'ouvrent presque toujours par cette vieille danse gauloise qu'on appelle *la Bourrée*, danse qui s'est perpétuée dans nos campagnes de génération en génération, comme une preuve de l'attention et des égards que la jeunesse gauloise professait pour la vieillesse.

En effet, l'usage veut que les jeunes gens invitent à cette première danse, les personnes les plus âgées présentes à ces divertissements. Il faut voir alors la figure réjouie de ces femmes d'un certain âge, qui, sans effort se montrent gracieuses et avenantes, ce qui fait que cette danse a plus d'attrait qu'on n'aime à le supposer.

Je n'ai jamais assisté à une de ces réunions sans être émerveillé du grand nombre de jolies femmes qu'il y a dans la Creuse, et à ce propos, je me suis toujours souvenu d'avoir entendu dire par un grand artiste fabricant de chignons que nulle part, sinon en Italie, les femmes n'avaient d'aussi beaux cheveux que les Creusoises.

Voyez, en effet, nos campagnardes avec leurs longues et épaisses chevelures noires. Il y en a quelques-unes qui sont rayonnantes de beauté, surtout quand elles ont eu soin de tresser de chaque côté du front ces papillotes qui donnent du charme à leur visage et relèvent l'éclat de leurs grands yeux noirs.

Il est bien rare qu'on laisse passer ces occasions sans parler de mariage.

Quatre ou cinq semaines après ces préliminaires, le mariage est généralement un fait accompli. Il y a en quelque sorte force majeure pour que ces mariages soient rapidement menés. Le mois de mars nous chasse de nos villages ; Paris ou d'autres villes nous rappellent pour la construction de leurs maisons. Voilà pourquoi toute union matrimoniale qui ne s'accomplit pas pendant le mois de janvier ou de février, est nécessairement remise à l'année suivante.

C'est cette même année 1833, que ma sœur nous fut demandée en mariage par un très honnête homme, Louis Soumis, qui devait la rendre si heureuse pendant plus de cinquante ans. On eut de la peine à se mettre d'accord sur la dot ; les Soumis demandaient 1.500 francs, mon père ne voulait en donner que 1.200 et payables par 300 francs, tous les deux ans.

Enfin, de guerre lasse, Soumis accepta ces conditions.

Malheureusement nous étions sans argent ; nous n'en avions même pas pour faire face aux premières dépenses nécessitées par le mariage.

Voilà ce qui tourmentait mon père, cet homme timide et délicat au-delà de toute expression. Pour aggraver encore ses tourments, le bruit venait de se répandre que François Thaury avait pris hypothèque de la somme de 4.500 francs, qu'il lui avait prêtée pour payer la part de son frère, sur notre petite propriété.

On nous connaissait d'autres dettes, l'ensemble passait 10.000 francs, non compris la dot de ma sœur. C'était à peu près ce que valait la propriété de la Martinèche.

A qui allions-nous nous adresser pour contracter un nouvel emprunt, alors qu'on connaissait dans les environs le mauvais état de nos affaires.

— « Allons voir, me dit mon père, un homme que je connais très bien, qui habite à Soubrebost et qui est d'un caractère, très obligeant. »

Nous le rencontrâmes au cabaret. Tout en buvant et en causant, mon père lui fit connaître l'objet de notre visite et aussitôt il répondit : « J'ai 400 francs dans mon armoire, mais je ne puis guère en disposer, j'ai une vache à payer à la prochaine foire de Bourganeuf. »

Enfin, il se décida à nous prêter cet argent pour quatre mois. Je signai le billet bien que je n'eusse que dix-sept ans ; mais, à notre grande surprise, au lieu de nous remettre 400 francs, notre homme ne nous remit que 360 francs. Il commençait donc par retenir le revenu de son argent à un taux considérable.

En nous en retournant à la maison, nous étions, mon père et moi, aussi outrés l'un que l'autre. Cependant, lorsque je le vis suffoqué par les larmes, j'essayai de le consoler. Sans me dire un mot, il entra dans notre cimetière, au moment où nous passions devant la porte ; il s'avança vers la tombe de son père et de sa mère et il s'agenouilla. J'eus de la peine à le faire lever ; j'étais aussi attendri que lui. Cette retenue de 40 francs qui venait de nous être faite sur ces 400 francs prêtés pour quatre mois, l'avait profondément affligé, et, d'une voix entrecoupée par d'amers sanglots, il s'écriait : « En être réduit à emprunter à 30 0/0 ; ah ! si cela se savait, mes amis n'auraient plus en moi la moindre confiance, et ce serait à celui de mes créanciers qui m'enverrait le premier les huissiers. »

Il ajouta : « Moi qui ai tant travaillé, moi qui ai toujours été économe, me voir dans cette détresse ! la mort est cent fois préférable à l'existence. »

Cette scène arrivée en pleine nuit et par un clair de lune éclatant, dans un cimetière, à l'endroit où depuis plusieurs générations nos ancêtres reposent, devait laisser dans mon esprit et dans mon cœur des souvenirs ineffaçables. Je ne sais rien qui ait plus contribué à élever mes pensées et à me faire comprendre les devoirs qu'un fils doit à ses parents.

Ma mère qui nous attendait avec anxiété, demanda aussitôt à connaître le résultat de nos démarches et nous lui dîmes qu'un ami nous avait tiré d'embarras et naturellement, on ne lui parla pas de ses conditions léonines.

Trois jours après nous allâmes acheter les habits de la mariée.

A ce moment, le goût de toilette était peu répandu dans nos campagnes. Une robe en drap noir uni et commun, un mouchoir au lieu d'un châle sur les épaules, une coiffe, avec ou sans dentelle, des sabots ayant de belles brides, une ou deux bagues en argent, qui acquéraient aux yeux de nos jeunes mariées de l'importance quand le prêtre les avait bénites ; voilà ce qui constituait la toilette de nos jolies paysannes.

Enfin ma sœur épousa Louis Soumis. Ma sœur qui aujourd'hui porte encore assez bien ses 79 ans, ne pouvait mieux rencontrer et n'eut jamais à se plaindre de son mari qui était aussi bon pour elle que pour toute notre famille.

Trois ou quatre jours après ce mariage, j'allai emprunter soixante francs à un de mes oncles, Chopinaud, du Masbarreau. Je remis vingt francs à mon père et avec le reste je filai vers Paris recommencer une nouvelle campagne.

Mon retour à Paris
La crise du bâtiment

A peine étais-je arrivé à Paris que des camarades du garni m'apprirent que les travaux allaient très mal. Certains d'entre eux m'affirmèrent qu'ils n'avaient pas fait une seule journée pendant la durée de l'hiver. Le lendemain, à la première heure, je me rendis à la Grève, j'acquis aussitôt la certitude que les renseignements qui m'avaient été fournis la veille, n'avaient rien d'exagéré. Cette place de Grève, dernier vestige de l'ancien marché aux esclaves de l'antiquité, était bondée d'hommes hâves et décharnés, mais s'accomodant sans trop de tristesse, de leur situation de meurt-de-faim.

On les voyait grelottant de froid sous de mauvaises blouses ou des vestes usées jusqu'à la couture, trépignant des pieds sur les pavés pour se réchauffer un peu.

Quand, vers neuf heures, ils quittaient ce lieu de désolation et de misère, c'était pour se diriger, les uns à la porte des casernes, pour attraper quelques cuillerées de soupe dues à la générosité de nos braves soldats. D'autres s'arrêtaient sur les quais auprès de nombreuses marchandes ambulantes qui leur vendaient moyennant un sou ou deux, une tasse de mauvais café, un peu de pain ou des pommes de terre assez bonnes. Mais le plus grand nombre s'en retournait au garni. Ceux-là n'étaient pas les plus à plaindre et j'allais me trouver de ce nombre. Généralement, nous avions une taille chez le boulanger, un crédit chez l'hôtesse ; quant au reste, on se procurait un peu de charcuterie et on vivait comme on pouvait, en attendant des jours meilleurs.

J'ai vu, pendant les soixante ans que j'ai habité Paris ou Londres, les ouvriers du bâtiment supporter de bien douloureuses crises, mais aucune excepté celle de 1848 ne saurait être comparée à celle de 1833 et 1834, dont il est question ici.

Le peuple était d'autant plus attristé et furieux que de grandes espérances s'étaient emparées de son esprit, à la suite des promesses qui lui avaient été prodiguées par le gouvernement de Louis-Philippe.

Ensuite son patriotisme avait été également surexcité ; il avait entendu parler de gloires pour la France, et notre grande patrie ne recueillait que des hontes ; exemples : l'abandon de la Pologne et le refus de nous annexer la Belgique que les Belges étaient venus nous offrir.

Non, il n'y a pas de tourments pareils, d'ennui plus accablant pour l'ouvrier, que ceux qu'il ressent dans ces grandes et poignantes crises. Il part le matin en quête de travail ; le soir, en rentrant dans son garni, après avoir battu les pavés de la grande ville, dans tous les sens, vu des maîtres compagnons, et payé des canons à Pierre ou à Paul, il revient sa poche vide et rompu par la fatigue. Il sent qu'il va se retrouver dans le même cas, le lendemain. Son anxiété, loin de diminuer, augmente par ce fait qu'il ne peut prévoir si la fatalité qui le poursuit, sera de longue ou de courte durée.

Ce cas avait été le mien pendant trois semaines, de sorte que mon père, à son retour, me trouva triste et profondément démoralisé. Il commença par me dire : « Il faut retourner servir les maçons, puis je ne tarderai pas à te faire embaucher comme limousinant. »

En effet, le même jour, mon père trouva du travail chez un nommé Laville qui habitait rue de Vaugirard ; et il me dit : « Veux-tu venir me servir ? » J'acceptai et me voilà de nouveau garçon maçon, gagnant 42 sous par jour, pendant que les limousinants gagnaient 55 sous, et les maçons 3 francs 50.

Ce fut pour moi un bien et une grande chance.

Dès que j'avais porté l'auge à mon compagnon, il me faisait remuer son plâtre et me le faisait employer même pour jeter des plafonds.

Je ne manquai pas de me fortifier sous l'œil de cet ouvrier d'élite, si avantageusement connu pour faire un ouvrage difficile dans les chantiers de Paris.

Sa grande réputation lui venait aussi de sa force musculaire. Il aimait assez à se flatter qu'il n'avait jamais trouvé son maître pour passer les moellons à l'échelle, ni dans les luttes corps à corps qui avaient lieu à la suite d'un pari, ou dans les jeux des compagnons entr'eux. On ne saurait se faire une idée juste aujourd'hui combien, à cette époque, la force était prisée.

C'est qu'alors en effet, commençait à se développer chez les maçons creusois, cet esprit de fierté et d'indépendance, qui ne leur permettrait plus de se croire inférieurs aux ouvriers de n'importe quel autre corps de métier ; cette idée de mettre la force au service du droit, comme disent les diplomates, détermina la jeunesse désireuse de se faire respecter à se rendre dans les salles de chausson et de bâton, très nombreuses dans notre quartier. Mais nous reviendrons ailleurs sur ce sujet. Je cessai de servir mon père vers la fin d'avril ; alors, il me fit embaucher comme limousinant avec un nommé Fanton, qui commençait un bâtiment dans la rue Blanche.

Là encore, comme dans la rue de la Chaussée d'Antin, il devait m'arriver un accident douloureux et des plus tristes.

Étant occupé à monter des murs de cave en moellons piqués, j'avais pour garçon un nommé Barbat, de Vallière ; après avoir choisi mon rang et lui avoir désigné mon tas de moellons, je redescendis dans la cave ; mais, au moment où je me baissais pour en prendre un à terre, il m'en lança un autre sur le bras gauche.

Heureusement mon bras était flottant. Le coup le rejeta en arrière. Il y eut seulement contusion, mais non cassure. L'enflure vint aussitôt ; je m'évanouis. La caserne de la rue Blanche se trouvait en face de notre chantier. On me mena chez le chirurgien-major qui me donna les premiers soins.

Un de mes jeunes camarades me conduisit ensuite au garni dans un état bien triste et bien chagrin.

Lorsque la bonne demoiselle Rose Champesme me vit rentrer, elle fut atterrée.

L'état où elle m'avait vu trois ans auparavant, était toujours présent à son esprit. Elle s'écria : « Pauvre jeune homme ! que vous êtes à plaindre ! — Qu'allez-vous devenir, si, à cet âge vous venez à être estropié ? Que va dire son pauvre père, ce soir, en rentrant ? »

En effet, à peine entré dans la cuisine, mon père vit que tous ceux qui l'entouraient, avaient un air mystérieux. Enfin, mademoiselle Rose s'approcha de lui : « Mangez votre soupe, père Nadaud, lui dit-elle. »

Pas moyen de le décider, il fallut lui faire ce pénible aveu.

Qu'est-ce qui lui traversa l'esprit ? La colère l'emporta, il brisa sa soupière à ses pieds, et s'écria : « Nom de D... ! si je monte le voir dans sa chambre, je vais l'étrangler. » Son neveu, Hippolyte Julien, au lieu de chercher à l'apaiser l'excitait davantage : « Qu'il se tue donc, une bonne fois pour toutes ; je serais bien débarrassé. C'est un sans-soin et un véritable étourdi ! »

Quand il entra dans ma chambre, la colère l'étouffait, il me regarda sans mot dire, en me lançant un regard farouche.

Le chagrin s'empara de moi, et l'idée me vint d'aller le lendemain à l'hôpital. En effet, aussitôt que mes camarades de chambre furent partis à leur travail, je dis à Mlle Rose : « Conduisez-moi à l'hôpital. » Elle était rebelle à cette pensée, je ne pouvais la décider. Alors, je fis soudainement un saut hors du lit : « Eh ! bien, vous allez voir ! » et en même temps je courus vers la croisée pour me lancer dans la rue.

Elle poussa un grand cri, ainsi que deux autres maçons qui ne travaillaient pas. Je lui répétai mes paroles avec tant d'énergie qu'elle eut peur ; il fallut donc me conduire à l'Hôtel-Dieu. Deux heures après, je traversais le parvis Notre-Dame et j'arrivais enfin à l'hôpital. On me donna de suite un lit. Une des sœurs, en me voyant très abattu, m'accueillit avec des paroles douces et bienveillantes. On me déshabilla et je me couchai.

Le lendemain, à l'heure où le célèbre Dupuytren fit sa visite il m'examina une minute ou deux, puis il dit quelques mots à un des internes qui l'accompagnaient : « Il n'y a pas de fracture, il faut s'attacher à faire disparaître l'enflure. » Tous les soins possibles me furent donnés et je dormis toute la nuit sans me réveiller.

Lorsque mon père revint le soir de son travail et qu'on lui annonça mon départ pour l'hôpital, il fut pendant un moment silencieux, puis il monta dans sa chambre sans dire un mot à personne. M{^{lle}} Rose ne lui cacha point que tous nos camarades du garni blâmaient sa conduite et quelques-uns se livraient à des propos très-désobligeants à son égard.

Moi seul, peut-être, avais compris que l'effet de sa colère venait plutôt de son excès de tendresse que de toute autre cause. Il vint me voir et me trouva assis vers une croisée avec d'autres malades. Je me levai pour aller à sa rencontre, il m'embrassa et il vit bien que je n'étais animé d'aucun sentiment de rancune. La paix fut faite aussitôt.

La troisième fois que le médecin procéda au pansement de mon bras, je remuais les doigts de la main sans souffrance ; je n'eus plus dès lors aucune inquiétude, comptant sur une guérison prompte et radicale.

Un jour, on vint me prendre pour me conduire à la messe. Nous traversâmes un pont en planche jeté sur un bras de la rivière, et je me trouvai dans une petite et vieille église, située de l'autre côté du quai et qui existe encore. On m'y ramena deux fois de plus, les jours suivants, et il fallut me confesser auprès d'un prêtre d'un certain âge, qui fut loin de me donner de mauvais conseils.

Huit jours après, le médecin ordonna de lever les bandes. Mon bras fut entièrement libre, la force me revint. Enfin, on enleva la pancarte de mon lit et on me congédia.

J'adressai mes remerciements à la sœur qui m'avait soigné et je retournai chez ma logeuse. Inutile de dire que mes camarades de chambre en me voyant, me témoignèrent toute leur satisfaction.

Après avoir pris une quinzaine de jours de repos, je retournai dans le même chantier de la rue Blanche. Le bâtiment était couvert, le maître compagnon, Fanton, me mit dans les caves, à faire les joints des murs et des voûtes, — travail peu pénible. Chaque fois que ce digne homme venait nous voir, c'était pour me dire de ne pas me fatiguer.

Dès que Fanton fut dans la nécessité de me renvoyer, j'allai travailler en haut du faubourg St-Denis ; mais, comme je ne connaissais personne dans ce chantier on ne m'y garda pas longtemps. La crise des travaux sévissait toujours, je rôdais de chantier en chantier, sans trouver à m'embaucher. A la fin, un nommé Gasne, maître compagnon chez Dayras, me fit apporter mes outils avec lui, rue des Bons Enfants. Malheureusement, dans cet intervalle, éclata la grève des charpentiers de 1833, elle dura plusieurs mois et nos travaux furent forcément arrêtés. Je restai cinq semaines sans travailler.

Ce fut un des plus durs moments de ma vie. Sortant de l'hospice, ayant des dettes antérieures, trop jeune pour inspirer beaucoup de confiance, ne travaillant pas, je devins très-pauvre. J'ai bien compris depuis, ces paroles que Beaumarchais a mises dans la bouche de Figaro : « J'ai plus enduré de peine pour gagner ma vie, que Charles-Quint pour gouverner les Espagnes. »

Heureusement, mon boulanger, qui était depuis

longtemps celui de mon père, ne me refusait pas de pain, pas plus que ma logeuse ne se refusait de me tremper la soupe.

J'appris la signification du mot : *battre les gravats*. On dit qu'un ouvrier du bâtiment bat les gravats, quand il n'a pas le sou, ni pour aller à la gargote ni pour boire un canon chez le marchand de vin, à l'heure du dîner. Le batteur de gravats se couche sur le plâtre, pendant les heures de repas, puis il mord son morceau de pain ou croque une pomme, s'il lui reste un sou, et boit de l'eau s'il a soif.

L'ouvrier de nos jours est très rarement réduit à cette extrémité. Il peut, s'il veut, demander des acomptes. Il est rare qu'on lui en refuse, même à chaque repas. Il y a soixante ans, cette habitude n'existait pas, il fallait attendre le jour de la paie pour toucher de l'argent, ou emprunter quelques sous à qui l'on pouvait ; mais ceux qui avaient trop fréquemment recours au prêt journalier, étaient peu estimés et très mal vus de leurs camarades. Ces derniers les considéraient comme des gens de mauvaise conduite, incapables de trouver le moindre crédit, ni parmi leurs amis, ni dans leur garni.

Cependant nous, les jeunes, nous sortions promptement de ce lamentable état d'ennui, de tristesse et de misère, dû à notre manque de travail, pour passer à l'entraînement des jeux, où nous poussait la fougue de notre jeunesse. Les matins, après une tournée faite à la Grève, nous revenions au garni. Alors nous commencions par placer nos lits les uns sur les autres et nos chambres devenaient autant de salles de boxe et de chausson. Nos luttes corps à corps nous procuraient des instants de franche gaieté.

Puis, de temps en temps nous allions les soirs à la salle Gadoux ou à la salle Le Mule, qui passaient pour les deux maîtres de chausson, les plus habiles de ces temps-là.

En ce qui me concerne, je pris goût à ces exercices, et je devins d'une bonne force moyenne.

Un matin, de bonne heure, Giraudon le lyonnais, vint m'annoncer qu'il allait comme maître compagnon, commencer un bâtiment pour l'entrepreneur Gémon, rue St-Ambroise, et il m'embaucha avec un de ses cousins, que nous appelions à cause de sa petite taille, le *Carabinier*.

Ce dernier lui dit : « Nous vous paierions bien un canon, mais nous n'avons pas le sou, ni l'un ni l'autre. »

Le Lyonnais partit d'un gros éclat de rire et il ajouta : « Voilà qu'ils ne sont pas contents, je les embauche et il faut encore que je leur prête de l'argent. » En effet, il nous remit dix francs à l'un et à l'autre.

Il est vrai que des rapports d'étroite amitié existaient entre nos familles. Originaires d'un petit village appelé le Masdarier, les Giraudon étaient quatre frères, et au fur et à mesure qu'ils atteignaient leurs 14 ou 15 ans, âge auquel les maçons partent pour Paris, leur père, très honorable paysan, les confiait à mon père qui s'efforçait de leur procurer du travail et qui ne leur marchandait pas ses conseils.

Comme ces jeunes gens avaient tous de la conduite et qu'ils étaient de bons ouvriers, les rapports entre nous devinrent tout à fait amicaux.

Le Lyonnais n'était que leur cousin ; néanmoins, je venais de trouver en lui un ami qui devait avoir sur ma vie de jeune homme, une bien grande influence. Supérieur par son instruction, aux ouvriers de cette époque, homme d'un beau et noble caractère, avec des manières douces et bienveillantes, nous avions pour lui un très grand respect. Giraudon avait été élevé dans de bonnes écoles de Lyon où son père était entrepreneur ; mais celui-ci s'étant tué dans un de ses chantiers, son fils vint à Paris rejoindre ses cousins.

Tout en travaillant dans son chantier de la rue Saint-Ambroise, ce digne camarade qui savait que j'avais déjà un commencement d'instruction, me détermina à aller, les soirs, à l'école, chez un métreur où lui-même était très-assidu. Nous pensions à nous perfectionner dans notre métier, malheureusement, je ne tardai pas à me trouver dans la nécessité d'abandonner cette école. Dès que les travaux de la rue S*t*-Ambroise furent terminés, j'eus de nouveaux ennuis, je fus une quinzaine de jours sans trouver à m'occuper. Il fallut recommencer à parcourir les rues, à rôder de chantier en chantier, sans parvenir à m'embaucher.

Je voyais s'écouler cette année 1834, sans gagner d'argent. « Comment, me disais-je, tenir parole à mes créanciers et à mon pauvre père si la fatalité continue à me poursuivre avec cette impitoyable rigueur ? »

La rareté des bons chantiers m'obligea d'aller travailler à la barrière du Combat pour un nommé Mérigot qui avait entrepris des fours à plâtre et des murs de soutènement pour prévenir des éboulements dans les carrières.

Harassé par ces travaux exténuants et par le trajet que j'étais obligé de faire, pendant plus d'une heure et demie, matin et soir, le temps et la fatigue ne me permirent plus d'aller à l'école. Il est vrai que cet inconvénient dura à peine deux mois.

Beaucoup d'ouvriers de différents métiers se trouvaient dans ces parages, et à l'heure des repas, nous faisions foule chez le même marchand de vin.

On tomberait dans une grande erreur aujourd'hui, si on s'imaginait que le peuple d'alors était indifférent aux questions politiques. Si on raisonnait un peu de bric et de brac, on pensait juste, néanmoins. Le génie de la France qui est fait de bon sens, ne prenait pas le change à chacun des coups funestes que Louis-Philippe et ses ministres portaient à la Révolution de 1830.

On devinait que leur politique de juste milieu n'avait d'autre but que d'endormir la nation, afin de consolider plus vite la dynastie. Comme de nos jours on vendait les journaux dans les rues. Tous les matins on me demandait dans la salle du marchand de vin, de lire à haute voix le *Populaire de Cabet*.

Un jeune étudiant en médecine nommé Macré, fils ou neveu du maître carrier, s'approcha de moi un matin. Il me complimenta sur le ton et la manière énergique dont je faisais la lecture de certains passages. Il revint ensuite plusieurs fois m'entendre.

C'était la première fois qu'un bourgeois me donnait la main, et j'avoue que j'en fus très-flatté. Il me demanda si je voulais entrer dans la *Société des droits de l'homme* à laquelle il appartenait. Il vit aussitôt à ma réponse que j'étais déjà républicain.

D'ailleurs, dans le chantier de la rue de la Chaussée d'Antin, Luquet, mon maître, n'avait jamais cessé de me parler de la république ni de cette importante société si redoutée du gouvernement, où j'étais résolu d'entrer.

Rendez-vous fut pris, et notre jeune étudiant nous introduisit dans sa section qui était située rue des Boucheries St-Germain, avec deux de mes camarades Luquet et Durand.

On nous accueillit avec le plus chaleureux enthousiasme. Dès que j'eus reçu ce baptême, il me semblait que je ne pourrais jamais être ni assez téméraire ni assez audacieux pour gagner la confiance de cette jeunesse républicaine si franchement dévouée aux intérêts de la France et à ceux du peuple.

Mais, pour plus de clarté dans mon récit, j'ai consacré un chapitre spécial où est exposée ma conduite politique de 1830 à 1848. Je reviens aux questions de travail.

Après avoir terminé ces travaux des carrières de l'Amérique, si désagréables surtout pour un jeune homme désireux de se fortifier dans son métier, j'allai travailler dans un autre chantier non moins déplaisant que celui que je venais de quitter. Mon ami Roby commençait à la barrière de la Courtille, d'importants travaux, pour le compte de Dénoyer, le grand marchand de vin si connu alors, par tous les amateurs de petit bleu, et par les femmes de mœurs légères qui s'y rendaient de différents quartiers de Paris.

Il se peut qu'à ce propos, notre génération ait oublié ce que furent les descentes de la Courtille, il y a un demi-siècle. Voilà en quoi consistait ce tableau ravissant pour beaucoup, très-affligeant pour d'autres :

Comme les chansonniers des guinguettes avaient

poétisé les scènes de la Courtille, il en résultait que chaque dimanche, la jeunesse de l'intérieur de Paris, qui travaillait en chambre, privée d'air pendant la semaine, y accourait en foule, où elle passait la nuit dans des bals éhontés et souvent crapuleux.

Les lundis matins, ces milliers de femmes échevelées et sans pudeur descendaient dans Paris au bras de leurs cavaliers en état d'ivresse, se culbutant les uns sur les autres, narguant le public, lui adressant des propos orduriers. Ces scènes honteuses avaient pour effet d'attirer sur le passage de ce beau monde, la foule des curieux qui prenaient place sur les trottoirs, depuis la barrière jusqu'au boulevard du Temple. Pour les amateurs de spectacles scandaleux et ignobles, l'ensemble de tout ce monde de débraillés et de pochards, était curieux et magnifique à contempler. La police ne faisait rien pour prévenir le débordement de ces orgies au milieu de Paris. Mais, on le sait, rabaisser l'esprit du peuple, le dégrader, l'avilir a toujours été pour les gouvernements monarchiques le moyen qui leur a suffi pour perpétuer leur domination et leur empire.

Le terrain où nous allions construire le grand salon de Dénoyer, était couvert de misérables tavernes où venaient s'enivrer de malheureuses femmes avec leurs enfants, qui, ivres aussi, dormaient au milieu de ce vacarme et de ces orgies.

A quoi fus-je d'abord occupé ? à faire œuvre de charretier ; je conduisais avec les tombereaux des patrons, les débris de la démolition et les terres provenant du terrassement, dans une décharge qui se trouvait en haut de la rue St-Laurent.

Cette opération terminée, il fallut remplir les fouilles,

très profondes en certains endroits, et celà au milieu des étais qui nous créaient de grands embarras et des dangers continuels. Je restai près de cinq mois dans ce chantier, recevant une misérable journée, d'abord de 55 sous, ensuite de 3 francs.

Dans d'aussi mauvais travaux, il n'y avait pas moyen d'apprendre à travailler, ce qui me causait beaucoup d'ennui ; mais on ne se place pas comme l'on veut dans ces moments de crise, on prend ce que l'on trouve et on s'en contente.

Absence regrettable de rapports entre les ouvriers

Le gouvernement de la Restauration et les prêtres s'étaient contentés de donner à notre jeunesse, pour tout bagage d'instruction les leçons insignifiantes du catéchisme. Cet enseignement répondait si peu aux nécessités de notre époque et au développement des sentiments moraux du peuple que ce dernier se trouvait dans un état complet d'ignorance pour ne pas dire d'abrutissement.

Il y eut alors une très forte recrudescence de jalousie et de haine entre les ouvriers d'un corps d'état à l'autre. Ce furent d'abord les compagnnos faisant leur tour de France, qui continuèrent à se livrer des combats sanglants. Le gouvernement crut les désarmer en leur interdisant de porter la canne, mais les racines du mal n'étaient pas à la surface, elles avaient atteint l'esprit et le cœur de ces laborieux et énergiques ouvriers.

On allait voir pourtant qu'il ne s'agissait que de

faire appel à leur raison, à leur amour pour leurs semblables, pour faire naître dans l'esprit des travailleurs des sentiments plus nobles et surtout plus humains. C'est ce qui eut lieu, peu de temps après la publication du livre sur le compagnonnage, de mon ami Agricol Perdigier.

Il n'eut qu'à invoquer les grands principes de solidarité, d'égalité et de fraternité entre les hommes pour que les compagnons devinssent plus tolérants et plus humains entre eux.

Il restait à tenter les mêmes efforts, le même enseignement sur la grande masse des travailleurs qui n'avaient aucun lien entre eux, ni aucune discipline. L'entreprise devait être plus difficile et elle le fut en effet. On pourra en juger d'après les faits suivants dont nous avons été un des témoins oculaires :

Parmi nous, Creusois, il y avait de petits clans, de mesquines rivalités de cantons et même de communes. On avait baptisé du nom de *Brulas*, les ouvriers qui étaient originaires des environs de la Souterraine, du Grand-Bourg et de Dun, et de *Bigaros*, ceux qui venaient du voisinage de Vallière, Saint-Sulpice-les-Champs, St-Georges et Pontarion.

Lorsque nous nous trouvions dans les mêmes chantiers, on commençait à se regarder en chiens de faïence. D'ailleurs, un maître compagnon ou un appareilleur *Bigaro*, se serait bien gardé d'embaucher des *Brulas*.

Si, par hasard, on se trouvait dans le même chantier, c'était à qui mangerait l'autre et le *déchaffauderait*. Alors, commençait une de ces luttes où les patrons avaient tout le gain. Les deux adversaires travaillaient jusqu'à se tordre la chemise sur le dos, c'est-à-dire jusqu'à complet épuisement. La lutte terminée, si les deux rivaux avaient été aussi crânes l'un que l'autre, on allait boire un bon coup. A la sortie de chez le marchand de vin, il n'y avait plus ni *Bigaro* ni *Brula*, on était ami et la paix était faite.

Ces jalousies, ces rivalités folles qui existaient entre les ouvriers d'un même métier, d'un même département, étaient encore plus ardentes pour nous, les jeunes. Lorsque nous allions nous promener aux barrières ou que nous voulions mettre les pieds dans les bals, on nous recevait partout avec tant de dédain, que le besoin que nous avions de nous faire respecter, nous rendait batailleurs.

Cette disposition ne fut pas étrangère à l'ouverture d'un très-grand nombre de salles de chausson dans notre quartier.

Ainsi, le premier maître de chausson qui arriva parmi nous, à la célébrité, fut un nommé Toulouse. Il eut pour élève, Gadoux, qui était de mon village et celui-ci arriva à la réputation des grands maîtres. Je demandai à aller dans sa salle, mais mon père lui avait fait promettre de ne jamais m'accepter et il lui tint parole.

Mon père étant allé passer l'hiver de 1834 au pays, je ne perdis pas de temps et j'allai chez Le Mule, qui avait sa salle rue de la Vannerie. Adroit et très-agile, Le Mule ne tarda pas à se mettre dans l'idée que je pouvais devenir un de ses bons élèves et il se serait bien gardé de me négliger ; au contraire, il me conduisit dans différents assauts, et après m'avoir observé, il découvrit mes côtes faibles et il prit beaucoup de peine pour me perfectionner.

Il y eut alors dans le quartier que nous habitions, un grand dévergondage qui dura deux ou trois ans. La liberté à laquelle nous aspirions et que les journaux nous promettaient tous les jours, exaltait nos tendances d'esprit, et comme nous avions peu d'instruction et peu d'éducation, à la moindre insulte, nous regimbions comme de vigoureux mulets, quand ils sont fouettés en plein champ. Nous nous disions qu'il fallait apprendre à châtier à la force du poignet, ceux qui avaient une si pauvre idée des mangeurs de châtaignes de Limoges et de la Creuse.

Les petites coureuses de bals refusaient même de danser avec nous, quand d'autres plus élégants se présentaient.

Il vint un moment cependant, où à notre tour, nous fûmes assez redoutés des faiseurs d'embarras et des faux crânes. Nous nous suivions par bandes. Au moindre geste, à la moindre parole, on en venait aux mains.

La police intervenait rarement ; pourtant il m'arriva deux fois en peu de temps de me faire ramasser et de coucher au poste. J'avoue que j'eus alors de très grands remords.

Quel spectacle que de passer une nuit au milieu d'un ramassis de gens, criant, tempêtant, couvrant les dalles d'épais crachats ou de leurs vomissements ! Celui qui ne se sentait pas perverti se lamentait ; l'idée qui lui venait à l'esprit c'était de se promettre de ne pas recommencer. Mon père se fatiguait de me donner des conseils. Il mit à mes trousses, François Thaury, Roby, Giraudon le lyonnais, trois hommes des plus estimables, et pour lesquels j'avais le plus grand respect. Il est vrai, en effet, qu'il ne faut jamais désespérer de ramener dans le droit chemin, un jeune homme qui cherche à avoir pour amis des hommes sérieux. Cette qualité, je l'ai eue en tout temps.

Ces dignes amis qui m'affectionnaient beaucoup, parce que je recherchais leur société, m'appelèrent chez Bertuzi, le marchand de vin voisin de notre garni, où nous allions, quand nous avions un canon ou une chopine à boire.

La conversation, tout en étant assez vive, surtout de la part de François Thaury, ne s'écarta pas d'une certaine bienveillance à mon égard. J'écoutais en tremblant de tous mes nerfs, ces bons et dignes amis, et je me disais dans mon for intérieur que je valais mieux qu'ils ne le croyaient. Ils m'accusaient de fréquenter les salles de chausson et de me battre pour des riens; mais le plus grave de leurs reproches cependant, c'était de me mêler aux émeutes de la rue, si fréquentes à cette époque, et de trop parler de la République.

Giraudon le lyonnais, homme grave et de beaucoup de bon sens, me conseilla de quitter le garni et de changer de quartier pour échapper, les soirs, aux mauvaises fréquentations, qui m'entraînaient de côté et d'autres. Cette pensée me souriait assez, il y avait quelque temps déjà qu'elle m'était venue à l'esprit, car le désir de m'instruire ne m'avait jamais abandonné, pas plus que mon attachement à ma famille.

Les nouvelles connaissances que je tenais à conserver, c'étaient quelques bons maçons, puis quelques-uns des jeunes gens que je rencontrais, une fois par semaine, dans la *Société des droits de l'homme*, mais je ne pouvais pas faire cet aveu à mes bons et braves amis, qui n'eurent jamais d'opinion politique.

Roby dit à son tour : « Je suis seul dans ma chambre avec Jacques Lafaye, si vous voulez venir, nous monterons un lit, j'ai le linge nécessaire. »

J'acceptai aussitôt cette proposition, et cinq ou six jours après, j'étais logé au n° 7 de la rue des Barres.

Singulier logement que celui que j'allais occuper. Il était situé à l'entre-sol et si bas de plafond, qu'on pouvait à peine y marcher droit. Dans ce local, sorte de fouillis, il y avait des auges, des règles de maçons, des planches, de la ferraille de toute sorte ; ajoutons qu'il était à peine aéré et que la moitié des carreaux manquait sous nos pieds.

Aujourd'hui que nous avons des lois sur les logements insalubres, la police ne manquerait pas d'interdire ces sortes de taudis. Mais à cette époque notre chambre ne différait guère de celles réservées partout ailleurs aux ouvriers.

— « Ne restons pas là, commençai-je à dire au bout de quelques jours à Roby. Nous serions bientôt dévorés par les puces et les punaises. Je porte déjà la marque évidente des morsures de nos intraitables parasites. »

Nous donnâmes congé à notre propriétaire de la rue des Barres, et nous allâmes louer une assez vaste chambre, au n° 23 de la rue Saint-Louis-en-l'Ile, au troisième étage, au fond d'une cour.

Ce que mes amis m'avaient conseillé et ce que je désirais tant moi-même : mon éloignement du quartier de la Grève, était donc réalisé.

Il me restait à racheter ma conduite aux yeux de ces braves gens qui trouvaient que mes écarts de jeunesse avaient été poussés un peu loin. Mais ils oubliaient que le mobile qui m'avait fait agir était, comme dans le cas des duellistes, le point d'honneur.

Nous n'avions jamais pu nous résigner à entendre donner des sobriquets insultants, aux maçons de la Creuse.

Du mouvement des écoles

Retiré dans un des coins les plus anciens de la vieille Lutèce, avec l'idée fixe et bien arrêtée de me séparer de ceux de mes camarades de première jeunesse avec lesquels je courais les soirs, les bals de musette ou les salles de chausson, je me demandai tout naturellement ce que j'allais faire pour utiliser mes soirées. Comme j'avais toujours eu d'assez bonnes dispositions pour m'instruire et que cette pensée était devenue plus forte depuis mon admission dans la *Société des droits de l'homme*, où je rencontrais des jeunes gens instruits et charmants, nous cherchions, Luquet et moi, à leur paraître le moins gauches possible. Je me décidai à aller chaque soir, à l'école.

C'est vers ce temps que la ville de Paris ouvrit des écoles mutuelles à l'usage du peuple dans différents quartiers de Paris.

Puis, survint la loi de 1833, due à la volonté énergique d'un ministre protestant, M. Guizot, qui devait imprimer un mouvement général à l'enseignement populaire en France moins heureuse, jusqu'à cette époque, que les nations protestantes qui avaient songé dès le XVIIe siècle à organiser des écoles dans toutes leurs communes.

La France pour jouir des mêmes bienfaits devait attendre deux siècles plus tard, celà grâce à la mauvaise volonté de notre clergé qui avait plongé notre malheureux pays dans des guerres civiles religieuses d'un caractère barbare et sauvage.

Qu'allions-nous voir à Paris pour la première fois ? Nous allions voir notre grande capitale qui a rendu au peuple et à notre civilisation de si éminents services, s'empresser d'ouvrir des écoles d'adultes, dans les quartiers où la population était nombreuse.

Nous-même, nous profitâmes de cet acte de générosité de la municipalité parisienne pour aller suivre le cours fondé dans le cloître St-Méry.

Pour connaître le désir de s'instruire, qu'eurent alors une certaine portion des ouvriers il faut avoir été témoin de l'empressement qu'ils mettaient à garnir les bancs de ces vastes salles. Nous avons vu un certain nombre de jeunes Creusois qui connaissaient à peine leurs lettres s'y montrer très-assidus.

Les maîtres s'aperçurent dès les premiers jours que j'avais déjà un bon commencement et on me nomma moniteur d'une table, chargé comme tel, de faire lire les commençants et surveiller leurs cahiers d'écriture.

Je ne tardai pas à comprendre qu'étant ainsi occupé je perdais mon temps ; je fus donc obligé de chercher une école payante, afin de pouvoir faire des progrès plus rapides.

Le hasard me fit rencontrer un soir, un de mes jeunes concitoyens, appelé Guéret. Il allait à l'école rue Bourtibourg, chez un nommé Jouane, instituteur de profession. Guéret me dit tant de bien de son maître qu'il me décida d'y aller aussi.

Placés l'un à côté de l'autre nous nous encouragions mutuellement pour apprendre nos quatre règles. M. Jouane nous faisait faire aussi des dictées, et j'avoue que nous en avions assez besoin l'un et l'autre.

J'avais bien conscience de mon ignorance relativement aux règles de la grammaire et mon maître en corrigeant mes dictées me le faisait assez savoir. En effet, il m'accablait d'observations que je trouvais oiseuses ; la plupart me rentraient par une oreille et me sortaient par l'autre. « Ce n'est pas la règle des participes, me disais-je, dont je n'aurai peut-être jamais besoin, pas plus que l'analyse des phrases, qu'il m'importe le plus de savoir, ce qui m'est utile et immédiatement nécessaire, c'est d'acquérir des connaissances et d'apprendre à raisonner sur les choses de mon métier. Donc, un peu de dessin, de toisé, de coupe de pierres et de géométrie. Voilà l'important pour moi. »

Je fis part à mon père des idées qui me trottaient dans la tête. En m'écoutant, sa figure devenait souriante et la joie brillait dans ses yeux gris.

Soudainement, il me dit : « Allons trouver Giraudon, le lyonnais, il sait mieux que nous, ce qu'il te faut. »

L'ayant rencontré, il nous conduisit dans une boutique et me voilà muni d'une boîte à dessin.

Où irai-je pour commencer mon nouveau genre d'études ? — « N'hésite pas, me dit le lyonnais ; demain, nous irons te faire inscrire au cours de la rue de l'École de Médecine. » En effet, ce fut là que je devais essayer mes compas et mes tire-lignes.

Du goût, j'en avais et je m'occupais de sept à neuf

heures du soir. La première planche que je soumis à à la signature du professeur ne lui convint pas ; il me fit plusieurs observations et il me conseilla de la recommencer.

Il fallut recommencer encore la deuxième et la troisième planche, et cela pour des minuties qui avaient de l'importance à ses yeux ; mais qui en avaient fort peu aux miens. Cela m'ennuyait et me déplaisait assez, sans trop me surprendre toutefois ; car je savais que depuis la fracture de mes poignets, les mains me tremblaient souvent.

Néanmoins, je calculai le temps qu'il me faudrait pour terminer ce cours avec les exigences de mon professeur et je le trouvai bien long. L'idée me vint d'emprunter le cours complet d'un nommé Gautier, commis chez un entrepreneur de maçonnerie, lequel avait été approuvé par le professeur.

Je l'emportai dans ma chambre ; alors je n'eus plus à me déranger. Livré à moi-même, soutenu par la pensée que j'avais de m'instruire je continuai et achevai ce cours, consistant en vingt-quatre planches. Puis, je retournai passer quatre ou cinq mois chez mon ancien métreur. Il me semblait que je grandissais à mes yeux ; j'avais, en effet, découvert en moi-même, une force de volonté et d'opiniâtreté pour le travail intellectuel que je ne me connaissais pas. Puis, vivre seul dans sa chambre, s'y créer des jouissances d'esprit assez grandes pour combattre l'ennui et le désir de toute autre distraction : je venais de faire cette expérience, et elle m'avait assez bien réussi. Mais, si d'un côté j'éprouvais quelque satisfaction, il n'en était pas de même en ce qui concernait nos affaires de famille. La réalité des choses m'apparaissait dans sa triste et poignante vérité.

J'étais arrivé à me convaincre qu'il me serait impossible de payer nos dettes de famille avec le produit de mes économies d'ouvrier ; car nous n'avions pas moins de cinq cents francs de revenu à payer chaque année.

Que faire ? Je finis par me dire qu'étant entouré de bons et laborieux jeunes gens qui ne savaient pas même signer leurs noms, il me serait facile d'en réunir une douzaine dans ma chambre, pour leur apprendre ce que je savais.

Je fis part de cette idée à plusieurs d'entre eux qui en parurent contents.

Cette détermination me souriait à un double point de vue. Je comptais demander à mes élèves quatre francs par mois ; ce qui pouvait me donner de quatre à cinq cents francs par an. — « Voilà, pensais-je, pour payer nos revenus. » Puis, comme le désir de m'instruire était toujours très grand, je me disais : « Ce moyen d'instruire les autres, me paraît bon aussi pour m'instruire moi-même. »

Mais, lorsque je réfléchissais au surcroît de travail qui allait m'incomber, je ne me sentais pas très rassuré. Se lever à cinq heures du matin, écraser du plâtre jusqu'à six heures du soir, revenir du chantier à la course, manger la soupe du garni, chez l'ancien suisse de l'église St-Gervais où demeurait mon père, se remettre à l'œuvre en entrant chez soi jusqu'à onze heures du soir. Pourrai-je y tenir, mes forces me soutiendront-elles longtemps ?

Ma bonne constitution, ma robuste santé me le faisaient espérer. Vouloir c'est pouvoir, me disais-je encore. La volonté est un outil que l'homme n'a qu'à manier avec énergie, pour en tirer des profits plus ou moins grands.

Puis, ce sera quelque chose si en enseignant je parviens à loger dans mon cerveau certaines connaissances. Elles y produiront ce qu'elles pourront, mais l'instruction fera de moi un homme différent de ce que j'aurais été si j'avais passé mes soirées à baguenauder de côté et d'autre.

Avant d'ouvrir cette école, j'avais besoin de consulter le bon et honnête Roby, qui était mon camarade de chambre.

En effet, n'allais-je pas interrompre le repos et le sommeil de cet ami dévoué en amenant chaque soir, dans notre chambre une douzaine de jeunes gens, qui pourraient faire du bruit et qui, dans tous les cas, m'obligeraient à parler jusqu'à onze heures du soir ? Dès que je l'informai de mon projet : « Je consens de bon cœur à tout ce que vous voudrez, me répondit-il, car l'intérêt que je vous porte est grand et sincère. Mais, avez-vous bien réfléchi aux embarras que vous allez vous mettre sur les bras ? Êtes-vous sûr d'arriver à l'heure, chaque soir. Il vaudrait mieux pour vous ne pas commencer, que d'être obligé de tout abandonner ensuite. »

J'eus de la peine à le rassurer sur ce point et je finis par lui dire, qu'il ne tarderait pas avoir de moi une meilleure opinion.

Je connaissais, ai-je dit, le fond de la pensée de plusieurs jeunes ouvriers qui étaient des modèles de conduite. Quelques-uns servaient encore les maçons, pendant que d'autres étaient des ouvriers accomplis. Tous souffraient de leur ignorance et avaient le plus vif désir de s'instruire.

A mon premier appel il m'en vint cinq ou six et ceux-là me donnèrent leur opinion relativement à l'organisation de notre école. Nous convînmes de placer sur les murs de notre chambre, les plans d'une maison, de la cave au grenier, et, à côté les figures de géométrie, que j'avais apprises tant bien que mal au cours de la rue de l'École de Médecine.

Cette idée était bonne pour nous servir de conversation sur la pratique de notre métier et sur la nature des matériaux que nous avions à employer, comme aussi sur la disposition d'un bâtiment et le tracé d'une voûte ou d'un soupirail.

Dès qu'on sut parmi mes connaissances que j'avais ouvert cette école, les demandes pour y avoir une place ne manquèrent pas. En peu de temps, j'eus quinze élèves, tout ce que ma chambre pouvait contenir.

Je ne fus pas longtemps sans m'apercevoir de la satisfaction qu'avaient mes jeunes élèves ; ils me le montraient assez par de chaleureuses poignées de mains qu'ils me donnaient en entrant et en sortant chaque soir. Mais quelque fût leur contentement, le mien n'était certainement pas moindre. La facilité que j'ai toujours eue pour parler, ma voix forte et claire, l'énergie de mon caractère, le désir d'accomplir mon devoir assurèrent mon succès dès les premiers jours. De huit à dix ou onze heures, je ne m'asseyais pas, j'allais d'un élève à l'autre en faisant le tour des deux tables.

Au bout de quelques mois, ceux qui ne connaissaient pas leurs lettres parvinrent à écrire passablement. D'autres apprenaient assez vite leurs quatre règles, et je pouvais leur faire faire de petites dictées.

Elle est grande, ardente et dévorante l'énergie de l'homme jeune ou vieux qui, se sentant un bandeau sur les yeux, s'obstine à vouloir le déchirer. Les nécessités de la vie devaient m'obliger plus tard pendant mes années d'exil, à me donner comme professeur, et exercer cette profession pendant quinze ans. J'eus l'occasion de remarquer qu'au point de vue du zèle et de l'application, la comparaison n'est pas admissible, entre les élèves des premières années et les adultes. Chez ces derniers la force d'âme, l'assiduité, la supériorité du courage qui amène l'homme à dire : « Je veux et ce sera, » lui font faire parfois des choses réellement surprenantes et merveilleuses.

Le livre que je mis entre les mains de mes élèves était les *Paroles d'un croyant* de l'abbé de Lamennais, livre étonnant d'audace, de vigueur de style et bien conçu surtout pour amener les peuples à détester les rois. Il leur convenait beaucoup.

Nous riions tous aux éclats à la lecture de ce passage :

« Fils de l'homme, monte sur ces hauteurs et
« annonce ce que tu vois. — Je vois les rois hurlant
« sur leurs trônes, ils tiennent leur couronne à deux
« mains, mais elle est emportée par les vents et les
« tempêtes. »

Enfin, les plus avancés, les compas à la main s'efforçaient de saisir les premiers principes de géométrie descriptive que je m'étais mis dans l'esprit bien que je ne fusse pas parvenu à donner à ces plans cette finesse de touche exigée par le professeur.

Puis, chaque jour, une demi-heure avant de nous

en aller, on fermait livres et cahiers et devant les plans collés au mur, nous parlions de construction. Depuis, un certain nombre de ces laborieux et zélés jeunes gens qui ont passé devant moi pendant dix ans, sont devenus de bons maîtres compagnons et même de riches entrepreneurs.

J'eus aussi ma part dans ces bénéfices dus à notre bonne conduite et à cette grande assiduité au travail. J'en retirai chaque année suffisamment pour payer les revenus de nos dettes.

Si cette conversation répétée nous ennuyait nous passions aux questions politiques et sociales dont nous étions loin de nous désintéresser. C'est en effet à cette époque de 1838 à 1848, qu'on vit naître des journaux socialistes et publier surtout beaucoup de brochures. Je ne manquai pas de me procurer chez le libraire Rouanet, rue Joquelet, les plus révolutionnaires et d'en faire la lecture à mes élèves.

Si je puis me flatter d'avoir rendu quelques services à mes concitoyens, les ouvriers de la Creuse, je considère cette époque comme n'étant pas la moins importante de ma vie. C'est assurément celle qui vit se former le parti républicain parmi les émigrants creusois. Car, tout en donnant à mes élèves les premières notions d'une instruction élémentaire, je leur apprenais à aimer la république et à se représenter cette forme de gouvernement, comme seule capable d'élever graduellement le peuple au niveau des autres classes de la société, tant au point de vue moral, qu'au point de vue des droits politiques et sociaux.

Il est souvent heureux pour un homme de naître pauvre ; je crois que ç'a été mon cas. Si mes dettes de famille n'avaient pas mis cinq cents francs de revenu à ma charge, chaque année, l'idée d'ouvrir cette école ne me serait jamais venue ; et il est fort probable que je serais resté ignoré au milieu de mes camarades de travail et de misère. C'est cette longue assiduité au travail intellectuel qui a duré de 1838 à 1848, qui a contribué le plus à inculquer dans mon esprit le goût de l'étude et des lectures sérieuses ; j'acquis aussi pendant cet intervalle l'habitude de parler en public.

Je m'en aperçus bien en 1848, quand je me hasardai d'improviser de petits discours dans les clubs, dans les réunions publiques et à l'assemblée législative de 1849, où il m'arriva plus d'une fois d'occuper pendant plus d'une heure la tribune.

Cependant, l'argument principal des monarchistes et des cléricaux, lorsqu'ils apprirent qu'un maçon avait l'audace de se présenter comme candidat, était celui-ci : que j'étais un mauvais garnement, un ivrogne, vivant au croc des filles publiques. Voilà la bonne foi des ennemis de la république.

Peuple, fie-toi à eux !

Nos précurseurs dans l'émigration creusoise.

Nous avons dit que la vieille aristocratie monarchique et catholique, vaincue par la démocratie protestante du XVIe siècle avait préféré laisser dans les mains du peuple l'antique chapelet, que de lui apprendre à lire. Il en était résulté que la population française était encore au commencement de notre siècle, dans une ignorance semblable à celle où se trouvaient nos ancêtres au milieu du Moyen-âge.

Heureusement, les lois de la nature humaine, essentiellement progressives, comme nous l'a démontré l'illustre Condorcet, dans un livre célèbre, font doucement leur chemin et brisent les obstacles que l'aristocratie cléricale sème sur la route du progrès ; car, les talents, les forts caractères, le bon sens, le génie naissent pêle-mêle, aussi souvent dans les familles pauvres que dans les familles riches.

Si, de l'abandon intellectuel où les cléricaux avaient laissé le peuple, nous passons à son état matériel, nous trouvons qu'il n'avait pas mieux été traité.

A quoi Paris ressemblait-il alors ? Qu'y avait-il qui eût quelque apparence de grandeur et de beauté ? Ce n'était pas le faubourg Saint-Germain avec ses hôtels massifs, dérobés à l'œil au fond des cours et ne laissant voir que de grands porches du modèle de ceux de nos fermes ou de nos écuries.

Un souvenir bien affligeant pour l'homme qui réfléchit et qui connaît notre histoire se présente ici à son esprit : c'est que ces constructions lui rappellent l'époque où notre noblesse désertant la campagne, sacrifia nos libertés provinciales et locales pour se rendre vassale de la royauté.

A ce sujet, on a cru pendant longtemps qu'en s'asservissant aux caprices d'un maître, la noblesse avait travaillé au développement des libertés de la France. Edgar Quinet nous a prouvé le contraire, puisque les uns et les autres, nous devions abdiquer entre les mains d'un seul maître : un Louis XIV ou un Napoléon.

Le seul point convenable de Paris où on pouvait respirer un air bienfaisant, c'était le boulevard intérieur de la Magdeleine à la Bastille, bien qu'il fût loin d'être achevé.

Quant à nos faubourgs, pris dans leur ensemble, ils ressemblaient à un habit d'arlequin, composé de différentes pièces et de morceaux.

Tel était, disons-nous, l'état de Paris dans le premier quart de ce siècle, alors que les classes moyennes, comme le peuple, avaient été décimées, broyées pendant les guerres du premier empire. Il y eut ensuite sous la Restauration, pendant les années de paix qui suivirent, un mouvement d'affaires portant principalement sur la bâtisse, qu'on peut comparer à celui qui a eu lieu, du temps d'Haussmann et d'Alphand.

A propos de ce dernier, qui fut ingénieur de génie, égal, il nous semble, aux Jean de Chelle, aux Pierre de Corbie et aux Eudes de Montreil, qui conçurent et dirigèrent les travaux de nos grands monuments du Moyen âge, on ne peut que féliciter la municipalité de Paris de songer à élever un monument public sur une des places de notre capitale à Alphand. Il mérite cet honneur. Jamais homme n'a plus donné de temps au travail que ce grand artiste. Tous ceux qui l'ont connu apprécient les belles et brillantes qualités de cette nature d'élite.

Dans le nombre des ouvriers que la Creuse envoya à Paris sous la Restauration, il se trouva des fils de paysans qui surent se distinguer comme constructeurs et architectes, et dont les noms méritent d'être rappelés au souvenir des hommes de nos jours.

En première ligne, nous placerons Duphot, de la commune de Banize. Je n'ai vu qu'une seule fois en ma vie, Duphot ; c'était dans sa belle maison située au coin de la rue Royale et du boulevard de la Magdeleine. Je lui fus présenté par un de ses neveux. Delavallade, pour lequel j'avais travaillé pendant trois ans, comme je l'indiquerai plus tard.

Vrai type creusois, fort et robuste, avec une figure douce et mâle et des manières distinguées, Duphot avait commencé par être un laborieux et intelligent ouvrier maçon.

Comment s'y prit-il pour acquérir de si vastes terrains et gagner la confiance des banquiers et des architectes ? nous l'ignorons ; mais on avouera bien qu'il lui fallut une présence d'esprit peu commune en même temps que beaucoup d'activité et d'intelligence. Duphot commença des rangées de maisons dans le bas des Champs-Élysées, la rue Rivoli, la rue Mont-Thabor, Castiglione, place Beauvaud, rue Miroménil.

Celà ne suffisait pas à l'activité brûlante du jeune montagnard de la Creuse. On le vit dans le même intervalle ou à peu près, établir trois de ses neveux, Georges Duphot, Degrange et Delavallade qui furent à leur tour presqu'aussi occupés que leur oncle.

Une remarque que firent tous les ouvriers de l'époque, c'est que Duphot paya toujours ses ouvriers, vingt-cinq ou même cinquante centimes de plus par jour que les autres entrepreneurs ; aussi eut-il en tout temps l'élite des ouvriers. On était content quand on pouvait parvenir à se faire embaucher dans ses chantiers. Mais, si on était bien payé, il ne fallait pas s'endormir, mais lever la main, faire jouer la truelle et la taloche d'une manière ardente et vigoureuse.

Ce qui n'est pas peu étonnant, c'est que Duphot exécutait ses grands travaux avec des maîtres compagnons ou des appareilleurs fort peu instruits, il en eut même qui avaient appris seulement à signer leurs noms sans connaître les lettres de l'alphabet.

Ces vaillants et énergiques Creusois suppléaient à leur manque d'instruction, par des qualités naturelles de premier ordre, un grand amour du travail, et en surmenant leur riche mémoire.

J'ai connu dans ma jeunesse quatre ou cinq de ces privilégiés de la nature, qui étaient amis de mon père.

Quand ils racontaient entre eux, les moyens auxquels ils avaient recours pour se mettre un plan dans la tête, pour se repérer soit sur des pierres ou avec des piquets dans la terre, comme aussi pour noter les marchandises qui entrent dans un chantier, leur conversation n'était qu'une suite de gros éclats de rires, tellement leurs moyens tenaient à la fois du merveilleux et de la légende.

Ce qu'il y a de sûr, c'est que les trésors que l'homme trouve dans sa nature sont bien nombreux quand il prend la peine de fouiller dans son cerveau.

Les Anglais, gens habiles dans la pratique des affaires, ont un proverbe qu'ils répètent souvent :

« Il est aussi difficile de trouver un homme d'affaires consommé qu'un grand poète, mais ceux-là sont surtout plus rares que les saints de l'église. »

En même temps que Duphot, il sortit des environs de Dun, un autre ouvrier d'élite, Labouré qui parvint à remuer, comme on dit, des monceaux de pierres et des moellons.

Je n'ai jamais vu Labouré, ni travaillé dans aucun de ses chantiers. Il occupait presque toujours des *Brulas* et nous *Bigaros*, nous aurions cherché en vain à nous faufiler chez lui.

Tout ce que je sais, c'est qu'à une certaine époque

Labouré laissa le courant de ses affaires à un de ses ouvriers qui faisait l'appareillage des travaux du Louvre, Pierre Riffaud, que la mort vient de nous enlever.

Ce n'est pas à cette place que je veux parler de Riffaud, il n'appartient pas à la génération dont nous nous occupons en ce moment. Il était un des entrepreneurs de maçonnerie qui jouissaient de la meilleure réputation. Après avoir occupé des nuées d'ouvriers pendant plus de trente ans, il ne s'en trouverait peut-être pas un, pour se plaindre avec justice de Riffaud, tant il s'est montré digne de leur commander.

En plus du groupe Duphot, il y en avait deux autres dont il importe de dire un mot. Lefaure, un autre ouvrier creusois, également illettré, eut sa part de gloire dans cette première transformation de notre vieux Paris. On l'appelait Lefaure de la rue Bleue, parce que c'est lui qui transforma le quartier Saint-Georges. Il mit à ce travail la même ténacité que celle qu'avait montrée Duphot, dans les environs de la Magdeleine.

Tous les Creusois qui remplissaient ses chantiers, avaient la même intelligence naturelle, la même volonté pour un travail long et assidu que ceux qui étaient employés chez Duphot. Je serai respectueux pour la mémoire de Lefaure, dit *le Rouge* ou de la *rue Bleue*. Il a été le père d'Amédée Lefaure, le député le plus instruit, le plus intelligent et le plus éloquent qui ait jamais représenté la Creuse, dans nos assemblées parlementaires, où malheureusement il n'a fait que passer.

La transformation de Paris se continuait dans le quartier de Notre-Dame de Lorette, dans la Pologne, — ainsi qu'on appelait la plaine Monceau, — et dans les Batignolles.

Un autre Creusois, appelé Puteaux, devait laisser son nom à une des rues de cet important quartier. Il m'a été donné de connaître son fils au conseil municipal de Paris. Je me fais un devoir de dire que cet homme honnête et délicat, très estimé de tous nos collègues était resté Creusois jusqu'au fond du cœur.

Le Marié, un autre entrepreneur qui a beaucoup travaillé dans le quartier Notre-Dame-de-Lorette et aux Batignolles, surtout dans la rue des Dames, et dans plusieurs autres quartiers, eut pour maître compagnon Mazet, de Lamand, commune de Banize, à qui la fortune devait sourire.

J'avais vu à Paris, deux ou trois fois Mazet, quand je travaillais place de la Magdeleine avec Georges Vidaillat.

Étant devenu, au moment de nos désastres de 1870, Préfet de la Creuse, je revis Mazet au Mas, chez Delavallade, mon ancien patron et mon ami. J'avoue ici qu'en deux circonstances, Mazet ouvrit généreusement sa bourse pour les besoins de la défense nationale.

Ce qui m'a toujours frappé et ce qui, selon moi, fait le plus grand honneur à ce parvenu de la truelle et de la taloche : c'est qu'après avoir fait une brillante fortune à Paris, Mazet est revenu dans la Creuse reprendre son premier métier de marchand de moutons, non pas cette fois, pour en faire le commerce, mais pour en faire l'élevage et en garnir ses écuries.

Si Mazet avait eu plus d'imitateurs parmi les ouvriers enrichis de la Creuse, notre agriculture serait dans un état plus brillant qu'elle ne l'est ; car autour de Banize il a transformé de vastes champs incultes en superbes et riches prairies.

Le vieux millionnaire s'est bien gardé de conseiller à ses enfants de se faire citadins. A son exemple ils ont voulu être agriculteurs.

Il ne faut donc pas blâmer le mouvement d'émigration qui porte notre jeunesse vers les villes ; l'important : c'est de se promettre de ne pas abandonner le pays, surtout lorsque la fortune permet de lui rendre les plus grands services.

C'était une belle génération que nous avait laissée le XVIIIe siècle ! Si les bourgeois de cette prodigieuse époque devaient étonner le monde en accomplissant le premier acte de notre immortelle révolution de 1789, si nos soldats eurent la gloire de promener le drapeau de la France dans toutes les capitales de l'Europe, les ouvriers qui nous restaient étaient de solides gars, et ils aimaient le travail comme des hommes qui le considéraient comme étant la source de toute richesse et de toute moralité.

En consultant mes souvenirs de jeune âge qui remontent à plus de soixante ans, il me semble encore voir devant les yeux quelques-uns des ouvriers et des maîtres compagnons de cette incomparable époque.

Ils avaient conservé la gaîté, ce qui est la preuve qu'aucun remords ne pesait sur leur conscience. Ils nous ont de plus, laissé un héritage de gloire que, hélas ! nous n'avons pas su conserver intact.

La France ne serait pas devenue ce grand pays qui marche à la tête de la civilisation du monde s'il n'était pas sorti en tout temps de nos villages, cette masse de paysans gaulois qui ont su voler de leurs propres ailes. D'ailleurs, le génie de la race gauloise a été supérieur à celui des Romains. Les Francs à leur tour n'ont été dans notre histoire que les suppôts de toutes les tyrannies ; aussi serait-il bien moindre le nombre des malheureux qui vivent misérablement en France comme ailleurs, si nous nous étions débarrassés depuis longtemps de la royauté et de la papauté.

Nos chantiers pendant les années 1835 et 1836

Je reprends ici la question du travail pendant les années 1835 et 1836, après l'avoir interrompu pour ne pas scinder le chapitre des écoles, ni celui relatif à la belle conduite de nos précurseurs dans l'émigration creusoise.

Au point de vue général des affaires, il y avait une amélioration sensible. Ces progrès eussent été plus considérables et surtout plus durables, si le gouvernement de Louis-Philippe n'eût pas inquiété l'opinion publique en cherchant à former et à consolider une classe destinée à tyranniser le peuple et à l'asservir à ses intérêts et à ses passions.

Pour atteindre ce but, il fallut assurer à cette même classe ou faction de la bourgeoisie, des privilèges électoraux et d'autres monopoles très opposés à ceux du reste du pays. Alors, tous ces parvenus que la révolution de juillet avait arrachés de l'obscurité, ne songèrent plus qu'à se séparer du peuple. Ils lui enlevèrent de gaîté de cœur et par manque de loyauté et de conscience, le droit de réunion, la liberté du travail et les moyens de s'instruire.

Jacques Bonhomme se trouva lié et ligoté pour bien des années puisqu'il ne put rompre les mailles de la camisole de force que ces traîtres lui avaient préparée qu'après la proclamation de la République, en 1848.

Malgré la duperie dont les ouvriers venaient d'être les victimes, le besoin de travail se faisait tellement sentir, aussi bien chez le riche que chez le pauvre, qu'il s'ensuivit un léger mouvement d'affaires.

On trouvait plus facilement à s'embaucher et on gagnait quelques sous de plus par jour : 3 francs pour les limousinants, au lieu de 55 sous, et toujours 3 francs 50 ou 3 francs 75 pour les maçons. Les avances de trente millions faites au commerce de Paris, par la banque, ainsi que celles du Comptoir d'Escompte produisirent à l'époque un effet merveilleux. On reprit la construction des monuments restés en souffrance depuis bien des années, l'Arc de triomphe, l'église de la Magdeleine, le palais du quai d'Orsay, le ministère des affaires étrangères et l'église de St-Vincent de Paul. L'industrie privée s'aventurait de son côté dans des entreprises importantes comme nous l'avons indiqué dans notre précédent chapitre.

La satisfaction des commerçants et celle des ouvriers se manifestait partout. On commença d'un commun accord à appeler Louis-Philippe, le roi des maçons. Ce mouvement d'affaires lui donna un regain de popularité qui aurait duré plus longtemps si les hommes clairvoyants du parti libéral avancé ne s'étaient pas trouvés dans la nécessité de dénoncer à la France la politique néfaste du roi qui détruisait l'une après l'autre nos libertés et nos droits électoraux.

Étant sans travail au mois de février 1835 et sachant que le mois de mars allait ramener à Paris une nuée d'ouvriers, je craignis beaucoup de me retrouver sans travail, et dans la nécessité d'aller grelotter les matins à la grève.

Aussi mon contentement fut grand, lorsqu'en arrivant un matin à cet endroit de désolation, Barozier, très connu à cause de sa profession d'homme de ville (chercheur de salpêtre) me fit embaucher avec un de mes camarades, Pierre Dizier, par un nommé Dutour, maître compagnon chez M. Bayle, un bien digne entrepreneur.

Le chantier se trouvait dans la rue du Helder au fond d'une grande cour. Nous n'y connaissions personne, mais Dutour en m'embauchant m'avait paru un homme doux et convenable. Je ne m'étais pas trompé. Il avait une grande délicatesse de sentiments et une manière de commander tout aussi louable. Il nous mit au travail sur une longue façade, où il y avait cinq ou six trumeaux à monter, de mêmes dimensions.

Comme ce bâtiment se trouvait dans une cour, une fois que nous étions rentrés, on fermait la porte et on ne l'ouvrait qu'aux heures de repas ; celà fait que nous n'avions pas régalé nos copains ou payé notre bienvenue ; aussi, nous firent-ils grise mine. Les abonnés de la maison n'étaient pas fâchés de connaître l'habileté au travail des deux nouveaux embauchés. Chacun se mit donc à préparer son rang. Soudainement, un petit gros, grêlé, à la figure méchante fit gâcher. Avec sa première augée, il posa trois ou quatre moellons du second rang de trumeau. Il appela de nouveau son garçon sans avertir les camarades. Enfin Dizier et moi, nous n'attendîmes pas longtemps sans être dépassés, mangés, selon l'expression de chantier. Mais tout à coup on cria : « à l'échelle ! » — il n'y avait plus de moellons sur le plancher. Il arriva que deux de nos copains se trouvaient au-dessus de moi dans cette échelle ; ils virent de suite que je passais les plus gros moellons sans les rouler sur mon estomac, ce qu'ils ne pouvaient pas faire. Alors je me disais : « Si tu continues à n'être pas meilleur enfant, je ne tarderai pas à te mettre à la raison ». C'est que la honte de me voir enterré me faisait monter la rougeur aux deux oreilles. Dans ces moments-là, l'ouvrier maçon devient rageur et troublé. Il se met en colère contre lui-même, contre son garçon, contre ses camarades. Il perd la tête, il ramasse souvent un moellon qu'il ne faut pas, pendant que celui qui est au courant, garde son sang-froid, rit sous cape, et travaille plus proprement que le pauvre ahuri dont se moquent ceux qui le voient dans cet état de confusion, de trouble et de colère.

Lorsque ces trumeaux furent montés à niveau, on nous mit sur le mur de pignon ; mais j'allais mieux le lendemain que le premier jour ; puis, j'avais payé ma bienvenue, nous devînmes tous de bons camarades.

Le maître compagnon, après m'avoir vu passer les moellons à l'échelle commença à me sourire. Puis, il vit bien, les jours suivants, que je m'occupais de manière à ne pas me laisser manger trop longtemps la laine sur le dos. Dès qu'on vit que nous étions *bougre à bougre*, la paix se fit et on ne faisait gâcher que quand notre rang était complètement préparé.

Ce qui devait au bout d'une quinzaine de jours me montrer que j'étais dans la manche du maître campagnon, c'est qu'il fit un premier renvoi, puis un second et je ne fus pas compris dans le nombre des congédiés.

On me garda ainsi que mon ami Dizier pour *ourder* les pans de bois, ainsi que les aires des planchers et même pour faire des plafonds dans les lambris.

Dans ces entrefaites, le patron commença un bâtiment très important rue Saint-Fiacre et on nous y envoya. Bayle voulut-il nous encourager en nous faisant la paye ? Il commença par nous dire : « Mes gars, vous devez être contents, vous voilà avec de bons travaux pour votre campagne. » Et, en même temps, il nous donna à l'un et à l'autre, chacun dix francs pour boire.

Heureux de savoir que nous avions des travaux pour longtemps, nous nous trouvions au comble du bonheur. C'était une satisfaction bien grande, surtout pour celui qui avait été ballotté de chantier en chantier, pendant plusieurs années, que d'être délivré de ces soucis poignants qui rongent le cœur de l'ouvrier qui veut travailler et qui ne trouve pas à s'occuper.

Je me disais : on attend dans la famille les économies que tu pourras faire. Pourtant, il y a des dettes criardes qui pèsent encore plus sur la conscience, ce sont d'abord par celles-ci qu'il faudra commencer. Chaque mois, je donnais des acomptes à mon boulanger et je remboursais de petites dettes d'honneur. Je devais rester pendant plus d'un an sans quitter la maison de M. Bayle et j'économisai de trente à quarante francs par mois.

Il y eut d'abord dans la rue St-Fiacre, à démolir de vastes ateliers qui avaient servi à une maison de roulage. On sait que ce quartier est le centre du grand commerce d'exportation de Paris. Dizier, les deux neveux du maître compagnon et moi, nous ne marchandions pas notre peine, nous arrivions très souvent à quatre heures du matin et nous y restions bien souvent jusqu'à huit heures du soir. Nous continuâmes ces longues journées, jusqu'au moment où le bâtiment fut sorti des caves, parce qu'on se trouvait au milieu des étais qui maintenaient les pignons des maisons voisines et dont l'architecte comme le patron et nous-mêmes avions hâte de sortir.

On est bien courageux à dix-neuf ou vingt ans. Je me suis toujours rappelé que plus nous faisions d'heures supplémentaires plus nous étions contents. Il n'était pas rare que nos camarades qui n'avaient pas la même chance que nous, ne montrassent de la jalousie ; car le temps n'était pas encore venu de parler de la réglementation des heures de travail.

Nous jouissions donc pour la première fois, depuis plusieurs années, d'un repos d'esprit résultant en quelque sorte de nos continuelles occupations. Ayant moins de soucis, nous ressentions moins la fatigue corporelle, bien que nous travaillions comme des nègres.

Je me rappelle encore que les soirs en regagnant notre logis, malgré la fatigue qui souvent nous accablait, nous nous arrêtions sur les quais où l'on trouvait des foules de marchands ambulants, de saltimbanques, de joueurs de gobelets, de tireurs de cartes qui nous étourdissaient de leurs cris.

Il y avait aussi beaucoup plus de jeux frivoles pour piper les quatre sous de l'ouvrier, que de nos jours. L'esprit des masses était plus terre à terre, elles n'avaient pas d'idéal ; car jamais l'espoir d'une vie meilleure que leur promettaient les prêtres, dans un autre monde, n'a pu prendre racine dans leur cerveau.

Privé d'instruction, l'ouvrier était devenu fataliste, pour peu qu'on l'amusât, il se trouvait satisfait ; car son sort quelque triste qu'il fût, lui paraissait immuable. Dieu l'avait marqué pour être malheureux sur la terre, et contre ce décret du Tout-puissant, il n'y avait pas à protester, ni à se révolter.

C'est pourtant à cette époque que le gouvernement lui retira le seul moyen de s'instruire lui-même en abolissant le droit de réunion et d'association. N'était-ce pas vouloir éterniser l'ignorance et la superstition, dans l'esprit des masses et les livrer en pâture à tout ce beau monde d'escarpes et de corrupteurs de l'esprit public que l'on rencontrait à tous les coins de rues.

Il y avait juste dix ans que le parlement anglais avait rayé de son code ces lois iniques et monstrueuses que nos bourgeois prétendus libéraux raffermissaient et gravaient dans le nôtre.

Depuis que j'ai appris à connaître l'histoire de nos voisins et que j'ai cherché à l'écrire avec le plus de sincérité possible, on ne me retirerait pas de l'idée que le peuple anglais a été mieux traité par ses lords et ses bourgeois millionnaires que le nôtre l'a été jusqu'ici par cette même bourgeoisie française. Voyez son hésitation à voter certaines lois ouvrières qui font la navette depuis douze ans, de la Chambre des députés au Sénat. Nous n'avons donc guère plus de sentiments d'équité aujourd'hui que n'en avaient nos députés, en 1834, époque de l'asservissement général de ces vaillants prolétaires qui versèrent héroïquement leur sang pendant les trois immortelles journées de juillet 1830, avec l'espérance de porter au pouvoir des hommes qui sauraient reconnaître leurs droits et défendre leur liberté.

Fatalité du sort ! c'est le contraire qui fut vrai. En assistant à l'élévation de tant de parvenus, le peuple ne vit passer dans nos assemblées parlementaires, à part quelques hommes de cœur et d'honneur, que des ennemis de ses libertés, et non des défenseurs comme il était en droit de s'attendre.

Un jour que nous étions occupés à monter les murs du quatrième étage de ce bâtiment de la rue St-Fiacre, un grand bruit arriva jusqu'à nous. D'abord, nous ne parûmes guère étonnés, le roi passait sa revue de la garde nationale, sur les boulevards. Le va-et-vient de la population, le son de la musique, le bruit des tambours nous avaient égayés pendant toute la matinée. Soudainement, ces cris redoublent, on court vers les boulevards pendant que des gens alarmés se sauvent et répandent des bruits sinistres. C'était la machine infernale de Fieski qui venait d'épouvanter tout le monde. L'émoi fut grand et causa une perturbation impossible à décrire. D'abord, le roi et son état-major étaient tués. Ce n'est que quelques heures après que la vérité fut connue sur cette épouvantable catastrophe. La terreur se manifestait sur tous les visages ; on ne se parlait qu'à voix basse, on se contentait de gémir sans mot dire.

L'émotion publique ne se calmait pas ; chacun paraissait avoir été frappé par la perte de quelqu'un des siens.

Le lendemain on se demandait tout bas, ce qui avait pu armer la main des auteurs de cet horrible attentat. Si on se rapporte à l'état d'esprit des ennemis de Louis-Philippe, ils l'accusaient d'être l'auteur des lois liberticides que les ministres proposaient, et que les deux Chambres où il disposait de la majorité, soutenaient toujours et quand même. On ne savait pas ce que voulait dire ces mots : responsabilité ministérielle ; on disait, on croyait toujours que la volonté du monarque dominait celle des ministres.

L'opinion publique ne se trompait guère, on savait que Louis-Philippe était un homme d'une intelligence rare, d'une volonté de fer et d'une activité au travail si grande qu'il finissait toujours par faire de ses ministres tout ce qu'il voulait. Molé et Guizot étaient considérés comme des instruments dans ses mains et qui par conséquent ne lui résistaient jamais. Thiers, un peu moins maniable lui résistait quelquefois. Casimir-Périer résistait toujours. D'ailleurs M. Guizot en a fait l'aveu dans ses mémoires ; mais ce dernier n'était déjà plus, le choléra l'avait enlevé à la France.

Puisque le roi était seul responsable aux yeux de tous les partis, ceux qui follement, croyaient encore à la doctrine des jésuites, c'est-à-dire à l'assassinat, n'hésitaient pas à avoir recours à ces moyens odieux et criminels.

Le lendemain de cet épouvantable attentat, il m'arriva dans ce chantier de la rue St-Fiacre, où nous étions tous si heureux d'avoir un si digne homme que Dutour pour maître compagnon, une assez singulière aventure.

Si je la relate ici au milieu de mes souvenirs, c'est plutôt pour indiquer l'état des mœurs ou des rapports entre les ouvriers que pour en tirer vanité. Elle indiquera aussi le peu de cas, que les ouvriers des autres métiers faisaient des maçons.

A côté de notre chantier, il y en avait deux autres qui nous joignaient presque. Il est juste d'avouer que nous étions de bien désagréables voisins pour les gens du quartier. En appelant tous à la fois nos garçons, nos cris élevés et stridents troublaient et ennuyaient ceux qui étaient assez près de nous. Souvent le compagnon est obligé d'appeler plusieurs fois son garçon. Celui-ci à son tour répond et le bruit redouble. Où il y avait des ateliers en chambres, ou dans des boutiques, certains ouvriers se mettaient aux fenêtres et nous faisaient des pieds de nez, auxquels nous répondions par des mouvements de mains les plus désagréables possible.

En face de notre bâtiment il y avait de grands magasins de marchandises d'exportation qu'on chargeait ou déchargeait dans la cour ou même dans la rue. Les emballeurs s'adressaient à nous en répétant les noms que nous donnions à nos garçons, puis ils riaient aux éclats en nous regardant.

Les Creusois ne sont ni insulteurs ni faiseurs d'embarras. Paisibles et réservés par nature, il faut les piquer au vif pour les faire sortir de leurs gonds. L'un de ces déballeurs, d'accord avec ses camarades poussa la plaisanterie trop loin. Il vint se déboutonner devant la porte de notre chantier, un matin, pendant l'heure du déjeuner. Ses copains se tordaient de rire en nous voyant revenir de la gargote les uns après les autres. Cette honte, nous ne devions pas, nous ne pouvions pas la supporter. On décida qu'un seul parmi nous irait les provoquer ; c'était à qui d'entre nous serait désigné pour aller leur dire que s'ils n'étaient pas tous des lâches, l'un d'eux se mesurerait avec celui qu'on allait leur envoyer.

J'insistai tellement auprès de mes camarades qu'on me permit d'entreprendre cette corvée.

L'affaire fut bientôt décidée et nous voilà à nous trémousser au milieu de la rue. J'eus bien garde de ne pas me laisser prendre à bras le corps, tant l'allure de mon adversaire m'inspirait de crainte ; mais, plus vif, plus adroit que lui, je le criblai de coups de pieds et coups de poings au milieu d'un cercle formé par les camarades de notre chantier et par ceux des deux autres chantiers.

La rue était pleine de monde, la police nous ramassa et nous conduisit chez le commissaire de police. Mon patron ne m'y laissa pas longtemps, il vint me réclamer et fit mon éloge à ce magistrat.

Ils sont heureusement passés, ces jours de fol orgueil, de basse jalousie, qui portaient les ouvriers d'un corps de métier à se croire supérieurs à ceux d'un autre.

Aujourd'hui, après la grande transformation qui s'est opérée dans nos mœurs, on peut accepter pour vraies les paroles du célèbre homme d'État anglais, Gladstone, qui a dit que notre siècle est le siècle des ouvriers.

En effet, le rapprochement entre la grande famille des producteurs salariés s'est accompli. Cette union et cette communauté de sentiments produiront de plus en plus, de bons et de féconds résultats.

L'expérience manque encore aux déshérités de notre société.

Mais le peuple de moins en moins opprimé bénira la république, qui amène chaque jour, l'esprit de concorde si nécessaire entre toutes les classes dans notre vieille société française.

Jusqu'alors je n'étais que limousinant, ce qui est la première étape pour arriver au grade de maçon.

Lorsque j'annonçai à notre bon et loyal maître compagnon Dutour, que je le quittai pour aller comme maçon au marché St-Laurent, faubourg St-Martin, il me témoigna toute sa sympathie et il me serra affectueusement la main. Puis j'invitai les camarades à boire le vin blanc. Une fois devant le comptoir, chacun aurait voulu payer sa tournée, mais lorsque nous eûmes vidé le verre trois ou quatre fois nous trouvâmes que c'était assez et il fallut se quitter.

Mon nouveau chef s'appelait Claude Lefaure. Nous nous étions connus dans les salles de chausson et nous passions parmi les amateurs pour être aussi têtus et aussi obstinés dans nos jeux, l'un que l'autre. En peu de temps, nous devînmes deux amis inséparables et ce ne fut pas pour un jour. Notre amitié ne fit que s'accroître jusqu'au moment où la mort nous sépara.

La jeunesse de Lefaure avait été beaucoup moins tourmentée que la mienne. Jamais il n'avait eu la moindre difficulté ni pour devenir ouvrier ni pour devenir maître compagnon.

Son père était alors le plus renommé de tous les maîtres compagnons de Paris. Il avait conduit les travaux importants du séminaire Saint-Sulpice, de l'église Saint-Louis, au Marais, et ceux également importants des Tuileries.

Dès l'âge de quinze ans, Lefaure avait confié son fils à d'excellents ouvriers et comme il était très intelligent, excessivement courageux et ambitieux de se produire il devint un ouvrier très renommé ; à vingt ans on lui donna de grands travaux à conduire, et il s'en acquitta admirablement.

Lefaure n'avait embauché au marché Saint-Laurent

que des camarades ardents, joyeux et bons enfants les uns pour les autres. C'était donc à qui me montrerait à travailler. Mais, comme il n'y avait que des plâtres courants, je tenais assez bien mon bout. Un jour, Lefaure me dit : « Si tu veux me croire, tu quitteras mon chantier, tu ne peux guère te perfectionner ici, puisque nous n'avons aucune moulure, je connais un nommé Pouthonet, maître compagnon pour Moreau, de St-Georges, qui a de très beaux travaux à faire, il faut y aller tu apprendras bien à recouper. Pouthonet en m'embauchant me promit de me donner pour coterie un très bon maçon. Il me tint parole et je fis passablement de progrès.

Mais, ayant été occupé un jour à ravaler une cage d'escalier, je trouvai-là une nouvelle cause d'ennui. Les menuisiers montant des boiseries nous obligeaient de nous arrêter de temps en temps et de retirer sous nos pieds les planches qui servaient à nous échafauder. Ces menuisiers ne voulurent pas comprendre que quand le plâtre est gâché il faut l'employer. L'un d'eux trouva que nous les faisions trop attendre, d'une parole à l'autre, il m'appela mufle ; il n'eut pas prononcé cette parole insultante et grossière, que je lui envoyai une poignée de plâtre en plein visage. Naturellement, il fallut s'attraper, nous descendîmes dans la cour, et nous voilà à nous envoyer des coups de poings et des coups de pieds.

Nous tombâmes tous les deux près de la margelle d'un puits qui se trouvait presqu'à fleur de terre.

Chacun poussa un cri, tant on eut peur de nous voir disparaître dans ce puits. Le propriétaire et Moreau, l'entrepreneur, se trouvaient dans la cour. Ce dernier qui avait eu beaucoup de ce genre *d'attra-*

pades dans sa jeunesse, s'approcha pour nous séparer et tout bas, il me disait en patois : « *bougno, bougnole.* » Le propriétaire ne plaisanta pas, il nous fit renvoyer l'un et l'autre. Au même instant, le maître compagnon me fit dire de la part de l'entrepreneur, d'apporter mes outils dans la rue des Noyers ; c'est ce que je fis. Mais on ne me laissa là que deux jours, puis on m'envoya dans la rue de la Chaussée d'Antin, dans une forte corvée. Je ne nommerai le maître compagnon qui dirigeait ces travaux que par la lettre F. ; car ce qui va suivre est bien l'acte le plus répréhensible et le plus coupable de ma vie.

Dans nos démolitions, nous trouvions du vieux fer, du plomb et une quantité de ferraille. Nous en chargeâmes un camion, où il y avait aussi des linteaux en fer destinés à des portes que nous percions du haut en bas dans un mur de refend. Nous allâmes vendre tout cela, chez un marchand de la rue de la Mortellerie. Ce n'est pas tout, il y en eut un qui déroba du vin dans une cave et nous en offrit tant que nous pûmes en boire.

C'était F., grand et rusé gars, qui manœuvrait avec une adresse parfaite et une habileté qui indiquait bien la fourberie de ses manières et de son caractère.

Avec l'argent que le recéleur lui donna, F. nous emmena souper dans un restaurant avec des femmes frivoles et légères. La partie se prolongea fort tard dans la nuit, et le lendemain, je n'allai qu'à dix heures du matin au chantier. J'avoue que je fus saisis d'un réel remords. Je parlai à mon père et à François Thaury qui était son camarade de chambre, de l'action que nous avions commise. En m'écoutant leur figure se décomposait et mon père alors, devint pâle, livide et tremblant. Il s'écria : « Malheureux, qu'as tu fait, enlève tes outils demain et surtout ne manque pas. » Je lui fis cette promesse qui répondait à mes sentiments les plus intimes. Nous fûmes bien inspirés, F... ne tarda pas à se faire prendre pour vol. Il fut condamné à deux ans et mourut en prison. Comme F... était presque un voisin, et que tous nos camarades le savaient bon, affable, obligeant, cette fin humiliante quoique méritée nous fit de la peine ; d'ailleurs, il appartenait à une très honorable famille de paysans.

Par surcroît de malheur, il avait épousé une jeune femme d'une conduite exemplaire. Elle vit toujours estimée, honorée de tout le village où s'est écoulée son honorable vieillesse.

Mon père travaillait alors, au marché de la Magdeleine, dans une maison dont la façade se trouvait sur la place, pour un nommé Sucherat qui avait pour maître compagnon Georges Vidaillat. Il demanda à ce dernier de m'avoir pour camarade d'échafaud, ce qui lui fut accordé. Nous nous entendions à merveille avec le vieux Léonard. Il ne me trouvait pas cependant assez soigneux. Il aurait voulut me voir crépir sur les murs et surtout au plafond, avec la régularité et le fini qui lui avaient valu la réputation qu'il s'était acquise dans les chantiers où il avait passé. Mais c'était surtout dans la moulure, pour couper un angle ou un retour de cheminée, qu'il me trouvait ordinaire.

Quand Georges Vidaillat montait sur notre échafaud, il me disait : « Les jeunes ne valent pas les vieux. » Il avait raison ; en ce qui me concernait, je n'ai jamais eu la main et l'œil aussi sûr que mon père. Georges Vidaillat avait entendu dire que j'étais passablement instruit ; il y avait d'ailleurs à ce moment si peu d'ouvriers qui savaient signer leurs noms, que dans notre entourage on avait bientôt fait un savant. Comparativement à mes camarades, je méritais cette réputation. Ces compliments me venant de la part d'un homme aussi sérieux que Vidaillat flattaient beaucoup mon amour propre.

Par sa conduite, la dignité de son maintien et la noblesse de son caractère, peu d'hommes de mon temps ne surent mieux se faire respecter et aimer des ouvriers que cet homme bon et délicat bien qu'il fût très vif par tempérament. Cependant, il avait sur lui-même tant d'empire qu'il ne lui arrivait jamais de se servir auprès d'un ouvrier d'un mot léger et blessant. La nature avait doué Georges Vidaillat de quelques-uns de ses dons les plus rares ; aussi était-il arrivé à un très haut degré de considération, non seulement auprès du personnel du bâtiment, mais aussi parmi les habitants de sa commune, la Pouge, où son souvenir survit toujours, bien qu'il soit mort depuis plus de cinquante ans.

Un jour que je faisais une cheminée de cuisine. Georges Vidaillat, vint s'asseoir à côté de moi, et à brûle-pourpoint, il me dit : « Il paraît que tu te mêles de potitique et que tu es républicain ? ». Interloqué d'abord, je le regardai en riant ; mais, au même instant, il ajouta qu'il était aussi républicain depuis la Révolution de Juillet. Nos rapports devinrent encore plus étroits ; mais la mort ne devait pas tarder à nous enlever ce bon et intelligent Creusois qui rendait tant de services aux gens du pays.

Un jour, j'appris qu'il était à toute extrémité dans

son lit, et presque glacé par la mort. Mme Bervialle, sa logeuse, me conduisit vers lui. Il me regarda d'un œil attendri, il me tendit la main, je le quittai. Je ne devais plus revoir que le cercueil qui conduisit au champ du repos, le corps de cet homme de bien, entouré de beaucoup d'amis et des regrets de tous ceux qui l'avaient connu.

Départ pour aller passer le conseil de révision à Bourganeuf

Je travaillais place de la Magdeleine, lorsque je reçus une lettre de ma mère qui me causa un grand dépit, ainsi qu'à mon père qui était mon camarade d'échafaud. Elle m'informait du jour où je devais me trouver à Bourganeuf pour passer devant le Conseil de révision. « Toujours quelque chose qui cloche dans nos affaires, me disais-je en moi-même. N'est-ce pas déplorable, d'abandonner de bons travaux, au milieu de l'année surtout aujourd'hui que je gagne la journée de maçon, pour aller me ballader au pays. »

Mon père n'était pas moins ennuyé que moi, car, dans nos calculs, nous nous disions : « A nous deux, il n'est pas impossible que nous puissions économiser sept ou huit cents francs cette année. » Le pauvre vieux savait que si les fractures de mes bras ne m'exemptaient pas, il lui serait impossible, vu le chiffre de ses dettes, de se tirer d'embarras.

Ma mère ayant tiré pour moi le numéro six, nos projets tombaient dans l'eau. Le cautionnement, nous étions trop pauvres pour y songer, puis, la crainte d'augmenter le montant de nos dettes nous avait effrayés et ce projet fût abandonné.

Aussitôt, mon père alla trouver un de ses plus intimes amis, Colas, de Buze, de la commune de St-Pardoux-Lavaud qui lui prêta trois cents francs, pour mon voyage et pour les besoins de la maison.

Dans cet intervalle, on me conseilla d'aller trouver le médecin qui m'avait remis les poignets au moment de ma chute dans la rue de la Chaussée d'Antin. Bien accueilli par ce dernier, il me fit un certificat, que je devais présenter au médecin du Conseil de révision.

Je partis pour la Creuse. Le lendemain de mon arrivée, ma mère me dit : « Demain, nous irons à Pontarion, voir notre cousin Lafeuillade ? » — « Et qu'avez-vous donc à lui demander ? » — « Viens toujours il nous attend. »

Lafeuillade était depuis une trentaine d'années *mérandier* ou fendeur de bois dans les forêts de M. le Docteur Cressant, qui était le médecin choisi chaque année pour les opérations du conseil de révision.

Dès que ma mère eut fait connaître au vieux *mérandier*, l'objet de notre visite, il lui répondit : « Je n'ai rien à vous refuser pas plus que vous ne refusiez de me tremper la soupe, lorsque je travaillais dans votre village. »

Nous partîmes le lendemain pour Guéret et nous nous présentâmes chez M. Cressant. A peine lui fûmes-nous annoncés, le domestique nous fit descendre à la cuisine et nous servir à déjeuner. M. Cressant lui même, ne tarda pas à venir nous rejoindre.

Lafeuillade présenta d'abord à son maître toutes

sortes d'excuses pour l'avoir dérangé et il ajouta :
« Il y a trente ans que je travaille pour votre père ou pour vous, jamais je ne vous ai rien demandé ; mais voilà un de mes cousins qui est venu de Paris, pour passer le conseil de révision, voudriez-vous bien prendre la peine de jeter les yeux sur un certificat qui lui a été remis par un médecin de Paris ? » M. Cressant me fit aussitôt retirer ma veste. Il examina attentivement les anciennes fractures, surtout celle du bras droit, sans me dire un mot. Il changea de conversation, il nous recommanda de bien déjeuner. Nous reprîmes donc la route de Pontarion bien contents de l'accueil qui nous avait été fait.

Le jour du conseil, je ne reconnaissais plus mon homme, qui était chamarré d'habits galonnés. Je lui tendis mon certificat, puis il me prit le bras droit. Ce fut à peine si j'entendis ce mot : « Impropre. ». J'étais si content qu'à peine couvert à moitié, je courus auprès de mère qui m'attendait dans l'escalier. Naturellement, elle fut contente, car elle savait qu'en moi résidait le salut de notre famille, si pauvres nous étions !

La visite de Guéret avait-elle pesé sur les décisions du médecin, je ne le crois pas, car la fracture m'a laissé dans le poignet une assez grande raideur, c'est à un point, que quand j'employais du plâtre, j'avais souvent recours à la main gauche pour soulager la droite ; aussi mes camarades me disaient en plaisantant : « C'est moi qui ne voudrais pas me servir de ta truelle, elle a toujours deux manches. »

Avoir de la reconnaissance, conserver le souvenir des personnes qui vous ont fait du bien ou qui ont voulu vous en faire, si c'est une bonne qualité, je ne me vante pas en affirmant que je la possède à un assez haut degré.

Je n'ai jamais eu dans le cours de ma vie, l'occasion de revoir M. Cressant; ici, je vais anticiper à ce propos sur un fait ultérieur. Un jour, étant préfet de la Creuse, en 1870, je reçus la visite de M. Masquelez, bibliothécaire à l'école militaire de S¹-Cyr. Il me dit : « Je suis le frère du gendre de M. Cressant ; à ce titre, ma famille ne vous est pas étrangère ; j'ai un léger service à vous demander. Voulez-vous m'entendre. » A ce mot de « service » j'interrompis mon visiteur et je me mis à lui parler du bienfait que je croyais avoir reçu de M. Cressant.

Jamais deux hommes ne s'entendirent mieux sur la plupart des questions qui m'incombaient alors. Pendant près de six mois, M. Masquelez, homme fort instruit, venait tous les jours passer une heure ou deux à la préfecture, et dans bien des cas, ses conseils me furent précieux. A notre conversation prenaient part deux ingénieurs qu'il m'avait fait connaître : MM. Raymond et Dutreix. Je dirai plus tard la nature des services que ces deux hommes de cœur me rendirent.

Je reviens à ma mère dont la joie et le bonheur de me savoir exempt étaient au comble. Rien de plus pressé pour nous que de faire part de ce résultat à mon père. Nous entrâmes chez M. Antoine Berger, le notaire de notre famille qui nous portait un intérêt des plus vifs, et là, je commençai ma lettre par ces mots : « Dormez tranquille, vous avez un soutien. »

Les autres conscrits de notre commune m'attendaient pour aller dîner, mais il me fut impossible de faire entrer ma mère au cabaret. Il n'était guère de mode alors, de voir entrer les femmes des maçons à l'auberge, même en compagnie de leurs maris. Ma mère était d'ailleurs une paysanne assez singulière ; jamais elle ne sut prononcer un mot de français, jamais elle ne s'était mis de souliers aux pieds. Dans son esprit, ce luxe était réservé aux bourgeoises. Elle n'eut pas non plus pendant tout le cours de sa vie d'autre mante à se mettre sur les épaules que celle qu'on lui donna, au moment de son mariage. Tout ce que je pus obtenir d'elle, ce fut d'entrer chez un boulanger, et d'acheter une miche et nous reprîmes la route du village. Arrivés aux maisons Dupont, nous prîmes un petit chemin de traverse, où nous trouvâmes une source. Elle se baissa, doubla son tablier, pour nous servir de verre, et nous bûmes à notre contentement, et tout cela pour économiser quelques sous.

Voilà quels étaient les vues et le raisonnement de nos paysannes, il y a seulement cinquante ans. Dignes femmes, grandes victimes d'une aristocratie hautaine et sordide qui sut pendant si longtemps accaparer les produits de votre travail pour ne vous laisser en partage que de gros vêtements de serge, et une nourriture des plus grossières ! Vous avez toujours eu tant de qualités de cœur que si aujourd'hui la France marche à la tête de la civilisation du monde, vous y avez contribué pour la plus large part, femmes d'ordre et de labeur.

Jusqu'à ce que mon père fût revenu de Paris, c'est-à-dire pendant quatre mois, je ne quittais guère le travail des champs ; dans cette saison les laboureurs sont assez tourmentés.

N'aurait-on pas eu envie de faire comme tout le

monde, c'est-à-dire de courir dans les champs, que par amour-propre ou orgueil, on n'aurait pas osé fainéanter dans le village ; on me mit une faucille à la main et j'allai couper du blé noir. Nullement habitué à ce travail qui vous tient le dos courbé toute la journée, le soir, j'étais réellement écrasé de fatigue. Les voisins ne manquaient pas de me dire : « N'est-ce pas que ce métier est plus dur que d'employer du plâtre ? » Et pourtant nous ne gagnions quand nous nous louions comme journaliers, qu'une huitaine de sous par jour. L'argument était péremptoire, le maçon devait donner raison au cultivateur.

Que les temps sont changés autant pour les ouvriers de l'agriculture que pour ceux de l'industrie, et ils changeront encore, espérons-le. J'ai vu dans ma jeunesse, de bons domestiques, gagner cent vingt francs par an, et des servantes auxquelles on donnait de quinze à vingt-cinq francs par an et deux robes et qu'on entretenait de sabots.

Voilà quelles furent mes occupations jusqu'à l'arrivée de mon père. Alors, notre joie fut complète, puisque je venais d'échapper au service militaire de sept années. Dans la suite, mes parents ne tardèrent pas à me parler de mariage. A ce propos, ils m'avouèrent qu'ils s'étaient mis d'accord, depuis un an, avec une veuve Lefort, du Theillaucher, commune de Sardent.

Leur combinaison ne manquait pas d'habileté ; si elle eût réussi, du coup nos dettes se seraient trouvées payées. Mon père était très lié avec ce nommé Lefort qui avait habité notre village et avait fini par économiser sept ou huit mille francs, à Paris. Tombé malade, et se sentant mourir, Lefort avait recommandé à sa femme deux choses : marier leur fille avec moi et venir habiter elle-même chez nous. De cette manière nous aurions eu l'argent et les deux femmes. Cette combinaison souriait beaucoup à ma famille qui avait un besoin si pressant d'argent.

J'allai voir cette jeune fille. Elle ne me parut point désagréable ; car, elle était plutôt jolie que laide. Mais, soit que je ne lui aie pas convenu, ou qu'elle eût promis sa main à un jeune garçon de son villlage, elle baissa la tête lorsque je lui adressai la parole et resta muette comme une carpe. Sa mère vint nous apporter son refus. La combinaison projetée fut forcément abandonnée.

Après ce premier insuccès dans ce projet de mariage, je ne devais pas tarder à en avoir un second. Un de mes proches parents de Pontarion qui était veuf, cherchait à se remarier avec une jeune veuve appelée Nina, du village de Cherolles. Ils complotèrent ensemble de me présenter à une jeune fille de ce village qui passait pour avoir une dot de quatre ou cinq mille francs.

Je me rendis dans cette famille recommandé par la Nina. Je n'ai jamais pu penser à cette soirée sans rire aux éclats, et sans faire rire ceux à qui je racontais mon aventure. Une fois rentré je trouvai la maison pleine de femmes, les unes tricotant, les autres filant leur quenouille. Venaient-elles selon l'usage veiller dans cette maison ou pour voir le galant de la Marie, je n'ai jamais eu l'occasion de m'en informer. La mère me fit asseoir près du feu, dans le coin d'une large cheminée ; alors les yeux de toutes ces femmes se tournèrent vers moi. Comme j'étais plus déluré et moins gauche que la plupart des jeunes gens qui n'ont point voyagé, il me sembla que j'avais favorablement impressionné toutes ces aimables paysannes.

Après le court préliminaire d'usage, la conversation tomba, je fus réduit à barboter dans les cendres, avec le bout de mon bâton, comme un véritable nigaud.

Soudain, le grand-père qui était couché et malade dans son lit, la tête couverte d'un gros bonnet de coton, qui ne laissait voir que le bout de son nez, ouvrit la bouche et me dit : « J'ai connu votre grand-père ; le pauvre diable n'était pas heureux, il devait trois cents francs à Jean Graule, du Theillaucher. » Tout le monde fut atterré de cette sortie, surtout la mère et sa fille. Je ne pus que lui répondre : « Oh ! cette dette est payée depuis longtemps. » Le vieux n'était pas au bout de son rouleau, il continua ses insinuations et ses impertinences qui n'avaient peut-être pas pour but de m'offenser, mais ancien maçon de Lyon, il détestait les Parisiens. Tel était alors l'état de nos mœurs : jalousie et haine entre ouvriers et ouvriers.

Ce vieux brave homme me dit encore : « Les maçons de Paris gagnent de l'argent ; mais ils le dépensent comme ils le gagnent. Ils ne se gênent pas non plus pour abandonner leurs femmes et vivre avec des coquines. » Alors, il cita l'exemple d'un nommé X.., d'un village assez rapproché du sien.

Ce ne fut qu'au moment de partir que la mère et la fille m'accompagnèrent à deux pas de la porte et me prièrent de ne point faire attention aux paroles du vieux père. Mais telle était l'obstination de ce vieillard, qu'il alla trouver la Nina pour lui dire que je n'avais pas à me déranger de nouveau.

C'était donc deux refus que je recevais coup sur coup, j'avoue que j'en ressentis du dépit. Pourtant ça n'alla pas loin. Confidentiellement j'avais dit plusieurs fois à mon père que ces projets de mariage n'avaient d'autres mobiles dans mon esprit que de nous faciliter de sortir de nos embarras, au moyen de quelques milliers de francs. Puis je n'avais que vingt-un ans et j'aimais assez à courir de côté et d'autre avec les jeunes gens de mon âge ; mon chagrin ne dura guère.

C'est cette même année 1836, que je commençai à me faire des amis politiques dans notre ville de Bourganeuf. Émile de Girardin, notre député, venait de tuer en duel, Armand Carel. On le faisait passer pour un bâtard de Louis-Philippe.

Grâce à la crânerie de son caractère, il s'était formé autour de lui un petit clan d'ambitieux et d'intrigants qui s'imaginaient qu'avec un protecteur pareil, ayant la main si longue, tous leurs désirs devaient s'accomplir. Mais la domination de cet homme de courage et de talent qui fut aussi sincère dans ses amitiés que tenace dans ses haines n'en fut pas moins un évènement plus heureux que malheureux pour nos localités. Les anciens bourgeois de notre arrondissement, sorte de vieux chevaux de manège, habitués à la servitude politique et à une obéissance passive, sous n'importe quel gouvernement, trouvèrent dans Girardin, un homme de taille à les effacer et à les dominer. Ce furent ces premières luttes politiques qui ouvrirent dans notre arrondissement la voie du progrès, et firent naître chez beaucoup le désir d'agir en hommes indépendants et libres.

Un jour, dans un café de la ville, j'osai entrer en conversation avec des personnes qui louaient démesurément Girardin, d'avoir tué en duel Armand Carel. Une dispute s'ensuivit ; mon interlocuteur sorte de butor, fut réellement insolent. Mais lui ayant dit de sortir dehors, ses amis le retinrent et la dispute n'alla pas plus loin. Au reste, il y avait bien déjà à Bourganeuf, quelques républicains qui n'étaient pas plus contents d'un parti que de l'autre, mais leurs protestations ne dépassaient guère le seuil de leur porte. Je connus alors Riffaterre, et il me parla beaucoup d'Adrien Rouchon, homme estimable et bon républicain, qui devait être plus tard mon compagnon d'exil à Londres. Il fallait un certain courage à cette époque pour se proclamer républicain devant tous ces intrigants de la monarchie de Juillet qui ne songeaient qu'à se dire mutuellement : « Ote-toi de là que je m'y mette. » Il importait que quelques hommes de caractère se séparassent de tous ces comparses de la royauté. Il y avait en effet, à fonder dans notre arrondissement le parti républicain. Cet honneur était réservé à deux notaires, Antoine Berger et Adrien Rouchon.

Rouchon nous a laissé une veuve qui vit à St-Léonard d'une très modique pension, et des enfants dignes de lui. Au lieu de se laisser abattre par l'adversité, ils allèrent à l'étranger chercher des moyens d'existence, non pas avec l'idée d'abandonner la France républicaine, mais avec la pensée bien arrêtée de la revoir, d'aider à l'écrasement politique des misérables qui emprisonnèrent et ruinèrent leur père, — conduite louable qui leur fait le plus grand honneur.

— Si nous rappelons ces faits, c'est pour flétrir la

conduite des proscripteurs de 1851, et aussi parce qu'ils laissent de très agréables souvenirs dans l'esprit de ceux qui sont restés fidèles toute leur vie, à leurs opinions de jeunesse.

La saison d'hiver, toujours joyeuse pour l'émigrant qui revoit sa famille, était passée, il fallut faire nos adieux à nos charmantes Creusoises et serrer affectueusement la main à ceux qui restaient labourer nos terres et qui faisaient tant de vœux, pour que nous leur revenions pleins de santé, avec quelques centaines de francs dans nos poches.

Telle est la puissance des vieilles habitudes que c'est en riant et en chantant que nous entreprenions d'arpenter à pied les cent lieues qui séparent la Creuse de Paris. C'est au commencement de cette année 1837, que j'allais entreprendre cette route pour la troisième fois.

Troisième voyage de la Creuse à Paris

Inutile de décrire une fois de plus les ennuis et les fatigues de ce troisième voyage toujours si exténuant. Comme j'étais devenu plus fort j'avais les jarrets plus solides, aussi les soirs j'étais moins harassé de fatigue. Puis, nous connaissions nos auberges. En nous fourrant dans des draps malpropres, nous ne nous attendions pas moins à endurer les morsures de la vermine qui s'y trouvait ; mais tous ces inconvénients n'arrêtaient ni nos rires ni notre entrain.

Dès mon arrivée à Paris, un nommé Duvert me

procura des travaux rue Mouffetard, quartier qui était alors un des plus pauvres et des plus sales de notre capitale, surtout dans les gargotes où nous devions prendre nos repas.

L'entrepreneur était un nommé Giraud, auquel les ouvriers avaient donné le surnom de *mon malheur*, vraisemblablement à cause de ses nombreuses faillites et de sa vie déréglée. Mais ce dernier avait un fils élégant, beau garçon et très bon enfant à qui le père avait fait donner une certaine instruction. Il me prit bientôt en amitié et je devins son homme de confiance. Je marquais les journées des ouvriers, je donnais des acomptes à ceux d'entre nous qui en avaient besoin, et naturellement je lui rendais compte des différentes marchandises qui entraient dans le chantier. Comme récompense, il me fit payer dix sous de plus par jour que nos autres camarades, c'est-à-dire 4 francs 25 au lieu de 3 francs 75. Ça allait bien, je sentais que j'étais un maître compagnon en herbe ; un peu de gloriole naissait dans mon esprit. C'était un bon symptôme que cette ambition naissante, sorte de levier intérieur, qui remue un jeune homme dans sa conscience et lui donne l'idée de faire de mieux en mieux.

Mais le jeune Giraud qui ne connaissait pas la valeur d'une pièce de cent sous, car il n'en avait jamais gagné aucune, aimait beaucoup à s'amuser. Son grand plaisir était d'aller les soirs dans un café poser devant les demoiselles de comptoir. Comme il était aimable, généreux et beau garçon, ces filles le cajolaient beaucoup, peut-être aussi parce qu'il aimait à régaler Pierre et Paul. Mon jeune ami était toujours content que je l'accompagne, il me laissait rarement payer, mais, de temps en temps, j'y allais tout de même de ma tournée et, à la paie, ça se connaissait bien. A cet âge et en pareille société on ne se dit jamais pauvre.

Les matins, en allant au travail, le remords m'accablait souvent, surtout lorsque je songeais à nos affaires de famille.

Le lendemain d'une soirée passée avec ces aimables gaillardes, mon chagrin devint plus poignant; leurs rires bêtes, leurs chansons plus que légères avaient fini par soulever ma raison et ma conscience, je pris la résolution de quitter ce chantier et j'apportai mes outils dans un autre qui était situé dans l'avenue des Champs-Élysées.

Mon jeune ami Giraud, garçon affectueux et bon, se perdit par la suite. Son père qui avait plus de mauvaises qualités que de bonnes fit une nouvelle faillite et leur ruine fut complète.

Mariage du duc d'Orléans
Grande fête à Paris

Je quittai donc la rue Mouffetard à cause des dépenses que ma trop grande intimité avec le fils de l'entrepreneur me forçait en quelque sorte de faire.

Ce fut bien autre chose en fait d'inconduite, de débauche et de dévergondage dans le chantier où je venais d'arriver, non pas que mes camarades fussent de la race de ces ivrognes qui pensent toujours à boire sans songer à faire sortir leurs journées. Au contraire, si par habitude ils aimaient à *canoner* et à boire un coup ; une fois au travail, ils bûchaient fort.

Presque tous étaient Parisiens et habitués à travailler à la tâche ; ces Parisiens plaisantaient agréablement ceux d'entre nous qui songeaient à faire des économies. Dès que nous avions pris les matins nos effets de travail, il fallait aller boire la goutte, et souvent nous redoublions deux ou trois fois.

Comme nous allions déjeûner à la barrière de l'Étoile et que le vin était moins cher que dans Paris, au lieu de boire chopine nous buvions un litre. A deux heures, il nous fallait notre litre aussi. Quand on se remettait au travail nous travaillions comme des mercenaires. Puis, il fallait aller boire le vin de quatre heures. Fort et vigoureux par nature, je me laissais aller à cette vie que je trouvais agréable, puis comme les Limousins passaient pour des pleutres aux yeux des Parisiens, l'amour propre s'en mêlait et je faisais volontiers comme tout le monde. Je n'avais qu'un remords lorsque j'étais seul ou que je me trouvais les soirs, en face de mon père, habitué à ne se donner que son strict nécessaire ; son regard m'attristait.

« Si tu n'as pas plus de force de caractère, me disait-il, les occasions de dépenser ton argent, ne te manqueront pas. »

Je résolus encore d'abandonner ce chantier, pour ne pas donner trop de chagrin à ce digne père qui m'aimait tant. J'allai voir, un soir, un nommé Dupont qui était maître compagnon chez Delavallade, rue Neuve du Luxembourg. Le moment d'embaucher des maçons n'était pas arrivé, mais il me promit de me garder une place, dès que les travaux seraient prêts.

Cette époque coïncidait avec le mariage du duc

d'Orléans. A ce propos, je ne sais lequel de nous eut l'idée de faire des échafauds volants à chacune des croisées de ce grand bâtiment en façade sur l'avenue des Champs-Élysées, — pensée lumineuse ! Aussitôt, compagnons et garçons se mirent à l'œuvre. En un clin d'œil, nos balcons furent échafaudés du premier au cinquième étage, de même sur les toits ; la maison n'était pas encore couverte. Nous posâmes des pancartes avec ces mots : « étages à louer. » Comme on peut se l'imaginer, devant cette foule grossissante comme une marée montante, venue pour voir la rentrée dans Paris, par la barrière de l'Étoile, des deux jeunes mariés, nous aurions eu vingt fois et plus de place qu'elle ne serait pas restée sans louer.

Nous avions beau élever nos prix, on ne marchandait pas, on nous prenait au mot. Paris était dans l'ivresse, chacun voulait voir l'Allemande et puis il faut bien l'avouer, le jeune duc d'Orléans était le favori non seulement de la garde nationale mais de tous les commerçants de Paris, petits ou grands. Ceux qui lui avaient appris le métier de roi n'avaient pas volé l'argent de son père, car le jeune prince s'y prenait de manière à attirer à lui, toutes les trompettes de la Renommée. D'ailleurs, notre histoire nous enseigne que c'est une vieille tradition de la monarchie que de présenter au peuple comme devant faire son bonheur les fils aînés de nos rois. Mais le côté le plus merveilleux de cette légende, c'est qu'on soit parvenu à force de flatteries et de mensonges à la faire accepter par beaucoup de monde.

Je n'ai pas à rechercher et encore moins à prouver si le duc d'Orléans avait autant de qualités qu'on lui en donnait, le jour où il entra dans Paris, sa jeune femme à côté de lui ; mais, de l'Arc de triomphe aux Tuileries, un océan de monde poussait des cris de joie formidables, semblant dire : Meure le père, nous avons le fils ; donc vive la monarchie !

Cette famille cherche encore aujourd'hui à nous créer des embarras, mais elle en sera pour sa peine ; elle ne règnera plus en France. Le principe de la souveraineté populaire s'incarne de plus en plus dans nos mœurs, et malheur à qui voudrait toucher à la République.

Le soir même de cette journée de fête parisienne nous nous mîmes à compter notre argent et à en faire une très équitable distribution. J'eus pour ma part soixante-quinze francs ; le lendemain nous allâmes déjeuner à la barrière, mais nul de nous ne songea à se remettre au travail ; on se mit à boire, les compagnons d'un côté, les garçons de l'autre. Il n'y a pas de noce sans lendemain, dit-on.

Le deuxième jour nous ne nous trouvâmes qu'en très petit nombre au chantier, décidés à travailler ; mais nous n'avions pas un garçon. Alors après avoir bu le vin blanc et cassé autant d'œufs rouges que nous avions pu en trouver chez le marchand de vins et chez les fruitières du voisinage on parla d'aller déjeuner. Comme nous avions la tête chaude depuis la veille, il ne fallut pas grands efforts pour nous amener à recommencer une nouvelle journée de ribote.

En rôdant, nous descendîmes à la barrière du Roule. Il y avait là, comme aux autres barrières de Paris, avant la démolition du mur d'enceinte, une quantité de petits caboulots, où la population laborieuse venait, soit le dimanche, soit le lundi, dîner en famille et boire à bon marché, mais c'était aussi un rendez-vous pour les désœuvrés et pour ceux dont les occupations consistaient à vider les poches des pochards.

A un moment donné des rôdeurs passèrent devant la table où nous étions assis, et en riant d'un air narquois, ils demandèrent que nous les régalions.

« Quand bien même vous paieriez, nous ne boirions pas avec vous, leur répondit-on. » Il n'en fallut pas davantage pour arriver aux gros mots et aux coups de poings. Il y avait avec nous les trois hercules du Monteil-au-Vicomte, le grand Jarry, Noël, le bâtonnier, Mournaud et d'autres forts à bras, habitués des salles de chausson. Mournaud, l'homme le plus fort qui, en toute probabilité, soit sorti de la Creuse, renversait à chaque coup de poing ceux qui se trouvaient à portée de son bras ; moins heureux que lui je me trouvai entraîné dans le fossé du boulevard par celui auquel j'avais à faire. Plein de boue, les vêtements en lambeaux, la figure égratignée : tel était l'état de l'un et de l'autre.

Pour échapper à la garde qui n'aurait pas manqué de nous arrêter, Busson, de St-Hilaire, me fit monter dans un fiacre, et me conduisit chez moi rue des Barres, où je restais encore.

Le lendemain j'étais triste et dévoré de chagrin. J'envoyai un camarade ramasser mes outils et je ne retournai plus dans le chantier de l'avenue des Champs-Élysées.

Je passai voir Dupont, rue Neuve du Luxembourg, aujourd'hui rue Cambon, et il m'embaucha. Je venais de trouver un bon nid, en entrant chez Delavallade, puisque je devais à différentes reprises y travailler pendant trois ans.

Une vie sérieuse toute d'activité, allait commencer pour moi. Il n'y avait pas à flâner dans cette maison, mais à travailler à plein collier et toujours dans des travaux neufs et des plâtres courants.

L'ouvrier avait traversé de si longues et si douloureuses crises, qu'il était devenu timide, et dans bien des cas, la crainte d'être jeté sur le pavé lui retirait de sa fierté et amoindrissait son caractère et ses belles qualités qui font la grandeur des peuples libres.

Un jour que nous étions occupés à descendre le ravalement intérieur de cette maison, le maître compagnon pour mieux émoustiller ses hommes mit autant de maçons sur ce ravalement qu'il comptait de croisées sur les quatre faces.

Une lutte d'amour propre s'engagea entre nous et c'était à qui déchafauderait son voisin ; mais le côté le plus plaisant, c'est que nous nous arrachions le calibre des mains pour vouloir traîner à la fois nos chambranles.

Ces luttes entre des hommes actifs et courageux au travail amusaient le patron et le maître compagnon qui nous regardaient par une croisée. C'est dans un de ces moments où l'ouvrier mouille sa chemise comme si on la trempait dans l'eau, que le regard du patron s'arrêta sur moi et que je gagnai sa confiance.

C'était le premier bâtiment que Delavallade faisait à son compte. Neveu de Duphot dont nous avons parlé dans un précédent chapitre, ce dernier l'avait tenu, pendant toute sa jeunesse, dans de bonnes pensions de Paris. Delavallade paraissait fier avec les ouvriers qu'il n'avait pas encore appris à connaître.

Aussi lorsqu'il appelait l'un de nous par son nom et qu'il lui adressait quelques paroles flatteuses, celui-là en était fier et se disait en lui-même : « Bon, me voilà dans la manche du patron. » Et alors pour ne pas s'exposer à perdre cette confiance, on travaillait avec une plus grande énergie.

Un jour que les gros plâtres du bâtiment de la rue Neuve-du-Luxembourg s'avançaient, Dupont m'appela ainsi que mon camarade d'échafaud, Lombard ; le patron se trouvait avec lui ; c'était pour nous dire d'apporter nos outils dans la rue Louis-le-Grand, où un bâtiment nous attendait.

Dans une courte conversation, aimable, avenante, Delavallade nous dit : « J'espère que vous allez lever la main et pousser vos camarades à la lever aussi dans ce nouveau bâtiment, je vous donnerai cinq sous de plus qu'aux autres, mais à condition que vous n'en direz rien à personne. »

En acceptant cette proposition, c'était nous désigner comme des hommes de confiance de la maison. Nous ne trahissions pas nos camarades, mais nous nous attachions davantage aux intérêts du patron.

J'étais si content de me trouver bien occupé chez un patron comme Delavallade, que je retournai à l'école chez mon ancien métreur. Il me semblait que j'avais plus de goût que par le passé ; l'âge avait fortifié ma raison et je m'appliquais avec une grande ardeur.

Une double ambition travaillait mon esprit. Pourquoi ne deviendrais-je pas un maître compagnon et même un entrepreneur ? me disais-je.

Ensuite, dans nos réunions politiques, je rencontrais des hommes parlant bien. Cela stimulait mon désir de m'instruire. Je le dis sans orgueil ; pour m'enlever et m'entraîner, il suffisait de me parler des misères du peuple et du désir qu'on avait d'adoucir et de soulager son sort.

Il y avait dans le bas de la rue St-Antoine, une petite maison, sorte de crèmerie qui avait pour enseigne : *Au café Momus*. Le chef de cet établissement était un vieux soldat qui sortait de la garde impériale, le brave Bulot. Il adorait son maître, le lion des grandes batailles, qui avait passionné les hommes de sa génération. Cette maison était devenue un lieu de rendez-vous pour les vrais patriotes ; bonapartistes et républicains y fraternisaient ensemble. Si un homme de la Rousse, c'est-à-dire de la police, se faufilait parmi nous, d'un coup d'œil, Bulot nous en donnait avis. On n'a plus l'idée aujourd'hui, à quel point la police était ombrageuse et remuante, surtout après l'attentat de Fieski.

Aussi, au café Momus, dès qu'on était sûr d'être chez soi, il y avait toujours quelques bons et courageux citoyens pour entamer des discussions politiques, hardies et très intéressantes.

Ces conversations n'eussent-elles servi qu'à combattre la terreur morale qui s'était momentanément emparée de l'esprit public, que pour nous, ouvriers, c'était beaucoup. Ce souffle révolutionnaire que nous respirions au café Momus nous empêchait de perdre l'espoir de voir un jour la réalisation de notre rêve, c'est-à-dire l'avènement de la République.

C'est en effet un grand crime pour un gouvernement d'avoir recours à d'aussi iniques moyens que ceux qui frappent de terreur l'opinion publique.

La peur ruine plus de nations que la guerre ; celle-ci laisse après elle des hommes de courage et d'audace qui songent à relever la patrie ; la peur ne crée que des lâches, qui malheureusement perdent tout sentiment d'honneur. C'est parmi les peureux que les gouvernements corrupteurs, comme celui de Louis-Philippe, et à un plus haut degré, celui du misérable Napoléon III, recrutaient leur personnel.

La peur produit encore d'autres troubles matériels et moraux dans un pays. Après avoir détruit les rapports et la confiance que les hommes doivent avoir entre eux, cette vile passion fait des ravages effrayants dans la conscience ; on arrive à se soupçonner mutuellement entre citoyens du même pays. Delà, aux accusations de trahison, il n'y a plus que l'épaisseur d'un cheveu. Où en arrivâmes-nous ? A créer deux classes dans notre société : celle des calomniés et celle des calomniateurs. Il est vrai qu'après Bourmont, nous avons eu Bazaine et après Talleyrand, Émile Olivier.

A l'époque dont nous parlons, sous Louis-Philippe, on faisait un crime au peuple de se réunir au nombre de plus de vingt-un citoyens sans une autorisation spéciale. Devant cette forfaiture, le gouvernement, pour jeter de la poussière aux yeux du peuple, faisait mine de s'occuper de la question des caisses d'épargne. Les ouvriers répondaient : on se moque de nous, nous ne connaissons d'autre chemin que celui qui conduit au Mont-de-piété.

Ces réflexions pourront paraître sévères, mais pourtant elles sont vraies.

Enfin, revenant à la question qui m'est personnelle, du jour où j'étais rentré chez Delavallade, jusqu'à la fin de cette campagne de 1837, mes occupations avaient été régulières et constantes, car nous avions travaillé tous les jours, fêtes et dimanches.

Au premier froid, mon père et moi, nous partîmes pour la Creuse. Nous étions un peu moins tourmentés que par le passé, à nous deux nous emportions un peu plus de sept cents francs.

C'était la première fois que nous allions ébrécher le bloc de nos dettes.

Année 1838
Retour chez Delavallade

Après notre retour du pays, le bâtiment de la rue Louis-le-Grand étant terminé, on m'envoya dans un autre situé rue Neuve-des-Mathurins, ensuite dans le faubourg Poissonnière. De cette façon, je fus avantageusement occupé au prix de quatre francs par jour, pendant toute cette année 1838. J'étais devenu non pas un fin et élégant maçon, mais ce qu'on appelait alors un véritable *laraudeur*. Partout où il n'y avait que des plâtres unis et des moulures ordinaires, je crois que je me serais fendu en quatre plutôt que de me laisser surpasser même par les plus forts de mes camarades.

Un jour que nous venions d'apporter nos outils dans ce dernier bâtiment du faubourg Poissonnière, le patron fit appeler quatre ou cinq d'entre nous qu'il considérait comme étant des abonnés de sa maison. Il nous dit : « Voyez ce ravalement, je vous donnerai cent francs de pourboire si vous le descendez en trois jours. »

Le pari fut accepté et gagné. Nous avions fait un véritable tour de force.

Les garçons, pour ne pas nous laisser manquer de plâtre, s'arrachaient les sceaux des mains afin de pouvoir gâcher les premiers. Ils étaient fiers de nous aider à passer le calibre et même de le prendre des mains des compagnons qui s'en servaient.

J'avais pour garçon un colosse d'Allemand qui était toujours content de me voir marcher des premiers. Dans ces moments de lutte et d'*attrapage*, le meilleur des compagnons, s'il n'est pas habilement servi par son aide, est sûr d'être déchafaudé par un plus faible que lui.

Le dimanche suivant, nous montâmes à la barrière Poissonnière et nous fîmes une noce à tout casser. Dans le restaurant où nous avions si copieusement dîné et bu jusqu'à nous griser, il y avait un bal de musette où il se trouvait autant d'Auvergnats que de Limousins.

Quelques-uns des nôtres se mirent à chanter la fameuse chanson : « Lous Auvergnats én bé lo barbo fino, lous Limousis lo li fant bé sin perro, sin rasouèr. » Soudainement, il se fit un grand vacarme dans la salle, puis on n'entendit que le bruit des chaises, des bouteilles et des tables qui volaient en l'air, et des hommes qui se tenaient à bras le corps. A ce bruit, se joignaient les lamentations des femmes, qui criaient dans ce milieu ensanglanté.

Bref, la garde d'un côté, la police de l'autre arrivèrent et s'efforcèrent de faire une trouée jusqu'au haut de la salle. On fit plusieurs arrestations tant d'Auvergnats que de Limousins. Nous couchâmes au poste. Le lendemain, le maître-maçon et le maître-terrassier vinrent nous réclamer. Chacun fit l'éloge des siens et on nous renvoya dos à dos, tant pis pour celui qui avait les habits déchirés et les yeux pochés.

Tel était l'état des esprits et de certaines habitudes que si les ouvriers en partie de plaisir rentraient le soir, dans leurs garnis sans s'être donné de bonnes raclées, on disait qu'on ne s'était pas amusé.

Il en était de ces batailles entre ouvriers, comme aujourd'hui des questions de duel, entre gens d'une certaine classe, qui se croiraient déshonorés s'ils se refusaient à croiser le fer avec un provocateur quelconque.

Assurément, si on ne donnait aucune publicité à ces rencontres à l'épée ou au pistolet, cette habitude de défendre son honneur en blessant ou en tuant son semblable disparaîtrait bien vite, comme elle a disparu en Angleterre. Nos mœurs étaient dures ; des sentiments de fraternité, l'opinion publique en avait cure ; le clergé toujours égoïste et matérialiste amusait le public dans les églises, en lui parlant de l'immortalité de l'âme ou des flammes de l'enfer qui attendaient les méchants dans l'autre monde.

Au repentir que nous éprouvions le lendemain du jour où nous avions commis une de ces actions honteuses et coupables, il était facile de prévoir que la classe ouvrière était à la veille d'une transformation morale qui ne tarderait pas à modifier notre conduite et nos mœurs. Nous étions dévorés de chagrin et de douloureux repentir. Notre pressentiment ne nous trompait point ; depuis cinquante ans, nous avons pu nous rendre compte de ce qu'était alors le peuple pris en masse avec ce qu'il est aujourd'hui.

Sans avoir l'intention de nous poser en prophète,

nous avons la certitude qu'avec la république de plus grands sentiments de justice vont pénétrer dans nos mœurs surtout si nous avons la clairvoyance d'écarter les cléricaux de nos écoles, et tous les papistes qui bourdonnent à nos oreilles jusqu'à nous étourdir et nous rendre fous.

Il y avait alors, chez Delavallade, un maître compagnon, le grand Léonard, dont je n'ai pas encore parlé ; je l'avais connu rue Louis-le-Grand, et je l'avais suivi dans les autres bâtiments ou nous avions passé.

Ivrogne, le vin n'avait pas la puissance de le faire trébucher, en aurait-il bu du matin jusqu'au soir. Ce sac à vin ne m'aimait guère, parce qu'il trouvait que je ne le régalais pas assez souvent. Pour le contenter, quelques canons de vin blanc, les matins, avant de commencer la journée, ne lui suffisaient pas. Il fallait aller déjeûner avec lui et faire sauter des bouteilles de Bordeaux.

Léonard ne tenait pas à me garder à la maison, mais il aurait été embarrassé pour fournir au patron des motifs suffisants pour légitimer mon renvoi. Puis, il y avait tant d'autres de nos camarades pour lui payer à boire, qu'il finissait par se dire : du moment que je bois, que ce soit Pierre ou Jacques qui paie, cela m'est égal.

Puis, *Belles-dents*, comme nous l'appelions à cause des trois dents monstrueuses qui faisaient saillie dans son imposante mâchoire, n'était pas méchant, il était seulement ivrogne, gourmand et friand ; mais il faut lui rendre cette justice, il avait le chic pour bien savoir mener un chantier, ce qui induisait le patron à fermer les yeux sur son inconduite. Lorsqu'il arrivait dans la cour du chantier, il appelait d'une voix formidable, Larose, son garçon, vieil abruti, qui couchait sur le plâtre, chaque nuit, quand, à l'exemple de son compagnon, il avait trop bu.

Nous nous tenions alors pour avertis. Chacun de nous faisait gâcher, car à aucun prix, nous ne voulions être surpris à *louper*, par notre bacchus.

Doué de toutes les qualités qui font le bon maître compagnon, disons-nous, lorsque nous le voyions disposé à rire nous lui disions : « N'est-ce pas, Léonard, que si tout le vin que vous avez bu, était dans l'étang de la Mouline, il suffirait pour faire moudre le moulin pendant six mois ? » Alors il riait très fort et nous poursuivait à coups de latte.

Un jour pourtant, il fut surpris au milieu de la nuit à faire charger des voitures de dalles et de pierres dans le passage Sainte-Marie, où il restait ; l'espion du patron lui demanda quelle était la destination des voitures, il balbutia et se couvrit la figure de honte.

Delavallade se contenta de lui dire : « Grande canaille ! Allez vous faire prendre ailleurs. »

Tant que je tiens mon Léonard, je veux brièvement le suivre jusqu'à sa mort. Il ne savait guère plus où aller cacher sa honte. Il végéta dans la misère en travaillant la moitié du temps, de gauche et de droite, puis durant mes années d'exil, je le perdis de vue.

Il me retrouva pourtant un jour, rue Brezin, en 1877, alors que j'étais député.

Mon ancien maître compagnon avait l'air si malheureux sous des vêtements crasseux et sordides, qu'il me fit regret.

Je m'occupai avec succès de le faire entrer à Bicêtre

dans l'asile des vieillards. Une fois installé, il venait me voir les dimanches, et il connaissait bien l'heure du déjeuner.

Mais voilà qu'un jour, un de mes collègues, Benjamin Raspail, député de la circonscription de Bicêtre, me demanda d'assister à une de ses réunions. Je m'y rendis, et naturellement, mon maître compagnon vint me serrer la main en même temps que d'autres vieillards de la maison que j'avais connus. Plusieurs de ces derniers me dirent : « Il a du toupet, votre pays, de vous tendre la main ; tous les jours, il dit du mal de vous. »

M'étant bien assuré du fait, lorsque, selon son habitude, il se présenta chez moi, je le fixai et lui demandai de me dire quel mal je lui avais fait pour me mettre sur la sellette dans toutes ses conversations. Mon Léonard baissa la terre, je lui ouvris ma porte, et je ne devais plus le revoir. Ce vieux gredin ne me pardonna jamais de ne pas l'avoir assez souvent régalé, lorsque nous travaillions ensemble, comme aussi de m'être dit républicain dans ma jeunesse, pendant qu'il ne songeait qu'à se griser et à se vautrer dans de continuelles débauches et de honteuses orgies.

Bien différente avait été la conduite de notre patron. Du jour où j'entrai chez lui en 1837 jusqu'à sa mort arrivée 45 ans après, il ne cessa de me témoigner toutes sortes d'égards et de marques de confiance.

Lorsque Delavallade apprit que j'étais candidat à l'Assemblée nationale de 1848, il me fit demander chez lui. Les premiers mots qu'il m'adressa furent ceux-ci : « Eh bien ! qu'est-ce que j'apprends. Décidément, tu es fou. » Puis, le voilà parti, et pendant plus d'une demi-heure il me parla de l'avenir qui m'attendait dans la construction. Il ajouta : « J'ai beaucoup d'affaires, mon intention est de t'accorder la surveillance de mes chantiers. Alors, je n'aurai plus à m'occuper que de ma comptabilité et de me procurer des travaux. »

Poussé à bout, je ne savais guère ce que je devais lui répondre, je le quittai en lui serrant la main, mais je restai candidat. J'échouai d'abord à la Constituante, j'eus plus de chance à la Législative, et je fus élu représentant du peuple.

Très opposé au gouvernement républicain, je croyais bien que mon patron, comme beaucoup d'autres entrepreneurs, s'était rangé parmi mes ennemis politiques. Mais à ma grande surprise, étant proscrit à Londres, je le vis arriver un matin chez moi, accompagné d'un entrepreneur de peinture, Parot, qui avait été et qui est resté jusqu'à sa mort un de mes plus sincères et vieux camarades de jeunesse.

Après les avoir promenés plusieurs jours dans Londres et leur avoir fait visiter la grandeur et l'étendue des parcs des châteaux royaux des Anglais, mes amis repartirent contents pour Paris.

Libre de rentrer en France après l'amnistie, je rendis à Delavallade, la visite qu'il m'avait faite à Londres ; toujours convenable et poli à mon égard, il me présenta à Mme Delavallade qui me fit un accueil des plus gracieux.

Un dernier mot sur ce sujet qui me rappelle des souvenirs lointains, les uns douloureux, les autres excessivement agréables.

Lorsque j'allai en 1870, prendre possession de la préfecture de la Creuse, on m'apprit que mon ancien patron, malade, était au Mas, commune de Banize, son lieu de naissance. Je pris aussitôt une voiture et j'allai passer quelques heures auprès de lui.

Jamais patron ne porta plus d'intérêt à un de ses ouvriers. Cette belle conduite m'a bien dédommagé des critiques et des vilenies de tant d'autres entrepreneurs qui, sans m'avoir connu, m'ont longtemps et odieusement calomnié.

Je sais bien que les divergences d'opinion et surtout les questions sociales qui surgirent alors, incomprises des patrons comme des ouvriers, avaient troublé l'esprit et la raison de beaucoup d'entrepreneurs. Néanmoins, le calomnié a pu oublier l'abominable conduite des calomniateurs.

Si maintenant nous jetons un coup d'œil sur la situation du peuple pendant cette année 1838, voilà ce qui frappe notre esprit.

Les ouvriers considérés à un point de vue général virent arriver parmi eux de bons et précieux auxiliaires. Ce furent ceux de leurs camarades qui avaient passé par les écoles créées à la suite de la loi de 1833, sur l'instruction publique.

La présence dans nos rangs de ces jeunes camarades qui avaient appris à lire et à écrire rendaient moins monotones nos conversations. Ces nouveaux élèves de nos écoles primaires prenant la parole, après que le gouvernement eut aboli les clubs et les réunions publiques, rendirent d'incontestables services à notre cause.

Nous ajouterons que Louis-Philippe et le système de son règne furent plus habilement discutés et attaqués, — preuve évidente, que les traîtres ne peuvent que retarder l'application des principes de justice, de liberté et d'égalité, mais non les déraciner du cœur de l'homme ; car ils sont, on le dit souvent et il faut toujours le répéter, inhérents à notre nature.

Cette campagne de 1838, pour mon père et pour moi, devait être assez fructueuse. J'avais travaillé sans relâche, fêtes et dimanches, sans perdre de temps, au prix de quatre francs par jour. Puis, c'est cette même année que j'ouvris l'école que mes lecteurs connaissent déjà et j'en retirai plus de trois cents francs.

Un moment j'avais cru que ce long travail qui commençait à cinq heures du matin, et ne se terminait qu'à onze heures du soir serait au-dessus de mes forces ; mais avec l'habitude et une grande dose de volonté et en prenant un petit souper après le départ de mes élèves, je réussis parfaitement à maintenir ma robuste santé.

Enfin, je remis sept cents francs à mon père, il en avait économisé quatre, nous fîmes un paiement de mille francs.

Le bruit s'en répandit vite parmi nos connaissances ; on commença par croire que nous viendrions à bout de nos affaires, surtout lorsqu'on vit dans notre voisinage que l'accord existait entre le père et le fils.

Retour au pays. Année 1839
Mon mariage

Comme l'année précédente. Peu de jours après mon arrivée, mes parents n'eurent rien de plus pressé que de me parler de mariage. Je m'opposai fortement à leur désir, en leur faisant remarquer que du moment où l'on s'était entretenu dans nos environs des chiffres de nos dettes, on ne manquerait pas de s'en entretenir encore, ce qui finirait par me devenir excessivement désagréable et même humiliant. Deux de mes oncles qui avaient plus de confiance en moi, que j'en avais peut-être moi-même, étaient aussi de mon avis.

A présent que tu es bon ouvrier, me disaient-ils, montre ce que tu vaux par toi-même et tu feras taire bien des langues. »

Au fond mes oncles exprimaient ma pensée.

Mais, comme on travaillait à Paris dans le même chantier qu'un nommé Chaussat, de Faye, nous nous appelions souvent beau-frère, parce qu'il avait à marier une sœur que j'avais eu l'occasion de voir plusieurs fois. Mon ami m'avait promis de parler de moi à sa sœur, à son père et à sa mère. Il me tint parole. Alors je changeai d'avis et j'allai voir cette fille, une jolie brunette qui me convenait beaucoup ; on me reçut, me présentant sous les auspices du frère, avec toute la courtoisie désirable dans pareille circonstance. Mais le père Chaussat, avant d'entrer en affaires, comme on dit dans nos campagnes, alla lui-même au bureau des hypothèques de Bourganeuf, vérifier si les allégations qui lui avaient été faites étaient réelles ou fausses. Il y trouva deux obligations s'élevant ensemble à un peu plus de six mille francs. Très poliment, on me fit savoir qu'il ne pouvait plus être question de ce mariage ; tout fut rompu.

François Thaury, mon vieux compagnon, qui m'avait toujours connu laborieux, et qui était notre plus fort créancier voulut aussi me faire marier avec une de ses nièces, mais la jeune fille avait promis sa main à un jeune homme de Soubrebost. Pour cette raison ou pour toute autre, elle me refusa net.

Ces deux échecs successifs, à côté de ceux des années précédentes, donnèrent lieu à toutes sortes de cancans et de railleries de la part des fins rieurs et des désœuvrés. « Je lui en connais une, disait l'un, » et naturellement il s'agissait d'une de ces femmes qui ne sont pas très rigides dans leurs mœurs et leur conduite. On se moquait de moi.

Dans le cours de la vie, à côté d'innombrables désagréments et de formidables déceptions, il y a toujours pour l'homme persévérant de ces moments heureux qui durent assez pour remplir d'espérance notre esprit et notre cœur.

Un jour, en allant à Vallières, avec un ami du nom de Périchon, que j'avais fréquenté à Paris, nous entrâmes boire chopine dans une auberge du Monteil-au-Vicomte tenue par une femme qu'on appelait la Pouchonnelle.

Dans le coin d'une vaste cheminée, se trouvait une grande et belle fille, en compagnie de sa mère; elle nous parut si réservée, si gracieuse, si rayonnante de jeunesse et de beauté que nous nous mîmes à la dévorer des yeux. Tous les deux, nous avions le bagou qu'on a à cet âge, surtout quand on a vécu plusieurs années à Paris. Alors, en sortant, notre amabilité redoubla, et je sus plus tard, — car, cette jeune fille devait être ma femme, — qu'on nous avait trouvés très convenables, et nous continuâmes notre route.

Quelques semaines après, étant à Soubrebost, chef-lieu de ma commune, un nommé Bouillot me dit :

« Je veux te faire marier avec une de mes nièces. » Or, mon ami se trouvait être beau-frère à la mère de la jeune personne que nous avions rencontrée chez la Pouchonnelle. « Allons, me dit Bouillot, prenons un jour et allons voir mes parents. »

Ce qui fut dit fut fait. Dès que je rentrai dans cette maison, Madame Aupetit me reconnut et en parlant de notre première rencontre elle rit beaucoup. La fille entra un instant après, et naturellement elle me reconnut aussi. On ne tarda pas à nous préparer le dîner, auquel assistèrent le père et tous les enfants.

Resté seul après le repas, avec Bouillot et les deux vieux, on leur dit le motif de notre visite ; on nous répondit que pour plusieurs raisons, ils ne tenaient pas à marier leur fille cette année. La mère, alors me conduisit dans une grange où sa fille était occupée à couper des raves pour donner à manger aux bestiaux. Au mot de mariage elle baissa la tête et ne répondit rien. J'avoue que je dus lui paraître sot. Je ne savais par quel bout entamer la conversation ; la mère nous sortit d'embarras l'un et l'autre, et m'ayant adressé quelques questions, je répondis de mon mieux, mais la fille restait toujours silencieuse, de sorte qu'il me tardait bien d'être sorti, ce qui ne tarda pas à avoir lieu. Ayant demandé à l'embrasser, cette autorisation me fut néanmoins accordée.

Il y avait dans ce village, de Lachaux, un maçon de Paris, nommé Dubost ; je rentrai chez lui au moment de mon départ. La femme de mon ami à laquelle j'annonçai mon peu de succès, ne manqua pas de dire à cette famille et à la jeune fille en particulier, tout le bien que pensait de moi son mari. Comme Dubost jouissait d'une bonne réputation, et cela avec raison, car, c'était un homme économe, un gagneur d'argent, qui agrandissait son bien chaque année, vanté par un tel homme, je gagnai les bonnes grâces de la mère et de la fille. Alors il ne fut plus question de retarder ce mariage.

Arrivés à ce point, les mariages dans la Creuse, marchent rapidement, car les émigrants n'ont guère plus de deux mois d'hiver à rester au pays ; aussi multiplier mes visites chez Jean Aupetit, chercher l'occasion de passer quelques instants avec cette jeune et jolie paysanne, devint l'objet de mes constantes préoccupations. Dès lors, je n'aurais pas manqué, qu'il plût ou qu'il neigeât, de me rendre trois ou quatre fois par semaine auprès de ma fiancée.

Un soir, ma visite s'étant prolongée presque jusqu'à la nuit, je repris ma route, malgré un temps des plus affreux. La neige qui tombait en abondance, m'aveuglait et avait recouvert mon chemin. A la sortie du Monteil-au-Vicomte, je m'égarai et je devais errer pendant sept heures, à travers les champs, les montagnes et les ravins, sans savoir où j'allais aboutir. A un moment, le désespoir s'empara de moi ; il me semblait que quoi que je fisse il ne m'était pas possible d'échapper à la mort, surtout si le froid et la fatigue me saisissaient avant qu'il ne fût jour.

Je résolus de marcher quand même. On est bien courageux à vingt-trois ans, surtout quand cette pensée de la mort assaille l'esprit. J'ai toujours eu une affection des plus sincères pour mon père. Dans ces moments de désespoir, son image se présentait à ma pensée, ce qui ne manquait pas de ranimer mes forces et mon courage. Cependant, ayant mis les pieds dans un ruisseau, trois ou quatre fois, mes jambes fléchirent pour en sortir. Avançant toujours comme un aveugle qui n'a ni son chien ni son bâton, je tombai dans le bout d'une pêcherie, située près d'un village qu'on appelle le Masdarier ; heureusement, je saisis la branche d'une haie. Je devinais bien qu'au lieu d'avancer il fallait reculer ; épuisé de fatigue, je m'arrêtai et je me demandai si je ne devais pas m'abandonner à mon sort. Alors, il me sembla entendre au loin les aboiements des chiens ou les hurlements des loups ; car, quiconque a passé au milieu de ces déserts avouera qu'il y a peu d'endroits dans la Creuse qui soient, en pleine nuit, d'un aspect aussi effrayant que le sont ces parages.

Ayant prêté une oreille plus attentive, j'acquis la certitude que c'était bien les aboiements de cette race de chiens que nous avons dans la Creuse, et qui sentant à distance l'approche d'un homme ou d'un loup, font un vacarme épouvantable.

Le village n'est pas loin, me dis-je alors, je n'avais qu'à avancer du côté d'où partaient ces jappements constants et réitérés.

Le pressentiment d'une mort qui m'avait paru certaine commençait à se dissiper. Arrivé en haut d'une colline, je me trouvai dans le village du Madarier. J'aperçus de la lumière dans une maison, je frappai et on m'ouvrit. Les femmes de la veillée se disposaient à partir et de suite elles voulurent savoir mon nom et d'où je venais..

Après avoir satisfait à leur curiosité et demandé le nom du village : « De grâce, leur dis-je, conduisez-moi chez Giraudon, un ami de famille. » — « Non, non, vous n'irez pas plus loin, nous vous connaissons bien, c'est votre père qui a conduit mon fils à Paris, répondit l'une d'elles et qui l'a fait travailler avec un de ses amis. » J'abrège, on fit un grand feu, et ensuite on me conduisit dans un lit qui se trouvait dans une étable, où je dormis très bien.

Jamais le souvenir des services que je reçus dans la famille Sauvanaud ne s'est effacé de ma mémoire; depuis, nos rapports ont été des plus amicaux. Il y a à peine deux mois, je rencontrai dans une de mes promenades au village, le fils ou le gendre Sauvanaud, et je lui rappelai comment il y a 53 ans, j'avais vu la mort de si près et l'hospitalité que j'avais reçue chez ses bons et dignes parents.

Lorsque je contai cette pénible aventure, chez mon futur beau-père, on y fut désolé de m'avoir laissé partir par un temps aussi affreux. Puis on se mit à plaisanter ma fiancée sur son veuvage anticipé.

Toujours est-il que cet évènement m'a fait connaître l'état d'esprit d'un homme aux prises avec la mort.

Au point où nous en étions arrivés, on ne tarda pas à parler des conditions du contrat, et comme une autre de leur fille était déjà mariée, ils me dirent qu'il n'y aurait nulle différence entre l'une et l'autre.

Pourtant, avant d'arriver à ce point, la famille Aupetit désirait prendre jour pour venir faire chez nous *las vudas*, c'est-à-dire, jeter un coup d'œil sur notre maison, nos prés et nos terres. On convint d'un jour, et un matin, il nous arriva le père, la mère et d'autres parents de mademoiselle Aupetit. La visite à travers champs n'eut pas lieu, le père Aupetit déclara qu'il jugeait de la valeur d'une propriété à quelques mille francs près, à la vue des bestiaux et à l'importance des greniers. Tout leur convint, bien que notre avoir fut inférieur au leur.

On parla du montant de la dot. Mon futur beau-père donnait trois mille francs à sa fille, payables par quatre cents francs chaque année, ainsi que le mobilier, armoire, linge, six brebis et leurs agneaux.

Telles furent les conditions minutieuses de ce mariage de campagne.

Un des frères, peu disposé en ma faveur, voulut soulever la question des dettes, la mère le pria de se taire avec une certaine vivacité, disant que si elle ne croyait pas à mes qualités elle ne serait pas arrivée jusqu'à ce point et la question fut abandonnée.

Quelques jours après, nous allâmes passer le contrat devant maître Laforest, notaire au Monteil-au-Vicomte, et le lendemain, on prit la route d'Aubusson pour aller acheter les habits de la mariée. La moins exigeante fut la fille ; car lorsqu'on arriva à l'achat des bijoux, elle fit dire par sa mère qu'elle ne désirait que deux ou trois bagues et que nous verrions plus tard. Enfin, le surlendemain, son frère aîné et moi, nous allâmes à Felletin, acheter une vieille vache, pour le repas de la noce et le 23 février 1839, le mariage eut lieu.

Cette cérémonie, pour une noce de campagne, ne manqua pas d'un certain éclat. J'étais accompagné par une trentaine de jeunes gens, choisis parmi mes amis de Paris, tous pleins d'entrain, de gaîté et convenablement habillés.

De son côté, ma femme avait su faire un choix de jeunes et jolies filles, dont quelques-unes faisaient aux bras de mes camarades, un très gracieux effet.

En arrivant chez la mariée avec deux ménétriers

devant nous, les jeunes garçons se conformant à nos anciennes habitudes, tirèrent en l'air une bordée de coups de pistolet. Ils firent de même à la rentrée et à la sortie de l'église. Même cérémonie à chacun des villages que nous devions traverser pour nous rendre à La Martinèche.

Comme le bruit s'était répandu que j'étais accompagné d'une nombreuse et belle jeunesse, on était venu de tous les villages aux alentours, soit pour danser, soit pour voir la mariée qu'on disait aussi très belle.

Il y avait à notre repas de noce cent soixante convives qui dansèrent et s'amusèrent pendant deux jours sans qu'on entendît la moindre querelle. On avait mis une barrique de vin, à la disposition de la jeunesse des villages. A cette époque on ne dansait que les vieilles danses villageoises, et certes, il y en avait dans le nombre de plus amusantes que celles de nos jours.

Une coutume qui s'est à peu près perdue et qui n'est guère à regretter, c'est l'étrange cérémonie de la poule. Deux heures après le coucher des mariés, leur chambre se trouve envahie par une foule de jeunes garçons et de jeunes filles qui commencent par leur offrir une cuisse de poulet et un saladier de vin chaud. On échange force poignées de main et les jeunes filles, l'une après l'autre, embrassent la mariée qui reste assise sur son lit; toute cette jeunesse chante à la fois la chanson des mariés. Les termes en sont si singulièrement échevelés qu'on se croirait encore au temps de Rabelais, où on appelait un chat un chat et un merle un merle. A la suite de cet amusement burlesque, on se retire et chacun va coucher où il peut.

Le lendemain, on se leva, on déjeuna avec le reste des plats de la veille, on fit quelques danses et chacun reprit le chemin de son village.

C'était une singulière destinée que celle des femmes qui épousaient des maçons. Aujourd'hui un certain nombre amènent avec eux leurs jeunes femmes à Paris ou ailleurs ; à cette époque cette habitude n'existait pas. Il fallait vivre chacun de son côté et souvent jusqu'à l'âge de cinquante ans, à part les intervalles des saisons d'hiver.

Deux jours après mon mariage, je reçus une lettre de mon ami Claude Lefaure, m'annonçant que son patron, M. Leloir, venait de se rendre adjudicataire de la nouvelle institution des jeunes aveugles, boulevard des Invalides, et qu'il m'avait proposé pour le remplacer dans le chantier de la rue de Seine, et que l'affaire était pressante.

Ayant donné connaissance de cette lettre à ma femme, elle pleura beaucoup.

J'obtins pourtant un délai de quinze jours, mais après, il fallut la quitter, et je ne devais la revoir que neuf mois après.

Le grand historien Michelet a dit quelque part que la famille française était ouverte aux quatre vents.

A qui s'adressait l'observation du judicieux historien ? Il n'a certainement pas voulu dire que les femmes françaises méritaient ce reproche de légèreté dont on les accuse volontiers hors de nos frontières.

Nous savons qu'il y a des pays où les femmes se marient avec l'espoir qui se réalise souvent de ne plus travailler que dans leur intérieur ; en France, rien de pareil n'a lieu, car c'est précisément le contraire qui leur arrive ; la mienne comme toutes les autres femmes de campagne, avait été élevée à marner du matin au soir dans les champs, et elle ne travailla pas moins, pour ne pas dire plus, après mon mariage. Voyez-les dans nos manufactures, voyez-les dans leur intérieur occupées à gagner quelques sous pour le compte des magasins, et surtout pour le ouvroirs et les couvents, et dites-moi si des travaux si pénibles et si exténuants devraient être ceux de la nourrice du genre humain dans une société civilisée.

La philanthropie a cru faire merveille, en ouvrant à grands coups d'orchestre des crèches et des salles d'asile. Est-ce que le résultat n'a pas été de chasser la femme de son intérieur et de l'obliger de livrer son enfant aux soins de quelques mercenaires. Les plaintes, les lamentations ne résolvent pas le difficile problème de la vie : que ceux qui ont l'honneur d'avoir été choisis pour faire aimer la République ne perdent jamais de vue, qu'ils ont à résoudre une question sociale, qui finirait par devenir dangereuse et menaçante, vu son importance et sa gravité, s'ils n'y consacraient pas tous leurs soins, leur activité et leur intelligence.

Année 1839. — Après mon mariage

C'est un triste et pénible moment que celui où il faut se séparer, après dix-sept jours de mariage passés auprès d'une femme que l'on aime et à laquelle on ne reconnaît que des qualités. Mais, l'impérieux devoir de vivre et d'être utile aux auteurs de nos jours est là qui s'impose à nos volontés et nous met dans l'obligation de partir.

Telles étaient, avons-nous déjà dit, les vieilles habitudes traditionnelles qui étaient à peu près générales parmi les émigrants creusois ; on s'y conformait sans trop se plaindre ; on disait seulement comme argument de consolation : « ce que les pères ont fait, les enfants doivent le faire. »

Arrivé à Paris, j'allai sans perdre de temps, voir mon ami Claude Lefaure à son chantier de la rue de Seine qui devait être le mien le surlendemain.

Les premières paroles qu'il m'adressa, furent les suivantes : « Tu arrives à temps pour me remplacer, il faut que j'aille commencer la nouvelle institution des jeunes aveugles. Je vais donc te présenter au patron, M. Leloir ; je ne dois point te laisser ignorer que ce dernier veut absolument donner ses plâtres à la tâche. Pour ne pas laisser entrer d'étrangers à la maison, je les ai pris à mon compte. »

Sur ce point, je savais à quoi m'en tenir. Les travaux donnés à la tâche par un patron à un de ses ouvriers amènent presque toujours des procès entre les parties contractantes. Quand on arrive à la fin des travaux, le patron fait reviser et reviser encore les mémoires de l'ouvrier, c'est-à-dire qu'il taille et rogne à sa convenance et à son bon plaisir. Le tâcheron refuse-t-il de se soumettre aux conditions léonines qui lui sont présentées, alors commence un procès entre les deux intéressés. L'ouvrier poursuivant presque toujours sans argent et tourmenté par les ouvriers non payés qui le harcèlent et lui montrent le poing, est obligé de faire une cote mal taillée qui lui enlève les bénéfices de son opération.

Voilà ce qu'on appelait alors et ce qu'on appelle

encore aujourd'hui la liberté de travail, doctrine fausse et menteuse que ceux qui ont été mes guides en démocratie et en socialisme m'ont conseillé de ne jamais accepter pour vraie.

Mon ami Lefaure me parla d'abord des conditions qu'il avait l'intention de m'offrir. « Tu auras d'abord cinq francs par jour et, à la fin des travaux, s'il y a des bénéfices, nous les partagerons. »

Je trouvais ces conditions satisfaisantes et je me mis à l'œuvre. A ce moment, en 1839, la journée de maçon valait 3 francs 50 et pour quelques-uns 3 francs 75 et même 4 francs, mais il était d'usage de donner dix sous de plus, par jour, aux tâcherons.

Je me trouvais donc parmi les plus favorisés des ouvriers et j'avoue que, au point de vue de l'amour-propre, cette situation me flattait beaucoup, d'autant plus que c'était la première fois que je faisais l'office de maître compagnon.

En arrivant dans ce chantier, je commençai par embaucher deux équipes de bons et solides camarades et nous nous mîmes à l'œuvre avec le plus grand courage.

Ce bâtiment qui donnait sur trois rues était important. Mon désir de bien débuter comme maître compagnon était, on le comprend, bien grand.

Le désir aussi de donner satisfaction à mon ami Lefaure n'était ni moins vif ni moins ardent.

Je travaillai donc pendant toute la durée des gros plâtres, autant que mes forces me le permettaient. Comme à ce moment le plâtre nous venait sans être battu, dès que je m'apercevais que les garçons pouvaient en laisser manquer à leurs compagnons, je descendais au galop les échelles, je sautais sur une batte, et j'aidais à écraser la couche. J'avais pour garçon un nommé Bouny, dit le frisé, de Pontarion, l'homme le plus fort pour porter sur la tête qu'on pût rencontrer dans les chantiers de Paris.

Bouny m'arrivait toujours avec des auges pleines de bord à bord et contenant au moins deux sceaux d'eau.

Aider à le décharger, remuer le plâtre qui était pris souvent à moitié, l'étaler sur des bardeaux pour former l'aire, ou en ourder les pans de bois, voilà le métier que je fis pendant plus de trois mois.

Plus mon Bouny me voyait fatigué, plus il était content. Il ajoutait en riant de son gros rire de bon enfant : « Je t'ai toujours dit que les Pontarion auraient la peau des Martinèche ; il me faut la tienne. »

Nous nous aimions bien avec ce colosse d'homme, pas plus méchant qu'un enfant et qui pourtant était la terreur des autres garçons.

Une fois ce gros travail terminé, les menuisiers posèrent les chassis des portes et les cloisons. Je plaçai alors deux compagnons dans chaque pièce et nous nous en donnâmes toujours à plein collier. Puis, aux heures de repas, quand nous avions un moment ou le soir, après la journée, chacun coupait ses angles. On n'aurait pas pu exiger plus de travail des bœufs liés sous le joug.

Il y a une manière de faire travailler les hommes vigoureusement sans être même dans la nécessité de leur commander et sans cesser d'être non plus leur camarade. Il faut leur faire gagner des journées supérieures à celles qu'ils pourraient avoir dans d'autres chantiers ; il faut qu'ils vous reconnaissent capables de leur tenir tête, n'être auprès d'eux ni arrogant, ni fier. S'ils vous offrent un canon, ne pas être chiche pour payer votre tournée. On méprise les ingrats et les écornifleurs.

Ces qualités qui constituent ce que l'on appelle « les bons enfants » ne m'ont pas trop manqué ; aussi ai-je trouvé des ouvriers qui s'éreintaient pour me faire plaisir. Ce fut mon cas pendant les six mois que durèrent l'ensemble de tous ces travaux. Je vis bien dès la première fois que je commandai des camarades, tout ce qu'il y a de cœur et de dévouement chez l'ouvrier, quand on se fie à lui et qu'on le traite avec certains égards.

Je gagnai dans la rue de Seine, la confiance de M. Leloir. Chaque fois qu'il venait visiter les travaux, il me montrait par des paroles amicales, sa satisfaction. M. Leloir était un entrepreneur tiré à quatre épingles, c'est-à-dire correctement et élégamment vêtu. Sa parole toujours mesurée et douce m'en imposait beaucoup. Puis, il ne manquait jamais, lorsque j'arrivai devant lui, de porter la main à son chapeau, ce qui m'obligeait de lui parler la casquette à la main. Alors, il me disait gravement de me couvrir.

M. Leloir connaissait bien le travail. Après avoir terminé son bâtiment de la rue de Seine, il m'en envoya conduire un autre sur le quai Bourbon ; mais, n'espérant pas devenir un de ses premiers maîtres compagnons, puisqu'il avait mon ami Lefaure, un homme de valeur, je le quittai assez singulièrement.

Ayant rencontré un jour, sur le pont Marie, un de mes anciens patrons, M. Bayle, pour lequel j'avais travaillé comme limousinant, il me demanda ce que j'avais fait depuis que je l'avais quitté, je répondis en riant que j'étais devenu bon maçon et que même je commençais un bâtiment comme maître compagnon, sans savoir où il voulait en venir. Il me demanda si je savais lire et écrire. Sur ma réponse affirmative, il me présenta son carnet et son crayon et je lui donnai mon adresse. « Bien, mon ami. Combien gagnez-vous ? »

— « Cent sous par jour. »

— « Si vous voulez venir travailler pour moi, je vous donnerai dix sous de plus. »

Vers onze heures, je m'absentai, j'allai donner avis de mon départ à M. Leloir qui me répondit que j'avais pourtant chez lui du travail pour longtemps.

Le bâtiment où M. Bayle m'envoyait était situé sur le quai de Béthune. Il avait donné ses plâtres à la tâche à des Parisiens très bons enfants, mais qui étaient de véritables soiffeurs.

Jamais encore je n'avais été aussi heureux et n'avais si peu travaillé, je n'avais qu'à inscrire les marchandises qui entraient dans le chantier, à tenir compte des ordres de l'architecte et à veiller à leur exécution. C'est ainsi que je terminai la campagne de 1839.

Heureux au point de vue du travail, je n'avais pas perdu une journée dans toute ma campagne. J'avais constamment gagné cinq francs par jour sans me livrer à aucune folle dépense. Mes économies sur mes journées s'élevaient à cinq cent cinquante francs, plus trois cents francs du produit de mon école. Mon père qui devait passer l'hiver à Paris m'en remit cinq cents ; au total, c'était une somme de mille trois cent cinquante francs que j'avais en partant.

Fier de ce résultat et très heureux d'aller revoir ma

femme que j'avais quittée au commencement de la campagne, j'allais donc lui donner la preuve, ainsi qu'à sa mère, qu'elle n'avait pas lié son sort à un homme sans conduite, qui allait dévorer sa dot et se laisser chasser par les huissiers, de la maison paternelle, comme on le lui avait répété si souvent.

Le voyage n'eut rien de bien digne de remarques. Entre jeunes gens, nous nous encouragions à marcher ; nous faisions nos quinze lieues tout en riant et en chantant ; eût-on été fatigué qu'on n'eût pas osé l'avouer.

En entrant à la maison, à ma grande surprise, je n'y trouvai pas ma jeune femme. On m'apprit qu'elle était partie la veille, pour aller voir son père qui était à l'agonie.

D'un bond, je me mis en route pour aller à Lachaux. Arrivé au Monteil, j'entendis sonner la cloche. La première personne à qui je m'adressai me répondit : « C'est Jean Aupetit qui est mort. » Alors, douloureusement surpris je continuai ma route. En entrant, je trouvai toute la famille poussant d'amers sanglots ; on se préparait à mettre dans son cercueil, le digne vieillard ; je n'eus que le temps de l'embrasser.

Jean Aupetit avait bien hésité à m'accorder la main de sa fille ; mais, il était alors dominé par la crainte que je la rende malheureuse ; on m'avait tant calomnié qu'on avait jeté le trouble dans son esprit.

Vénéré de sa famille, aimé et estimé de ses voisins et de tous les habitants de la commune, Jean Aupetit était un de ces hommes dont le caractère imposait le respect à tous ceux qui l'avaient connu.

Je fus profondément ému au cimetière, en entendant les éloges que chacun faisait des qualités et des bontés de ce digne vieillard.

Le lendemain, ma femme et moi, nous repartîmes pour La Martinèche ; elle m'apprit en route que son père avait désiré me faire prêter par le notaire du Monteil, M. Laforêt, une somme de mille francs pour payer un nommé Gadoux qui avait une hypothèque sur notre bien.

« Nous n'avons pas besoin d'emprunter, lui répondis-je, j'ai cet argent dans ma poche. Dans le courant de l'année, si je t'ai laissé ignorer ce que je gagnais c'est qu'il m'était agréable de te faire une bonne et heureuse surprise. »

Je n'ai jamais vu ma mère plus contente que le jour où la créance Gadoux fut payée. Ce dernier avait une mère tellement cancanière qu'elle était venue à bout de jeter la discorde entre tous nos voisins. Vingt fois dans ces moments de colère et de violence, elle était venue crier devant notre porte que son fils sitôt de retour de Paris, ferait vendre ce qu'elle appelait nos dernières guenilles.

De cette façon, mon père et moi, en réunissant nos économies, nous avions pu facilement nous débarrasser de cette créance.

Cet hiver fut pour moi assez monotone, à cause de notre grand deuil qui nous empêcha d'assister aux différents mariages de mes amis, où nous étions engagés.

Je ne négligeais rien de nos travaux usuels, dont le plus important était le battage en grange, et ma femme ne quittait pas plus que moi, le fléau, du matin au soir.

Puis, je me mis dans l'idée de lui apprendre à lire, comme précédemment je l'avais fait pour ma sœur aînée et pour deux autres filles du village, la

Thérèse Taboury et la Rosalie Vergnaud.

Enfin, la saison venue, il fallut de nouveau, abandonner le village et la famille, pour regagner Paris. Tel fut le sort réservé à ma femme et à moi pendant les huit premières années de notre mariage.

Campagne de 1840

La campagne de 1840 que j'allais commencer ne me laissait que peu d'inquiétude sur la possibilité de trouver à m'occuper d'une manière avantageuse. Cependant, depuis le commencement de l'année, des bruits de guerre s'étaient répandus dans le pays, et y avaient produit de vives et poignantes alarmes.

La France ne devait pas tarder à voir signer contre elle, le traité du 13 juillet 1840. Les pourparlers qui avaient précédé cette décision de l'Angleterre et des puissances du Nord, n'avaient pas manqué d'agiter le pays et d'y provoquer une lamentable crise qui avait fini par suspendre le travail et par plonger les ouvriers dans une misère lamentable et hideuse.

A cette époque, on le sait, notre législation était dure et cruelle; en plus des articles 414, 415 et 416 du code pénal, qui autorisaient le gouvernement à appliquer deux ans de prison à tout ouvrier qui se mettait en grève, nous avions en outre, la loi de 1834, qui prohibait toutes les réunions qui excédaient vingt-et-une personnes. Le peuple était pris comme dans un étau, ou comme un honnête homme dans un cercle d'assassins. Un cri de désespoir s'éleva parmi les ouvriers de Paris. Ce fut un bouillonnement de l'esprit public, semblable à la vapeur comprimée.

Inopinément, tous les corps de métiers parlèrent de se mettre en grève ; on n'entendit plus que ce cri : « Advienne de nous ce que pourra ; mais le devoir nous commande, notre dignité exige que nous ne tendions pas la gorge plus longtemps à nos bourreaux. Du courage ! violons les lois sur les coalitions. Peut-être que ces actes d'énergie feront ouvrir les yeux aux traîtres qui nous ont fait de si belles promesses au lendemain de la Révolution de 1830 et qui n'en tiennent aucune. »

Les ouvriers du bâtiment toujours au nombre des plus patients, se trouvaient harcelés par la misère. Ils battaient les pavés des rues ; ils s'attroupaient à la porte des rares chantiers où on travaillait encore, ou ils se livraient dans leurs garnis, aux récriminations les plus violentes contre les entrepreneurs connus pour ne pas vouloir augmenter la journée de leurs ouvriers.

Poussée à la dernière extrémité, cette grande corporation résolut de se mettre en grève.

Avant d'arriver aux différentes péripéties de ce mouvement populaire que peu d'historiens nous ont fait connaître, tant de souvenirs se présentent à mon esprit que je ne puis me défendre d'ajouter quelques mots sur cette lamentable situation du peuple dont j'ai été un témoin oculaire.

L'homme qui a bonne envie de se défendre de la misère et qui ne peut pas, est bien la créature la plus malheureuse qu'on puisse rencontrer, surtout s'il a autour de lui femme et enfants.

Les ouvriers se demandaient avec angoisse et les larmes aux yeux, ce qu'ils avaient pu faire à la société pour qu'elle les accablât d'une manière que ne connurent jamais les esclaves dans leurs plus mauvais jours.

Non ; je ne crois pas qu'aucun fléau soit plus destructeur des nobles sentiments de notre nature que ceux qui proviennent du chômage forcé.

Je lisais dernièrement dans le livre Le Sublime, de mon ami Denis Poulot, son éloquent chapitre relatif au chômage. L'idée m'est venu de relire sur le même sujet un de mes articles publié en 1850, vingt ans avant celui de Poulot, et que je retrouve dans un livre d'économie politique, publié par M. Louvet. Je disais : « Nous avons vu de près la misère dans son immense variété, et nous avons pu comparer celle des campagnes et celle des villes ; cette dernière est bien plus affreuse ; elle étiole le corps et l'esprit, tue le physique et étouffe le moral.

C'est la mort précédée d'une longue et cruelle agonie. C'est la torture lentement combinée qui émousse tous les ressorts de la sensibilité avant que le dernier souffle de la vie ne s'échappe. Dans les villes pas de ressources quand le travail manque aux bras du prolétaire, plus d'abri, plus de vêtements, plus de pain. Dans son dénûment la charité seule, dédaigneuse, insultante, trop souvent insuffisante, est son seul refuge. Triste et lamentable situation !

Ce sont les misères que vous avez endurées avant nous et pour nous, dignes prolétaires d'un passé si cruellement odieux, qui ont amené en signe de protestation, la République et à sa suite, la question sociale qui préoccupe si fortement aujourd'hui les hommes de cœur et d'honneur de tous les pays civilisés.

Malgré cette horrible législation, maçons, tailleurs

de pierres, peintres et terrassiers résolurent d'entraîner la corporation entière dans une grève formidable et générale. Mais comment s'entendre, comment se réunir ? On était épars dans tous les quartiers de Paris. Bien certain néanmoins qu'on allait se jeter dans les pattes du loup, on décida que notre réunion aurait lieu un dimanche de paie, dans la plaine de Bondy.

On commença d'abord par organiser un grand comité de vingt personnes.

Deux ou trois fois, les plus ardents, les meneurs, selon l'expression consacrée, vinrent me sonder et me demander si je voulais consentir à diriger ce grand et immense mouvement. Je les assurai d'abord, de ma bonne volonté, mais je leur fis comprendre que dans l'intérêt général, il valait mieux jeter les yeux sur des maîtres compagnons plus connus et plus influents que moi dans notre corporation.

Pour former ce comité, nous allâmes nous cacher chez un marchand de vin de la rue du Bac, où plusieurs rédacteurs de la *Phalange* ou de la *Démocratie pacifique* prenaient leurs repas. A notre seconde réunion, l'accord se fit bien entre nous. Claude Lefaure accepta la présidence, Chansardon, l'aîné, la vice-présidence, et moi je fus nommé secrétaire et trésorier.

Après toutes les précautions possibles et imaginables prises pour échapper à la police, des hommes de bonne volonté furent envoyés par nous dans les principaux chantiers de Paris, puis dans les garnis. Jusque-là nous avions déjoué les friponneries du gouvernement. Au jour désigné, cette grande foule de six à sept mille hommes arriva à la suite de nombreux détours dans la vaste plaine de Bondy.

D'autres camarades, étaient allés dès le matin, planter de longues perches de distance en distance, sur le terrain. Puis, au bout de ces perches sur lesquelles étaient écrits les noms du président, du vice-président, du secrétaire et des commissaires, notre choix, au vote, fut unanimement acclamé.

Une délégation des membres du comité s'était rendue dès le matin, chez le maire de la commune. Après avoir fait connaître à ce magistrat le but de notre réunion et l'avoir assuré de nos intentions les plus pacifiques, il ne nous fit pas mauvais accueil ; mais, à peine étions-nous sortis de chez lui qu'un commissaire de police y entra aussitôt. Que venait-il lui dire ? Nous n'en sûmes évidemment rien et nous nous hâtâmes d'aller rejoindre nos camarades ; la discussion commença aussitôt. Notre programme était simple : augmentation de la journée, suppression des heures supplémentaires et abolition des tâches.

Sur le premier point, la discussion s'engagea sur le chiffre de cette augmentation. Les plus hardis se prononçaient pour 4 francs 50 par jour.

On en était là, quand un cri sortit des poitrines de cette grande réunion d'ouvriers opprimés et martyrs de notre infernale législation et du gouvernement bourgeois de 1830.

C'était l'armée qui arrivait. En effet, un escadron de cavalerie s'avançait sur nous au grand trot et sabre au clair. La panique se mit dans nos rangs, et les grévistes s'échappèrent de tous les côtés.

Au premier mot du commissaire nous enjoignant d'avoir à nous disperser, nous n'opposâmes aucune résistance ; mais on sut gré au bureau d'être resté à son poste et d'avoir protesté avec fermeté, contre cette infâme mesure.

Il faut bien avouer qu'à cette époque, les ouvriers grévistes n'avaient pas seulement le gouvernement contre eux, mais aussi l'opinion publique. On nous agonisait d'injures ou plutôt de plaisanteries. On blâmait les ministres de n'avoir pas donné l'ordre de tirer dans le tas. En se montrant violents et cruels envers le peuple, cette caste de modérés et de conservateurs qui avaient permis à Louis-Philippe de violer les principes de la Révolution de 1830, ces effrontés et rapaces monarchistes lui montraient surtout de la reconnaissance pour avoir si bien maté les meurt-de-faim.

Les entrepreneurs paraissaient radieux ; dans leur effervescence joyeuse, ils auraient baisé les pieds des ministres. Mais si le gouvernement triomphait de sa facile victoire, il était bien aveugle, car il se fit alors un changement radical dans l'esprit des masses. Chacun se disait : il faudra à la première occasion favorable renverser cet indigne gouvernement.

Nous qui suivions depuis longtemps les mouvements de l'esprit populaire, un fait ne tarda pas à nous démontrer les progrès du parti républicain parmi les ouvriers.

Ledru-Rollin, appelé à remplacer Garnier-Pagès, aîné, en 1841, avait prononcé ces courageuses et hardies paroles : « Il faut nous débarrasser, messieurs, de ce gouvernement, au prix même d'une révolution violente. » Ces paroles produisirent dans les ateliers et dans les chantiers, l'effet d'une traînée de poudre. Dès lors, nous n'eûmes plus qu'à suivre et à encourager ce mouvement; d'ailleurs, il était très facile de s'apercevoir que la dynastie de Louis-Philippe avait du plomb dans l'aile.

Il m'est bien agréable de consacrer quelques lignes à la mémoire de Claude Lefaure, notre président, car il fit dignement son devoir dans cette circonstance, aussi bien que notre vice-président, l'aîné Chansardon. D'abord, ils s'étaient exposés non seulement à perdre leurs places de maîtres-compagnons, mais à la haine de tous les entrepreneurs.

Je devais par la suite, bien apprendre à connaître les ouvriers de notre département, vu la situation politique qu'ils m'ont volontairement faite. J'avoue que je n'en ai rencontré aucun d'un caractère plus ferme et d'une intelligence supérieure à Claude Lefaure.

La nature l'avait doué de ses dons peut-être les plus rares. S'il avait vécu en 1848, je ne serais jamais devenu député, tant son ascendant était grand sur la masse des ouvriers de la Creuse.

De bonne heure, nous nous étions liés d'une amitié bien sincère, et jamais le moindre nuage n'avait pu nous refroidir l'un et l'autre. Lefaure avait toujours été à même de me rendre des services.

Tous les deux, ai-je déjà dit, nous étions des habitués des salles de chausson de Gadoux et de Le Mule. Ardent jusqu'à la témérité, nul ne mettait plus d'action dans son jeu que ce vigoureux jeune homme.

Dans un assaut, rue Mouton-Duvernet, il reçut, on ne sait comment, un coup violent, et malgré tous les soins que lui prodiguèrent de bons médecins, il mourut à l'âge de vingt-huit ou vingt-neuf ans. Dans son village, aux Fraisses commune de Vallière, jamais camarade ne fut plus sincèrement regretté parmi les maçons, et je perdis ainsi un des plus sincères amis de ma jeunesse, et le parti républicain, en bonne voie de formation, un homme influent qui aurait pu entraîner la masse timide et trop indifférente aux questions politiques et sociales qui commençaient à se faire jour dans l'esprit de nos concitoyens.

Chansardon, aîné, originaire aussi de la commune de Vallière, était loin d'avoir sur nos amis le même ascendant que Lefaure ; néanmoins, nous devons ajouter que de sa jeunesse à sa mort, arrivée vers 1886, il se montra toujours fidèle aux principes républicains. Comme Chansardon était aussi un bon maître compagnon, son influence était aussi très grande dans notre milieu ouvrier.

Ouvert, bon enfant, grand parleur, d'une taille colossale, acceptant facilement un verre de vin sans avoir jamais passé pour écornifleur, Chansardon peut être compté parmi ceux de nos ouvriers qui eurent le plus d'influence à cette époque. Je me suis toujours rappelé qu'un jour, étant à boire un canon chez un marchand de vin de la rue de la Tisseranderie, nous le vîmes passer dans la rue ; on l'appela, je lui demandai de qui il était en deuil. — « Du général Lafayette », répondit-il, et alors, il se livra à une critique acerbe contre nos ministres et contre le roi Louis-Philippe. — « Bon ! me dis-je, en voilà un sur lequel on peut compter. » Depuis ce moment, nous ne nous sommes jamais perdus de vue, et je vis bien au coup d'État que Chansardon était un homme de parole.

Selon les promesses que nous nous étions faites,

il vint, le jour du coup d'État, de très bonne heure, me prendre avec un certain nombre de nos amis, au n° 9 de la rue de Seine, quand arrivant au Pont-Neuf, ils m'aperçurent dans un cabriolet qui me conduisait à Mazas, escorté par le commissaire de police Lagrange et deux sergents de ville. Bien décidés de prendre part à la lutte, ces vaillants citoyens allèrent répandre la nouvelle de mon arrestation dans les quartiers de la place Maubert et de la rue Mouffetard pour tenter de soulever la population contre le traître et parjure Louis-Napoléon.

Mais nous reviendrons plus loin sur les évènements de cette lugubre époque.

Voilà quels étaient les hommes qui, en 1840, avaient organisé la première grève qu'on avait vu entreprendre par les ouvriers du bâtiment.

Ils échouèrent, c'est vrai, sur ce point particulier de la grève ; mais aussitôt, les mêmes hommes se mirent en devoir de fonder la société mutuelle, l'*Union des ouvriers du bâtiment*. Était-ce une boutade de leur part, une frivolité passagère de leur esprit ou le résultat d'une pensée, d'une opinion réfléchie et bien arrêtée, qui les portait à créer cette utile institution ; sur ce point le doute n'est pas permis, attendu que depuis, l'*Union mutuelle des ouvriers du bâtiment* n'a pas cessé d'exister et qu'aujourd'hui, tout en accordant des pensions annuelles à ces vieux et fidèles sociétaires, elle a près de 50.000 francs en caisse.

L'honneur d'avoir aussi solidement constitué notre société, revient tout entier à un ancien ouvrier qui, à force de travail et d'études, devint un architecte distingué, Dalray.

Ce digne homme en a été le président pendant quarante-trois ans. Lorsque l'âge et les infirmités le forcèrent à se démettre, nos amis et lui-même songèrent à m'investir de cet honneur.

Mon devoir était d'aller remercier ce vaillant et vénéré citoyen. Accablé de douleurs, cloué dans son fauteuil, paralysé des jambes, il nous fit l'histoire de notre grève avec une merveilleuse lucidité d'esprit, et il ajouta qu'il était heureux de se voir remplacé par moi, comme président.

Dalray considérait ses sociétaires comme autant de membres de sa famille. Dans son testament, ce vaillant citoyen nous a laissé une rente annuelle et perpétuelle de cinquante francs et, en même temps, par une lettre, qui peint bien la générosité de son caractère, il a manifesté son regret de n'avoir pu mieux faire.

Dalray laisse un fils, qui, à coup sûr n'est pas moins dévoué à *l'Union mutuelle des ouvriers du bâtiment* que ne l'était son regretté père.

Il y avait quelqu'un qui ne s'apercevait pas de la transformation d'esprit qui s'opérait au sein des classes ouvrières. Ce quelqu'un était le gouvernement ; on le minait pourtant avec une rapidité visible aux yeux de tous les hommes qui prenaient la peine de réfléchir, — conséquence, bien entendu de cette législation bête qui avait obligé le peuple à conspirer dans l'ombre depuis le vote des fameuses lois de septembre 1834.

J'ai dit dans un de mes derniers chapitres, que l'année précédente j'étais entré comme maître compagnon aux appointements de cent soixante-cinq francs par mois, chez un de mes anciens patrons,

M. Bayle. Il m'aurait fallu trouver une bonne occasion pour quitter ce digne homme dont les manières me convenaient beaucoup ; je restai donc toute l'année chez lui, et je n'eus pas à m'en repentir.

Un jour, M. Bayle me proposa de prendre à mon compte, se réservant la fourniture du plâtre et de toute autre marchandise, un petit bâtiment situé dans le clos Saint-Lazare ainsi qu'une série de murs de clôture dans le même endroit. J'acceptai ; en moins de six mois, avec l'aide de trois compagnons, j'eus, mes journées comprises, un bénéfice bien net de 1.300 francs que mon patron me versa à la présentation de mon mémoire. Ma joie était grande, il me semblait que ma fortune était faite. Je fus alors pris d'une certaine inquiétude. Où cacher mon magot ? je n'avais pas la moindre idée des caisses d'épargne et j'étais en chambre, avec mon fidèle ami, Jean Roby, et Jacques Lafaye, de St-Hilaire, qui étaient bien aussi novices que moi.

Dans les matelas ? Il n'y avait pas à y penser ; c'était la concierge qui faisait nos lits et nous ne la connaissions pas. « Si nous le mettions dans une de ces pelotes de lignes qui sont accrochées au plafond ? me dit Jacques Lafaye. »

Quand nous restions rue des Barres, je n'ai jamais eu d'autres cachettes. Ce qui fut dit fut fait ; nous déployâmes ce paquet de lignes qui ressemblait à une sorte de vieux cordage et nous le rattachâmes au plafond, ayant la conviction qu'il ne pouvait venir à l'idée de personne de deviner qu'il y avait là un petit trésor.

Mon père qui venait me voir de temps en temps et qui me voyait content voulait bien savoir ce que je gagnais, mais je lui en faisais un mystère, afin de lui réserver à la fin de l'année une plus agréable surprise.

Mon patron Bayle m'envoya ensuite travailler dans un hôtel qui était situé en haut du faubourg du Roule. Après y avoir passé un mois, le moment du départ pour les maçons était arrivé et nous eûmes à nous entendre, mon père et moi, pour savoir si nous irions tous les deux au pays ou s'il irait seul.

Le cher homme s'ennuyait à Paris, son âge (cinquante-quatre ans) ne lui permettait plus guère de travailler de notre dur métier. Je savais par les rapports des uns ou des autres de nos amis que la maladie du pays l'avait gagné, mais il était tellement délicat qu'il n'osait pas m'en faire l'aveu, car nous étions loin d'avoir payé nos dettes.

« Allons, lui dis-je, il faut faire vos adieux à Paris, mon vieux Léonard. Voyons d'abord, quel est celui de nous deux, qui a fait la meilleure campagne. »

Le lendemain, il m'apporta cinq cents francs et je lui remis treize cents francs ; il m'embrassa et se mit à pleurer de joie. « Viens, me dit-il, nous allons faire un bon souper. »

— « Je n'ai pas le temps, lui répondis-je. Je ne puis abandonner mes élèves. » J'en avais quatorze ou quinze qui m'arrivaient à huit heures et qui ne s'en allaient qu'à onze heures. « Alors, vous allez partir ; je ne puis que vous souhaiter un bon voyage. » — « Ah ! ajouta-t-il, je désirerais bien ne partir que le lendemain de l'arrivée des cendres de Napoléon. »

— « Soit, attendez, puisque c'est l'affaire de trois jours seulement » — « Mais, reprit-t-il, je veux que tu viennes avec moi ; car on est trop malheureux quand on ne sait ni lire ni écrire ; on voit tout et on ne voit rien. »

Par un froid terrible, le 15 décembre 1840, nous allâmes, avant le jour, mon père et moi, nous percher sur les terrains situés à gauche de l'Arc de triomphe où il n'y avait encore comme constructions que des baraques. De ce point, nos regards pénétraient jusqu'à la place de la Concorde, d'un côté, et de l'autre, jusqu'au pont de Neuilly.

Jamais on avait vu, et peut-être qu'on ne reverra jamais plus, une si grande agglomération de monde dans les rues et sur les places publiques. Tout Paris était dehors ; le feu eût-il pris dans les maisons de la grande capitale, qu'elles n'eussent guère été plus désertes. A mesure que le cortège s'avançait, toute cette immense foule se découvrait mais restait silencieuse. Mon père était un fanatique de son empereur. Ce qui l'avait rendu un bonapartiste si acharné, c'est que pendant plus de deux ans, il avait travaillé ai-je déjà dit, à Frémigny, au château du général Montholon, après son retour de l'île Ste-Hélène. Les domestiques en lui racontant les aventures du héros, l'avaient complètement fanatisé. « A présent, dit-il, je puis quitter Paris ; les vœux les plus sincères de mon cœur sont accomplis. » En effet, il alla prendre la diligence, le lendemain, pour ne plus revoir jamais la capitale.

Parti bien jeune de la maison paternelle, il n'avait que treize ans, quand ma grand-mère le loua, moyennant la somme de soixante francs par an, logé et nourri, pour aller travailler dans la Vendée. Cette somme devait être remise intacte à la famille.

Vers 1808, son père et lui vinrent travailler à Paris

qu'il ne quitta qu'en 1840. Il se retira alors à La Martinèche, où il mourut en 1868 dans la maison qui l'avait vu naître.

Il avait donc fait le métier de maçon pendant quarante-deux ans. La mémoire de mon père était si prodigieuse, que bien qu'il ne sût ni lire ni écrire, il racontait sans peine et sans jamais se contredire, les principaux évènements survenus sous le règne du grand capitaine, puis la double invasion de 1814, de 1815, le règne des Bourbons qu'il appelait celui des calotins. Rien de saillant ne lui avait échappé.

Après avoir fait ses adieux à ses principaux amis, il ajouta : « Conduis-toi, mon enfant, comme je me suis conduit, tu pourras passer partout, fier et la tête haute. » Il ne disait rien de trop ; la vie de cet homme avait été un modèle d'honneur et de probité. Chargé dans le cours de sa vie par un nombre assez considérable de familles, de guider leurs enfants à Paris, à tous il avait donné de bons conseils et rendu tous les services possibles. Ouvrier d'élite, sa réputation comme fin et habile maçon, avait été très grande. Retiré dans son petit coin de terre de La Martinèche qu'il avait eu tant de peine à conserver, il se livra entièrement à l'agriculture. Il mit tant d'ardeur à l'ouvrage, qu'il donna à ses prés et à ses terres, une bien plus grande valeur. Nos voisins ajoutent encore aujourd'hui, en parlant d'un bon cultivateur, qu'ils ont rarement vu son pareil.

Ses dernières paroles furent celles-ci au moment où une attaque de paralysie allait l'enlever : « Placez sur mon cœur le portrait de mon fils (car j'étais encore à ce moment, en Angleterre) et coiffez-moi de mon bonnet rouge », et il expira à l'âge de quatre-vingt-deux ans.

Ce bonnet rouge je devais le revoir, du moins en partie. Lorsque dix ans après sa mort, on creusa la terre pour mettre mon gendre à la même place, cette triste relique apparut aux yeux des assistants. C'est tout ce qui restait de la dépouille de cet homme de bien qui avait pris beaucoup de peine pour m'élever, car ma jeunesse avait été assez accidentée.

Origine des premières luttes du peuple pour reconquérir la République et ses libertés

Pour que le peuple, qui sait lire aujourd'hui et qui montre un si vif désir de s'instruire, soit à même de se rendre compte de l'état de misère et de dégradation morale, où les prêtres catholiques l'avaient réduit au moment de notre immortelle révolution de 1789, il nous a paru nécessaire d'esquisser dans quelques pages d'histoire, les principaux méfaits dont se rendirent coupables à son égard nos anciens maîtres. On verra si les faits que nous alléguons sont imaginaires ou véridiques. C'est un devoir, en outre, pour les hommes de ma génération qui ont vu la Restauration et le gouvernement de Louis-Philippe de dévoiler les vilenies de l'aristocratie royaliste et de l'aristocratie d'argent.

Le peuple jugera si en tout temps, depuis 1789 jusqu'à nos jours, les républicains ne se sont pas montrés dignes de sa confiance.

Me défiant de mon propre jugement, j'ai cru devoir m'appuyer sur l'opinion d'un homme justement considéré comme un des plus remarquables qu'a produits notre XIXe siècle, Edgar Quinet.

Le grand penseur qui, durant quarante années de sa vie, a travaillé pour nous dévoiler les mauvais desseins de l'Allemagne, sans parvenir à se faire écouter par cet esprit nuageux et médiocre qui se faisait appeler Louis-Napoléon, Edgar Quinet nous dit dans son histoire de la Révolution française, qu'au moment où éclata le mouvement de 1789, le peuple, comme classe, n'existait plus. Il était enfoui sous les autres classes de notre société française. Privé de ses droits, de ses libertés, ne jouissant d'aucune considération de la part de ses maîtres, ni de son gouvernement, il était bel et bien, à part le nom qu'il ne portait pas, un Ilote, un esclave dans notre vieille patrie gauloise.

Fait inouï, au moment où brilla le flambeau de la liberté qui devait éclairer la marche incertaine de la démocratie, ce furent les mêmes hommes qui avaient allumé ce flambeau, qui le soufflèrent et l'éteignirent.

L'histoire est là pour nous apprendre, que moins de trois mois après que la Constituante eût affranchi le travail par la loi du 17 mars 1791, qui abolissait le monopole des vieilles corporations, une seconde loi en date du 14 juin de la même année, connue sous le nom de loi chapelière, condamna d'une manière absolue et rigoureuse toutes les réunions d'ouvriers lorsqu'ils cherchaient à défendre leurs droits, leur liberté et leurs salaires. Le législateur ne s'arrêta pas là ; cette même loi interdisait aux affamés de la monarchie et de l'église catholique de nommer soit un président, un secrétaire ou un syndic pour diriger leurs débats, sous peine d'amende ou de prison.

On alla plus loin encore ; après le meurtre Révillon, les modérés demandèrent l'application de la loi martiale ; elle fut votée, et, dans une question de grève relative à une réduction des heures de travail, les soldats reçurent l'ordre de pénétrer dans les maisons et d'enlever les ouvriers qui avaient été dénoncés par leurs maîtres à la municipalité.

C'est alors qu'on entendit pour la première fois, ce cri menaçant et lugubre qui devait retentir si souvent dans notre histoire : « Nous sommes trahis, dirent alors les ouvriers ; la Révolution ne veut rien faire pour nous. »

Voilà qui est clair, les classes moyennes, en prenant possession du pouvoir ne voulurent de droits et de liberté que pour elles.

Nous l'avons déjà dit et nous ne saurions le répéter trop souvent, c'est à partir de ce moment que prirent naissance ces haines obstinées et souvent implacables qui existent entre patrons et ouvriers, et que le temps n'a pas eu la puissance d'apaiser.

Pris comme dans un étau, le peuple fut broyé par les législateurs de la Constituante qui n'étaient pas encore, il est vrai, disposés à proclamer la république. Leur erreur, pour ne pas dire leur crime, ne consista pas seulement dans leur volonté de ne rien vouloir faire pour les martyrs de la monarchie et de l'église catholique, mais dans leur désir bien prononcé de les empêcher de commencer leur œuvre d'affranchissement en exerçant leurs droits et leur liberté par eux-mêmes.

Cette fatale loi du 14 juin 1791 a servi de point de départ à la législation draconienne du premier empire. Les fameux articles 414, 415 et 416 du code pénal et l'article 1781 du code civil où l'odieux le dispute au ridicule, procèdent de la même pensée et du même esprit.

Aussi les Bourbons de la branche aînée qui nous revinrent en 1814, dans les fourgons de l'étranger, pas plus que ceux de la branche cadette se sont bien gardés de toucher à cette cruelle et abominable législation.

Cet honneur était réservé à une assemblée républicaine à laquelle j'ai appartenu.

Faisant partie ainsi que Floquet et Allain-Targé de la commission qui préparait le projet de loi sur les syndicats que la Chambre devait adopter, nous étions aussi résolus les uns que les autres à rayer de notre code, une loi, en vertu de laquelle on avait tyrannisé le peuple pendant quatre-vingt-dix ans.

Si au début de notre révolution, les ouvriers des villes devaient être si maltraités, il n'en fut pas de même, heureusement pour ceux de l'agriculture. On vit en effet passer dans les mains de ces derniers, à des prix excessivement réduits, les terres que le clergé et la noblesse avaient extorquées à la nation.

Ce fait d'une portée sociale si grande nous a valu l'indépendance, la liberté et l'affranchissement de plus de quatorze millions d'anciens parias qui sont devenus propriétaires au milieu de notre vieille Europe encore à moitié féodale.

C'est avec regret que nous constatons que jusqu'ici il ne se rencontra aucun député pour demander l'abrogation de ces lois monstrueuses sur les coalitions ; cependant, les lords anglais avaient donné un bon exemple à nos bourgeois parvenus.

Dès l'année 1824, ils abolirent celles qui pesaient du même poids sur leurs populations.

Ce même stratagème qui s'était produit sous la Restauration eut lieu aussi sous le gouvernement de Louis-Philippe. D'où provient la cause de cette indifférence de la part de tant d'hommes de talent qui étaient les petits fils du Tiers-État et les héritiers de notre grande Révolution de 1792 ? elle provenait à n'en pas douter de ce fait, que le parti républicain, son esprit, ses principes avaient succombé sous les monceaux de mensonges et de calomnies dont les rois et les prêtres l'avaient abreuvé, depuis la fatale journée du 9 thermidor qui entraîna la chute du grand Robespierre et de ses amis.

On sait qu'à la suite de ce malheur, les ennemis de la République relevèrent la tête et aspirèrent à se rendre les maîtres du gouvernement. On vit alors en effet, commencer le règne de la jeunesse dorée et de tous ceux qui avaient eu peur de la Révolution.

Bientôt, il n'y aura plus en effet de liberté que pour les prêtres. Chaque dimanche, du haut de leurs chaires, ceux-ci fulminaient contre la république et réclamaient les terres qui, disaient-ils, leur avaient été extorquées par la Révolution ; erreur capitale, très grande. Aujourd'hui il est bien démontré que notre sol entier appartenait à la race gauloise et que ce ne fut que sous le règne de Clovis que le clergé commença à dépouiller les populations gauloises ; mais les gens d'église réclamaient bien autre chose sous la Restauration, ils ne rêvaient rien moins que de ramener la France vers un passé odieux.

Heureusement qu'il y eut, vers la cinquième ou sixième année de la Restauration, un souffle inspirateur des idées et des principes de 1792. Alors, ce grand peuple qui avait vu flotter son drapeau dans toutes les nations du continent et qui venait de tomber de si haut se demanda avec honte et angoisse s'il était destiné à vivre longtemps sous le joug des émigrés et des cléricaux. Un évènement qui dans d'autres circonstances aurait pu passer inaperçu, vint à point pour faire connaître aux patriotes l'état de l'opinion publique et en même temps l'impopularité des Bourbons.

Il nous restait un homme qui avait joué un grand rôle, comme commandant des Gardes nationales, en 1789, c'était le général Lafayette qui était redevenu très populaire depuis son retour d'Amérique où il avait si vaillamment secondé le libérateur de l'Amérique Washington. Plusieurs départements réclamèrent sa présence ; il se rendit en Auvergne, au Puy, son pays natal.

Accueilli avec le plus grand enthousiasme par toutes les populations des villes qu'il traversait, on couvrait sa voiture de fleurs, on dételait les chevaux de sa calèche, on le faisait passer sous de nombreux arcs de triomphe, pendant que des jeunes filles lui jetaient dans sa voiture des bouquets de fleurs.

De l'Auvergne, Lafayette se dirigea vers le Dauphiné pour s'arrêter à Grenoble, où on le reçut avec le même enthousiasme ; puis Lafayette continuant son voyage, arriva à Lyon, où la laborieuse population de cette belle ville alla toute entière à sa rencontre.

Dans la plupart des discours qui lui étaient adressés, les orateurs ne manquaient pas de faire allusion aux principaux évènements de notre Révolution de 1789. C'était du nouveau pour la jeune génération qui l'écoutait et pour laquelle le livre de la révolution était resté fermé. Ce puissant mouvement d'idées libérales venant des départements eut un écho formidable dans notre capitale. Les patriotes de Paris voulurent tâter à leur tour l'opinion publique. A cet effet, ils organisèrent un grand banquet qui eut lieu aux *Vendanges de Bourgogne*, en plein Paris.

Là, s'étaient donné rendez-vous toutes les notabilités de cette nuance de libéraux qui avaient inventé cette maxime décevante et trompeuse : le roi règne, mais ne gouverne pas.

Odilon Barrot, le principal orateur, pour donner plus de retentissement à sa parole, était monté sur une table ; mais au moment où il défendait cette maxime si chère à cette nuance du parti libéral, il fut énergiquement interrompu par un certain nombre de républicains, qui ne voulaient pas plus d'un roi constitutionnel que d'un roi absolu.

Godefroy Cavaignac, l'âme pleine d'indignation, s'écria : « Je proteste au nom de mes amis contre les paroles de l'orateur. Mon père, comme républicain, a fait partie de la Convention et jamais je ne le désavouerai. »

Alors, Cavaignac parla de la souveraineté populaire, de l'établissement en France du suffrage universel.

C'était du fruit nouveau pour la population qui ignorait les grands combats livrés en sa faveur par les géants de la Convention qui avaient cru qu'à force d'énergie et d'audace, on pouvait faire cesser le vasselage du peuple et mettre fin à son écrasement politique qui durait depuis deux mille ans.

Le voilà donc ressuscité ce parti républicain contre lequel s'étaient élevées tant d'animosités folles, d'accusations mensongères et de calomnies ridicules ou perverses. On ne va pas tarder de le voir à l'œuvre, car la Révolution de 1830 approche.

Le peuple dirigé et conduit par de vaillants jeunes hommes appartenant pour la plupart à de vieilles familles dont les parents ou les amis avaient fait partie de la Convention donna signe de vie. C'est à cette élite de républicains résolus et dévoués, que, comme on va le voir, les ouvriers accordèrent leur confiance, au moment de prendre les armes dans les trois mémorables journées des 27, 28 et 29 juillet 1830.

En effet, lorsque les libéraux appelèrent le peuple aux armes, au cri de : « Vive la Charte ! », ces cris laissèrent la masse tellement indifférente que les libéraux désespérèrent de l'entraîner au combat ; mais au cri magique de : « Vive la République ! » poussé par les membres de plusieurs sociétés secrètes qui s'étaient répandues dans les rues et dans les faubourgs, les ateliers commencèrent à se fermer, puis la population se mit à dépaver les rues, à construire des barricades ; en un clin d'œil, les grands arbres qui ornaient nos boulevards furent abattus pour barrer passage à la cavalerie, et dès le 30 juillet, la victoire de la nation était complète. Les libéraux furent des premiers à couvrir d'éloges la population ; ces compliments étaient même exagérés, car le *National* et Dupin avaient dit : « C'est le peuple qui a tout fait depuis trois jours, il a été puissant et sublime ; c'est lui qui a vaincu, c'est pour lui que devra être les résultats de la lutte. »

Erreur, tout le monde avait fait noblement son devoir ; bourgeois et ouvriers avaient également déployé le plus grand courage ; mais, dès le 30, ces libéraux qui venaient de flatter le peuple se préparaient en même temps à le trahir, puisqu'ils étaient à la tête d'un complot pour élever le duc d'Orléans au trône.

Indignés de cette conduite et de cette trahison, les républicains firent afficher la proclamation suivante sur tous les murs de Paris :

« Plus de Bourbon. Le parti de l'étranger est
« vaincu, mais tant que la présence d'un Bourbon
« souillera notre patrie, l'étranger aura en lui, un
« espion et un complice. Voilà quarante ans que nous
« combattons pour nous débarrasser de cette race
« méprisable et odieuse, il faut désormais que le
« gouvernement soit pour le peuple, non pour les
« prêtres, et les aristocrates et l'étranger. »

En même temps, un grand nombre de républicains s'étaient rendus à l'Hôtel-de-Ville pour supplier le général Lafayette d'accepter la présidence du gouvernement provisoire.

Malheureusement les instances de Thiers, de Odilon Barot, de Rémusat qui était le petit fils du général Lafayette, jetèrent le trouble dans l'esprit honnête, mais un peu timide, de l'ancien commandant des Gardes nationales de 1789.

Les conspirateurs orléanistes se montrèrent alors très audacieux ; une commission de la Chambre composée de députés nouvellement élus, sous Charles X, vint dès le 31 juillet offrir la lieutenance du royaume au duc d'Orléans. Ces députés qui formaient cercle autour de lui le conduisirent à l'Hôtel-de-Ville ; il gravit les marches de l'escalier, arriva dans la salle où tant d'évènements prodigieux avaient eu lieu, et quelques jours plus tard, le 7 août, cette chambre aristocratique le proclama roi des Français.

En s'asseyant sur le trône de ses cousins, Louis-

Philippe allait nous apporter tout un système gouvernemental de corruption et de mensonges. Il commença par nier son origine bourbonnienne, pour se rattacher aux Valois qui furent les plus tristes et les plus méprisables de nos rois, puis il se mit à flatter, pour mieux les tromper, des hommes d'honneur comme Laffite, Dupont de l'Eure, Lafayette et tant d'autres patriotes sincères et dévoués.

Les preuves du manque de franchise et de loyauté de Louis-Philippe ne tardèrent pas à se produire au grand jour ; car, on n'eut rien de plus pressé dans l'entourage royal que de former une petite nation dans la grande puisqu'il ne devait y avoir de droits que pour les Français qui avaient de l'argent ou des propriétés.

Cette politique tortueuse et misérable coûta cher au peuple qui était déjà privé de travail. On croyait dans le public que des émeutes à mains armées étaient à la veille d'éclater à chaque instant ; cette crainte achevait de ralentir les affaires et de suspendre le travail. Les ouvriers rôdant dans les rues étaient abasourdis et affamés. Ils se demandaient si, d'un jour à l'autre, le pain n'allait par leur manquer totalement.

Nous ne faisions pas un pas sans être arrêtés par des crieurs de journaux.

D'autres crieurs nous présentaient à chaque instant des caricatures drôlatiques de Louis-Philippe ; on s'arrachait des mains celles qui le représentaient à genoux, les mains jointes devant le bourreau de la Pologne, l'empereur de Russie. D'autres seulement risibles nous le montraient comme une grosse poire molle ; enfin, de leur côté les combattants de juillet et la jeunesse des écoles, demandaient à cor et à cri le jugement des ministres de Charles X, et même leur mise à mort.

Le gouvernement était fort ennuyé de toutes ces émeutes de carrefour ; il en était d'autant plus responsable qu'il savait que les patriotes commençaient à voir clair dans les actes de trahison qui le poussaient à sacrifier nos libertés au profit de la dynastie et des aristocraties tant de l'intérieur que de l'extérieur.

M. Duvergier de Hauranne rapporte dans son histoire parlementaire, que M. Guizot désirait employer la force, pour avoir raison de ces attroupements. Il demanda au roi l'autorisation de sévir ; mais Louis-Philippe s'y opposa ; on sait d'ailleurs qu'il était plus corrupteur que méchant.

Ce ne furent donc pas les ouvriers de Paris qui reçurent les premières balles des soldats du roi citoyen ; mais ceux de Lyon.

Cette faction de libéraux qui l'avait élevé sur le trône, mélange confus de légitimistes, de bonapartistes, élus sous Charles X, n'avait guère d'entrailles pour le peuple. Ce n'est pas le savoir, la science qui manquaient à ces hommes, mais le caractère. Tous étaient des classiques accomplis, aussi se rappelaient-ils bien comment Servius Tullius avait parqué la population romaine dans une tribu où elle devait être privée de tous ses droits et retenue même à perpétuité dans l'esclavage.

Les Orléanistes et leur nouveau roi agirent comme l'astucieux romain ; ils n'accordèrent à Jacques Bonhomme, qu'une seule liberté : celle d'aller chaque dimanche entendre son curé, s'il lui en prenait fantaisie.

Lisez et relisez à l'aise les pages de notre histoire ; vous n'y trouverez pas la moindre mesure d'un intérêt vraiment général prise sous le règne de Louis-Philippe.

En effet, ministres et députés ne surent que mettre leur esprit à la torture pour trouver des moyens de tromper et de trahir le peuple ; mais si ce dernier manquait d'instruction il ne manquait pas de flair ; il avait conservé ce gros bon sens gaulois, dont il avait donné tant de preuves aux époques les plus tourmentées de notre histoire. Aussi, pendant les quatre premières années de ce règne, des attroupements populaires avaient lieu dans les rues et sur les places publiques ; c'étaient autant d'avertissements qui auraient dû indiquer aux plus aveugles, que les ministres et le roi se préparaient à gouverner la nation au profit d'une caste privilégiée.

La peine que prenait mon père pour m'empêcher de me mêler à ces rassemblements indiquait de sa part une tendresse de sentiments que j'ai bien su apprécier plus tard ; néanmoins, je lui échappais souvent, il ne put jamais parvenir à me séparer de mon ami Luquet qu'il savait être républicain ardent ; c'est à cette époque, qu'au mois de février 1831, une foule plus nombreuse et plus animée que les autres, résolut d'aller dévaster le palais de l'archevêché. Il avait pris fantaisie à l'archevêque de Paris, Duquelin, de faire un service légitimiste, en faveur du jeune duc de Bordeaux. Il fut aussitôt question d'aller démolir son palais.

Partis de l'église St-Germain-l'Auxerrois, je me rappelle que des hommes mieux habillés que les ouvriers, prenaient beaucoup de peine pour organiser cette manifestation ; on se mit à crier : « En rang et six hommes de front. »

Enfin, nous suivîmes les quais, nous traversâmes le pont Notre-Dame et la place du Parvis, puis nous arrivâmes devant la haute grille du palais. En un clin d'œil elle fut escaladée, descellée et couchée à terre ; comme nous entrions dans une des premières pièces, notre regard se porta sur une jeune femme. L'entourer, la protéger, tout le monde aurait voulu s'y prêter ; on la conduisit, au milieu d'éclats de rire de cette foule, dans la boutique d'une fruitière, peu éloignée de là, puis nous retournâmes à notre œuvre de destruction ; déjà, le petit bras de la rivière qui coulait au pied du palais, était couvert de débris de meubles, de tables, de chaises et de matelas.

Chose assez étrange, la garde nationale s'avançait au petit pas, passait devant nous, sans chercher à faire la moindre arrestation. Je m'échappai avec d'autres camarades sur un petit pont en bois qui nous conduisit vers l'Ile St-Louis.

Le lendemain, les journaux monarchistes ne manquèrent pas de dire que ce pillage était l'œuvre du parti républicain.

Éternelle tactique des monarchistes et de tous les amis de l'ordre. Chaque fois qu'ils commettaient une action inavouable, honteuse, criminelle, ils s'en déchargeaient toujours sur le parti républicain.

Cependant, il n'y a pas à mettre en doute que cette manifestation ne fût l'œuvre de la police, le gouvernement voulut donner une leçon aux légitimistes qui lui faisaient alors une très vive opposition. De leur part c'était bien naturel, Louis-Philipe avait volé le trône de Charles X.

En entrant au garni, mon père qui connaissait déjà le haut fait que j'avais aidé à accomplir, me gronda beaucoup, et dans sa colère, il me souffleta. Il ne voyait plus en moi qu'un mauvais sujet, puis, il disait que j'étais destiné à pourrir en prison. François Thaury et ma logeuse qui m'aimaient beaucoup n'étaient pas moins exaspérés que mon père.

J'eus un instant de repentir et de chagrin qu'un fait dont je devais être témoin peu de jours après, devait rendre plus aigu et plus poignant encore.

Une exposition de forçats sur la place du Palais-de-Justice

En me promenant un jour, je traversai la place du Palais-de-Justice et je vis au milieu, un large échafaud, planché comme un parquet, avec une douzaine de poteaux qui le surmontaient tout autour. La foule s'assemblait peu à peu sur cette place. Ayant voulu connaître la cause de cet attroupement, on me répondit qu'on allait exposer des prisonniers condamnés au bagne.

En effet, des charrettes ne tardèrent pas à amener des hommes que l'on hissa sur cet échafaud, et en même temps on les poussa à mesure qu'ils arrivaient vers ces poteaux, et là, on leur riva le collier au cou.

Ce lamentable tableau m'impressionna tellement que je tremblais de tous mes membres. L'un de ces misérables qui se trouvait en face de moi riait aux éclats, et faisait au public d'atroces grimaces. Ma frayeur augmenta à un point que je baissai les yeux et que je n'osai plus le regarder. Je me souviens aussi que ce hideux tableau éveilla dans mon cœur des sentiments très vifs de commisération et de pitié, il me semblait que ce châtiment était trop cruel et j'aurais bien voulu éviter à ces hommes cette honte.

Mon père m'ayant prédit que je pourrirais en prison, le jour où ma présence avec les démolisseurs de l'archevêché l'avait tant ému, je me disais : « Si c'est de cette manière qu'on traite les prisonniers, il me conviendrait fort peu de me faire coffrer. »

Une journée passée au Palais-de-Justice

Un jour que le froid avait suspendu nos travaux, Luquet et moi, nous allâmes voir juger dans une chambre de la police correctionnelle, des citoyens arrêtés dans différentes émeutes.

Ma première impression fut très grande ; même avant que le juge n'eût prononcé sa sentence, on voyait pleurer des femmes et des enfants qui paraissaient tristes et accablés ; mais ce qui m'attendrissait le plus, c'étaient les paroles de l'homme à la robe noire, au bonnet carré, je veux dire : l'avocat. Pour celui-là, il n'y a jamais de coupable.

Naturellement, nous étions de son avis.

Nous maudissions les juges qui nous paraissaient être des hommes méchants et féroces.

Le lendemain, je retournai au Palais-de-Justice et les mêmes scènes se renouvelaient et nos imprécations de la veille, au lieu de diminuer devenaient plus sombres et plus violentes.

Par la suite, chaque fois que je ne travaillais pas, les jours de pluie ou pendant les saisons d'hiver, je ne connaissais pas de plus belle distraction que d'aller passer plusieurs heures, dans l'une ou l'autre de nos chambres correctionnelles ou à la cour d'assises.

En grandissant, ce genre de passe-temps finit par primer tout autre agrément que j'aurais pu me donner en me promenant avec des camarades. « Que c'est beau ! me disais-je, d'être avocat : comme on doit être heureux quand on sait défendre ses semblables, surtout quand ils sont innocents ou même coupables. »

Plusieurs fois j'assistai à des procès politiques ; je dévorais des yeux les défenseurs des accusés ; je m'efforçais de graver dans mon esprit les noms des avocats qui prenaient la défense des républicains.

Un jour, Crémieux, plaida pour un tailleur qui avait été pris les armes à la main dans l'insurrection de 1834. Je voyais presque à côté de moi, sa femme et ses deux enfants qui pleuraient à chaudes larmes. Les gestes de l'avocat, sa parole abondante et entraînante, ses mouvements d'éloquence avaient ému l'auditoire et me perçaient le cœur. Je ne pus retenir mes larmes en entendant condamner à dix ans de prison, cet homme à l'apparence si digne et si fière.

Je puis dire qu'à partir de ce moment le parti républicain eut en moi un partisan sincère.

Doué d'une assez bonne mémoire, je retenais assez facilement certains passages des discours que j'entendais. Puis, soit par ostentation ou par orgueil, j'aimais à montrer à mes camarades et aux hommes de notre garni ou à ceux du chantier que je savais quelque chose que les autres ne savaient pas. Je devins peu à peu une sorte de trompe-l'œil surtout pour ceux de nos amis qui ne lisaient guère les journaux ou qui ne les lisaient pas du tout. Certains d'entre eux m'attribuèrent des talents que je n'avais pas, et cette bonne opinion que mes amis eurent de moi dans ma jeunesse, ne fit que s'accroître avec le temps.

Cependant, parmi eux, il y avait un mécontent qui connaissait mieux que tout autre le fond de mon sac. Ce mécontent, c'était moi ; sentant que les compliments qu'on m'adressait étaient peu mérités, je ne songeais plus qu'à m'instruire pour tâcher de les mériter un peu. Aussi, dès 1840, quand notre digne maître Cabet eut organisé et ouvert dans ses salons de la rue J.-J. Rousseau, des réunions hebdomadaires, je ne manquais pas de m'y rendre chaque dimanche, dans la soirée.

Là, je me trouvais au milieu de l'élite des ouvriers de Paris les plus dévoués à la République et à l'étude des questions sociales. Je l'avoue, à ce contact, une révolution morale se produisit dans mes goûts pour l'étude, et en même temps j'acquis de l'aplomb pour me présenter devant le public. Je laissais aussi dans ces réunions beaucoup de ces habitudes gauches qui pèsent comme un manteau de plomb, sur l'esprit et le corps de la plupart des ouvriers.

Je me fis connaître de ceux-ci et ils me montrèrent bien, en 1848, lorsqu'ils me désignèrent pour les représenter qu'ils ne m'avaient pas oublié.

Le roi des Barricades

La stabilité du trône était toujours incertaine et précaire. Une misère affreuse sévissait parmi les ouvriers de Paris, et surtout chez les ouvriers de Lyon, où elle était plus accablante encore. Dans nos différentes sociétés secrètes, on prenait chaleureusement la défense du peuple.

La solidarité était si grande entre les démocrates des deux grandes villes qu'on était toujours disposé à marcher d'accord pour s'insurger contre l'autorité royale.

Dans cet intervalle, un certain nombre de manufacturiers et d'ouvriers eurent la pensée de nommer une commission composée de vingt-deux patrons et de vingt-deux ouvriers dont la mission consistait à fixer un tarif de salaires. L'accord n'ayant pu s'établir, les ouvriers résolurent de prendre les armes. C'est dans cette circonstance que ces dignes et malheureux prolétaires lyonnais inscrivirent sur leurs drapeaux, ces lugubres paroles : « Vivre en travaillant ou mourir en combattant. »

Ils furent vaincus et, pendant cinq jours, le sang des martyrs du travail ruissela sur les pavés des rues.

Dans cette insurrection, le gouvernement qui avait à flatter les ennemis du peuple, donna l'ordre à l'armée de mitrailler la population.

C'est de cette manière que les parvenus de 1830 tenaient les promesses qu'ils avaient faites à leur avènement.

La leçon était dure, cruelle et même sanguinaire. Le gouvernement qui avait gagné la partie en intervenant en faveur des manufacturiers, et de tous les gens d'argent, songea alors à se débarrasser de Dupont de l'Eure, de Laffite, qui étaient devenus ministres en 1830. Puis, il n'oublia pas d'accentuer plus à droite son nouveau ministère.

Suivez maintenant la conduite de tous ces parvenus, arrachés de l'obscurité par la vaillance des combattants de juillet, et vous verrez que leur conduite est empreinte de la même partialité, des mêmes fourberies et des mêmes crimes.

Conséquence politique de l'écrasement de la population lyonnaise

La démocratie de Paris, toujours si franche et si loyale avait placé sa confiance dans ces hommes d'honneur qui s'appelaient Dupont de l'Eure et Laffite.

Lorsqu'on sut que le roi cherchait à se priver de leurs conseils, il y eut dans le public un redoublement d'inquiétude et de défiance. On savait assez que ces deux dignes citoyens ne désiraient guère le renversement de la dynastie. Ce qui leur tenait le plus à cœur, c'était de voir doter la France de certaines libertés que M. Thiers devait appeler plus tard « les libertés nécessaires. »

Comme ils avaient été portés au pouvoir par le mouvement de juillet, et qu'ils n'avaient pas perdu la confiance de la nation, on voyait avec chagrin et inquiétude leur départ du ministère.

Les hommes tenus au courant des affaires, savaient que Casimir Périer qui les remplaçait était un homme d'un caractère ferme et résolu ; il n'avait jamais voulu que les ministres délibérassent en présence du roi, ni que celui-ci prît connaissance des dépêches qui leur étaient adressées.

Le choléra ayant enlevé cet homme énergique, le roi trouva dans Guizot et Molé des compères moins scrupuleux et surtout plus maniables.

A partir de ce moment, avons-nous dit, ces modérés qui auraient aussi bien servi Charles X que tout autre monarque absolu, furent les maîtres de la situation, et Louis-Philippe ne connut plus d'autre volonté que la sienne.

Les modérés vont donc triompher ; le silence va être dans la rue ; peu leur importe que la révolution soit dans les esprits. On a des baïonnettes ; quand besoin sera, elles sortiront du fourreau pour entrer dans les entrailles des meurt-de-faim.

Ces infamies ne s'avouent pas, mais elles n'en faisaient pas moins les délices de ceux qui trahissaient les principes de la Révolution de 1830.

L'occasion de renouveler un massacre comme celui qui avait eu lieu à Lyon, se présenta à Paris dans les journées des 5 et 6 juin 1832, à l'occasion de l'enterrement du général Lamarque, digne et grand soldat, qui avait battu si souvent en Espagne, le général Wellington, le vainqueur de Waterloo.

Les funérailles du grand patriote furent dignes de lui ; toutes les sociétés secrètes où se réunissait l'élite de la jeunesse républicaine d'alors donnèrent l'ordre du combat ; on se battit avec un acharnement incroyable, qui n'a pas échappé à la plume éloquente de celui qui a été mon ami intime pendant près de cinquante ans, Louis Blanc. Luquet fut arrêté à côté de moi, au moment où nous construisions une barricade dans la rue Saint-Martin. On l'entraîna à la Force, où je ne manquai pas de lui apporter quelques provisions. Mais il n'y resta que peu de jours.

Cependant, après la défaite du parti dans ces glorieuses journées des 5 et 6 juin, les organisateurs des différentes sociétés secrètes du temps ne furent nullement découragés ; nos réunions à la *Société des droits de l'homme* devinrent plus fréquentées. Nous étions quatre Creusois dans notre section de la rue des Boucheries-St-Germain : Luquet, Bapterosse, Durand et moi, et lorsque nous dîmes, un soir, que nous savions où prendre pinces, marteaux et planches pour aider à la construction des barricades, nous fûmes chaleureusement applaudis.

C'est alors même qu'on vit fusionner les différentes sociétés secrètes ; celle dénommée « *Aide-toi, le ciel t'aidera* », n'hésita point, devant les humiliations que le roi faisait subir à la France, et son impitoyable cruauté envers le peuple, — de se joindre à celle des *Amis du peuple*, à celle de *l'Ordre et du progrès* et à celle des *Droits de l'homme*.

Cette dernière reçut une double mission : surveiller et diriger les forces des partis à Paris, s'entendre et se mettre d'accord avec les Lyonnais pour que la nouvelle prise d'armes qu'on attendait, eût lieu simultanément dans les deux grandes villes ; mais par un fatal malentendu, les Lyonnais reprirent les armes quelques jours avant ceux de Paris.

Ils furent de nouveau vaillants et braves, les Canuts ; il luttèrent avec un si grand courage que les ministres jugèrent à propos d'envoyer le maréchal Soult et le fils aîné du roi, pour les placer à la tête de l'armée.

Quand on connut à Paris les mauvais résultats de ce combat héroïque, l'insurrection des 13 et 14 avril 1834, éclata aussitôt ; mais cette fois encore, l'armée et la garde nationale eurent raison du courage et du patriotisme des valeureux républicains de Paris.

Pour la seconde fois, Luquet fut arrêté avec d'autres Creusois dont les noms échappent aujourd'hui à ma mémoire. Ferme et très courageux, hardi comme un lion, Luquet resta trois mois à Ste-Péagie. Son énergie et son courage n'étaient pas à bout.

A sa sortie, l'idée lui vint de se procurer un moule et de fondre des balles chez un de nos amis qui habitait la rue Planche Mibrée.

Vendu par la concierge de la maison, Luquet s'échappa par une lucarne puis, en sautant d'un toit sur l'autre il réussit à gagner les quais, mais sachant que la police était à ses trousses il alla se fixer à Nancy, et il ne nous revint que deux ans après.

Voilà l'homme qui devait avoir une grande influence sur ma vie.

Luquet doit être considéré comme le fondateur du parti républicain parmi les ouvriers de la Creuse.

J'anticipe sur le reste de la vie de mon bon et cher camarade Laurent Luquet. Après avoir pris part à la Révolution de février, il me vit entrer à la Chambre des députés, avec une réelle satisfaction. Puis, il m'accompagna au moment de mon départ pour l'exil. Nous ne devions plus nous revoir ; il mourut à Vaugirard dans les bras d'une femme, peu digne de lui, après s'être marié à un âge déjà avancé.

En honorant sa mémoire, j'accomplis un devoir d'amitié et de reconnaissance ou plutôt de justice envers un bon républicain auquel tous nos camarades ne reconnurent que des qualités morales et un dévoûment sans bornes aux intérêts du peuple et de la république.

Un autre fidèle camarade, ce fut Durand ; il ne nous abandonna jamais, tant sa sincérité et son dévoûment furent en tout temps dignes d'éloge ; mais il quitta Paris pour aller travailler en province et, plus tard, sur les chemins de fer.

Valeur et dévoûment des chefs du parti républicain

Bien que vainqueur dans ces deux grandes insurrections de Paris et de Lyon, le gouvernement était loin de se croire rassuré. On le vit aussitôt faire tous ses efforts pour brider et museler ce peuple turbulent qui, disait-on, ne rêvait que désordre, pillage et révolution. Ce fut alors qu'un coup mortel fut porté par la loi du 10 avril 1834, à la liberté de la presse et au droit de réunion.

En effet, à peine promulguée cette monstrueuse loi fut aussitôt appliquée ; on ferma les clubs, on supprima la vente des journaux sur la voie publique et, comme surcroît d'infamie, le droit de réunion fut complètement supprimé, puisque c'était commettre un délit que de se réunir sans autorisation plus de vingt-et-un citoyens dans un lieu quelconque.

On le voit, la provocation était directe ; l'insulte à l'honneur, au bon sens, au génie de la France ne pouvait être plus flagrante. C'est en un mot, comme si on eût voulu insulter à la mémoire de nos valeureux ancêtres qui, de génération en génération, étaient morts pour le triomphe de nos droits et de nos libertés.

Aveuglés par leur rancune et leurs mauvaises passions, les ministres eurent encore la cruauté de traduire devant la Chambre des pairs, les principaux républicains qui avaient préparé et dirigé ces deux imposantes insurrections.

A la tournure que prirent les débats, les ministres virent que les républicains étaient aussi audacieux dans leur défense qu'ils l'avaient été lorsqu'ils avaient pris les armes à la main.

L'énergie de Raspail, devant la Chambre des pairs, celle de l'avocat Michel de Bourges et de tant d'autres de ses collègues remplirent d'étonnement les juges et le pays.

On admirait aussi au dehors, la témérité des prisonniers qui avaient préparé par un long et pénible travail de deux mois le souterrain, par où un certain nombre s'échappa de S¹ᵉ-Pélagie. Tant d'efforts, tant d'audace avaient fini par faire naître dans l'esprit des masses, des germes d'espérance qui nous faisaient croire à la chute prochaine de Louis-Philippe. On en était même arrivé à compter sur la témérité d'un nouvel Alibaud, qui, sur le pont Royal, avait tiré un coup de carabine sur Louis-Philippe.

Il y avait alors au service du peuple des hommes d'un grand talent et d'une valeur incontestable, Armand Carel, Godefroy Cavaignac, Voyer d'Argenson, Audry de Puiravau, Charles Teste et le vieux et vénérable Lafayette, toujours content de prêter son nom au parti républicain. Puis comment oublier les deux vaillants pionniers de cette époque héroïque, si redoutés alors du gouvernement, Raspail et Cabet.

Le premier soutenait dans le *Réformateur* avec l'aide de Kersausi, neveu du premier grenadier de France, La Tour-d'Auvergne, le principe du suffrage universel avec une énergie que la France lui a connue pendant trois quarts de siècle.

Cabet n'était ni moins énergique, ni moins audacieux que Raspail, dans son journal *Le Populaire*.

Plus je pense à cette époque lointaine, plus j'admire les hommes dont je viens de parler, car il était bien limité le nombre de ceux qui les soutenaient et les applaudissaient. Leur force était dans leur conscience et dans leur amour du peuple qui manquait d'instruction pour se défendre des intrigants qui l'opprimaient matériellement et moralement.

C'est qu'à ce moment, la moisson que les simples travailleurs avaient recueillie de la révolution de 1830 était très peu fructueuse et très peu abondante ; mais, nous l'avons dit, notre force venait de la confiance que nous avions dans nos chefs.

On ignorait alors ce système de récriminations et d'insultes gratuites qui porte par jalousie ou petitesse d'esprit à amoindrir la valeur et le dévoûment des hommes instruits qui dépensent leur fortune, usent leur vie et leur santé au service du peuple.

A ce propos, je n'ai jamais oublié les paroles suivantes que j'ai entendu prononcer par Béranger dans la prison St-Lazare, un jour qu'il rendait visite à une femme d'un grand cœur, Pauline Roland :

« Vous ne ferez rien, vous autres, disait le vieux chansonnier, vous abaissez, vous diminuez l'autorité de vos chefs, tandis que nous les grandissons à un point de faire d'un esprit ordinaire un grand esprit. »

Il commettrait un grave oubli et un acte d'injustice non moins grave celui qui écrit ces lignes à soixante ans de distance de cette époque, s'il oubliait de rappeler les services que le peuple reçut de la part de la jeunesse des écoles de droit et de médecine.

Oui, notre courage était grandement stimulé par l'entrain, l'ardeur et le dévoûment des élèves de nos écoles.

Nous avons revu à la Constituante, Vignerte, qui répondit à un juge, en pleine cour d'assises, qu'il mentait en disant que « république et pillage étaient synonymes. »

Répandue au dehors, cette parole produisit sur nous le même effet que devait produire plus tard celle de M. Thiers : « la vile multitude » ; elle exaspéra d'abord les journaux de l'époque et la démocratie en général. A tous ceux qui attaquaient nos intentions, nous répondions aussitôt qu'ils mentaient.

Pour montrer au peuple où en étaient au point de vue économique et social, ces jeunes étudiants qui réclamaient avec tant de vaillance l'établissement de la République, nous donnerons d'après M. Le Vasseur des extraits d'un manifeste qui fut lu en cour d'assises au nom des accusés : « Nous voulons, disaient-ils, l'émancipation de la classe ouvrière par une meilleure division du travail et une répartition plus équitable de l'association. »

L'acquittement des accusés par le jury de la Seine attéra le gouvernement bien qu'il fût armé jusqu'aux dents avec sa cruelle législation.

La prudence nous commandait dans ces moments de triomphe, de bien observer nos paroles surtout dans nos garnis et dans nos chantiers. Il y a malheureusement des moments dans l'histoire des nations où les peureux sont aussi à craindre que la police. Mais nous ne tardâmes pas à former de petits groupes, et à paraître plus fiers que ceux des nôtres qui continuaient d'être indifférents à leur sort, et on eut raison de ne pas désespérer.

Il arriva à la démocratie, à la suite de ces abominables lois de septembre qui avaient éteint toute lumière au milieu des masses, ce qui était arrivé à la papauté, au Moyen-âge.

Après qu'elle eût extirpé ses adversaires protestants, Albigeois, Lollards, Vaudois, Camisards, il y eut un moment d'arrêt ; mais le progrès humain ne s'arrête pas ; il fit un tour sur lui-même et chercha une autre issue.

En effet, ce fut à ce moment que naquit la question sociale. Buchez, St-Simon, Fourrier, Charles Teste, Cabet, Louis Blanc commencèrent une campagne de propagande dont les leçons ne tardèrent pas à porter leur fruit, mais les habiles de la cour et du ministère, ne s'aperçurent de ces résultats qu'en 1848.

Voilà jusqu'où alla l'aveuglement de ce gouvernement d'égoïstes et de trembleurs, qui ne voulut rien faire pour le peuple, sinon renforcer l'abominable législation qui l'assujétissait à ses maîtres et à tous les capitalistes.

En résumé, nous croyons avoir démontré en nous appuyant d'abord sur l'autorité de notre grand et illustre Edgar Quinet, homme d'une conscience si droite et si pure, qu'il n'y a rien d'exagéré en affirmant que le peuple, en 1789, n'existait plus, qu'il était bel bien enfoui sous les pieds des autres classes de notre société. Il aurait pu ajouter que les royalistes des deux branches de la famille des Bourbons, d'accord avec les hauts dignitaires de notre clergé, n'avaient pas quitté des mains la pioche et la pelle dont s'étaient servi leurs devanciers pour creuser la fosse béante, où on avait entassé génération après génération, les martyrs du travail.

Le parti républicain s'efforce, tous les jours, d'adoucir toutes ces misères, toutes ces iniquités morales et matérielles. Il y travaille et ce sera un de ses principaux titres de gloire à la reconnaissance de la postérité.

Disons pourtant, en toute sincérité qu'on pourrait y travailler avec plus d'ardeur et de bonne volonté qu'on ne l'a fait jusqu'ici. Mais enfin on est à l'œuvre, et la bonne foi des vrais républicains sur ce point n'est nullement douteuse.

Continuation de mes chantiers, 1841 et 1842.

J'ai régulièrement suivi, année par année, jusqu'en 1840, les différentes péripéties de ma vie d'ouvrier. Ayant interrompu ce sujet pour présenter aux lecteurs les principaux évènements politiques auxquels j'ai été directement ou indirectement mêlé, pendant les premières années de ma jeunesse, je reviens aux questions de travail.

Mon père, fixé au pays, me laissait seul à Paris ; il avait emporté une somme de dix-huit cents francs provenant de nos deux campagnes de 1840, jointes à une somme provenant d'un travail à tâche, que m'avait concédé M. Bayle, mon patron. Cependant, nos dettes qui étaient encore loin d'être payées, allaient m'incomber d'une façon définitive. J'en avais pris mon parti et je voyais qu'avec le temps, il ne me serait pas impossible d'en venir à bout. Ce qui augmentait mon courage, fortifiait ma volonté et mon énergie au travail, c'est que je savais que mon père était arrivé à avoir en moi, une confiance absolue et illimitée. Je l'avoue, j'étais fier et heureux de le voir arrivé au bout de ses principaux ennuis.

Un jour, j'allais annoncer à mon patron, M. Bayle, que j'allais le quitter pour aller entreprendre comme tâcheron deux bâtiments, situés dans la rue d'Amsterdam, en face la gare du chemin de fer St-Lazare.

« Je ne puis pas, dit-il, vous blâmer, moi, vieux tailleur de pierre, qui ai quitté mon père pour aller faire mon tour de France. »

Cette résolution arrêtée, je pris rendez-vous avec Roby, mon vieux camarade de chambre, pour aller voir un architecte, M. Totain, qui nous proposait l'entreprise à la tâche de ces deux bâtiments. Nous signâmes enfin un assez bon marché ; nos prix étaient même au-dessus des prix ordinaires.

Mais, ayant pris nos renseignements trop tard, je ne tardai pas à acquérir la certitude que nous étions dans les mains de mauvais payeurs. C'est donc en tremblant que nous allâmes commencer nos travaux.

Cependant, on nous affirma si nettement que les fonds étaient déposés chez un notaire, que le courage nous revint ; nous nous mîmes donc à l'œuvre.

Ce qui était désagréable et peu avantageux, c'est que nous étions dans les premiers jours de l'hiver.

Pendant quelque temps, la pluie ou la neige tombaient tous les jours et il nous devint impossible ainsi qu'aux ouvriers que nous avions embauchés de faire journée pleine ; mais comme il ne gelait pas, nous ne voulions pas nous arrêter.

D'une parole à l'autre, un matin, au moment où ce mauvais temps nous obligeait de quitter le chantier, un nommé Bénassy qui était bien l'homme le plus dur au travail que j'ai rencontré dans le cours de ma vie, commença par dire : « Si cela continue et si nous n'avons pas plus de courage et d'énergie, il faudra nous mettre dans du coton. En ce qui me concerne, ajouta-t-il, si mon garçon ne *fouine* pas, je reste. » Un autre camarade, le cadet Dizier, également très courageux fit la même déclaration.

Nous étions tous les trois du même âge et de la même commune, mais de trois villages différents ; l'un répliqua : « Les enfants de Beaumont ne *canent* jamais au travail ; ni ceux de Perseix, répondit un autre, ni ceux de La Martinèche, répondis-je à mon tour. » Nous prîmes l'engagement de résister à la pluie et à la neige sans broncher sur l'échafaudage.

Finalement nous entraînâmes deux ou trois camarades, nous consultâmes nos garçons et ils nous promirent de ne pas nous lâcher.

Enfin, il nous fallait une sanction à cet engagement pris chez le marchand de vin en buvant la goutte. On convint que les lâcheurs paieraient à souper le soir, à la barrière ; mais si on tenait bon ce seraient les deux tâcherons qui iraient de leur poche.

Alors, par une pluie battante, nous montâmes sur nos échafauds, et nos garçons qui avaient consenti à cet engagement, se mirent à gâcher et à monter des moellons à la hotte, chaque fois que nous en avions besoin.

Nous avions eu le soin d'enlever nos chemises et de ne garder que nos blouses afin d'avoir du linge sec lorsque nous nous serions essuyé le corps.

Vers le soir, la pluie se changea en neige, mais nul ne broncha. On monta l'étage au niveau du plancher et on fit savoir au maître charpentier qu'il pouvait envoyer des hommes pour mettre au levage.

Le soir, nous montâmes à la barrière de Clichy ; Roby et moi nous payâmes le souper. Inutile de le dire, on but un bon coup. Notre témérité fit le sujet de notre conversation et je ne crois pas avoir jamais passé une soirée plus gaie, plus animée, ni plus agréable.

Bénassy et Dizier furent les héros de cette fête, car, l'un et l'autre n'avaient pas cessé de chanter pendant cette abominable journée bien que nous fussions mouillés jusqu'aux os.

Il était deux heures du matin, lorsque nous arrivâmes chez nous, bras dessus et bras dessous, chantant comme des gens ravis d'eux-mêmes et de leur belle action.

Le lendemain, à sept heures, nous étions tous au travail, bien décidés à recommencer malgré le mauvais temps.

M. Totain fut informé du fait et s'en amusa beaucoup, il me remit vingt francs pour boire à sa santé. Enfin, malgré les rigueurs de l'hiver, nous arrivâmes au quatrième étage en moins de six semaines. La paie de décembre s'approchait et il nous fallut songer à présenter un état de situation à notre patron, un nommé Giraud, le décoré ; on l'appelait ainsi pour le distinguer d'une foule d'entrepreneurs de ce nom.

Il nous paya sans la moindre réduction, le montant

de notre mémoire. Roby et moi, habitués à ne recevoir que les journées ordinaires des ouvriers du métier, nous ne pouvions pas croire nos yeux en voyant ce résultat. Il nous resta à nous partager après avoir retiré le montant de nos journées, une somme de deux mille quatre cents francs.

Les paies suivantes furent moins avantageuses, néanmoins, nous n'avions pas lieu de nous plaindre, nous faisions plus que doubler nos journées. L'entreprise ne fut pas mauvaise, bien que le montant de notre mémoire ne nous ait jamais été payé complètement.

Un jour, M. Giraud me fit appeler chez lui rue St-Victor où il venait de construire ces superbes maisons gothiques qui ornent si bien ce quartier, et il m'annonça qu'il était sur le point de commencer dix maisons dans le jardin Beaujon.

J'y allai, je vis des jalons plantés en tous sens, indiquant la direction des rues projetées. Il m'offrit trois de ces maisons en me laissant choisir celles qui me conviendraient le mieux. J'en pris deux qui étaient en façade sur la rue de l'Observatoire et l'autre à l'angle de la grande rue qui traverse le parc Beaujon.

L'entreprise était sérieuse, car avec le grand nombre d'ouvriers qu'il nous fallait embaucher, si l'entrepreneur était venu à manquer une paie, l'argent que nous avions gagné rue d'Amsterdam allait y passer et encore suffirait-il ? Dans le cas contraire, j'augmentais nos dettes qui étaient loin d'être payées, et chose plus grave, ma réputation, l'honneur auquel je tenais beaucoup pouvaient être compromis. Voilà quels étaient ma constante préoccupation et le souci de tous mes instants.

Les premières paies se firent bien, mais les profits ne pouvaient être comparés à ceux de la rue d'Amsterdam ; les fournisseurs de plâtre nous en laissaient manquer souvent ; il résultait de là que de bons ouvriers nous quittaient, et ceux qui restaient perdaient souvent leur matinée pour aller embaucher des garçons à la grève.

Nous étions pourtant bien servis par une douzaine de compagnons et de garçons qui m'étaient très dévoués.

J'étais alors un très fervent républicain, affichant mes opinions et portant le bonnet phrygien en guise de crânerie. Hugué, mon garçon, qui savait que je l'aimais beaucoup, voulut aussi avoir le sien, et par ses conseils les autres garçons qui n'étaient pas tous des modèles de bonne conduite, voulurent porter aussi cette coiffure des anciens affranchis de l'antiquité.

J'avais ainsi un petit bataillon de forts-à-bras qui auraient quitté le chantier tous les matins si on ne leur eût pas fait leur prêt pour aller déjeuner. Je faisais de ces solides gars ce que je voulais ; comme de plus en plus le plâtre nous manquait, d'un signe, ils couraient au-devant des voitures jusqu'en bas du faubourg St-Honoré, grimpaient sur les voitures et les conduisaient dans notre chantier.

Néanmoins, il était facile de s'apercevoir que notre patron avait du plomb dans l'aile et qu'il ne pourrait pas marcher longtemps. Comme il était en retard dans les paiements qu'il avait à nous faire, un matin j'allai chez lui, avec l'idée bien arrêtée de faire du tapage s'il ne payait pas.

En l'absence de M. Giraud, on pouvait le critiquer l'appeler de toutes sortes de noms aussi désobligeants les uns que les autres ; en sa présence, nous nous sentions tout aussitôt désarmés. Sa belle prestance, son air grave et bon enfant, la douceur de ses paroles, la bonté peinte sur sa figure et qui se réflétait dans ses yeux noirs, ses manières recherchées nous en imposaient. Tel était l'homme auquel nous avions affaire et des mains duquel il importait que nous nous arrachions. Il me donna d'abord deux mille francs sur cinq qu'il nous devait ; mais après avoir mis les deux mille francs dans ma poche, je le suppliai de ne pas me laisser dans l'embarras au milieu des ouvriers, auxquels je ne pouvais donner que des acomptes. Il eut un bon mouvement de conscience et de cœur ; il céda à mes supplications, et il me remit deux autres mille francs. C'est tout ce que nous devions retirer ; je ne pris même pas la peine de lui présenter notre mémoire.

Nous nous retirâmes sans perte, et nos journées sortaient, tous frais déduits, à plus de dix francs par jour.

Dans ce même intervalle, un autre architecte du nom de Martin, nous proposa d'autres travaux dans l'ancienne rue de la plaine Monceau, dont le propriétaire s'appelait Lamoureux.

Heureusement dans nos deux premiers états de situation, nous avions chargé le chiffre de nos dépenses ; l'homme à qui nous avions affaire était un faiseur de dupes des plus habiles et des plus roués. Il ne fut pas en mesure de nous payer notre troisième mémoire.

Piqués au vif, bien conseillés par un homme d'affaires, nous le poursuivîmes à outrance. Il ne consentit à nous payer que le matin de la vente d'une maison qu'il avait dans la rue de Montreuil.

Profondément irrité de voir que nous avions eu, dans nos entreprises de tâcherons, affaire à une aussi mauvaise clientèle, j'annonçai à Roby en termes formels que j'étais décidé à m'éloigner de tous ces spéculateurs ruinés, et que je ne prendrais plus jamais de travaux comme tâcheron, surtout avec des gens véreux. Je lui annonçai en même temps ma résolution d'aller travailler comme compagnon de remplissage, en attendant de rentrer chez un bon entrepreneur comme maître compagnon.

Tout naturellement nous réglâmes nos comptes avec Roby ; nous avions gagné tant dans la rue d'Amsterdam, qu'à Beaujon ou rue de Monceau chacun trois mille huit cents francs, plus nos journées ordinaires. Notre satisfaction était grande, il nous semblait que nous avions amassé une petite fortune.

Roby était le fils d'un pauvre métayer chargé d'une nombreuse famille. Mon père le conduisit à Paris, il était bien jeune et il avait contre lui sa petite taille et la faiblesse de sa constitution.

Mais, dans ce frêle corps, il y avait de la grandeur d'âme, de beaux et nobles sentiments ; il aima tendrement sa famille et ses amis.

Mon père lui reconnaissait tant de qualités morales que lorsque je le quittai, il alla à mon insu supplier Roby de prendre une chambre privée et de me mener avec lui ; j'y allai et ce ne fut pas pour un jour ; pendant quinze ans nous avons été camarades de chambre et je ne crois pas que jamais deux hommes aient vécu dans une intimité plus complète.

Date de mon dossier politique

Nous ne manquâmes pas de désagréments dans ces travaux du jardin Beaujon. Les belles espérances que ces travaux nous avaient fait concevoir devaient rapidement s'évanouir.

Je veux revenir pourtant vers ce quartier pour mentionner un fait de ma vie politique que le plus grand des hasards devait porter à ma connaissance.

J'ai dit qu'à cette époque j'étais un très fervent républicain et qu'en guise de crânerie, je n'avais pas craint de me signaler au public et surtout à la police en me coiffant du bonnet phrygien et en tenant à haute voix des conversations à un nombre considérable d'ouvriers chez le marchand de vin où nous prenions nos repas. Celà me valut l'honneur d'être enregistré et couché sur les dossiers de la préfecture de police ; voici comment j'en fus informé :

Pendant la Commune, alors que Cournet était délégué à la préfecture de police, il autorisa les proscrits qui étaient présents à Paris, d'aller prendre connaissance de leur dossier. En feuilletant le mien, j'y trouvai plusieurs rapports remontant à cette époque de 1842, où il était beaucoup question de moi. On n'avait pas oublié de me signaler à la tête d'une bande d'énergumènes furibonds, coiffés de bonnets phrygiens et faisant une propagande révolutionnaire des plus ardentes.

Le vieux mot de la police : « homme dangereux » se trouvait à toutes les pages de ces rapports. On m'accusait même d'avoir voulu assassiner la reine d'Espagne, Marie-Christine. Je n'ai pas besoin de dire que ce n'était pas vrai ; j'avais seulement arrêté ses chevaux parce qu'un des cochers avait donné un violent coup de fouet à un de nos garçons qui roulait des moellons et qui se trouvait entraver la rue.

Je découvris bien autre chose, en continuant à parcourir mon dossier jusqu'au bout. Lorsque j'arrivai à l'époque de l'empire, ma curiosité et mon étonnement s'accrurent ; j'y trouvai un compte rendu de la plupart des réunions où nous nous rendions à Londres. Bien que ces rapports ne fussent pas signés des noms de leurs auteurs, il nous en disaient assez pour fixer nos soupçons sur des hommes qui à la vérité ne nous inspirèrent jamais beaucoup de confiance.

J'acquis pourtant la certitude que la police était bêtement faite ; sa vigilance s'exerçait surtout dans le cabinet noir où l'on ouvrait les lettres que nous envoyions en France, puisque c'est avec ces documents qu'on formait nos dossiers, et naturellement ces vils mouchards y ajoutaient toutes sortes de mensonges et d'infamies.

Voilà quels furent les moyens de gouvernement du nommé Louis-Bonaparte, lequel restera dans notre histoire, comme le plus fourbe et le plus pervers de ces hommes qu'on a salués du titre de roi ou d'empereur.

Pour en finir avec toutes ces infamies policières, j'ajouterai que d'autres dossiers devaient me passer sous les yeux ; je les trouvai à Guéret, en allant prendre, en 1870, possession de la préfecture de la Creuse. Je me réserve de publier certains documents émanant de MM. les préfets et sous-préfets, qui étaient mal renseignés par des espions pris au hasard dans nos localités.

Les républicains de la Creuse qui avaient mérité d'attirer l'attention des hauts fonctionnaires de ce vil et méprisable gouvernement savent que je fis remettre à chacun d'eux leurs dossiers dès qu'ils furent tombés entre mes mains.

Retour au pays

La fin de l'année 1842 était arrivée et, comme il y avait trois ans que je n'étais pas allé voir ma femme, il ne pouvait que m'être agréable de partir le plus tôt possible surtout que ma bourse était bien garnie.

J'étais tellement novice dans les questions d'argent que je ne songeai même pas à changer mes pièces de cent sous, soit en pièces d'or, soit en billets de banque; je fourrai le tout dans quatre sacs placés au fond de ma malle et me voilà parti en diligence jusqu'à Châteauroux. Une seconde voiture nous conduisit à la Châtre, puis à Guéret. Dans cette ville, on trouvait une de ces voitures qu'on établissait pendant la durée du passage des maçons pour faire le trajet jusqu'à Pontarion. Puis, de là, un de mes cousins m'aida à porter ma malle jusqu'à la maison.

Comme on peut l'imaginer ce n'est pas de la joie que la famille éprouve à l'arrivée de l'émigrant, surtout quand celui-ci est considéré comme le soutien et presque le gagne-pain de tous, c'est du délire; car au lieu de rire tout le monde pleure.

Puis, selon l'usage, les femmes préparent la soupe au lait. Pendant que notre voyageur s'en régale où se chauffe au coin du feu de la grande cheminée, les rires commencent et on le met au courant de de ce qui se passe dans la maison et aussi chez les voisins.

Cette conversation épuisée, on attend du nouvel hôte qu'il parle lui aussi de ses affaires ; c'est à ce moment qu'il montre de bonne grâce le résultat de sa campagne, c'est-à-dire sa bourse, et chacun se promet de n'en pas dire un mot au dehors.

Placée sur la grande et longue table de la cuisine, je commençai donc à déficeler ma malle, j'en sortis d'abord une belle robe pour ma femme, deux autres pour mes deux sœurs, un mouchoir d'hiver pour ma mère et une livre de tabac à priser pour mon père.

Je sortis ensuite un sac de mille francs, puis un second ; alors, père, mère, femme et sœurs ne se continrent plus de joie ; on se mit à sauter, à s'embrasser.

Un moment après je dis à ma femme : « Cherche donc dans un autre coin, il y a peut-être autre chose. » Elle en sortit un troisième sac et dit en même temps : « Je crois qu'il y en a un autre » ; elle les prit et les posa à côté des deux premiers ; on se regarda, les sanglots étouffaient nos voix, nous étions las de nous embrasser : « Tu m'as surpassé, Martin, dit mon père ; j'ai bien travaillé, mais jamais je n'ai eu autant de chance. » On se mit à vider les sacs et à placer leur contenu par piles de cent francs.

La table était à moitié couverte d'une nappe d'argent d'une blancheur éclatante.

Il était plus de deux heures du matin quand nous cessâmes de contempler ce que nous appelions un ravissant tableau.

Alors fatigués de notre admiration mutuelle, nous parlâmes d'aller dormir.

Je dis alors à mon père : « Savez-vous maintenant à quoi je pense ; c'est d'apporter ce tas d'écus demain François Thaury. » — « Nous sommes du même avis, ajouta-t-il. »

Le lendemain, je mis mon trésor dans un panier et comme c'était assez lourd, je coupai un bâton de houx en traversant notre patural et je plaçai mon petit fardeau sur mon épaule.

Ma femme m'accompagna jusqu'au pied de la grande montagne de Beaumarty et s'en revint ensuite seule chez nous.

Lorsqu'elle vit s'éloigner le panier dans une autre direction, son visage s'assombrit. Il était évident qu'elle eût mieux aimé garder le magot que de le voir passer aux mains d'une autre personne.

François Thaury qui m'avait toujours porté un très vif intérêt depuis le moment où j'avais été son garçon maçon, ne fut pas moins content que mon père ; il me dit : « Depuis les premiers jours où tu m'as servi, tu m'as toujours inspiré beaucoup de confiance ; aussi je n'ai pas manqué de dire souvent que tu ferais un homme. Si je n'étais pas aussi âgé, je te verrais dans quelques années un grand entrepreneur de maçonnerie. »

Mon compagnon ne devait pas me voir entrepreneur ; mais il eut la satisfaction de me voir représentant du peuple.

Entouré de ses héritiers, les Leblanc, de Beaumarty, il se mit à compter l'argent. Je rédigeai le reçu que Thaury signa ; je restais lui devoir mille francs ; — « A l'année prochaine, mon cher compagnon, lui dis-je en nous quittant. » Alors je redescendis à La Martinèche, le panier vide.

Il n'y avait d'éloges de la part des voisins et de tous nos paysans, que pour ceux des émigrants qui étaient connus pour faire campagne, et on disait qu'un maçon avait bien du mérite quand il portait au pays, quatre cents francs d'économie au bout d'une année. Je laisse le lecteur deviner ce que l'on devait dire de celui qui, par hasard, avait gagné en trois ans quatre mille francs. Mon nom était dans toutes les bouches suivi des plus grands éloges.

Contente, ravie de joie, ma femme à laquelle on avait dit que je ne viendrais jamais à bout de payer nos dettes, n'eut plus à partir de ce moment cette crainte.

Huit jours après nous allâmes voir sa mère. Lorsqu'elle me vit partir vêtu d'une longue redingote à la propriétaire, selon la mode du jour, elle ajouta : « On ne te reconnaîtra pas à Lachaux. » C'est ma femme elle-même qui apprit à sa mère le résultat de ma campagne. Je fus accueilli avec une joie égale à celle de ma famille.

Madame Aupetit adorait sa fille, et cette amitié, elle la portait bien sur son gendre.

Cet hiver de 1843 à 1844, se passa pour moi de la manière la plus heureuse, et surtout la plus agréable ; il devait en être ainsi. Aimé de mon père, de ma mère et par une femme gracieuse et d'une grande beauté, les jours se passaient pour moi aussi vite que les heures. Bien que les distractions dans un village soient insignifiantes, la famille suffit pour répandre du baume dans le cœur de l'homme et donner à l'âme les joies que nous recherchons,

L'hiver en effet, n'a rien de triste pour les émigrants encore moins pour leurs femmes.

De temps à autre, ces dernières trouvent l'occasion de se distraire, de montrer leurs toilettes.

Nous sortions, chaque dimanche, pour aller soit à Pontarion, soit à St-Hilaire-le-Château où on était sûr de rencontrer, sans s'être donné rendez-vous, les plus délurés et les plus fringants des maçons de Paris et de Lyon. Ceux-là ne manquaient pas, avant leur retour au village, de se payer une toilette plus voyante que solide. Mais il fallait suivre les modes et les faire suivre à nos sœurs et à nos femmes. C'est même pour porter ces belles robes venues de nos grandes villes que nos paysannes ont commencé à se distinguer bien avant celles de plusieurs autres départements, dans leur personne, dans leur toilette et surtout dans leur maintien et leur conversation ; et ces avantages, loin de les perdre, les Creusoises n'ont fait que les accroître, les rendre avec le temps, plus visibles et plus éclatants à tous les yeux.

A ce moment, je l'ai déjà dit, cette abominable habitude de se marier pour ne pas vivre avec sa femme était à peu près générale. A quoi tenait-elle ? à la peur qu'on avait de ne pas pouvoir vivre à deux, sur le modique salaire de l'ouvrier de mon temps.

Aujourd'hui que les salaires ont plus que doublé, cette crainte n'existe plus et les Creusoises ont raison de vouloir suivre leurs maris.

D'ailleurs, bien qu'élevées pour le dur travail des champs, ces jeunes femmes sorties de notre laborieuse et énergique race gauloise apprennent facilement à tout âge des métiers qui exigent de l'habileté et de l'intelligence.

Le mois de mars me rappelait à Paris. Content ou non, je dus voir recommencer de nouveau ces scènes de tendresse et d'affection qui ont lieu dans toutes les familles bien unies au moment de se séparer.

Il fallut donc faire son paquet et partir.

Chantiers de 1843 à 1848

Je m'étais promis et j'avais affirmé à mon associé, Roby, que je voulais me séparer de la clientèle de tous ces faillis, pour lesquels nous avions travaillé comme tâcherons, pendant les deux dernières années. Je me tins parole, en revenant de la Creuse, je m'embauchai comme compagnon de remplissage, à quatre francs cinquante par jour, rue Basse-du-Rempart, où le fameux Léonard était maître compagnon.

Libre à six heures du soir, je n'avais nul autre souci que de remplir ma journée, à l'exemple de mes autres camarades. Comme il y avait beaucoup de moulures dans ce chantier et qu'on exigeait que le travail fût bien fait, on ne nous harcelait pas trop. Aussi, les soirs j'étais peu fatigué ; je ne tardai pas à me débarrasser des tourments d'esprit que les mauvais payeurs m'avaient causés et qui avaient fini par me rendre triste et d'un caractère acariâtre et insupportable pour ceux qui travaillaient avec moi.

Mon assiduité auprès de mes élèves devint plus régulière. Prenant plus de peine, je leur fis accomplir des progrès plus rapides et leur satisfaction devint beaucoup plus grande.

J'ai conservé de bons souvenirs de plusieurs de

mes camarades de ce bâtiment de la rue Basse-du-Rempart et notamment de Deluchat, cœur loyal honnête et sincère. Deluchat qui habite dans le canton de Bénévent est un de ces hommes que l'on n'oublie plus quand on les a connus.

A quarante ans de distance de cette époque, dans les différentes élections où je me suis porté, ce camarade a toujours voyagé de village en village pour me recommander aux électeurs.

Il y avait là aussi six ou sept compagnons venant de Ruelle ou de Ville-d'Avray, très bons enfants, avec lesquels nous vivions dans les meilleurs termes. Je crois qu'on aurait arraché les yeux de celui qui aurait cherché par vanité ou par orgueil à déchafauder les autres.

Les temps ont bien changé ; mais autrefois, dès qu'on n'était pas d'une même localité, on se regardait en chiens de faïence.

Les Parisiens nous appelaient « muffes, » et nous leur donnions le nom de « marchands de cerises » ce qui pour nous voulait dire qu'ils n'étaient bons à rien sinon à vendre dans les rues des petits paniers de guignes.

On voit donc que la tendance des ouvriers à s'unir, à s'entendre pour la défense de leurs intérêts ne date pas d'aujourd'hui.

J'étais alors bien loin de me douter qu'un jour, il me serait donné de travailler à la plus grande loi sociale de cette époque, la loi sur les syndicats, qui autorise la fédération de plusieurs groupes corporatifs, pour se protéger avec plus d'efficacité dans tant de cas imprévus. Encore quelques années l'expérience aura appris aux ouvriers qu'ils font fausse route en se laissant diriger, soit par des députés ou tout autre citoyen ne marchant pas à côté d'eux dans le chantier, l'usine ou la manufacture.

En sortant de ce chantier, Chansardon, le curé, — ainsi l'appelions-nous, parce qu'il avait fait ses classes et porté la soutane au collège clérical de Felletin, — m'embaucha pour aller travailler avec lui dans un grand bâtiment situé avenue des Champs-Élysées, où il était maître-compagnon.

Il me donna pour coterie d'échafaud, un des meilleurs maçons de Paris, l'aîné Maffrand, de Saint-Georges-la-Pouge. Il n'y avait pas à lutter avec ce camarade, lorsqu'il s'agissait d'un travail achevé jusqu'à la perfection.

Maffrand qui, depuis quelques années, avait fait mordre la poussière à toutes les célébrités de notre métier, devint pour moi un ami intime ; ce qui contribua avec le temps à cette liaison de cœur qui a toujours duré et qui dure encore, c'est que Maffrand était très-sincèrement républicain.

Le *curé* qui était aussi notre ami, nous plaça sous une immense porte voûtée qui sert d'entrée à un manège de chevaux. Là, il y avait corniche sur corniche, losange sur losange ; très souvent, ne pouvant faire usage du calibre, nous traînions des petits morceaux sur des bouts de planche, qu'il fallait ensuite ajuster à la main.

C'est dans ce travail que l'artiste maçon Maffrand excellait ; nous aimions assez aller voir des uns aux autres ceux qui faisaient le mieux. Mais dès que Maffrand donnait son coup d'œil, il ne se gênait pas pour nous dire avec son gros rire de bon enfant que nous n'étions que des savetiers et des ganaches.

Ce reproche amical, toujours suivi de bons et utiles conseils, était une cause d'amusement et de gaîté parmi nous. « N'est-ce pas, disait Jean, que mon retour et mes angles sont mieux touchés que ceux de Pierre. » C'est ainsi que nous nous efforcions de nous surpasser les uns les autres. Puis, lorsqu'on se remettait à la besogne, nous redoublions de goût et d'attention.

Il y avait là une vingtaine de jeunes gens, appartenant au canton de Pontarion ou à celui de St-Sulpice-les-Champs, extrêmement laborieux et polis entre eux, venus à Paris après la Révolution de 1830.

C'étaient bien d'autres hommes, par leur conversation agréable, comme aussi par leurs goûts et leur habitude de toilette, surtout quand ils sortaient du chantier, que les hommes de la génération qui les avait précédés.

Nos devanciers, en effet, avaient grandi sous la main gantée des nobles et des prêtres que les armées de la coalition nous avaient ramenés en 1815.

Les légitimistes d'alors, au lieu de songer à faire des sacrifices pour l'instruction du peuple, songèrent d'abord à prélever un milliard sur notre budget et à se le partager ; puis, en fait d'écoles, rien ou presque rien. Le peuple tenu dans la plus complète ignorance, n'apprenait bien que son catéchisme.

Au dehors, chaque fois que sur les routes ou dans les champs, le paysan ou un enfant rencontrait une croix ou un de ses maîtres, il faisait un grand salut, pliait les genoux et s'inclinait jusqu'à terre.

Ce mouvement de servilité offensait le regard et la raison de ceux qui en étaient témoins.

Cependant, bien que le fruit de la Révolution de

1830 qui s'était faite au cri de : « vive la liberté et à bas la calotte, » nous eût été habilement et hypocritement extorqué, Louis-Philippe et ses ministres ne parvinrent pas à étouffer dans l'esprit du peuple et dans son cœur les germes d'indépendance et de liberté que ce puissant mouvement avait fait naître.

Il s'était formé dans chaque corps de métier, des groupes parmi les ouvriers les plus fiers et les plus intelligents qui aiguillonnaient les masses et leur faisaient honte de leur indolence et de leur apathie.

Sous l'inspiration de ces apôtres du progrès, héros dont l'histoire ignore à la fois les noms et les services, la démocratie se releva et retrouva sa voix, ses forces et son audace ordinaire, de telle sorte que quelques années plus tard, Louis-Philippe et ses conseillers eurent le sort de Charles X, et ses ministres disparurent aussi, accablés du mépris public et des malédictions de l'histoire.

Nous venons de voir combien ces jeunes Creusois étaient désireux de se distinguer dans leur travail ; ils n'étaient pas moins soucieux de se distinguer aussi dans leur tenue et dans leur mise qui, pour quelques-uns, allait jusqu'à la coquetterie.

On aurait dit que nos jeunes maçons devinaient qu'ils devaient être convenablement vêtus, pour obliger les autres classes de notre société à leur accorder plus de confiance et plus de considération.

Ces ouvriers déjà nombreux dont nous parlons, se disaient, selon cette vieille maxime si souvent éprouvée : « Aide-toi le ciel t'aidera. »

Avec cette pensée qui était bien de nature à donner de la vigueur à leur esprit, de la force et de la volonté à leurs caractères, il n'y avait plus qu'à leur faire comprendre que les ennemis du peuple étaient ceux qui leur conseillaient de ne pas se mêler de politique sous ce vain prétexte que cette question ne les regardait pas.

Si telles avaient été les vues et la pensée de nos ancêtres qui se révoltèrent si souvent contre l'esclavage et le servage, nous serions toujours sous le fouet de ces hommes inhumains, avares et cruels qui avaient sur les populations des droits égaux à ceux qu'ils avaient sur leurs troupeaux.

Notre maître compagnon, Chansardon le *curé*, nous l'avons dit, avait fait une bonne partie de ses classes ; il n'avait aucune confiance dans le gouvernement républicain et il prenait plaisir à nous rappeler que cette forme de gouvernement avait existé en Grèce, à Rome, dans l'antiquité, au Moyen-âge, en Italie, et en France, en 1792, et que partout elle avait échoué.

Je ne pouvais guère lui opposer que des raisons de sentiments et de justice. Heureusement dans notre entourage nos camarades saisissaient mieux mon raisonnement que le sien, ce qui fait que la république gagnait du terrain malgré cette opposition.

Je reviens à Maffrand, il ne tarda pas à nous quitter pour aller conduire un bâtiment, pour le compte d'un entrepreneur, Dayras, très connu alors, homme simple et bon, qui n'avait pas oublié ses débuts et qui avait vécu longtemps dans le garni et mangé la soupe sans beurre, cuite dans la grande marmite.

Ce bâtiment terminé, Maffrand entra chez un jeune maçon, Pataque, avec lequel nous avions travaillé au château de Becon et à Bercy. Ce camarade se trouvant protégé par le célèbre architecte Le Souffacher, devint un très grand entrepreneur chez lequel Maffrand est resté comme maître compagnon environ trente ans.

Pendant ce grand nombre d'années cet architecte qui a tant fait de maisons dans Paris ne voulut jamais avoir affaire à un autre maître compagnon qu'à Maffrand.

Assurément, ce dernier ne le trompa jamais ; son activité était proverbiale ; ses capacités incontestables ; sa sévérité parfois un peu dure auprès des ouvriers ; mais il n'en était pas moins estimé. En effet, il n'hésitait pas à renvoyer ceux dont la conduite était irrégulière, et il ne pardonnait pas plus à ses fils qu'à des étrangers. Maffrand aime assez à se flatter que jamais aucun accident n'est arrivé à un ouvrier pendant les trente ans qu'il a été maître compagnon, si grands étaient les soins qu'il exigeait dans l'orientation des échafauds.

Il y avait à cette époque où le travail manquait souvent à certains ouvriers, un assez bon nombre de maîtres compagnons qui n'étaient pas honteux de se faire payer à boire par les malheureux qui battaient le pavé des rues à la recherche d'un chantier.

Ce reproche, jamais aucun ouvrier ne l'adressa à Maffrand parce qu'il n'eut jamais recours à de semblables moyens. Sa pensée dominante était d'inculquer à la jeunesse qui était autour de lui, l'amour du travail et des idées de sobriété et d'honneur.

Deux de ses voisins de St-Georges-la-Pouge qu'il avait eus pour garçons maçons, et moi pour des amis qui devaient me montrer leur attachement pendant les mauvais jours d'exil, Tabanon et Courbarien, sont devenus de grands entrepreneurs, renommés surtout pour bien faire travailler et être justes envers leur personnel.

L'ordre que je me suis imposé dans ce livre, m'oblige à passer mais pour y revenir, sur un assez grand nombre d'années.

Un jour que je dînais chez Gambetta, qui aimait assez à m'interroger sur des choses pratiques de la vie des ouvriers, chacun de nous avait la parole à son tour, et le grand homme se contentait de rire et de nous encourager par des mots et des phrases pleines d'à propos ; mais je ne tardai pas à m'apercevoir que sa grande facilité d'assimilation lui avait permis de loger dans son puissant cerveau, les faits que nous cherchions à lui donner comme des nouveautés.

Soudainement, il blâma les gouvernements de n'avoir jamais songé à décorer de simples ouvriers qui n'avaient dans leurs bagages d'autres titres que leur capacité et leur bonne conduite.

Alors Paul Bert, Braleret et moi, nous mîmes en avant des noms ; c'est dans cette circonstance que je prononçai le nom de Maffrand. Enfin, Gambetta nous demanda de lui adresser des notes sur chacun des ouvriers dont nous lui avions parlé.

Peu de temps après, eut lieu l'assemblée annuelle des architectes de Paris.

A l'unanimité, ces messieurs accordèrent un brevet d'honneur à Maffrand.

Je saisis cette occasion pour adresser une nouvelle note complémentaire au digne et vaillant défenseur de la République et de la patrie ; puis, passant un jour devant son banc, à la Chambre, Gambetta me dit : « Martin, vous allez être content, j'ai décoré votre ami. »

La nouvelle fut bien accueillie par le nombreux personnel du bâtiment. Il n'y eut qu'une voix pour dire : « Celui-là, du moins, a bien mérité l'honneur qu'on lui fait. »

Le jour où la croix devait lui être remise, ses amis lui offrirent un banquet qui eut lieu chez Véfour, au Palais-Royal. Tout le monde était ravi de satisfaction ; mais le plus content, celui qui témoignait sa joie le plus ouvertement et avec le plus de grâce, ce fut l'architecte Le Souffacher. Il vint me serrer la main à la suite du discours que je prononçai dans cette circonstance.

Cette digression à laquelle je viens de me livrer démontre la belle conduite de Gambetta, ministre, qui, en honorant un de nos concitoyens jeta aussi de l'éclat sur tous les émigrants de la Creuse toujours dédaignés jusqu'ici par de mesquins et vaniteux bourgeois qui n'ont d'autre idéal que de contempler leurs écus ou de chercher à rabaisser les ouvriers qui tendent à s'élever.

A mon départ de l'avenue des Champs-Élysées, plusieurs mois se passèrent sans qu'il me fut possible de me caser chez un bon patron. En peu de temps je m'embauchai chez deux ou trois *corvoyeurs*. L'un d'eux m'envoya travailler dans une fosse rue de la Mortellerie, aujourd'hui rue de l'Hôtel-de-Ville.

Les réparations que nous avions à y faire pouvaient produire à chaque insatnt des émanations mortelles ; nous nous relayions à chaque quart d'heure, puis par surcroît de précautions on passait un cordage autour du corps de celui dont le tour était de descendre, pour qu'au premier cri celui qui tenait la corde pût l'attirer à lui.

Ce dangereux travail terminé, le patron parla de m'envoyer dans une autre fosse, située dans la rue de la Coutellerie ; je n'y allai heureusement pas.

Dès que le patron nous eût quitté et malgré la promesse que nous lui avions faite de nous y rendre, nous commençâmes à murmurer, à jurer que nous n'irions pas et on finit par aller boire la goutte.

Alors, comme dans la complainte du berger, d'une on en vint à deux, à trois, à quatre, puis on parla d'aller déjeuner à la barrière des deux Moulins, très mal famée à cette époque. Ce fut par conséquent une journée de noce complète. Le soir, nous pouvions dire, comme le chiffonnier dans la pièce de Félix Pyat : « On dit que le vin soutient, nous en buvons depuis ce matin et nous ne pouvons plus nous tenir. »

Le surlendemain, on vint m'apprendre qu'un de mes bons et intimes amis, Rouilly, de Pimpérigeas, commune de Vallière, avait été asphyxié dans cette même fosse où on avait voulu m'envoyer. Sa femme me fit demander aussitôt et je passai la nuit près du mort dans sa chambre. Inutile de le dire, tout le personnel du garni était sur pied et très douloureusement affecté de la mort de notre ami.

Dans le désarroi, causé par cette mort et par les cris de la veuve, un abominable gredin eut la noirceur d'esprit de pénétrer dans la chambre à coucher de Rouilly, pendant que nous le gardions dans une autre pièce ; en un clin d'œil il eut ouvert la porte de l'armoire où le logeur serrait l'argent des ouvriers et ouvrant ensuite la croisée, il se laissa glisser dans la rue en suivant le tuyau de descente des eaux, emportant une certaine somme.

Notre émoi fut grand, le matin, quand on s'aperçut de ce vol audacieux. Pendant un moment, il fut question de fermer la porte de sortie et de fouiller tout le monde ; mais comme on ne trouva plus X... parmi nous, les soupçons se portèrent bientôt sur lui. On l'arrêta ; mais il avait eu le temps de faire disparaître son larcin et il fallut longtemps à la justice pour établir sa culpabilité.

La malheureuse veuve se retira à Pimpérigeas, où elle a vécu près de cinquante ans auprès de son fils, Édouard Rouilly, un des bons et des plus sincères républicains de la commune de Vallières.

Construction de la maison d'école de la rue de Pontoise

Après les tribulations que je viens de rappeler, il me tardait bien de trouver un bon patron qui pût m'assurer pour longtemps des travaux bien rétribués et qui ne me mit pas dans la nécessité de traîner mes outils d'un quartier de Paris à l'autre.

Je l'ai dit, le hasard me servit souvent dans ce combat journalier pour gagner mon existence et celle de ma famille.

Ces ennuis, ces anxiétés qui abreuvent, chaque jour, l'ouvrier d'ennui, j'ai appris de bonne heure à les connaître, à les surmonter, et je m'en suis toujours bien trouvé ; cela m'a probablement empêché de contracter des habitudes de plaignard ; autrement les trois quarts de ma vie se seraient passés à maudire tantôt un riche tantôt un pauvre ; car, les pauvres ont à se plaindre souvent les uns des autres.

J'attendais patiemment sans perdre espoir, ne me laissant ni abattre ni démoraliser.

Un matin, étant allé à la Grève pour embaucher un garçon, on m'apprit qu'un nommé Liron et Durand-Savoyat s'étaient rendus adjudicataires de la maison d'école de la rue de Pontoise, et comme je savais que le premier était beau-frère du grand entrepreneur Georges Duphot et que le second était son commis et sachant en outre que mon ancien patron, Delavallade, était en connaissance avec ces deux entrepreneurs, j'allai lui demander une lettre d'introduction pour me présenter dans leurs bureaux. Je fus favorablement accueilli ; on m'accepta comme maître compagnon. Dès que mes patrons s'aperçurent que je ne manquais pas d'activité, que je tenais bien mes rôles, que j'inscrivais régulièrement les matériaux qui entraient dans le chantier, et que je grimpais sur les voitures de moellons pour mieux les toiser, ces messieurs s'habituèrent vite à me parler avec douceur et m'accordèrent toute leur confiance. Ils me payèrent pendant dix-huit mois que je devais rester à leur service, cent cinquante francs par mois ; c'était alors le salaire presque le plus élevé que recevaient les maîtres compagnons en 1844.

Les difficultés du terrain dans ce quartier étaient très grandes ; il fallait avoir beaucoup de soin pour descendre d'énormes libages dans de très profondes fondations au milieu des étais qui retenaient les terres toujours prêtes à s'ébouler.

Il y avait là un jeune appareilleur, Célestin, qui connaissait à fond son métier ; nous tremblions tous les jours que quelque malheur nous arrivât.

J'avais une équipe de bardeurs allemands excessivement forts, adroits, courageux et obéissants. Lorsqu'un libage heurtait la terre il y avait toujours un homme de prêt pour descendre dans la fouille, l'élargir, la pince à la main, et suivre le fardeau jusqu'à ce qu'il fût posé sur le bêton.

Lorsque ces fondations furent au niveau du sol, j'éprouvai une grande tranquillité d'esprit, d'en être arrivé là sans qu'il nous fût arrivé le plus petit malheur.

En élévation, le montage des pierres nous donnait peu d'embarras. Notre travail n'était plus qu'un travail ordinaire. Un jour cependant, il nous arriva un accident qui faillit me coûter la vie. Je posai les pierres de la plinthe du second étage, le limousinant qui m'approchait une de ces pierres, n'ayant pas bien placé son roulau, la pierre vira et vint briser l'échafaud sur lequel je me trouvai ; je n'eus que le temps de saisir la jambe du tailleur de pierre qui travaillait sur le tas. Prompt comme l'éclair je me pliai en même temps sur le mur, tandisque mes jambes étaient dans le vide ; un ouvrier aida à me soulever ; c'est ainsi que j'échappai à une mort certaine.

A ce moment, nous étions au plus fort de la grande grève des charpentiers.

Pour remplacer les ouvriers grévistes, que fit le gouvernement ? Il ne trouva rien de plus logique que de les remplacer par des soldats. Le jour où ces derniers firent acte de présence sur le chantier, le maître charpentier, en présence de l'inspecteur Gancel et de mon patron, me dirent que si ces soldats avaient besoin d'échafauds et de cordages je n'avais qu'à les leur procurer. Je leur répondis que je n'en ferais rien.

— « Ah! ah! me dit mon patron, vous nous dites que vous n'en ferez rien ; eh! bien nous allons voir ! »
— « A votre volonté, patron. » Sur ces mots je me retirai. Un instant après il m'appela dans son bureau et me demanda quelles pouvaient être les raisons qui m'amenaient à lui désobéir.

Je lui rappelai la brutale conduite que le gouvernement avait tenue à notre égard lors de notre grève de 1840 ; on avait eu aussi recours à l'armée pour nous disperser. « — Que ces soldats travaillent, lui dis-je, je n'ai pas le pouvoir de les en empêcher, mais leur aider en quoi que ce soit, je ne le ferai pas, ni aucun des hommes que j'ai embauchés chez vous. »
— « Ah ! mauvaise tête, on m'avait bien dit que vous étiez républicain. Pauvres ouvriers, on vous égare, ceux qui vous mènent se moquent de vous et vous n'y voyez goutte. »

Comme je m'aperçus qu'il n'avait pas l'intention de me mettre le marché à la main, je sortis de son bureau sans nulle autre explication ; telle fut la part que je pris dans cette grande controverse entre les maîtres charpentiers et leurs ouvriers.

Il plut au ministère d'ordonner l'arrestation de plusieurs ouvriers charpentiers. Les journaux du parti libéral avancé blâmèrent hautement le gouvernement. Du côté du peuple il n'y eut qu'un cri pour maudire Louis-Philippe et son ministère.

Le grand avocat Berryer n'hésita pas à prendre la défense des ouvriers, et malgré la grande autorité dont il jouissait au palais il ne put éviter leur condamnation.

On voyait donc éclater tous les jours, dans une

circonstance ou dans l'autre, les mauvais desseins que le gouvernement nourrissait contre le peuple ; ces canailleries, cependant, ne lui réussissaient pas toujours et souvent même ses indignes procédés se se tournaient contre lui.

Le peuple bien défendu au Palais par les célébrités du barreau, l'était aussi à la Chambre des députés par un puissant orateur, Ledru-Rollin ; l'opinion publique se laissait peu à peu circonvenir, et tous les grands sentiments qui ont fait en tout temps l'honneur de notre race se propageaient peu à peu. Les ouvriers se mettaient à lire davantage, tous puisaient à cet enseignement qui les grandissait moralement et intellectuellement des croyances qui les poussaient à se détacher du gouvernement et à se rapprocher de la République.

En face de notre chantier se trouvait le fameux collège de la rue de Pontoise, dirigé, nous affirmait-on, par le fameux et terrible abbé Dupanloup.

Du second étage de notre bâtiment, nous apercevions dans une grande cour les rejetons de notre vieille noblesse et de notre nouvelle aristocratie cléricale, élevés pour nous dominer et pour combattre nos droits et nos libertés.

Pour comble d'humiliation et pour nous faire mieux sentir le mal et la profondeur des misères morales, dirons-nous, où les rois et les prêtres avaient plongé nos populations, nous nous trouvions dans le voisinage de la rue St-Victor, à deux pas de la place Maubert et des nombreuses rues très étroites et insalubres des environs, c'est-à-dire dans un centre où on pouvait voir le plus d'enfants déguenillés, le plus de femmes s'abrutissant dans des cabarets infects, avec leurs enfants sur leurs bras ou couchés sur des tables ou par terre, au milieu de vieux ivrognes recouverts de leurs crachats et de toute autre saleté.

Ces pauvres petites créatures ne sortaient de ce milieu dépravé, dégoûtant et crapuleux, que pour aller voler dans les rues où la police les ramassait pour les conduire en prison. Ils en sortaient pour y retourner encore ; voilà quelle était l'existence, en plein XIXᵉ siècle, des parias de cette prétendue civilisation que la royauté et le catholicisme nous avaient faite.

Le soir, en quittant notre travail, nous comparions ce lugubre tableau à celui si riant où nous voyions les élèves de M. Dupanloup. Le cœur ému, attristé, nous nous promettions de combattre dans la mesure de nos forces, une société où tant de misères et d'iniquités pouvaient se produire sans soulever la conscience des heureux de ce monde.

Voyant les travaux de la rue de Pontoise sur le point d'être terminés, j'étais anxieux de trouver un aussi bon chantier que celui que j'allais quitter.

Chantier de la Mairie du Panthéon

Dans cet intervalle, j'appris que la ville de Paris venait de donner en adjudication les travaux de la mairie du XIIᵉ arrondissement, située sur la place du Panthéon. Après m'être informé du nom et de l'adresse de l'entrepreneur, j'allai lui offrir mes services.

M. Jeoffroy, l'adjudicataire, habitait rue Royer-Collard. Lui ayant fait connaître l'objet de ma visite, il me demanda quelles étaient les références que j'avais à lui fournir ; mais il ne tarda pas à m'interrompre pour me dire qu'il me connaissait. M. Jeoffroy avait des travaux tout près du pont Marie ; il passait pour s'y rendre, dans la rue de Pontoise où il m'avait vu bien des fois me trémousser au milieu des pierres et de mes bardeurs. Il faut croire qu'il me reconnut des qualités de travail qui lui plurent ; car il me dit aussitôt : « Venez me voir dans trois ou quatre jours, je vous ferai connaître ma réponse ». Il ajouta : « Vous savez lire et écrire couramment ? » — « Oui, monsieur, je connais même assez de toisé pour prendre au besoin des mesures en l'absence de votre commis ou de votre métreur, » et j'ajoutai : « Si vous prenez des renseignements sur mon compte, on vous dira que je tiens chaque soir une école à l'usage des ouvriers du bâtiment. » Cette déclaration sembla lui convenir beaucoup. A coup sûr, elle me valut la préférence sur deux autres maîtres compagnons bien connus dans le personnel du bâtiment. M. Jeoffroy m'offrit des appointements de cent quatre-vingts francs par mois, ce qui était alors un prix des plus élevés à cette époque.

Quant aux questions se rapportant à l'organisation d'un chantier, il fut avide de détails. Je connus plus tard, la cause de ses préoccupations sur ce point.

Fils d'un coutelier de la rue St-Jacques, il ne faisait que sortir de l'école d'architecture et par conséquent bien qu'il fût instruit, laborieux et très intelligent, la douceur de son caractère, sa voix faible, sa petite taille, tout cela réuni n'annonçait guère un homme fait pour commander au personnel bourru du bâtiment ; mais comme il avait des qualités naturelles de premier ordre et qu'il était toujours convenable et poli envers tout le monde : architectes, inspecteurs et ouvriers, tout le monde apprit vite à le respecter et nul n'aurait osé lui faire la moindre offense. Il me parlait ainsi qu'à l'appareilleur avec tant de politesse et surtout avec tant d'à propos en nous commandant que nous ne tardâmes pas à reconnaître que nous avions affaire à un bon et loyal patron. Jamais je n'avais obéi à un homme avec autant d'empressement, ni défendu les intérêts d'un maître avec une plus réelle satisfaction.

Je me trouvais si heureux que j'écrivis à ma femme que son martyrologe allait cesser et qu'elle eût à se préparer pour venir me rejoindre. On sait en effet qu'alors, le Creusois et sa femme vivaient chacun de leur côté.

La joie de cette digne femme fut bien grande. Nous avions été séparés en quelque sorte pendant sept ans ; elle avait eu la patience de toutes les femmes de sa condition. Je louai une petite chambre rue St-Jacques, au fond d'une cour, presque à l'angle de la rue Soufflot. Comme mes travaux étaient situés sur la place du Panthéon, je prenais tous mes repas à la maison ; notre bonheur était complet. Puis, ses frères sortaient de temps en temps avec elle, le soir, pendant que je me rendais auprès de mes élèves.

Nous ne restâmes que peu de temps dans ce premier logement et nous vînmes habiter sur la place du Panthéon, dans une maison adjacente à l'école de droit.

Le premier jour que j'allai dans ce chantier, un jeune inspecteur de la ville, aussi novice que le patron, sur les travaux, M. Davioud, le même que

M. Alphand devait choisir plus tard, pour le seconder dans ses grands travaux de la ville de Paris, vint nous indiquer par où commencer. Il me désigna un mur de jardin qui séparait le terrain à construire de la cour d'un pensionnat. Il me recommanda de bien veiller à ce qu'aucun accident n'arrivât aux élèves pendant la démolition.

En examinant ce mur haut de trois mètres sur une très grande longueur, l'idée me vint de faire des tranchées du haut en bas, tous les trois mètres ; l'ayant sapé à ras de terre, de notre côté, je n'eus qu'à me servir de trois crics pour renverser cette longue muraille sur notre terrain, en bien peu de temps.

Le patron étant venu me voir, à sa grande surprise, trouva ce mur à terre. Il me regarda d'un air ébahi, il ne pouvait pas en croire ses yeux, puis il se mit à rire et voulut savoir comment nous nous y étions pris pour faire tant d'ouvrage en si peu de temps.

Ce début fut très heureux pour moi, comme c'étaient les premiers grands travaux que faisait M. Jeoffroy, il semblait content d'avoir à côté de lui, un vieux routier du métier.

En faisant la terrasse, l'architecte et les inspecteurs s'aperçurent que pour trouver le bon sol, il fallait descendre en certains endroits jusqu'aux catacombes.

Lorsque nous regardions ces trous béants entourés d'étais et de planches, et qu'on songeait qu'il nous fallait descendre d'énormes morceaux de pierre dans ces profondeurs, on était pris de vertige et un frissonnement s'emparait de nous, attendu surtout qu'on ne se servait alors que de chèvres fonctionnant au moyen du levier à bras. Quel triste coup d'œil que de voir huit ou dix hommes appuyant sur ces frêles leviers en bois pour remuer ces gros blocs de pierre avec une désespérante lenteur. Le danger était réel et en quelque sorte de tous les instants. Les soins que je prenais pour assurer la sécurité des ouvriers, ma présence où il y avait quelque danger, l'empressement que les hommes mettaient à m'obéir satisfaisaient beaucoup mon jeune patron. Il ne devait pas tarder à avoir d'autres raisons pour me témoigner son contentement et m'accorder toute sa confiance.

Une fois que nous eûmes commencé à faire le béton, je ne manquai jamais d'arriver au chantier à quatre heures du matin et d'y rester les soirs jusqu'à huit heures, toujours entouré de six ou huit de mes abonnés, jeunes gens laborieux et aimant à gagner de l'argent.

M. Jeoffroy savait très bien qu'en l'absence des inspecteurs, nous faisions le béton le plus maigre possible.

Comme dans la rue de Pontoise, mes bardeurs étaient tous de solides gars allemands ; on les voyait descendre et monter des blocs de pierre énormes. Ils le faisaient si adroitement que des accidents étaient peu à craindre.

Lorsque toutes les fondations furent arrivées à hauteur du sol, les travaux furent suspendus. Avait-on commis des erreurs dans ce premier devis ? Je l'ignore. Toujours est-il que l'architecte, M. Guénépin, fut remplacé par le célèbre Hitorff, et tout le personnel ouvrier fut congédié. Je restai seul avec deux limousinants et l'appareilleur occupé à préparer ses épures.

En attendant la reprise des travaux, j'allai conduire trois corps de bâtiments, au numéro 42 de la rue de Grenelle-St-Germain, pour le compte d'un propriétaire nommé Bernard, homme terrible, qui se mettait dans des colères bleues et qui avait déjà changé deux fois de maître compagnon.

« Allez-y, me dirent mes amis, mais vous n'y resterez pas. » Ce M. Bernard avait pour commis une sorte d'arlequin, nommé François, qui n'avait qu'une qualité, celle d'être un mouchard trop zélé pour son patron. Je commençai par embaucher de nouveaux compagnons ; car les autres s'étaient fait un point d'honneur de suivre le maître compagnon congédié.

Le premier jour, l'usage est qu'on n'arrive pas au chantier avant huit ou neuf heures du matin ; on va déjeuner et souvent les nouveaux paient leur bienvenue ; ils ne commencent guère à travailler avant dix heures et demie.

Le second jour, de nouveaux maçons m'arrivèrent, même retard, nouveau rapport de François.

Soit que M. Bernard ignorât cette habitude ou qu'il crût que nous étions tous des ivrognes, il m'appela dans la cour et me tint devant tous les ouvriers un langage hautain et blessant, je lui répondis à peu près sur le même ton, et voilà mon homme qui me dit : « Ma coterie, je vois que nous ne pourrions pas vivre ensemble, il vaut mieux nous séparer aujourd'hui que demain. »

Je ne fis ni une ni deux, je battis de la latte, et quelques minutes après, tout le monde fut sur pied. Alors je criai très haut : « Camarades, à vous revoir, je m'en vais. » A ce moment, chacun appela son garçon, en disant : « Ramasse mes outils et filons. »

Comme tous les hommes violents, mais qui sont souvent bons, M. Bernard me dit : « Mais, mon garçon, que faites-vous donc ? »

— « Vous le voyez bien, nous nous en allons. »

— « Ah ! vous ne savez pas à qui vous avez affaire, je suis vif, mais bon enfant ; restez, vous dis-je, et vous verrez que nous ferons bon ménage. »

Celui qui m'avait introduit chez lui, un tailleur de pierres, du nom de Portier, lui avait dit que j'étais vif aussi, mais très bon ouvrier.

« Allons, allons, ajouta-t-il, restez, et qu'il ne soit plus question de rien. »

Je donnai l'ordre de se remettre au travail et chacun obéit.

M. Bernard ne tarda pas à être content de nous, et il pouvait l'être, j'avais d'excellents ouvriers ; lorsque je lui conseillai de les payer quatre francs cinquante par jour, il n'hésita pas.

Nous devînmes si amis qu'un jour il me dit qu'il ne voulait plus faire travailler, ces bâtiments terminés ; il me promit tous ses échafauds et il me donna deux cents francs pour boire lorsque je le quittai pour retourner à la mairie du XIIe arrondissement.

Nous étions alors à la fin de l'année 1847 et à la veille de la Révolution de 1848. Avant de continuer ce chapitre sur mes travaux du Panthéon, il me faut constater les derniers efforts entrepris et vaillamment soutenus, pendant tant d'années, par le parti républicain pour amener la chute de l'indigne gouvernement qui avait trahi la révolution de 1830.

Efforts réitérés et constants du parti républicain

Si on examine la conduite du gouvernement après que les lois de septembre 1834 eurent mis à sa merci les libertés de la nation, sa sécurité et son honneur, un fait bien caractérisque et très éclatant saute aux yeux de tout homme impartial et qui a tant soit peu de cœur, c'est l'indifférence et le dédain qu'affichèrent les ministres et leur majorité pour toutes les réformes politiques et sociales qui de loin ou de près pouvaient intéresser la grande famille du prolétariat.

De la part de ces satisfaits, pas un mot, pas une mesure de nature à faire naître dans l'esprit du peuple, les moindres germes d'espérance même lointaine ; qui sait si ce n'est pas dans un de ces moments de désespoir, où les aspirations de tout un peuple sont étouffées par son gouvernement, que l'idée de se débarrasser de Louis-Philippe qui manquait à toutes ses promesses, ne sera pas venue à des esprits exaltés comme Morlet, Pépin et Alibaud.

Combien va être différente la conduite du parti républicain ! Qu'on le suive : si on ne perd pas de vue sa conduite, ses efforts, on verra qu'aussitôt que furent supprimés ses journaux un député de l'extrême gauche, François Arago porta à la Tribune de la Chambre des députés, la question électorale. Il parla du peuple et de ses misères, en homme de caractère et de cœur.

Les ouvriers de Paris lui en furent extrêmement reconnaissants. En effet, un jour, le grand astronome vit arriver à l'observatoire une nombreuse délégation d'ouvriers. Ceux-ci venaient le remercier au nom de plusieurs milliers de leurs camarades, d'avoir demandé en leur nom une modification à la loi électorale. Ils lui dirent : « Quand vous avez parlé de nous, monsieur, dans cette Chambre qui prétend nous représenter, les murmures et les cris des mécontents ont cherché à étouffer votre voix ; que l'expression de nos sentiments vous en dédommage, quant à nous, notre reconnaissance vous est acquise. »

Comme il avait été question dans cette conversation entre le député et les ouvriers, de l'organisation du travail, ce mot commença à faire fortune ; il resta à l'ordre du jour de toutes les manifestations populaires. Peu à peu l'opinion publique se montra moins indifférente aux questions de travail et d'économie politique. C'est dans cet intervalle qu'eut lieu l'acte héroïque de Barbès et de Martin Bernard.

On vit dans les masses, qu'à la tête du parti républicain que le gouvernement avait cru décapiter, il y avait encore des hommes disposés à faire le sacrifice de leur vie pour conquérir les droits du peuple et nos libertés perdues.

A la suite, en effet, de cet acte de crânerie héroïque, une transformation d'idée et de conduite eut lieu parmi les ouvriers engagés dans les luttes de la démocratie. On ne se contenta plus de faire de la politique pure, on se mit à parler avec ardeur d'une meilleure organisation du travail.

Nous étions, je l'ai déjà dit, fort peu instruits dans toutes ces nouvelles questions sociales ; mais les hommes de cœur qui appelaient notre attention sur ces délicates matières, ne perdaient par leur temps. Il importait beaucoup alors de faire naître dans l'esprit des masses, des germes d'espérance et un idéal de justice opposé à celui que nous enseignait l'Église avec son paradis et son enfer.

Le parti républicain en était là lorsque les électeurs de la Sarthe eurent à donner un successeur à leur député, Garnier-Pagès, aîné. Ce dernier était sincèrement républicain ; c'était un homme qui, par sa belle conduite dans les Chambres, avait su mériter la confiance de ses collègues et l'estime de la France entière.

Ledru-Rollin se présenta pour le remplacer. Ceux qui furent témoins de l'effet produit dans les masses par sa profession de foi, affirmèrent que Louis-Philippe reçut, ce jour-là, un coup tellement violent et formidable qu'il le ressentit jusqu'au moment de la perte de son trône, en 1848.

Puissant par son talent, comme orateur, grand par son caractère et surtout par son dévoûment à la République et à la cause du peuple, Ledru-Rollin, eut alors le mérite et l'honneur de se faire accepter comme le chef du parti radical et révolutionnaire de cette époque. Il avait dit : « le peuple, c'est un troupeau conduit par quelques privilégiés comme vous, comme moi, messieurs, qu'on nomme électeurs puis par quelques autres plus privilégiés encore qu'on salue du titre de député. »

Le Ministère eut la faiblesse de le poursuivre ; il n'eut pas à s'en féliciter ; le procès étant venu en appel devant la cour de cassation, Ledru-Rollin prononça à l'adresse du Procureur général ces foudroyantes paroles : « Subterfuge grossier, détestable hypocrisie ! Procureur général, frappez, mais ne mentez pas », et plus loin après avoir épuisé la question de droit, il ajouta : « Au nom de qui parlez-vous ?... au nom du roi ? » — « Moi, électeur, l'histoire est là pour le dire, je fais et je défais les rois. »

A la suite de ce salutaire évènement qui donna tant de force au parti républicain, Ledru-Rollin fut élu député.

En homme de parole et d'honneur, il porta à la tribune la question de la réforme électorale dont François Arago s'était déjà occupé.

Le journal *La Réforme* qu'il avait fondé, avait répandu à profusion des feuilles volantes que les ouvriers de bonne volonté devaient faire signer dans les chantiers et dans les garnis par leurs camarades.

Je me souviens qu'alors, j'avais fait choix d'une vingtaine de bons camarades chargés de recueillir des signatures.

Que de mal il fallut se donner pour arriver à un assez maigre résultat ! Il est vrai que bien peu d'ouvriers savaient alors signer leurs noms ; mais ceux plus fortunés qui savaient écrire craignaient de se compromettre, et nous répondaient carrément : « La politique ne nous regarde pas. » Heureux encore, quand on n'en arrivait pas à un échange de paroles aigres-douces.

Les journaux nous convoquèrent un jour, d'avoir à nous rendre rue de Tournon, où demeurait alors Ledru-Rollin, pour déposer entre ses mains les signatures que les porteurs de feuilles avaient recueillies.

En entrant dans le salon, je le trouvai bondé de monde. C'était la première fois de ma vie que je voyais le puissant orateur.

Sa belle prestance, sa haute taille, sa figure agréable et d'une grande beauté, faisait de cet homme un des plus remarquables qu'il était possible de rencontrer. Il se plaça devant la cheminée, et commença un discours qui produisit d'abord sur nous un étonnement extraordinaire. Au lieu de nous remercier de la peine que nous avions prise pour recueillir ces signatures, il fut acrimonieux, colère, violent, et pourquoi ? Parce qu'il ne trouvait pas suffisant le nombre des signatures que nous lui présentions.

— « Vous me retirez, messieurs, le moyen de vous défendre devant le gouvernement qui vous dédaigne, et qui veut vous maintenir à l'état d'Ilotes. »

Lorsque nous comprîmes que c'était dans notre intérêt qu'il s'était laissé aller à ce mouvement d'indignation, un cri de : « Vive Ledru-Rollin ! » lui montra que nous étions de son avis ; nous savions en effet, que le peuple n'avait pas fait tout son devoir dans cette circonstance soit par crainte de se compromettre, soit qu'il ne comprît pas l'importance du sujet ; nous n'avions pu entraîner que les plus résolus, le gros de l'armée avait manqué au devoir.

Je ne puis résister au plaisir de citer le morceau le plus saillant du discours qu'en cette circonstance le grand orateur prononça dans la séance du 7 septembre 1841 :

« La Révolution a promis d'achever l'émancipation politique et sociale entreprise par les vrais apôtres des idées religieuses et des idées politiques, elle a promis que la France serait l'agent principal de cet affranchissement du citoyen et du travailleur. »

« Elle a promis que notre patrie devrait sa gloire et sa puissance dans le monde aux services qu'elle rendrait au peuple et à l'humanité, — promesse sublime, — parce qu'elle prévoyait les efforts comme les espérances de tous, et qu'elle puisait leur efficacité même dans leur grandeur. »

Ce discours produisit un effet merveilleux autant sur les quarante mille prolétaires qui avaient pris l'initiative de faire signer ces pétitions que sur le reste de la population. Mais, malgré la conspiration des libéraux de la nuance d'Odilon Barrot, qui firent le silence autour de ce grand nom, le coup était porté ; Ledru-Rollin venait de donner un si vigoureux coup de fouet à la démocratie, qu'il détermina un courant dans l'opinion publique, qui ne fit que s'étendre et grandir jusqu'à la chute de la monarchie.

Un autre jour qui contribua à faciliter et accroître ce nouveau courant d'opinion, fut celui où M. de Lamartine déclara, en 1843, qu'il se séparait des conservateurs dans les rangs desquels il avait toujours combattu jusqu'alors. Le député de Mâcon jouissait d'une si grande réputation de modérantisme que les ministériels n'osèrent pas répandre leur fiel sur cette grande gloire nationale.

Lamartine avait dit : « Le vice n'est pas dans le ministère actuel, ni dans celui qui l'a précédé, ni peut-être dans ceux qui sont destinés à lui succéder, le vice est plus haut ; les difficultés de la situation, la gravité du péril de la France sont ailleurs, elles sont dans le système tout entier. Oui, il faut bien le dire, quand les fautes du gouvernement, quand les divisions deviennent un système, l'opposition doit devenir un parti. »

Puis, dans une autre occasion, Lamartine, avec un grand éclat de parole qui entraînait la bourgeoisie aussi bien que le peuple, développa à la tribune un programme socialiste. Il ne prenait parti pour aucune école ; mais il avouait que son cœur inclinait pour les principes des socialistes. Serrant de plus près la question : « Il y a, dit-il, en économie politique, deux écoles : l'école anglaise qui traite les hommes comme des quantités inertes, qui parle en chiffres, de peur qu'il ne se glisse un sentiment ou une idée dans son système. »

« Il y a une autre école qui est née en France dans ces dernières années, des souffrances des prolétaires, des égoïsmes des manufacturiers, de la dureté des capitalistes. L'école anglaise manque d'âme, l'école française manque seulement de mesure dans la passion du bien. »

Naturellement les journaux populaires ne devaient pas laisser passer inaperçu cet acte d'approbation donné à leurs idées par un grand orateur ; ils le commentèrent, le louèrent de leur mieux ; l'enthousiasme du peuple était au comble. On sentait que dans tous les cœurs, l'espérance, qui n'existait plus, allait renaître étincelante, ainsi qu'une belle nuit étoilée annonce un jour radieux aux moissonneurs.

A côté des députés qui donnaient leur appui à la cause du peuple, tels que François Arago, Ledru-Rollin, Lamartine et tous les membres de l'Extrême-gauche, il y avait une autre pléiade de citoyens non moins illustres, non moins appréciés du public et surtout de la bourgeoisie éclairée et intelligente. En première ligne venaient : Michelet, Edgar Quinet, Louis Blanc, Henri Martin ; tous poussaient au char qui conduisait la monarchie au tombeau, avec l'approbation d'un peuple qui voulait redevenir ce qu'il avait été jadis, le premier pionnier de la civilisation.

Des porteurs de librairie passaient dans les ateliers

et nous vendaient en brochures, l'histoire de la Bastille et une foule d'autres écrits, hardis, révolutionnaires, qui nous montraient bien le néant des grandeurs royales en même temps qu'ils nous apprenaient qu'à toutes les périodes de nos annales historiques, les rois d'accord avec le clergé, s'étaient toujours montrés ennemis de nos libertés et de tous nos droits politiques.

Toutes ces grandes publications auxquelles nous ajouterons celles d'Eugène Süe furent, avons-nous déjà dit, comme des miroirs au travers desquels on voyait l'âme noire et sèche des princes et des grands dignitaires de notre église catholique en révolte contre le progrès et la raison humaine.

Nous apprenions tous les jours à mieux connaître les ruses et les complots de nos éternels adversaires, les papes et les rois.

Enfin, pour renverser et briser le trône de Louis-Philippe, il suffit d'une légère poussée de ce peuple tant dédaigné, tant méprisé par les monarchistes. J'imagine qu'au moment où ce roi se vit dans la nécessité de prendre un cabriolet de place pour gagner les rivages de l'Angleterre, son chagrin dut être cruel et poignant de n'avoir jamais voulu accorder la moindre confiance à ce peuple qui avait fait la révolution de 1830.

Son repentir ne dut pas être moins vif lorsqu'il apprit que la première pensée des ouvriers si méconnus, en entrant dans les Tuileries et dans les appartements royaux, avait été d'inscrire sur tous les murs ces mots qui indiquent bien la grandeur des sentiments et l'honorabilité de caractère de notre vieille race gauloise : « Mort aux voleurs ! »

L'histoire a dit, et celà avec justice, que jamais Paris n'avait été plus tranquille, ni mieux gardé que pendant les trois mois qui suivirent la révolution de 1848, par ceux que la royauté avait tant dédaignés et méprisés.

Et dire qu'aujourd'hui encore, à tant d'années de distance, nos libres institutions n'ont pas d'adversaires plus acharnés qu'un des petits-fils de Louis-Philippe, le comte de Paris. Le devoir des républicains est tout tracé, ils doivent opposer aux ambitions des royalistes, ces célèbres paroles si souvent répétées : « A l'éternité de vos prétentions monarchiques, nous vous opposerons l'éternité du châtiment. »

Origine des journaux fondés par des ouvriers et création d'une littérature populaire.

Un grand ministre anglais, Gladstone, a appelé notre siècle, le siècle des ouvriers. La transformation au moral et au physique qui s'est opérée depuis plus de cinquante ans dans la masse de ses concitoyens est bien de nature à confirmer l'opinion du célèbre homme d'État.

Ce mouvement d'une portée sociale si grande, nous avons été à même de nous en rendre compte, pendant les vingt années d'exil que nous avons vécu en Angleterre. Nous ajouterons que nous sommes fier de pouvoir dire que chaque heure de liberté dérobée à nos occupations quotidiennes, nous l'avons consacrée à étudier et à écrire l'histoire de nos voisins depuis ses plus lointaines origines jusqu'à nos jours.

En France, ce grand mouvement de progrès général n'est ni moins éclatant ni moins profond parmi nos concitoyens ; malheureusement l'indigne et infernale législation que la bourgeoisie a imposée à nos ouvriers, les a toujours privés de leurs libertés collectives. Ils ont été forcément réduits à une sorte de vasselage.

Ce n'est pas par de semblables moyens qu'on apprend à un peuple à se gouverner, pas plus qu'à développer son esprit d'indépendance et son initiative individuelle.

Aussi nos ouvriers n'ont pas à un degré égal à ceux de l'Anglerre les qualités qui leur sont nécessaires pour lutter avec ensemble, contre ceux qui les oppriment : les capitalistes et leurs maîtres. Il est réellement à déplorer que nos populations industrielles n'aient pas été dotées plus tôt de la loi sur les syndicats.

Cette loi leur laisse toute liberté d'établir entre tous les corps de métiers, un lien fédératif puissant. Cette importante mesure n'a pas échappé à l'esprit pratique de l'ouvrier anglais ; car, à la moindre controverse un peu sérieuse qui surgit entre ouvriers et patrons, on voit ceux-là se concerter ensemble et user de tous leurs moyens pour trancher le différend ; ils ont perdu l'habitude de s'adresser à tout citoyen étranger au métier pour recevoir des conseils qui ne sont pas toujours désintéressés.

On avait d'abord cru, ou on faisait semblant de croire, que les ouvriers, ainsi solidement organisés donneraient toujours droit à leurs camarades et tort aux patrons. Le contraire a lieu ; tous les jours, les comités des unionistes arrangent la plupart des affaires qui leur sont soumises, et les grèves sont devenues de plus en plus rares.

Si nous ne perdons pas de vue la pensée de M. Gladstone, nous sommes autorisés à dire que l'année 1840 marque une date des plus importantes dans l'histoire des classes ouvrières. On vit alors ce qui ne s'était jamais vu à aucune autre époque, un groupe d'ouvriers se réunissant pour fonder un journal, se disant que pour collaborer à leur œuvre, il fallait tenir l'outil, pendant le jour, et la plume, le soir. Alors, pendant dix ans, ils défendirent pied à pied les libertés de leur classe, et soumirent au gouvernement plusieurs projets de lois de nature à améliorer la condition de leurs camarades.

Après les efforts de ces journalistes, sortis de l'atelier, on vit surgir en 1848, un second groupe de travailleurs manuels qui surent inspirer à leurs camarades, assez de confiance pour que ces derniers les envoyassent siéger au Parlement pour défendre leurs droits et leurs libertés au milieu des grandes notabilités de notre pays. Arrivés sur ce grand théâtre nos prolétaires ne se contentèrent pas de marquer machinalement leur place au moyen du petit carré de papier qui sert de bulletin de vote. Ils la marquèrent aussi à la tribune, où tant d'érudits n'osèrent jamais s'aventurer.

La troisième république a imprimé à ce mouvement, un élan encore plus rapide par la création de ses écoles manuelles d'apprentissage, et, grâce à la multitude de ses écoles primaires nous aurons des ouvriers qui auront fait un apprentissage raisonné, scientifique, et qui seront bien supérieurs à ceux du temps passé.

Que tous les conseillers municipaux de France aient la même volonté et la même ardeur que celui de Bourganeuf, nous doublerons rapidement la valeur productive de l'ouvrier, et nous augmenterons par surcroît, la richesse nationale et tout naturellement le bien être des familles.

Voilà ce que nous annonce ce grand mouvement de travail raisonné et scientifique, vers lequel les republicains poussent la France. Si, disons-nous, nous nous inspirons bien de l'importance de cet enseignement, on aura autant de raisons pour appeler notre XIXe siècle, le siècle de la renaissance du travail, qu'on en a eu pour appeler le XVIe siècle celui de la renaissance des lettres et des arts.

La tâche qui incombe aujourd'hui aux vrais républicains et aux hommes de cœur sans distinction de parti nous paraît immense.

Comment oublier, en effet, que des millions de nos concitoyens sont privés par le fait d'une monstrueuse et inique répartition des fruits du travail, de presque tous les avantages résultant de notre grande et immense fortune nationale. Chose étrange ! nous allons chercher au loin des écoulements pour nos produits, et les trois quarts de notre population vit misérablement, manque de vêtements pour se couvrir et de linge pour les plus simples besoins de l'hygiène domestique. C'est une question qui embarrasse peu ceux qui croient pouvoir la résoudre par la violence. Je l'ai cru longtemps moi-même ; aujourd'hui, je mets toute ma confiance dans des moyens pacifiques et légaux.

Cependant, il faut avouer que nous perdons en France, tous les jours, quelques-unes des grandes qualités qu'avaient nos ancêtres et qui malheureusement sont bien de nature à ralentir ce grand mouvement d'émancipation de nos classes ouvrières.

On est réellement affligé de voir de nos jours, que des projets de lois importants pour prouver au peuple que les républicains sont bien sincèrement ses défenseurs et ses amis, restent pendant dix ou douze ans, à l'ordre du jour des deux Chambres, et que pendant ce laps de temps, ils font la navette du Palais-Bourbon au Luxembourg. Que dire de semblables procédés, sinon qu'ils annoncent la coupable indifférence de nos législateurs et l'oubli le plus essentiel de leurs devoirs comme mandataires de la nation.

En ce qui me concerne, je n'ai jamais pu comprendre l'utilité de deux Chambres sous la République, et je le comprends encore moins aujourd'hui qu'hier.

Comme contraste à ce mouvement qui accuse une si grande négligence de la part de nos députés et de nos sénateurs, nous donnerons ici une page prise dans l'*Histoire économique* de Blanqui, l'aîné, qui fait bien ressortir la supériorité et l'indomptable énergie de caractère des hommes de notre première Révolution. « Voilà ce qu'ils firent dans une nuit célèbre. Ils supprimèrent le droit d'aînesse, les substitutions, les majorats, les dîmes, les privilèges de tous genres.

« A l'ancien système de concentration des propriétés, ils firent succéder leur division extrême.

« Ils affranchirent le travail en abolissant les corporations. Ils supprimèrent les douanes intérieures, ils détruisirent les jurandes, et par là, ils accordèrent la liberté à l'ouvrier. »

Cette citation suffit à mon avis pour juger les deux

époques. On avouera que la comparaison n'est pas à l'avantage des républicains de nos jours.

Continuation de la Crise industrielle et belle conduite de l'Académie des sciences morales

Pendant que les classes laborieuses faisaient de si louables efforts pour s'instruire, pour se grandir à leurs yeux et aux yeux de la nation, la crise industrielle s'étendait comme une lèpre dans presque toutes nos grandes villes. Je me rappelle avoir vu à Paris, les ouvriers s'attrouper sur les quais autour des marchands de café et de pommes de terre. La figure pâle, à peine couverts de quelques misérables haillons, déjeunant là pour un sou ou deux, tous ces malheureux encombraient les bureaux de l'assistance publique.

Il en était de même des dépôts de mendicité et des prisons.

Pendant qu'il n'y eut que les organes de l'opposition pour élever la voix contre ce lamentable état de choses, la sécheresse de cœur et d'âme de Louis-Philippe et de ses ministres restait la même. Ils s'en remettaient au temps et à l'aide de Dieu pour mettre fin à cette lamentable et douloureuse crise. Aux Tuileries comme dans les ministères et même à la Chambre des députés, on faisait semblant de ne rien savoir, de ne rien entendre. Tous ces parias restaient dans un état d'abandon semblable à celui d'un moribond qui languit sur son grabat sans le moindre secours.

Mais si la France a eu souvent le malheur d'avoir des gouvernements indignes d'elle, notre nation n'en est pas moins une des plus grandes du monde, par les services qu'elle a rendus à l'humanité. C'est en France, en effet, que grâce aux hommes de génie que nous avons produits de génération en génération, que se sont développés les principes humanitaires contenus dans la déclaration des droits de l'homme.

Nous allons rappeler ici aux hommes de nos jours un très bel exemple que donna alors l'Académie des sciences morales, effrayée par cette lamentable crise qui menaçait d'affamer nos populations, car elle s'étendait peu à peu dans la plupart de nos villes industrielles. L'Académie prit l'initiative d'une grande enquête qui devait s'étendre dans toute la France, et en même temps elle s'engagea à accorder des prix d'honneur aux auteurs des meilleurs mémoires qui lui dévoileraient la réalité des faits qui avaient soulevé dans le public, de si vives alarmes.

En peu de temps vingt-cinq mémoires, tous inspirés par des idées de justice et d'humanité, lui parvinrent. Ceux de Blanqui l'aîné et de Villermé produisirent dans le pays un si pénible effet, que ceux qui n'ont pas été témoins de leur publication ne sauraient le croire. Écrits avec une grande impartialité et avec l'idée de dévoiler les souffrances et les misères du peuple, ils contenaient des faits navrants. Blanqui avoua que dans une ville manufacturière, il mourait de froid, de faim et de misère, vingt mille enfants sur vingt-un mille, avant l'âge de cinq ans.

Je me rappelle qu'ayant porté ce fait affreux à la tribune de l'Assemblée législative, dans la séance du

31 janvier 1851, un groupe d'interrupteurs vociféraient de leur place et poussaient des cris de paons. Le président de la Chambre eut des peines à me protéger. Le silence rétabli, je me contentai de leur dire : « Puisque vous murmurez, pourquoi aucun de vous n'a-t-il pas cherché à réfuter l'illustre économiste lorsqu'il a publié son rapport ? Vous me dites que ces chiffres sont exagérés, je n'en sais rien, je ne suis pas économiste, et je ne les ai pas contrôlés. »

« Nierez-vous encore, leur répétai-je, que nous avons en France, de dix-huit à vingt millions d'ouvriers dont les salaires sont insuffisants pour pouvoir subsister, eux et leur famille. » Continuant sur ce ton pendant près de deux heures, au milieu d'interruptions réitérées et violentes, je pus en me montrant tenace et résolu, tenir tête aux ennemis de la République.

J'ai eu aussi plusieurs fois l'occasion de rappeler dans les assemblées de la troisième république, la nature des services rendus à la France par l'intéressant rapport de Villermé, homme tout aussi dévoué que Blanqui, à l'amélioration du sort du peuple.

Ce philanthrope nous représente nos populations industrielles, croupissant sur de la paille pourrie dans de misérables grabats, manquant de linge, de feu et de pain. Tels furent les faits révélés au public par des esprits vigoureux et hardis qui surent si bien répondre aux bonnes et louables intentions de l'Académie des sciences morales comme aux intérêts du peuple et à ceux de la France.

Les écoles socialistes entrent en lutte

Tels étaient la situation du peuple et l'état des esprits quand les différentes écoles socialistes commencèrent leur lutte contre la forme actuelle du salariat. Leur programme de combat au point de vue des idées et de la ligne de conduite à suivre, différait sur bien des points ; mais toutes étaient d'avis de faire participer les travailleurs aux bénéfices de chaque entreprise.

Il y avait déjà plusieurs années que les Saint-Simoniens faisaient du bruit, mais leurs théories et leur propagande étaient au-dessus de notre savoir et de nos conceptions. Nous ne nous en préoccupions guère. J'ai appris depuis, comme tout le monde, qu'il y avait parmi eux des hommes éminents, versés dans toutes les branches du savoir humain, qui ont rendu de grands services à la France et à la République, soit comme publicistes, ingénieurs, économistes et financiers.

L'un d'eux, Buchez, qui a tout fait pour réhabiliter la mémoire de l'illustre Robespierre, doit être considéré comme le premier organisateur des associations ouvrières. Dès 1831 il se mit en rapport avec un groupe de menuisiers et ce ne fut pas de sa faute si cette association échoua. Buchez réussit beaucoup mieux auprès des bijoutiers en doré. Ces derniers s'organisèrent si bien à leur début que depuis cette époque (1831), ils ont toujours prospéré.

Après les Saint-Simoniens vinrent les Fouriéristes, hommes généralement animés d'excellentes intentions. Je ne parlerai pas de tous ceux que j'ai connus à Paris ni à Londres pendant mon exil. Cantagrel, Vauthier ont été pour moi de véritables amis, aussi dévoués à la république qu'ils étaient sincèrement socialistes.

Victor Considérant, que je n'ai connu qu'en 1849, avait fondé avant cette époque le journal *La démocratie pacifique.* Il n'attaqua pas d'abord directement la dynastie de Louis-Philippe ; aussi, malgré son talent, il n'était pas très populaire ; il soutenait que par des moyens légaux on pouvait obtenir de grandes réformes et améliorer la désolante condition du peuple. Considérant ne tarda pas à être désabusé. L'obstination du gouvernement qui se refusait à toute réforme sérieuse, lui montra vite qu'il faisait fausse route, aussi quelques années avant 1848, il se jeta à corps perdu dans le parti républicain.

Je me souviens que ce fut dans les bureaux de son journal que fut décidée la prise d'armes, qui le conduisit en compagnie de Ledru-Rollin et de plusieurs autres députés parmi lesquels je me trouvai, le 13 juin 1849, aux Arts et métiers. On sait qu'il s'agissait de combattre les ministres de Louis-Napoléon, qui envoyaient notre armée à Rome, à l'assaut de la république romaine.

Sachons gré aux Fouriéristes ; ils arrivaient de bonne foi à la république avec la louable intention de ne plus l'abandonner et disons que par leur loyauté et leur talent, ils devaient rendre à la démocratie radicale et aux classes ouvrières de véritables services.

Nous avons dit qu'en 1840, un groupe d'ouvriers prirent la plume pour soutenir eux-mêmes les réclamations de notre classe, en même temps que nos libertés.

Nous citerons ici les noms de ces rédacteurs les plus connus, en ayant soin de faire remarquer que ces ouvriers de la première heure sont toujours restés fidèles à la république et aux idées socialistes : c'est d'abord le sculpteur Corbon que nous verrons arriver en 1848 à la Chambre et devenir vice-président de cette assemblée.

Plus tard il devint sénateur, et il est mort questeur au Sénat.

Homme modeste, bon camarade, Corbon avait de belles qualités, il aimait surtout s'effacer pour encourager les ouvriers qui s'essayaient au maniement de la plume ; mais il était dédaigneux et très raide pour les vantars et les faiseurs d'embarras, qui parlaient sur toutes les questions sans en approfondir aucune.

Corbon appartenait à cette nuance du parti socialiste qu'on appelait les néo-catholiques qui ne furent pas très populaires pendant plusieurs années. Mais après la révolution de 1848, surtout sous l'empire il devint un libre-penseur, nous ne faisons que toucher à la biographie de notre ami. Nous nous contenterons de dire que pendant la durée du régime impérial, il reprit ses outils, et comme il n'était comme sculpteur, sous la direction d'aucun entrepreneur, il les posait de temps en temps pour nous donner un bon livre sur les écoles manuelles d'apprentissage, puis un second volume : le *Secret du peuple de Paris*. Il n'était pas satisfait de ce livre qu'il n'eut pas le temps de retoucher ; nous n'en dirons pas moins que ceux qui le consulteront ne perdront pas leur temps.

Corbon a honoré le peuple, et fidèlement servi la République.

Un autre rédacteur très connu était Agricole Perdiguier.

Nous n'avons que des éloges à adresser à Agricole Perdiguier que nous avons beaucoup connu.

A part ses articles dans le journal l'*Atelier*, cet homme réellement laborieux faisait chaque soir un cours de dessin et de coupe de pierres aux ouvriers désireux de s'instruire. Ils furent grands, immenses, les services que notre camarade avignonnais Lavertu, rendit à notre classe : ses livres sur le compagnonnage ont immortalisé son nom et lui valurent les éloges de la plupart de nos grands écrivains. Il inspira à Georges Sand, son roman sur le compagnonnage ; Châteaubriant demanda à le voir. Réfugié à Bruxelles, en même temps que moi, à la suite de notre exil en 1852, il me fit plusieurs fois le récit de la conversation qu'il eut avec le célèbre écrivain, qui fut heureux d'entendre un ouvrier qui ne lui parlait que de ce qu'il avait vu et de ce qu'il savait bien.

Après que Perdiguier eût traité ce sujet, d'autres compagnons l'imitèrent, et peu à peu on vit diminuer, puis disparaître ces combats sanglants et meurtriers qui avaient lieu entre ouvriers et ouvriers dans les villes et sur les routes, quand ils se rencontraient.

Toujours désireux de se consacrer à l'instruction du peuple, Agricole Perdiguier se mit à composer un abrégé de l'histoire de la Grèce et de Rome. Il lui semblait que les connaissances du peuple étaient trop limitées, qu'il fallait les étendre, les vulgariser, si on ne voulait pas le voir tomber sous la direction de certains intrigants, toujours prêts à le flatter, à le tromper, à le trahir au gré de leurs intérêts, de la perversité de leur ambition ou de la bassesse de leur caractère. Agricole Perdiguier fit partie, sous la République, de l'Assemblée Constituante et de l'Assemblée Législative. Pour avoir fait son devoir de bon républicain, le misérable Louis Bonaparte le força à s'exiler à Bruxelles. Nous habitions la même maison, nous nous réunissions pour prendre nos repas en commun. Plus homme de ménage que moi qui avais toujours vécu dans les gargotes, Perdiguier habitué à la vie de famille savait préparer à très bon compte nos repas. Cette vie en commun, dura jusqu'au jour où ce gredin de Bonaparte, sorte d'empereur de guet-apens et de meurtre me chassa de Bruxelles pour m'envoyer à Anvers.

Le vieux menuisier vit disparaître sur la terre étrangère les quelques faibles économies qu'il avait faites en élevant sa famille et comme plus d'un de ses livres lui occasionna plus de perte que de profit il en résulta que notre ami mourut à Paris très pauvre.

Ce sera un des bons souvenirs de ma vie d'avoir pu faire obtenir à sa veuve, le kiosque qui se trouve à l'angle du pont Royal, en face du jardin des Tuileries ; c'est là que la digne veuve se rend chaque matin avec une de ses filles pour gagner son pain. Contente de cet emploi, chaque fois que je passais dans ce quartier, Mme Perdiguier ne se plaignait jamais ; elle paraissait heureuse de ne devoir rien à personne qu'à son travail.

De tous les ouvriers fondateurs du journal l'*Atelier*, qu'un caprice du suffrage universel devait plus tard arracher de leurs ateliers pour en faire des représentants du peuple, le serrurier Giland, comme écrivain, est certainement le plus remarquable au dire de George Sand et de plusieurs autres grands maîtres de notre langue.

Giland lui même nous fit connaître l'origine de sa famille et les premières difficultés de son existence. Il était né en 1815 à St-Autel (Seine-et-Marne), d'un père, gardeur de troupeau et d'une mère, domestique de ferme. Dès que l'enfant eût atteint l'âge de cinq ou six ans, on lui mit dans les mains la houlette de berger, et il fit ce métier jusqu'à l'âge de douze ans, époque où on le plaça chez un serrurier comme apprenti. Il y avait alors dans cette localité un ouvrier tisserand, du nom de Magu, qui s'amusait à faire des vers, dont quelques-uns furent imprimés et louangés par les connaisseurs. Il connut le jeune apprenti serrurier qui lui parut si déluré et tellement supérieur aux autres enfants de son âge, qu'on décida le maître d'apprentisage à lui accorder quelques heures pour l'envoyer à l'école, où son intelligence naturelle ne tarda pas à le placer à la tête de toutes les classes.

Comme le journal l'*Atelier* avait inséré des vers du poète tisserand, ce fut Magu qui présenta Giland à Corbon, en lui faisant le plus bel éloge de son caractère et de son intelligence ; il devait lui donner plus tard sa fille en mariage. On convint donc qu'on accepterait des articles du jeune serrurier dans le journal. Corbon et ses collaborateurs furent si satisfaits des articles de début de Giland qu'il resta attaché à la rédaction du journal jusqu'en 1848, époque où il cessa de paraître. Sa réputation d'écrivain et de républicain, s'était répandue dans son département de Seine-et-Marne qui le nomma un de ses représentants à l'Assemblée législative de 1849.

De bons et excellents rapports s'établirent rapidement entre le représentant du peuple de Seine-et-Marne et celui de la Creuse ; Giland me dit un jour : « Les serruriers et les maçons ont l'habitude de travailler ensemble, j'espère que nous ne ferons pas autrement dans notre nouveau chantier. » Nous ne tardâmes pas à devenir deux bons et intimes amis. Il était nécessaire, en effet, pour l'accomplissement de nos devoirs que nous marchions en quelque sorte la main dans la main.

Giland, très faible de constitution, s'était déjà épuisé par un travail de jour et de nuit, qui, me disait-il, durait depuis plus de dix ans. Pour composer ses articles qu'il n'écrivait pas de premier jet, il passait souvent ses nuits entières, soit pour les rédiger ou pour les recopier. Doué de beaucoup d'amour-propre, il s'efforçait d'atteindre à la beauté et à l'élégance du style.

Ce genre de talent me manquait complètement. D'un autre côté, je faisais assez bonne figure pour un débutant à la tribune. Aussi, chaque fois que je parlais, mon digne camarade venait m'aider à corriger mes épreuves. Il faisait mieux, il m'avait fait promettre de ne jamais envoyer une lettre un peu importante, sans la lui communiquer, tant il avait peur que je fisse des fautes d'orthographe et plus encore des fautes de langue, et que les journaux réactionnaires s'en emparent pour chercher à me tourner en ridicule et amuser leur clientèle à mes dépens.

Giland devait bientôt avoir à soutenir un procès de presse. Il avait appelé l'attention du gouvernement en termes vifs et amers sur le sort des enfants qu'on abandonnait dans les rues. Dans cette circonstance, le procureur de la république, cherchant à l'humilier devant les jurés, lui reprocha d'avoir emprunté la plume de Georges Sand, pour écrire ses articles incendiaires. Giland s'en défendit par un sourire de mépris et un haussement d'épaules, qui durent humilier l'arrogant magistrat.

Nous n'ajouterons plus qu'un nom à cette liste des rédacteurs de l'*Atelier*, c'est celui du typographe Henri Leneveu que nous avons connu au conseil municipal de Paris, homme ferme et de beaucoup de caractère et qui n'a jamais cessé de bien servir la république.

Notre cher et digne ami Giland mourut vers les premières années de l'Empire, au moment où il allait attaquer dans une brochure spirituelle et hardie, l'assassin de la République et le bourreau de nos libertés.

Nous nous faisons un devoir de donner ici le programme des fondateurs du journal l'*Atelier* ; on verra la pensée qui prévalait alors dans l'esprit des premiers ouvriers qui prirent la plume pour défendre notre classe, à une époque déjà éloignée de nous de plus de cinquante ans :

« Nous sommes les premiers dans la classe ou« vrière qui venons user d'un droit acquis à tous les « Français. Nous ne nous dissimulons pas qu'en « prenant le parti de la publicité, nous entreprenons « une tâche grande et difficile ; mais nous avons à « prouver à notre pays que nous sommes dignes de « lui ; que nous n'ignorons pas la valeur des ques« tions politiques ; que nous ne sommes étrangers à « rien de ce qui l'occupe, en un mot que nous som« mes de son sang et que nous vivons de son esprit. »

L'élan est donné ; l'évolution commencée va se continuer ; d'autres ouvriers vont s'efforcer de ne pas laisser ralentir le mouvement de notre siècle. Comme on reprochait à l'*Atelier* de ne représenter que la nuance des républicains connus sous le nom de néo-catholiques, et qu'on disait par trop attachés à notre église, un autre groupe d'ouvriers s'inspirant de la pensée de Babeuf, de Charles Teste et d'un avocat, Richard de Lahautlière, fondèrent le journal *La Fraternité*. J'ai bien connu trois de ses rédacteurs, le cordonnier Savary, Charrasin et Benoît, du Rhône, qui devaient être plus tard mes collègues à l'Assemblée législative. Ce journal traitait les questions sociales à un point de vue si élevé qu'il n'y avait que les ouvriers les plus instruits qui le lisaient.

Voici un court abrégé de son programme qui était complètement communiste : « Nous nous garderons « bien de fixer un terme à la réalisation de nos idées. « Ce que nous désirons, c'est que le peuple ait une « foi qui lui rende son activité et lui maintienne « le don de la persévérance aux jours d'épreuve, une « doctrine qui remplace enfin à son avantage les « théories insuffisantes de la politique pure, c'est que « cette doctrine soit pour lui pendant les années de « la transition, une pierre de touche à l'aide de « laquelle il appréciera infailliblement les institutions « anciennes et nouvelles. Quelle que soit ensuite « l'époque du triomphe du bien sur le mal, peu im- « porte, le bien étant connu, c'est un devoir de tra- « vailler à l'atteindre, dût-on perdre l'espérance de le « toucher soi-même. »

Un troisième groupe d'ouvriers, non moins dévoués que les deux premiers mais beaucoup plus nombreux reconnaissait pour chef, l'ancien député de la Côte-d'Or, Cabet. Ce dernier était un homme d'un dévouement rare, et d'une énergie de caractère plus rare encore ; dès 1832, époque de la publication de son premier journal, *Le Populaire*, Luquet, Durand et moi, nous nous étions attachés à lui ; mais comme il avait été condamné à deux ans de prison pour avoir osé dire à un ministre qui attaquait la république, que la république était dans la Chambre, et qu'en même temps il blâmait la lâcheté du roi qui s'était refusé de marcher au secours de la Pologne, Cabet avait préféré s'expatrier en Angleterre, pendant cinq ans, que de rester enfermé sous les verroux.

Apprenant son retour en 1839, Luquet, Durand et moi, nous allâmes le voir rue St-Benoit, pour lui témoigner notre satisfaction de le revoir parmi nous. Il nous accueillit d'une manière si courtoise, bien que nous fussions vêtus en blouses, qu'à partir de cette époque jusqu'en 1848, je m'attachai fortement à ce digne défenseur du peuple. Je manquai rarement d'assister aux réunions qui se tenaient chaque dimanche dans son salon de la rue Jean-Jacques Rousseau. Par la suite, sa confiance en moi alla si loin que lors de son second voyage pour l'Icarie, il me confia sa femme et sa fille. Grâce à Carnot, le père du président de la République, au banquier Goudchaux, à Guinard, à Barbès et Louis Blanc, la souscription qui fut ouverte, produisit une rente de huit cents francs, somme qui suffit à sa respectable veuve et à sa fille pour leur procurer assez d'aisance, avec les dons de quelques amis, et les mettre à l'abri de la misère jusqu'à la fin de leurs jours.

Cabet, vers 1842, voyant revenir à lui les sympathies des ouvriers, songea à rendre *Le Populaire* quotidien. A cet effet, un dimanche matin, il nous convoqua chez lui, rue Jean-Jacques Rousseau. En entrant dans le salon, nous étions là, debout, attendant ses ordres. Il tenait encore à la main, la serviette et le rasoir dont il venait de se servir. Il nous donna à chacun une forte poignée de main, puis il nous parut ému de joie en nous voyant convenablement vêtus, l'air sérieux : « Ah ! messieurs, dit-il, si vos adversaires vous connaissaient, vous désarmeriez leur critique ; votre tenue, votre maintien sont ceux des gens les mieux élevés. »

Jamais je ne l'avais vu aussi souriant ; sa belle figure toujours grave, douce et fine était ravissante de contentement. Il ajouta : « Je vous ai convoqués pour que vous alliez déterminer : Louis Blanc, Proudhon, Pierre Leroux, Eugène Süe et madame Georges Sand, à prendre des actions à notre journal. Je m'en rapporte sur ce point à votre tact, à votre prudence, pour combattre les objections qui pourront vous être faites. »

Il y avait dans cette commission des bronziers, des boulangers, des bijoutiers, un charpentier, un tailleur de pierre et un maçon.

Nous nous rendîmes d'abord chez Louis Blanc, qui demeurait rue Taitbout, qui nous reçut avec la plus franche cordialité. Favard, qui devait être plus tard le gendre de Cabet, superbe garçon, qui, à force d'études était devenu très fort dans toutes les questions sociales, porta la parole au nom de la commission. Lorsqu'il fut question d'une action à prendre pour que *Le Populaire* devînt quotidien, Louis Blanc répondit qu'il était heureux d'associer ses efforts aux nôtres, et qu'il irait voir Cabet. Puis, il nous interrogea sur les dispositions des ouvriers ; on lui dit, ce qui était vrai, qu'il jouissait parmi nous d'une très grande popularité et que sa brochure relative à l'organisation du travail, avait déterminé un grand courant socialiste.

En prenant congé de lui, il nous fit promettre de le retourner voir et il ajouta : « Je voudrais entendre plus souvent des conversations comme celle que nous venons d'avoir ensemble. Ce serait pour nous, hommes de lettres et de salon, qui avons si souvent à prendre votre défense d'une bien grande importance. »

J'y retournai en effet ; à partir de ce jour jusqu'à sa mort, l'illustre historien m'a toujours honoré de sa confiance et de son amitié.

Nous nous rendîmes ensuite chez Proudhon, qui habitait alors rue Mazarine, dans une petite chambre assez obscure, n'ayant jour que par une croisée donnant sur une cour étroite du rez-de-chaussée.

Dès que Favard lui eût fait connaître l'objet de notre visite, il commença par nous dire beaucoup de bien de Cabet qu'il considérait comme un très honnête homme. Puis, soudainement, quand il fut question des actions du *Populaire* il leva la main vers une planche sur laquelle il y avait de volumineux dossiers symétriquement rangés et étiquetés. Il nous dit : « Messieurs, ces documents sont destinés à vous combattre. » Sur ce mot nous n'avions plus qu'à nous retirer, mais il entama aussitôt une conversation générale et elle dura un bon moment. Il voulut savoir qui nous étions et à quel métier nous appartenions ; puis, il nous parla de sa famille, du mérite de son père qu'il nous représenta comme un dur à cuire dans sa profession.

Proudhon, par son maintien, sa grosse figure un peu bouffie, avait l'air d'un de ces paysans bons enfants qui reviennent joyeux du marché quand ils ont fait bonne vente.

Je devais avoir l'occasion de voir bien des fois, le célèbre écrivain, surtout à Sainte-Pélagie, après le coup d'État, lors que j'allais lui aider à allumer son poêle dans sa chambre.

Nous vîmes ce même jour, Pierre Leroux, qui habitait au boulevard Montparnasse. Ami intime de Cabet, à peine lui eût-on fait part de l'objet de notre visite qu'il prit de ses deux mains celles de Favard, et nous assura de tout son concours le plus dévoué et le plus absolu.

Jamais encore, homme n'avait produit sur mon esprit, un effet aussi étonnant. A la vue de cette tête noire recouverte d'une chevelure sans pareille, et de cet air souriant, nous fûmes tous agréablement surpris. Quand, dans le cours de la conversation, Leroux commença à secouer son immense crinière, épaisse et frisée, et que sa parole abondante donna de l'animation à ses deux grands yeux pétillants d'intelligence, nous restâmes saisis d'étonnement. J'avoue cependant qu'à ce moment, je compris moins Pierre Leroux que je devais le comprendre à Londres, quand après le coup d'État, nous y eûmes formé le groupe socialiste en collaboration avec Cabet, Le Blanc, Talandier et une foule d'autres proscrits ; nous avions tant d'agrément à écouter cet homme qui était, au dire des érudits un puits de science, que nous aurions passé les nuits à l'entendre.

Madame Georges Sand nous avait attendu longtemps ; mais, lasse d'attendre, elle sortit de chez elle et nous fit dire d'y retourner le lendemain ; c'est ce que firent mes amis, mais mes occupations ne me permirent pas de les accompagner, pas plus que chez Eugène Suë.

Le soir, en allant rendre compte des résultats de nos démarches, le grand salon de la rue Jean-Jacques Rousseau était bondé de monde, et ce fut encore Favard qui porta la parole, il s'en acquitta avec un talent que chacun de nous lui connaissait.

En ce qui me concerne personnellement, ces conversations élevées, sérieuses, jointes au frottement de gens plus instruits que moi, transformaient mes habitudes gauches et mon esprit privé de toute culture. Je m'essayais à prendre la parole. Les occasions ne manquaient point ; tout en enseignant chaque soir mes jeunes concitoyens de la Creuse, je me lançais dans des considérations républicaines qui ne m'ennuyaient pas plus qu'eux-mêmes. Sans crainte de parler bien ou mal, j'allais toujours mon train avec l'assurance d'un homme qui ne craignait pas d'être contredit ou réfuté par mes auditeurs. Le lendemain, je revenais à la charge, toujours avec des applaudissements réitérés.

Ce que je recherchais, c'était de m'instruire et de faire du mal au gouvernement de Louis-Philippe que nous considérions comme l'auteur principal de nos hontes nationales et de notre misère comme travailleurs.

Mais ce que nous tenons à bien faire ressortir c'est qu'à côté des ouvriers qui avaient fondé les journaux l'*Atelier*, la *Fraternité*, le *Populaire*, l'*Humanitaire*, d'autres publiaient des brochures qui attiraient l'attention publique sur notre classe.

Hégésippe Moreau flétrissait dans ses vers, la cupidité du gouvernement et des hautes classes. Il est vrai qu'il devait mourir à l'hôpital où grâce à l'intervention de Félix Pyat, son corps échappa à la lancette des carabins.

Juste retour des choses, assez frappant, assez encourageant pour que les hommes de talent qui pullulent au sein des ateliers ne se découragent pas : J'apprends, au moment où j'écris ces lignes, que la société des typographes à laquelle appartenait Hégésippe Moreau se propose de lui élever un monument.

Un autre ouvrier, un véritable ouvrier, Charles Noirot publiait des brochures. Nous extrayons d'une d'elles, le passage suivant :

« Travaillez, nous dit-on, restez dans vos ateliers,
« la politique ne vous regarde pas ; vous n'avez pas
« le temps de vous en occuper, laissez à ceux qui ont
« des loisirs le soin de faire les affaires du pays.

« Puissants du jour, vous qui tenez ce langage,
« dirigés par votre intérêt, nous travaillons seize
« heures par jour et nous mourons de faim ; trouvez-
« vous que nous ayons tort de vouloir chercher le
« remède à ces misères. Nous savons qu'en restant,
« perpétuellement dans nos ateliers, muets comme
« des carpes, vous êtes plus à l'aise pour faire ce qui
« ne profite qu'à vous. »

Un troisième prolétaire, Boyer, qui avait contribué à la rédaction de la pétition de la réforme électorale, avait demandé la création des invalides civils pour les ouvriers de l'industrie. Il avait demandé en outre la création des tribunaux des prud'hommes et l'abolition du livret qui ne devait aboutir que cinquante ans plus tard.

Un livre de Boyer, traitant de différents sujets relatifs aux questions économiques et sociales, reçut l'approbation des principaux libéraux du temps.

Ce malheureux et digne citoyen fit des dettes pour la publication de son livre. Dans un moment d'ennui, de trouble, et surtout voyant la misère qui accablait sa femme et ses trois enfants, il se donna volontairement la mort. Nul de ses nombreux amis n'en fut informé, et son corps fut porté dans la fosse commune.

Deux autres ouvriers, le tisserand Magu et Charles Poncy, le maçon de Toulon, faisaient honneur à notre classe. Poncy étant venu à Paris, j'allai le voir rue Rambutaud. Je fis de mon mieux pour le mettre au courant de la situation des ouvriers du bâtiment de Paris.

Si on suit avec soin, le mouvement démocratique républicain qui s'opéra dans l'esprit du peuple, de 1840 à 1848, on verra que cette époque n'est pas une des moins glorieuses de notre histoire. En effet, tous les grands esprits du temps s'étaient épris d'un amour sincère pour le peuple, Louis Blanc venait de publier son beau livre sur l'organisation du travail. Par son style sobre et élégant, ce dernier avait trouvé moyen de se faire lire par tous ceux qui étaient lancés dans ce grand mouvement d'opposition républicaine.

Michelet aussi ne voulut pas se contenter de donner à la France une histoire nationale qui faisait descendre nos rois du piédestal où des écrivains complaisants et serviles les avaient hissés, il voulut contribuer plus directement à l'œuvre d'émancipation intellectuelle de la grande masse de ses concitoyens : il publia alors à leur usage un livre, *le Peuple*, manuel d'érudition où la pensée de l'auteur pénètre facilement celle du lecteur.

La réputation de Prudhon était naissante ; il avait donné à un de ses livres ce titre étonnant de hardiesse : « *La propriété, c'est le vol.* » Il n'en fallut pas davantage pour ameuter contre lui, la plupart des journaux et pour en amener d'autres à le glorifier ; car, on connaît en France, la puissance des mots sur l'opinion publique. Ce grand démolisseur devint très populaire ; il contribua beaucoup au développement des questions sociales à une époque où elles étaient peu connues.

Pierre Leroux, établi comme imprimeur, ne s'endormait pas ; il nous adressait régulièrement de Boussac (Creuse) sa *Revue sociale*, où il traitait avec son immense érudition de tous les problèmes sociaux qui avaient agité les anciennes sociétés, aussi bien que les nouvelles, et qui rendait de véritables services à ceux qui la lisaient attentivement. Mais dès que cet enfant du peuple eût attaqué dans son livre, *Réfutation de l'Eclectisme*, la nouvelle école royaliste de M. Cousin, on organisa un grand silence autour de lui, surtout dès qu'il eut démontré que ces prétendus savants n'étaient que des rhéteurs arrogants envers le peuple et serviles devant les pouvoirs établis.

Néanmoins, Pierre Leroux avait contribué pour une bonne part à préparer cette vaillante génération de 1848, qui emporta, espérons-le, le dernier de nos rois pour toujours.

Retour au chantier de la Mairie du Panthéon

Nous étions au mois de mai 1847, lorsque je quittai les bâtiments du numéro 42 de la rue de Grenelle-St-Germain, pour reprendre les travaux interrompus de la mairie du Panthéon. Ce que l'on m'avait prédit n'était pas arrivé ; malgré tout, je m'étais assez bien entendu avec le propriétaire, M. Bernard, connu pour être un homme vif, violent et même brutal avec ses maîtres compagnons et qui ne trouvait jamais que l'on menait les ouvriers assez durement. La scène que nous eûmes ensemble, le deuxième jour de mon arrivée chez lui, lui prouva-t-elle que je tenais à être commandé d'une manière convenable ? Toujours est-il que nous devînmes deux bons amis.

En lui annonçant que j'allais le quitter pour retourner à mon ancien chantier, il ne me montra aucun mécontentement, et il ajouta : « Vous m'aviez averti. » Il me demanda un homme de confiance pour me remplacer. Je lui donnai Paupy, un très crâne maçon. Nous nous assîmes sur un bout de bois, puis il chercha dans son portefeuille et me donna deux billets de banque de cent francs chacun, et il reprit : « Je vous ai dit que ces bâtiments étaient les derniers que je voulais faire, et que je vous donnerais tous mes échafauds. Soyez sûr que je vous tiendrai parole. » Mais un peu plus d'un an après, mon excellent patron devait apprendre que j'avais été nommé représentant du peuple. Il me fit demander chez lui, rue de Clichy ; je le trouvai au lit et souffrant ; il me complimenta beaucoup, mais depuis il ne fut plus question de me faire cadeau de ses échafauds.

Je retournai ensuite au chantier de la mairie du Panthéon. Nous avions laissé cette construction, à fleur de sol.

L'architecte ordonna au patron de mener rapidement les travaux et celui-ci à son tour fit la même recommandation à l'appareilleur et au maître compagnon.

Comme l'un et l'autre nous étions très attachés aux intérêts de l'entrepreneur qui était un jeune homme convenable, généreux et bon enfant, nous travaillions aussi fort pour lui que nous aurions pu travailler pour nous-mêmes.

Les matins de bonne heure, les soirs jusqu'à la nuit, nous étions à notre poste, surtout quand il fallait dérober à la vue des inspecteurs, quelques pierres de nature inférieure, ou qui avaient déjà été refusées.

Aspect de la place du Panthéon

Il y avait alors une grande animation sur la place du Panthéon ; c'était au temps où l'on attaquait avec le plus de vigueur et d'acharnement le ministère Guizot-Duchâtel. On aurait dit en mettant les pieds sur cette place qu'elle était devenue un lieu de réunion tumultueux, tant la police préoccupait les esprits. A une certaine heure du jour, les étudiants de l'école de droit, les professeurs de nos lycées péroraient à haute voix et faisaient des gestes animés qui étaient loin d'annoncer le calme de leur esprit. La police cherchait bien à disperser ces groupes, mais si elle les pourchassait à un endroit, ils se formaient sur un autre. Puis souvent elle devenait honteuse du rôle qu'on lui faisait jouer ; elle abandonnait la place à cette vaillante et patriotique jeunesse qui poussait ardemment à la chute du ministère et de la dynastie.

Notre patron qui était passablement réactionnaire surprenait à chaque instant les compagnons et les garçons flânant pour suivre des yeux, les bousculades de la police, et il nous disait : « On ne va donc pas taper dans le tas, et nous débarrasser à coups de fusils de tous ces flâneurs. »

Cette agitation, au lieu de diminuer augmentait tous les jours. On sait que c'est le banquet du XIIe arrondissement, après ceux de Dijon, de Marseille, de Limoges, qui amena l'effondrement de la dynastie de Louis-Philippe.

Maladroit à un degré dont rien n'approche, le ministre Duchatel voulut un jour faire le crâne à la Chambre des députés. Répondant à un député qui disait à la Tribune que le banquet du XIIe arrondissement aurait lieu, que le gouvernement le voulût ou ne le voulût pas, le ministre l'interrompit pour dire : « Le gouvernement ne cédera pas. » Aussitôt cent députés lui répondirent : « Nous ne céderons pas non plus. »

Voilà donc le conflit engagé et qui pouvait d'une heure à l'autre déchaîner une révolution.

Un jour que je prenais beaucoup de peine avec cinq ou six de mes limousinants pour planter de grandes échasses sur les trois façades du bâtiment en construction ainsi que les sapines servant à monter les pierres sur toute la hauteur du bâtiment, je vis les troupes de ligne envahir la place, d'un côté, et la garde nationale de l'autre. Naturellement notre surprise fut grande. N'ayant pas reçu l'ordre de s'arrêter, les ouvriers se trouvèrent en quelque sorte barricadés dans l'intérieur du bâtiment. Nous restâmes dans cet état d'inquiétude jusque vers deux heures du soir. A ce moment, je vis le colonel de la garde nationale, Ladvocat, entouré de tout son état major, paraissant agité et ému. Il venait de recevoir l'ordre de l'abdication du roi. Au même instant, l'officier qui se trouvait devant la porte du chantier et qui m'avait vu allant et venant m'arrêta pour me demander où se trouvait la caserne de la rue Mouffetard ; je l'y conduisis. En arrivant, j'aperçus les soldats qui, des croisées de leur caserne, tendaient leurs fusils à la foule qui poussait des cris étourdissants de : « Vive la ligne ! »

Cela fait, je revins sur la place du Panthéon.

Le plus proche voisin de mon chantier était un colonel en retraite du nom de Denisset, homme énergique et d'un tempérament révolutionnaire. Je ne sus jamais s'il était légitimiste ou bonapartiste, toujours est-il qu'il se mit à la tête d'un groupe, et nous fûmes au nombre de trois ou quatre cents nous emparer de la mairie du XIIe arrondissement qui se trouvait en haut de la rue St-Jacques. Il n'y eut pas grand mérite de notre part ; on trouvait alors toutes les portes ouvertes.

Envahissement des Tuileries

Pendant notre absence, un autre groupe s'était formé, mais celui-là n'avait pas eu besoin de meneur pour l'organiser ; ce fut bientôt une foule de plus de cent mille hommes sortant de toutes les rues adjacentes à la place du Panthéon, de la place Maubert, et de l'Estrapade.

Soudain, un cri formidable se fit entendre au milieu de cet océan de monde qui, comme une marée montante grossissait toujours : « Aux Tuileries, aux Tuileries ! » La foule se mit en branle ; on descendit la place de l'Odéon et la rue Dauphine, et on déboucha au Pont-Neuf, puis on arriva sur la place du Carrousel. Alors il y eut de terribles poussées ; c'était à qui entrerait le premier dans les appartements royaux. En montant dans le grand escalier, nous étions serrés les uns près des autres jusqu'à perdre haleine. Les bousculades continuaient toujours ; on ne marchait plus, on s'étouffait en avançant ; on défila cependant au milieu d'un calme relatif d'un appartement à l'autre. Le seul cri qu'on entendait bien distinctement était celui-ci : « Ne touchez à rien, mort aux voleurs ! » Puis, redescendus dans la cour du Carrousel nous entendîmes cet autre cri : « A l'Hôtel de-Ville ! Courons-y, Raspail s'y trouve et on parle déjà de nous escamoter la République au profit de la régence de la duchesse d'Orléans. »

Alors un autre noyau s'organisa et nous partîmes au nombre de cinq ou six cents bien décidés à seconder les efforts de ceux qui voulaient la république.

La place de l'Hôtel-de-Ville était déjà noire de

monde. Pour arriver au pied du grand escalier qui nous conduisait dans la salle des délibérations de la municipalité de Paris, où étaient déjà réunis les députés qui devaient faire partie du gouvernement provisoire, de nouvelles poussées tout aussi violentes et tout aussi étouffantes que celles que nous avions déjà subies nous attendaient. Cependant malgré tous mes efforts il fallut s'arrêter dans la salle voisine de celle où la population acclamait les noms de ceux des députés qu'elle désignait pour faire partie du gouvernement. Un seul député, l'avocat Marie, se trouvait parmi nous, pressé dans un coin de cette salle et monté sur une chaise. Sa nomination fut vivement attaquée par une portion de cette foule, pendant que l'autre partie le défendait et l'acclamait avec la même énergie. Je fus ce jour-là un de ses plus acharnés défenseurs. Me trouvant devant la chaise, sur laquelle il était monté, je criais à pleins poumons : « Vive Marie ! »

D'où venaient ma confiance et mon attachement pour ce républicain pâle qui devait être l'organisateur des ateliers nationaux et le membre le plus réactionnaire de tous ses collègues ?

C'est que je savais que dans deux circonstances différentes, Marie avait comme avocat, défendu Cabet, dans des procès iniques que le gouvernement lui avait intentés. Voilà d'où lui venait ma reconnaissance. A ce propos, je retrouvai trente ans après à la Chambre des députés, un sténographe qui me rappela cette émouvante journée, et il ajouta, ce qui était vrai, qu'il avait pris mon nom pour le faire paraître au *Moniteur*. Nous eûmes du plaisir l'un et l'autre de nous entretenir des différentes épisodes d'une journée d'un caractère semblable et dont les conséquences eurent pour effet de rompre notre vieille tradition monarchique et de la remplacer par une république s'appuyant sur le suffrage universel. Mais telle est la destinée des peuples qui ont poussé l'aveuglement jusqu'à rester inféodés à la papauté ; ils ne font que tourner sur eux-mêmes sans avancer jamais. Un demi-siècle après cette glorieuse époque de 1848, un des petits-fils de Louis-Philippe qui a eu l'audace de déchirer le testament libéral de son père et l'audace aussi de revendiquer sa part dans les infamies du boulangisme, cherche de nouveau à nous ramener vers ce passé honteux.

Ceux qui, aujourd'hui, accordent leur confiance au comte de Paris, se préparent à jouer un vilain tour à la France ; sans être prophète, on peut prédire qu'ils poussent notre pays vers d'interminables révolutions dont nul au monde ne peut prévoir la fin ni les résultats.

Par la proclamation de la république, le rêve de ma jeunesse étant réalisé, je retournai à mon chantier, me contentant de suivre des yeux les efforts du gouvernement provisoire.

Élections générales, — Assemblée Constituante

C'était pour la première fois que les hommes de notre génération étaient appelés à faire usage de leurs droits d'hommes libres ; mais chacun se demandait avec une poignante anxiété, quel allait être pour la France, le résultat du suffrage universel.

La république sortira-t-elle triomphante de cette

grande consultation nationale, ou la monarchie sera-t-elle réinstallée avec de plus grands privilèges encore ? Voilà ce qui préoccupait surtout le parti républicain.

Tout historien impartial et sincère, qui prendra la peine d'étudier le mouvement des esprits qui eut lieu en France, pendant les huit dernières années du règne de Louis-Philippe, sera frappé de ce fait : il verra un gouvernement arrivé au pouvoir en faisant au peuple de pompeuses promesses, de nature même à faire douter les hommes sérieux de sa sincérité et de son honorabilité.

C'est le peuple, commença par dire Dupin, aîné, le lendemain des immortelles journées de 1830, qui a tout fait, c'est lui qui nous a débarrassés d'un gouvernement hypocrite, menteur et faussaire, qui s'efforçait peu à peu de saper nos libertés et de nous ramener à la monarchie du droit divin, qui avait succombé on le sait assez, sous les coups réitérés des vaillants révolutionnaires de 1792.

Jamais la parole donnée à un peuple n'avait été aussi effrontément violée, jamais tant de mensonges n'étaient sortis de la bouche d'hommes placés plus haut, ni d'une instruction aussi complète.

Pour n'avoir pas compris le rôle d'une monarchie aristocratique, même comme celle de l'Angleterre, qui du moins accordait des libertés au peuple, les bourgeois de 1830 entrèrent dans une voie de dissimulation éhontée qui ne tarda pas à les rendre méprisables aux yeux du peuple ; tant leur conduite fut fausse et leur caractère médiocre et bas. Disons que tels ils furent au début de l'avènement au trône de Louis-Philippe, tels ils restèrent jusqu'à la fin.

Ne cherchez pas ailleurs la cause de ces luttes

d'abord sourdes, puis ouvertes entre la haute bourgeoisie française et le parti libéral. Alors, les grandes qualités de notre nation, son honneur, sa bonne foi, les sentiments nobles et élevés qui étaient de tradition dans notre chevaleresque patrie baissèrent et ces hommes devinrent forcément suspects à la nation, excepté aux députés de la majorité de M. Guizot qui ne cherchaient qu'à prolonger leur domination sur le corps électoral et à s'enrichir.

Mais dès que l'école démocratique et républicaine aidée des St-Simoniens, des Fouriéristes, eut fait sentir son influence dans les ateliers et dans les chaumières, le peuple lui accorda aussitôt toute sa confiance ; il ne fallut qu'un couple d'années pour opérer cette prodigieuse transformation du sentiment national. C'est ainsi que la France fut arrachée du bourbier de honte et de corruption où la bourgeoisie de 1830 d'accord avec Louis-Philippe l'avait plongée.

Un fait qui frappa beaucoup mon imaginaton dès les premiers jours qui suivirent la révolution de 1848 et qui devait me servir d'expérience pour apprendre à connaître l'esprit des masses, tout aussi bien que celui des classes instruites et éclairées de la nation ; c'est la transformation subite qui eut lieu dans la conduite et le raisonnement des uns et des autres.

Ceux parmi les ouvriers qui avaient toujours fait fi de leurs libertés et de leurs droits devinrent soudainement d'une exigence, qu'aucune mesure du gouvernement provisoire ne pouvait contenter ; très souvent même ce raisonnement devenait effrayant à entendre.

Je me demandais alors dans mon for intérieur où

ces exigences pouvaient nous conduire. — A rien de bon, me disais-je alors, sinon à un mouvement de recul qui pourra bien compromettre notre victoire. Cherchant à savoir s'il y avait plus de bon sens et de sagesse dans l'esprit et la conduite de la portion instruite et éclairée de la société, je la trouvais tout aussi déraisonnable que le peuple.

Il y avait pour ce dernier une grande excuse ; il était malheureux et accablé de misère par le manque de travail ; pendant que je n'en trouvais aucune pour la bourgeoisie. Et mes craintes sur l'avenir de la République continuaient à devenir de plus en plus grandes.

Je faisais alors partie du club des clubs présidé par Hubert en qui nous avions tous confiance, à cause de ses souffrances et de son long martyre dans les bagnes de la monarchie, et pourtant cet homme était un misérable et un abominable traître. Quand je sortais du club des clubs, c'était pour me rendre dans d'autres réunions de ce genre, mais partout il n'y avait, d'après les différents orateurs, plus un seul membre du gouvernement provisoire qui méritât la confiance de la démocratie.

Comme la foule ne pouvait retenir tous ces discours enflammés, prononcés quelques-uns avec une très grande bonne foi et une éloquence émouvante, qui était bien de nature à impressionner les masses et à les remuer jusque dans leurs fibres les plus intimes, tandis que d'autres étaient prononcés ou débités avec une grande et rare perfidie, alors il arriva que beaucoup d'ouvriers n'allèrent plus entendre ces harangues passionnées qui les flattaient beaucoup, mais qui n'adoucissaient pas leur grande misère. Un très grand nombre de ces derniers ne se contentèrent plus d'aller passer leurs soirées dans ces clubs. Ils commencèrent à s'attrouper sur différentes places publiques et c'est là où les mécontents ne tardèrent pas à prendre pour chef Louis-Napoléon.

Affligés de ce commencement de désordre qui annonçait aux plus clairvoyants des Républicains que leur influence baissait dans l'esprit du peuple, des hommes comme Cabet et Raspail virent aussitôt le danger et le dénoncèrent avec vigueur au gouvernement provisoire auquel ils recommandaient de prendre des mesures énergiques pour sauver la République.

Raspail avait fondé un journal qui portait le titre de celui de Marat, « *L'ami du Peuple* ». On savait que ce dernier s'était montré partisan de la dictature dans un moment où tous les ennemis de la République se préparaient à la trahir, tout aussi bien que leur propre patrie.

Cette idée de la dictature nous souriait assez, tant nous avions crainte que le pays consulté dans des élections générales, nous donna une assemblée hostile à la République.

Ledru-Rollin dans une de ses circulaires avait donné des pouvoirs illimités aux commissaires de la République ; de là, grand bruit dans le camp des modérés et des conservateurs pour blâmer et désapprouver cette mesure ; pendant que du côté du peuple elle nous procurait la plus vive satisfaction ; car il nous semblait que par cette circulaire révolutionnaire, notre grand ministre préparait la France à cette dictature.

J'entendais souvent, je dois le dire, des discours

véhéments qui étaient très antipathiques à ma nature. Les tendances de mon esprit m'ont toujours porté sur les questions de travail ; il me semblait que je ne faisais pas mon devoir envers les camarades, quand je ne m'occupais pas directement des affaires qui nous concernaient et dont la grande masse devait profiter. En un mot je sentais que ce milieu de révolutionnaires purs ne me donnait pas la satisfaction que je recherchais.

Révolutionnaire, je l'étais bien, mais il fallait qu'on me montrât l'obstacle qu'il y avait à combattre et à vaincre ; or, la République était un fait acquis ainsi que le suffrage universel, et je me serais bien contenté de consolider ces deux importantes conquêtes. J'aurais donc voulu concentrer toutes mes forces et toute mon énergie sur les questions d'associations qui préoccupaient si fortement la généralité de la classe ouvrière. A ce propos, je crois qu'à nulle autre époque de notre histoire, l'opinion publique n'avait montré de meilleures dispositions pour améliorer la condition morale et matérielle du peuple.

Il y avait bien, il est vrai, de la confusion dans les esprits et beaucoup de mauvais vouloir de la part de certains commerçants et entrepreneurs qui n'avaient jamais songé à se mêler de politique pas plus que de sciences sociales. Il est vrai qu'il ne pouvait guère en être autrement ; nous sortions tous de sous la main d'un gouvernement despotique et corrupteur qui nous avait habitués à vivre au jour le jour sans nous parler bien entendu de nos droits et de nos libertés collectives.

A ce moment, mon patron se faisait construire une petite maison bourgeoise à la porte Maillot, sur un terrain de famille. J'y allai passer quelques heures chaque jour pour la surveillance des travaux.

Un matin, un ouvrier peintre, Joseph Massolla qui était un de mes meilleurs amis vint m'y trouver pour me demander de le présenter à mon patron afin que ce dernier lui fasse faire ses travaux de peinture. Selon nos habitudes d'ouvriers, Massola m'engagea d'aller prendre un canon chez le marchand de vin. Prenant le journal qui était sur le comptoir, il m'apprit que ce même soir, une réunion de Creusois, habitant Paris, devait avoir lieu à la Sorbonne, et le journal ajoutait qu'on se proposait d'arrêter la liste des candidats qui devaient nous représenter à l'Assemblée nationale.

Naturellement, la pensée me vint aussitôt de m'y rendre.

Réunion de la Sorbonne

Je ne perdis pas de temps, je me dirigeai vers la Sorbonne sans aller à la maison quitter mes vêtements de travail. Je trouvai la salle bondée de monde jusqu'aux derniers gradins où je restai debout.

La plus grande confusion régnait dans l'immense amphithéâtre du vieux Sorbon, où tant d'hommes de valeur et de caractère s'étaient fait entendre. La réunion était présidée par un des frères Bonnin, de Bénévent, qui était préparateur pour le baccalauréat. Puis, autour du président, il y avait une foule de jeunes gens, voltigeant comme des sauterelles, qui étaient venus de la Creuse avec l'intention de se faire admettre sur la liste démocratique. Je pourrais en nommer plusieurs, mais comme tous, excepté Gustave Jourdain, virent assassiner la république par Louis-Bonaparte, sans protester, il vaut mieux laisser leurs noms dans l'oubli que de les livrer à notre jeune génération qui en aurait honte et pitié.

En écoutant les différents orateurs qui prenaient successivement la parole, il me semblait entendre des perroquets qui cherchaient à amuser la galerie, je me mis à douter de leur sincérité républicaine. Alors, emporté par la colère ou par un mouvement de cœur et sans trop savoir ce que j'allais dire, car, je n'avais jamais parlé en public, je demandai la parole d'une voix très forte, pleine d'animation et de vivacité.

Le public chercha des yeux l'homme qui paraissait avoir de si bons poumons. Une seconde interruption non moins violente que la première jeta le trouble dans la salle ; on chercha des yeux l'interrupteur, et on découvrit qu'il était perché en haut de l'amphithéâtre au milieu des blouses du *populo* : « A la porte ! » crièrent les uns, « A la tribune ! » vociférèrent les autres. Enfin, on me fit place, et après beaucoup de bousculades, on me poussa à la tribune. Ému, je ne le fus pas du tout. J'appartenais depuis longtemps à la fraction la plus radicale du parti républicain ; je tombai à bras raccourcis sur Émile de Girardin qui était depuis longtemps le député de notre arrondissement de Bourganeuf, puis sur tous nos anciens députés de la Creuse, et je rejetai d'un bloc, tous ces jeunes candidats qui étaient venus à Paris pour capter les voix de notre population. Je conseillai finalement à la réunion de rejeter tous ces faiseurs de promesses qui se mêlaient au peuple pour la première fois et dont le républicanisme me paraissait bien tiède et bien douteux.

A différentes reprises, j'avais été encouragé pendant ce discours par des applaudissements partis de différents côtés de la salle.

Au moment où je regagnais ma place, un grand et beau jeune homme, serré dans une redingote grisâtre et très correctement vêtu, s'élança à la tribune.

« Citoyens, ajouta-il, la réunion a déjà entendu beaucoup de candidats, j'en ai un de plus à lui présenter, c'est l'orateur qui descend de la tribune. Celui-là connaît le peuple, il parle son langage, il connaît ses besoins ; vos aspirations sont les siennes ; il ne peut vouloir que ce que vous voulez vous-mêmes. »

Je vous propose de rejeter tous ces jeunes ambitieux qui ne cherchent qu'à se faire un jeu de notre crédulité et de notre excessive franchise. »

La salle entière applaudit, on demanda le nom de l'orateur. Il fallut bien le faire connaître. Celui qui m'avait joué cette farce qui allait suspendre peu de temps après ma vie d'ouvrier, c'était un ouvrier tailleur de la Souterraine, nommé Rathier que je n'avais jamais vu. A ce propos, j'ai toujours cru que j'étais redevable de mon élection à Rathier ; il ne tarda pas à me mettre en rapport avec le poète Thèvenaud; son oncle, avec Léon Duché et d'autres vaillants républicains de la Souterraine.

A la suite de cette réunion animée et houleuse, l'influence des Bonnin se trouva annihilée et une seconde réunion où l'élément ouvrier semblait être prépondérant eut lieu. Quelques personnes dont je n'ai jamais connu l'opinion, ni les noms, obtinrent du clergé de l'église Saint-Sulpice, l'autorisation de réunir notre corporation dans les caveaux de cette église. Assurément, comme nous étions dans les jours où les prêtres bénissaient les arbres de liberté qu'on plantait sur les places publiques, le clergé cherchait à se mêler au peuple pour mieux le trahir, comme il devait en donner la preuve, quand Louis-Napoléon coupa ces mêmes arbres de liberté sans la moindre protestation des grands dignitaires de notre église.

Pendant trois fois j'assistai à ces réunions sous ces voûtes qui ont un caractère si imposant au point de vue de l'achitecture et où la voix résonne comme si on parlait à côté de l'écho du Panthéon.

Un soir, nous attaquâmes avec vigueur, ceux qui nous convoquaient dans ces lieux, en disant qu'il y avait d'autres endroits dans Paris où les maçons pouvaient se réunir. Enfin, une forte majorité décida qu'au lieu de revenir dans ces caveaux, nous nous réunirions rue St-Germain-l'Auxerrois. C'est là, que mon départ pour la Creuse fut définitivement arrêté.

Mon départ

Jamais jusque-là, je n'avais ressenti un aussi grand trouble d'esprit qu'au moment de mon départ, j'avais peu d'argent dans ma poche. Les émigrants qui m'avaient choisi pour leur candidat habitaient tous Paris. Dans la Creuse, au point de vue politique, je ne connaissais personne, et personne ne m'y connaissait. Il y avait bien comme commissaire du gouvernement provisoire, un républicain, le Docteur Guizard ; mais celui-ci trompé sur mon compte par de faux rapports qui m'avaient représenté comme un voyou de barrière ou un souteneur, était plus enclin à me combattre qu'à me défendre ; son hostilité allait si loin que je ne pus obtenir de lui être présenté.

Un autre désagrément m'attendait en arrivant à Guéret. Ce même jour, le comité électoral se réunissait pour arrêter définitivement la liste des candidats. Seul et sans la moindre connaissance j'allai m'y présenter ; on refusa de m'admettre, sous le vain prétexte que le comité avait commencé ses délibérations. Puis, à sa sortie, je me trouvai si isolé qu'on n'avait pas même pris connaissance de ma profession de foi. Mais, je l'ai dit, le hasard m'a souvent servi dans les différentes phases de ma vie. Au moment de quitter Paris j'étais allé communiquer ma profession de foi à des amis qui étaient réunis chez Cabet.

Parmi eux se trouvait un ouvrier cordonnier qui me dit à brûle-pourpoint : « Puisque vous allez dans la Creuse, je vais vous donner une lettre pour Trélat qui est commissaire général de votre département et de plusieurs autres départements du centre. Il y a au moins quinze ans que je suis son cordonnier, et nous sortons l'un et l'autre d'une petite ville de l'Auvergne. »

Ayant su que ce vieux républicain, Trélat logeait à la préfecture, j'allai lui remettre la lettre du cordonnier.

D'un abord assez froid, il me reçut pourtant avec bienveillance. Je lui remis la lettre du cordonnier et je lui racontai que le comité avait refusé de m'entendre, bien que je sois le candidat des ouvriers émigrants de la Creuse. Alors il ajouta : « Je vais voir. » On sait que Trélat était un vieux républicain de 1830, très lié avec Pierre Leroux qui habitait avec sa famille, à Boussac. Or, dans le comité, se trouvaient Luc Desage, Nétré et Desmoulins, trois intimes amis du philosophe. Dès lors, on ne fit plus aucune objection pour m'admettre sur la liste. Ma profession de foi et mes bulletins furent imprimés à frais communs ; mon nom allait se trouver répandu jusque dans les plus petits hameaux. J'échouai néanmoins avec une belle minorité.

C'était une bonne semence pour l'avenir.

Mon retour à Paris

Après cet échec, il ne me restait plus qu'un moyen : c'était de revenir à Paris et de reprendre ma truelle, et je n'hésitai point. Cependant, je m'étais rendu dans deux grandes réunions une à Pontarion qui eut lieu sur la place publique, où les réactionnaires, ayant montré leur mécontentement, mon ami Pizet se mit à en rosser deux de la plus belle manière, puis tout alla bien.

L'autre eut lieu à Bourganeuf. Elle fut présidée par le notaire Antoine Berger, homme jouissant de l'estime générale de la population. On m'y acclama. Ensuite je repartis.

Je ne fus pas surpris en arrivant à Paris, d'apprendre que mon patron m'avait remplacé comme maître compagnon à la mairie du Panthéon. Cependant, au lieu de me congédier, il m'envoya dans une très forte corvée, rue de Charonne, puis un mois après, il renvoya mon remplaçant sur la demande des inspecteurs et principalement sur celle de M. Davioud. J'ai déjà dit que ce dernier, qui devint le bras droit de M. Alphand, avait fait ces débuts dans ce chantier et tous les petits services que je lui avais rendus me l'avaient très sincèrement attaché.

A ce moment, il ne restait à faire que les derniers étages de cette construction. Je retrouvai ma vieille équipe de limousinants et de bardeurs. De ce côté, je ne devais avoir que de l'agrément et de la satisfaction. Tous ces hommes avaient depuis longtemps l'habitude de travailler avec moi ; s'ils me voyaient hargneux, en colère, ils aimaient mieux recevoir un bon savon que de me contrarier. S'ils filaient doux ce n'était pas par crainte, mais par une sorte de considération qu'ils avaient pour mon caractère.

Nous devions assister sur cette place à de sérieux ennuis et à des encombrements beaucoup plus considérables que ceux dont nous avons déjà parlés. On sait qu'à la suite de la Révolution de 1848, il y eut une si forte panique dans les affaires, que le travail cessa presque partout. Il nous faudrait plusieurs volumes pour faire l'historique des ateliers nationaux, de ce mélange d'hommes de toutes les professions, où on voyait travailler les terrassiers pêle-mêle avec les bijoutiers et tous les ouvriers en chambre. Chaque soir on venait faire la paie de ces meurt-de-faim sur cette place. Quel désordre ! Quelle cohue ! Que de cris violents et souvent farouches, on pouvait entendre à chaque instant ! Et c'était à la république alors naissante que s'adressaient les imprécations de tous ces malheureux réduits à la dernière des misères.

Il me venait de temps en temps de lugubres réflexions. Je me disais au fond du cœur : tu as tant voulu la République, et voilà le sort qu'elle fait aux travailleurs. Naturellement, ces moments de déception ne duraient pas. Je savais que tous les ennemis du peuple étaient encore dans la place et qu'il faudrait longtemps pour les en déloger.

Ce fut dans ce milieu désordonné d'hommes affamés, qui n'étaient pas tous concentrés sur la place du Panthéon, mais qui étaient répandus un peu partout dans les différents quartiers de Paris, que se recrutait le parti bonapartiste.

D'ailleurs, je n'ai pas attendu la publication de mes souvenirs pour donner mon opinion à ce sujet. Il y a près de quarante ans je publiai dans différents journaux le fait suivant dont j'ai été un témoin oculaire :

C'était l'avant-veille ou la veille de l'épouvantable combat de juin 1848, qui fit couler pendant sept jours le sang français dans les ruisseaux de Paris, que ce fait eut lieu.

J'avais dans mon chantier et depuis longtemps trois Allemands, les frères Larr, dont l'aîné devait être guillotiné à la suite du meurtre du général Bréa à la barrière Fontainebleau.

Un matin, à dix heures, ne voyant pas sortir les ouvriers de chez le marchand de vin, où ils prenaient leurs repas, j'allai les chercher.

D'abord en me voyant entrer, tous se mirent à rire. Puis ils se levèrent tenant en main leurs verres: « A la santé du petit Louis, me dirent-ils. » C'est ainsi qu'ils appelaient le misérable parjure qui devait tuer la république et tendre plus tard l'épée de la France au roi Guillaume. Je sortis indigné de chez le marchand de vin. Aux Allemands se joignirent d'autres ouvriers qui vinrent de toutes parts envahir la place du Panthéon, où se faisait, chaque soir, la paye des ouvriers des ateliers nationaux.

Ceux-ci eussent écharpé celui qui aurait fait entendre autour d'eux, un autre cri que celui de : « Vive Napoléon ! »

Une sanglante bataille s'engagea ; Larr qui ne cessa de combattre, fut condamné à mort pour avoir pris part au meurtre du général Bréa.

A ce moment, comme il n'était plus question parmi les adversaires de la République que des crimes et des forfaits des républicains, je publiai une lettre pour témoigner d'une manière incontestable, que le condamné Larr, homme d'une grande énergie et d'une force herculéenne avait marché au combat, aux cris réitérés de : « Vive Napoléon ! »

Qu'est-ce qui l'avait poussé à cette extrémité, lui et tant d'autres ouvriers de bonne conduite ? C'était évidemment la misère qui ne manque jamais à la longue, de troubler l'esprit de l'homme et de le pousser à toutes les extrémités et au désespoir le plus navrant.

A partir du triomphe de la réaction dans cette sinistre et sanglante lutte, les progrès du parti républicain furent en quelque sorte suspendus. Un revirement dans l'opinion publique se manifesta presque subitement. On n'allait pas tarder à en avoir des preuves d'une évidence incontestable. L'Assemblée nationale eut la faiblesse d'adopter la proposition Rateau qui la poussait à se dissoudre. Alors, en vue des élections de la Législative, les réactionnaires concentrèrent leurs forces et tous leurs moyens d'attaque, dans la fameuse réunion de la rue de Poitiers.

Singulière coïncidence ! On dirait que certains faits parmi les plus importants de notre histoire passent d'une génération à l'autre sans subir la moindre transformation. Je ne vois pas de différence entre la campagne que les calomniateurs ont entrepris aujourd'hui à l'occasion du Panama et des fonds de nos caisses d'épargne et celle qui eut lieu en 1848, après la sanglante bataille de juin. Alors comme aujourd'hui, les ennemis de la République formèrent la puissante ligue connue, disons-nous, sous le nom de : « Réunion de la rue de Poitiers. »

La haine des ennemis de la République n'eut d'égal que la fourberie des jésuites. Si Pascal en mourant a pu croire qu'il avait dévoilé toutes les coquineries de cette secte éhontée et méprisable il s'est trompé. Il faut bien qu'on sache que ce n'est pas seulement de notre époque que nos implacables ennemis ont appris à se servir de cette arme empoisonnée que l'on appelle la calomnie. Envisagez-la dans tous les sens, vous verrez que la calomnie est le plus grand et le plus lâche de tous les crimes.

Le calomniateur en peu de temps devient un être abject.

Si on nous demandait de signaler aujourd'hui les principales causes qui s'opposent à l'union si désirable entre les républicains de toutes les nuances, et entre ouvriers et ouvriers, nous répondrions que ce sont les habitudes de calomnies qui se sont emparées de l'esprit de toutes les classes de notre société française.

De mauvaises lois, un mauvais gouvernement, la

rapacité des classes moyennes, les fourberies de beaucoup de prêtres : tout cela n'est qu'un mal secondaire, parce qu'un acte de vigueur du suffrage universel, peut débarrasser la nation de tous ces maux qui lui sont pourtant très préjudiciables ; mais la calomnie est encore pire à nos yeux ; c'est un crime, un meurtre, un véritable assassinat moral.

Jamais de ma vie je n'ai pu oublier la conversation que j'ai entendu tenir en 1848, quand j'étais venu dans la Creuse défendre ma candidature, par un médecin de St-Hilaire et le propriétaire d'un petit château qui se trouve situé entre ce bourg et celui de Pontarion.

Ces deux bons apôtres affirmaient, au milieu d'un groupe de paysans, et cela malgré mes éclats de rire et mes protestations, que les agents des partageux ou des communistes s'étaient présentés dans différentes localités ; mais que les paysans les avaient éventrés à coups de fourches ou poursuivis à coups de fusils.

A mesure que l'audace des réactionnaires augmentait, l'influence et le nombre des républicains diminuaient, et la peur, cette passion qui fait les lâches, avait déjà considérablement réduit la majorité républicaine de la Constituante, quand, sur la proposition d'un de ses membres les plus obscurs, Rateau, elle résolut de se dissoudre.

Une réunion de maçons sur la place du marché S{^t}-Jean

Dans ce quartier, voisin de l'Hôtel de Ville, où il existait d'innombrables rues étroites et malsaines se trouvaient logés dans des garnis assez mal tenus, un nombre considérable de Creusois. Là, sur la place du marché S{^t}-Jean, devait avoir lieu une réunion ne comprenant pas moins de deux à trois mille ouvriers du bâtiment.

Enthousiasmés, électrisés en quelque sorte par le triomphe tout récent de la République, ils avaient donc le plus grand désir de commencer leur œuvre de progrès et d'émancipation économique et sociale.

Elles étaient grandes, les espérances que faisait naître dans l'esprit de tous, cette importante réunion. Deux questions allaient, ce jour-là, nous préoccuper: la première était la nomination d'un membre des prud'hommes chargé de représenter notre corporation. Ce fut au milieu de cette grande foule d'ouvriers du bâtiment que je fus désigné à l'unanimité pour remplir cette fonction ; cette preuve de confiance dont venaient de m'investir, mes compagnons de labeur, me flatta beaucoup.

J'étais depuis longtemps, lecteur assidu de l'organe des ouvriers, le journal l'*Atelier*, qui s'était fait remarquer par son zèle pour réclamer la présence des ouvriers dans le conseil des prud'hommes. Je savais donc que notre corporation était sacrifiée aux volontés et aux caprices des patentés, des commerçants et des entrepreneurs, puisque l'ancienne loi avait été faite par eux et pour eux. Telle avait été à ce sujet la conduite des députés de la bourgeoisie sous le gouvernement de Louis-Philippe. Très satisfait de cette nomination, je ne devais quitter la Chambre des prud'hommes, qu'à ma nomination de représentant du peuple à l'Assemblée législative de 1849. Comme j'avais été à même d'apprécier l'insuffisance de cette loi, je prononçai dans la séance du 28 mars 1850, un assez long discours, qui ne fut pas du goût des membres de la droite ; leurs interruptions ne me firent pas défaut.

J'avais osé dire qu'il fallait que l'institution du tribunal des prud'hommes devînt dans l'avenir, une de nos institutions des plus importantes, des plus fraternelles comme des plus fécondes en bienfaits civilisateurs ; mon opinion ne s'est pas modifiée depuis, je demandai un tribunal de prud'hommes dans tous nos cantons, comme le voulait la loi du 16 Août 1790. De cette manière, on pourrait supprimer un nombre considérable de nos tribunaux, ce qui allégerait d'autant les charges des contribuables.

La deuxième question qui nous tenait tant à cœur était la nomination d'un délégué pour faire partie de la commission du Luxembourg, nommée par le gouvernement provisoire pour étudier les questions ouvrières ; mes camarades m'investirent encore une seconde fois de leur confiance.

A ce propos, il me paraît utile de donner connaissance à ceux qui me feront l'honneur de me lire, du texte du décret du gouvernement provisoire, qui restera comme un titre de gloire impérissable dans notre histoire, car il deviendra la charte d'affranchissement de tous les peuples du monde.

Louis Blanc l'avait ainsi libellé :

« Considérant que la révolution faite par le peuple,
« doit être faite pour lui ;

« Qu'il est temps de mettre un terme aux longues
« et iniques souffrances des travailleurs ;

« Que la question du travail est d'une importance
« suprême ;

« Qu'il n'en n'est pas de plus haute, de plus digne
« des préoccupations d'un gouvernement républicain ;

« Qu'il appartient surtout à la France d'étudier
« ardemment et de résoudre un problème posé au-
« jourd'hui chez toutes les nations industrielles de
« l'Europe ;

« Qu'il faut aviser sans le moindre retard à garan-
« tir au peuple, les fruits légitimes de son travail ;

« Le Gouvernement provisoire de la République
« arrête :

« Une commission permanente, qui s'appellera
« commission du gouvernement pour les travailleurs,
« va être nommée avec mission expresse et spéciale
« de s'occuper de leur sort. Pour montrer quelle im-
« portance, le gouvernement provisoire de la Répu-
« blique attache à la solution de ce grand problème,
« il nomme président de la commission du gouverne-
« ment pour les travailleurs, un de ses membres,
« M. Louis Blanc, et pour vice-président, un autre de
« ses membres, M. Albert, (ouvrier).

« Des ouvriers seront appelés à faire partie de la
« commission.

« Le siège de la commission sera au Palais du
« Luxembourg.

« *Les membres du gouvernement provisoire :*
« Dupont de l'Eure, Lamartine, Arago, Crémieux,
« Ledru-Rollin, Garnier-Pagès, Marie, Marrast,

« Louis Blanc, Flocon, Albert. »

La première réunion eut lieu le 1ᵉʳ Mars 1848 ; environ deux cents ouvriers parmi lesquels je me trouvais prirent place dès neuf heures du matin sur les sièges précédemment occupés par les pairs de France.

A la vue de cette salle recouverte de dorures sur les murs, au plafond et sur chacun des fauteuils où nous allions nous asseoir, j'eus un sentiment de surprise tellement étrange que je ne savais où reposer ma vue, tant j'étais ébloui par cette grandiose magnificence.

Quand tous les représentants des travailleurs de notre grande capitale furent réunis et assis, Louis Blanc qui avait à côté de lui, son collègue, l'ouvrier Albert se leva et prononça une de ces chaudes allocutions dont il avait le secret ; car nul orateur ne sut jamais mieux que lui faire vibrer tous les grands sentiments généreux dont le cœur et l'âme du peuple sont remplis.

Le grand astronome François Arago vint saluer dans cette première séance les élus des travailleurs.

Beaucoup d'entre nous se rappelaient que dès 1838 Arago avait demandé à la tribune de la Chambre des députés, une meilleure organisation du travail. L'ovation qu'il reçut dans cette circonstance l'émut profondément.

Debout à sa place, chacun désirait aller serrer la main du grand astronome.

Je devais en ce qui me concernait ne plus assister comme délégué des maçons aux séances du Luxembourg, mais seulement comme spectateur s'intéressant à ces travaux d'une manière bien vive et constante.

J'avais obéi à un motif sérieux en cessant de me rendre aux réunions présidées par l'illustre auteur de l'histoire de dix ans et de l'organisation du travail.

J'etais alors maître-compagnon, et, comme nos réunions avaient lieu à neuf heures du matin, je ne pouvais m'y rendre qu'en quittant mon chantier.

Un motif plus puissant me retenait encore, je savais que le patron étant forcé de me remplacer, le chef d'atelier qui prendrait ma place pouvait selon un vieil usage du bâtiment faire chantier neuf. Alors tous les camarades embauchés par moi, pouvaient se trouver sans occupation ; et comme la crise que nous traversions était formidable, d'un commun accord, nous décidâmes qu'un de nos amis, Bouyer, bon camarade, très dévoué aux principes d'association me remplacerait avantageusement. En effet, Bouyer se montra constamment homme de devoir et si nous eûmes l'occasion de lui adresser des reproches, ce ne fut que plus tard.

Fondation de l'Association des maçons

Notre délégué venait, chaque soir, chez moi, rue Soufflot, où siégeait le comité qui s'occupait d'organiser la société des maçons dont nous pouvons parler avec fierté, car elle devait devenir la plus prospère, la plus florissante des associations que le mouvement grandiose de 1848 devait faire surgir.

Jamais en effet les ouvriers n'avaient pris des mesures plus directes pour battre en brèche la forme actuelle du salariat. Ce mouvement d'association dont s'éprirent alors presque tous les corps de métiers de la capitale fut réellement prodigieux. L'Assemblée nationale, témoin de ce grand fait et poussée par les évènements, se décida à intervenir et à voter un crédit de trois millions pour aider et encourager ce grand élan populaire. Je n'examinerai pas si cette intervention, blâmée par les uns, louée par les autres, fut avantageuse ou nuisible à nos associations. Pour ma part, j'ai toujours douté de l'utilité de ce cadeau d'État.

On nomma comme gérant de l'association un nommé Tanty.

Le choix de notre premier gérant ne fut pas heureux ; sous des dehors de bon enfant, Tanty cachait des défauts qui le rendaient indigne de notre confiance ; nous ne tardâmes pas à nous en apercevoir ; les soirs il était à moitié ivre, quand il ne l'était pas tout à fait.

A la suite de plaintes émanant des ouvriers et de certains de nos clients dont les travaux se trouvaient négligés, on lui enleva la gérance et il fut même rayé de la liste des membres de notre association.

Tanty fut remplacé par deux de nos membres, Cohadon et Bouyer, qui travaillaient dans mon chantier, comme compagnons de remplissage ; cette fois, notre choix fut meilleur ; on avait mis la main sur deux ouvriers d'élite, très laborieux, tout aussi dévoués à l'association l'un que l'autre.

Je n'entrerai pas dans de longs détails sur la biographie de ces deux camarades, je dirai seulement, que sous leur direction et grâce à leur bonne entente ils firent de l'Association des maçons, la plus importante de cette époque pendant les premières années de leur gestion.

En effet, propriétaires et architectes lui accordèrent une confiance illimitée ; c'était à un point, qu'il n'y eut pas dans Paris d'entrepreneurs qui occupassent un nombre plus considérable d'ouvriers, ni qui eussent surtout un matériel supérieur au leur.

Nos amis soumissionnèrent l'importante gare d'Orléans, puis des hôtels pour les ministres de Louis-Napoléon qui étaient arrivés aussi rapidement à la fortune que leur maître et à peu près par les mêmes moyens ; ils construisirent de superbes maisons dans différents quartiers de Paris, et notamment sur la place de l'Europe.

Les plus acharnés des adversaires des principes d'association étaient forcés d'avouer que dans l'industrie du bâtiment, les ouvriers étaient devenus les maîtres de la situation ; ils semblaient donc avoir trouvé par leur intelligence et leur bonne volonté, le secret de supprimer la maîtrise et par conséquent l'exploitation de l'homme par l'homme, comme nous avions l'habitude de le dire dans nos conversations un peu hasardées ; malheureusement, cette grande prospérité de l'association, qu'avait produite le mouvement de 1848, n'allait pas tarder à être compromis ; car on allait voir que les gérants, qui avaient créé et fondé cette glorieuse institution allaient la conduire à sa ruine par leurs divisions et le désir de s'enrichir.

Ayant voulu être témoin du grand succès de notre œuvre, je vins passer quelques jours à Paris, après l'amnistie de 1860.

J'avais le secret désir d'entrer dans l'Association dont j'avais été le premier promoteur ; mes camarades me reçurent avec la plus franche cordialité. Je tâtai le terrain auprès de l'un des gérants que j'avais toujours connu pour un homme de cœur. Il me répondit : « Votre présence parmi nous, mon ami, pourrait faire croire à notre clientèle que nous songeons à revenir à 1848 ; mais telle n'est pas notre intention. »

Blessé au vif par cette déclaration inattendue, je quittai Paris le lendemain pour retourner en Angleterre où je restai jusqu'à la déclaration de la guerre en 1870.

De temps en temps, des amis m'écrivaient que les divisions s'accentuaient de plus en plus entre les trois gérants et le caissier.

Quelques braves et honnêtes ouvriers s'efforçaient de retenir tout le monde dans le devoir ; mais, à la chute de l'empire, les gérants et le caissier, Frisert, qui fut toujours le mauvais génie de l'Association, profitèrent de cette occasion pour jeter le manche après la cognée ; en effet, devenus infidèles et traîtres à leurs principes, ils vendirent chevaux et voitures, en un mot tout le matériel de l'Association, et ils se mirent à travailler à leur compte.

Cette décision fut d'autant plus abominable pour eux, vieux républicains, que la France venait de chasser Louis-Bonaparte, et qu'elle revenait volontairement à la république que ce scélérat avait assassinée dans une nuit triste et lugubre.

Oui, c'est dans un pareil moment que Bouyer, Bagnard et Frisert abandonnèrent l'Association pour se mettre à travailler à leur compte. Je les ai vus arriver à la fortune comme entrepreneurs ; mais je ne crois pas qu'ils aient regagné jamais l'honneur, la considération et l'estime qui se rattachaient à leur conduite primitive.

A la mort de l'un d'eux, les autres crurent le laver de cet opprobre en le portant à l'église et en entourant son cercueil de cierges. On ne fit que rendre cette trahison plus visible et plus éclatante.

Rendons ici justice à Cohadon ; il refusa de s'associer à cet acte de félonie et de trahison ; il est resté l'ouvrier simple et honnête de 1848 ; il a eu d'autant plus de mérite que, comme intelligence, il était bien supérieur à ses trois collègues. La démocratie doit honorer Cohadon ; sa simplicité, son désintéressement sont irréprochables.

J'ai eu trop à cœur la cause de ces vaillants pionniers de 1848, qui bravèrent tant de préjugés en créant cette grande et importante association, pour ne pas leur donner ici un témoignage de leur conduite et de leur valeur. Le fait que je veux signaler montre les avantages que les ouvriers associés trouvèrent en travaillant en commun et à leur compte, sans comprendre leur salaire habituel. Cette démonstration achèvera d'accabler les gens qui ont détruit cette belle institution.

Dans la séance du 10 juillet 1881, ayant eu à défendre contre les bonapartistes la révolution de 1848, je prononçai un long discours, qui produisit quelque effet ; j'en extrais le passage suivant relatant les bénéfices prélevés par un certain nombre de travailleurs au règlement définitif des derniers comptes :

Un membre eut un bénéfice de 22.000 francs ;
Un deuxième,   —   21.477 —
Un troisième,   —   19.000 —
Un quatrième,   —   17.000 —

Cinq autres, chacun	—	16.000	— francs
Cinq,	—	—	15.000 —
Trois,	—	—	14.000 —
Six,	—	—	11.000 —
Cinq,	—	—	9.000 —
Deux,	—	—	7.000 —
Cinquante,	—	—	de 2 à 6.000 —

On semble faire fausse voie dans le bâtiment depuis quelques années ; au lieu de s'en tenir aux idées d'association qui ne demandent que du bon vouloir et de l'union, les ouvriers se jettent de plus en plus dans les mains des tâcherons, comme s'ils avaient conscience de leur incapacité, et avantage à soutenir le plus humiliant système de toutes les formes de leur exploitation. Je voudrais me tromper mais je crains bien que les ouvriers manquent de confiance les uns dans les autres ; c'est le résultat d'un malheureux système de dénigrement suivi depuis quelques années par un certain personnel d'intrigants qui se faufilent parmi eux.

Mon élection à l'Assemblée législative

La Constituante ayant été dissoute, il fallut naturellement procéder à des élections législatives.

Au moment de la période électorale, j'avais pris la résolution de ne pas me rendre une seconde fois dans la Creuse. Les dépenses de l'année précédente m'avaient écœuré ; la longue et cruelle maladie qui devait cette même année conduire ma femme au tombeau ne m'avait pas permis de réaliser la plus légère économie ; puis, fidèle ami de Cabet, je lui avais promis de partir en Icarie avec la seconde avant-garde et j'avais bien l'intention de lui tenir parole.

J'en étais là de tous ces tourments et de tous ces ennuis, lorsqu'un comité d'ouvriers de mes amis m'encouragea à me présenter une deuxième fois à la députation. Je cédai à leurs instances. Je me contentai donc d'envoyer ma profession de foi aux électeurs, et bien que je n'aie pas quitté Paris, mon nom sortit le premier sur la liste républicaine.

Il se passa alors un fait qui caractérise bien la noirceur d'esprit de mes ennemis politiques. Ces pieux chrétiens déterrèrent un second candidat du nom de Nadaud. Ils lui rédigèrent une profession de foi, dans le plus grand secret, puisqu'elle ne devait paraître que la veille des élections, de manière, bien entendu, que le comité républicain n'eût aucun moyen pour lui répondre. Grâce à cette manœuvre, ils se croyaient bien sûrs d'arriver à faire annuler les opérations du corps électoral ou me mettre en minorité. Mais, par malheur pour eux, un ouvrier de l'imprimerie alla informer Gustave Jourdain, de l'acte de canaillerie que préparaient mes lâches adversaires.

Jourdain, homme d'une énergie rare et d'un dévoûment au parti républicain plus rare encore, avertit aussitôt sept de nos amis qui voulurent bien partir à cheval pour se rendre dans les cantons les plus éloignés d'Aubusson, pendant que lui, Jourdain, allait à Guéret. Comme alors, le vote se faisait aux chefs-lieux de cantons, on se répéta de l'un à l'autre qu'il fallait ajouter le prénom de Martin au nom de Nadaud. Ainsi fut déjouée la conspiration sur laquelle comptaient les malhonnêtes gens qui avaient organisé ce complot.

J'ai toujours cru que Gustave Jourdain négligea sa candidature pour s'occuper exclusivement de la mienne.

Je n'hésite pas à dire que son échec fut un malheur pour la République et que le département de la Creuse perdit un homme qui, par son talent, lui aurait fait le plus grand honneur. Que de fois ai-je entendu dire à nos amis de Londres qui avaient eu occasion de l'entendre dans nos réunions en même temps que Ledru-Rollin, que son éloquence, sa chaleur de cœur et d'âme égalaient presque celles du grand tribun.

Jourdain fut plus tard mon compagnon d'exil ; en le poursuivant de sa haine, la réaction frappa également son père et deux de ses sœurs qui ne voulurent pas se séparer de lui et l'accompagnèrent en Angleterre.

Aujourd'hui, il m'est bien agréable de rappeler à la mémoire de nos jeunes républicains, les noms de quelques-uns de nos concitoyens de la Creuse qui sans me connaître, autrement que par ma profession de foi, battirent la campagne à travers nos villages pour soutenir avec énergie et une grande passion, ma candidature.

Dès le début de cette période, la conduite de mes adversaires fut tellement odieuse, que les émigrants de Paris et de Lyon se montrèrent d'autant plus résolus à me soutenir. Ils adressèrent de si nombreuses lettres dans nos villages que je devins en peu de temps très populaire.

Lorsque je me remets devant les yeux les lettres de mes correspondants, je remarque que si elles péchaient souvent par l'orthographe, elles contenaient en revanche de bonnes et généreuses pensées dont quelques-unes faisaient vibrer le cœur et rehaussaient mon courage.

Je n'oublierai jamais la peine qu'il me fallait prendre pour me tenir au courant de ma correspondance, car mon instruction était également très défectueuse ; aussi c'est bien le moment de ma vie où j'ai passé le plus grand nombre de nuits presque sans sommeil.

Un seul parmi mes correspondants nous était supérieur à nous tous par son style et la tournure de ses phrases, c'était un ouvrier tailleur de Dun-le-Palleteau, nommé Merle. Ce digne citoyen était si avantageusement connu dans sa localité que ses camarades lui avaient conseillé de se présenter à la députation. Malheureusement, il mourut peu de temps après ; Merle était un ouvrier d'une grande intelligence, comme il s'en produit souvent dans les dernières couches de notre prolétariat.

Il était arrivé quelques mois auparavant un déplorable et cruel malheur à Guéret, qui contrista nos populations. On sait que des cultivateurs des communes de Ladapeyre, Pionnat, Ajain, conseillés par les plus éhontés réactionnaires, se révoltèrent pour ne pas payer l'impôt des quarante-cinq centimes ; ils marchèrent en nombre assez considérable sur Guéret, avec la pensée de s'emparer de cette ville.

Arrêtés dans leur marche, ils furent repoussés par une vive fusillade de la garde nationale, et un certain nombre de ces malheureux trouvèrent la mort.

Si cet évènement déplorable attrista nos populations, les réactionnaires songèrent à en rendre la République responsable. Avec leur audace ordinaire ils ne cessaient pas de dire que la république n'avait plus que quelques jours à vivre.

Il y avait à Ahun un réactionnaire qui criait beaucoup plus fort que les autres. Lambert, un commerçant de cette localité, eut la hardiesse et le courage d'entrer en lutte avec les ennemis de la république ; aussi le nom de ce digne citoyen est-il resté dans la mémoire des habitants de cette ville, où son fils a toujours marché sur les traces de son estimable père.

Pendant cette période électorale, Lambert battit la campagne avec ses nombreux amis pour assurer le succès de ma candidature et de la liste républicaine. Je devais rencontrer par la suite des hommes très dignes et très dévoués à leur parti dans la Creuse ; mais nul plus que Lambert n'a laissé dans mon esprit un aussi profond souvenir d'estime et d'amitié.

A la Souterraine, il y avait aussi un noyau de bons et sérieux républicains, qui, avec Léon Duché, Martial Châtenet, Léo Montaudon soutinrent avec énergie, ma candidature.

A Bourganeuf, on était habitué depuis longtemps aux luttes entre les partisans d'Émile de Girardin et ceux de M. Peyramond, ce qui avait soulevé les passions locales de notre arrondissement. Le parti républicain y comptait déjà plusieurs partisans.

Mais trois hommes s'occupèrent dès les premiers jours de mon élection : Riffaterre, Adrien Rouchon et Antoine Berger. Il y avait bien alors plus de dix ans que j'étais en bons rapports avec Riffaterre ; il m'avait fait connaître un jeune avocat du nom d'Aulier qui était un solide républicain et grand partisan du célèbre Prudhon.

Je ne puis oublier le nom de Junien, de Sardent, homme d'un bon et sérieux caractère.

Parmi les plus zélés, il y avait le docteur Cancalon, à Royère, qui attaquait hardiment la bande réactionnaire de sa localité. Je dois citer aussi : Pourthier, à Faux-la-Montagne, qui se montra si résolu, si énerque, qu'il fut un des premiers frappés et ruinés au moment du coup d'État ; Morel et le docteur Mazeron à Auzances, qui pendant tout le cours de leur vie soutinrent énergiquement la République ; à Chambon, le brave et digne Aubergier qui a laissé de si vifs regrets parmi la population de cette localité ; à Bellegarde, le jeune Lavet, homme résolu qui faisait autour de lui une énergique propagande républicaine.

Le docteur Delavallade, vieux chirurgien militaire qui aimait beaucoup à parler de la retraite de Russie, et qui avait une très grande réputation dans la ville d'Aubusson où il était très respecté.

Martinon à Blessac, les trois frères Solignac à Crocq qui étaient en lutte avec la grande famille Cornudet.

Jabely et Lacroix, à Bénévent, qui se donnèrent beaucoup de peine pour implanter l'idée républicaine dans cette ville où malgré bien des efforts, la réaction est restée en majorité.

L'instituteur de la Chapelle-Taillefert, Villard, le père de notre sénateur d'aujourd'hui, qui faisait preuve aussi d'un grand dévouement.

Les efforts de tous ces hommes de fermeté, d'audace et de caractère, ne furent pas vains ; ils arrachèrent des griffes de nos adversaires le parti républicain battu aux premières élections de 1848. Ainsi, fut assuré le succès de notre liste, qui se composait de : Edmond

Fayolle, Guizard, Delavallade, Jules Leroux et moi. Elle obtint une majorité considérable.

Dans la lutte, le vieux et vaillant journal l'*Echo*, rédigé par Betoulle, homme de beaucoup de cœur, contribua à la victoire du parti républicain.

Tout en travaillant dans mon chantier, je suivais les différentes péripéties du mouvement électoral. Un matin, au moment où j'étais occupé à prêter la main à mes camarades pour jeter le grand plafond de la salle des mariages de la mairie, Antoine, mon garçon, nous arriva tenant à la main, une lettre que ma femme venait de lui remettre au pied de l'échelle, pour me la monter. Il riait de toutes ses forces. L'enveloppe portait : « Citoyen Nadaud, représentant du peuple. » Bouyer qui devait être le premier gérant de l'association des maçons la lui arracha des mains et en donna lecture pendant que je continuais à breteler ma part de plafond.

La joie manifestée par tous les ouvriers maçons, tailleurs de pierre, charpentiers et menuisiers fut très grande. Cinq minutes après, nous étions tous chez le marchand de vin. Inutile de le dire, on but un bon coup. Les jours suivants, on venait de toutes parts, me complimenter, tant cela paraissait étrange alors, de voir arriver à la Chambre des députés, un simple ouvrier maçon.

Il est vrai qu'il y avait un autre courant d'opinion qui ne me ménageait pas. On cherchait à me rendre ridicule par de sottes paroles qu'on me prêtait, autant que par mon manque d'instruction. Puis, des caricatures me montrèrent arrivant à la Chambre des députés, l'air très gauche et ne sachant comment m'y placer, pendant que d'autres me montraient attablé dans mon garni, devant une grande soupière pleine de soupe où la cuillère se tenait debout, avec ces mots : « Hôtesse, du bouillon ! sacré n. d. D. »

Tel était le degré de considération qu'on avait pour les enfants du peuple sous la monarchie.

Mais à quoi bon, ne tardai-je pas à me dire, de te préoccuper des quolibets de quelques désœuvrés, si tu peux par un moyen ou par l'autre, te produire à la Chambre, en travaillant avec ardeur tous les jours et une partie des nuits. C'est la seule voie honorable qu'il te reste à suivre pour humilier tes adversaires politiques.

J'entrai dans le bureau du chantier et j'écrivis la lettre suivante à Ledru-Rollin, auquel j'avais été présenté en 1845, lors de la grève des charpentiers :

« Citoyen.

« Je viens d'être élu représentant du peuple dans mon département, la Creuse. Je désirerais bien avoir avec vous un moment d'entretien, mais je suis persuadé que vos moments sont précieux, et je n'ose pas vous le demander. Il doit y avoir quelques formalités à remplir, nul mieux que vous ne saurait me renseigner.

« Je suis, citoyen, avec tout le respect dont vous êtes digne, votre collègue à la Montagne. »

« Martin Nadaud. »

J'arrivai à la Chambre sans m'être dérangé de mon travail, tant furent grands les efforts des hommes que je viens de signaler joints à celui des émigrants de la Creuse et de nos paysans. Comme c'était du nouveau de voir arriver un ouvrier à la Chambre, il ne manquait pas de gens qui se désolaient jusqu'au point de plaindre les électeurs de notre département qui s'étaient déshonorés en envoyant à la Chambre, un maçon de leur choix.

Comme toujours la critique, de guerre lasse, s'apaisa et naturellement quelques-uns se mirent à dire : « Attendons-le à l'œuvre. » Mais comme il y avait déjà tant d'années que je vivais de l'esprit et des pensées du parti républicain, j'avais des principes fermement arrêtés ; puis, le courage ne me manquait pas. Je savais que si j'écrivais mal, je parlais de manière à me faire écouter. La première fois que je me hasardai à la tribune, je commençai par me promettre de ne pas me laisser intimider, et je me tins parole ; j'avais confiance dans ma puissance de volonté.

J'avouerai même ici sans ostentation, comme sans orgueil que j'eus certains succès de tribune. Pendant cette période qui s'étend de 1849 au coup d'État, il m'arriva souvent d'occuper la tribune pendant des heures entières et de me voir féliciter par des hommes tels que Jules Favre et Michel de Bourges. Comme j'ai publié dans un premier volume mes discours de cette époque, je n'en parlerai pas ici.

J'avais eu le soin, toujours pour satisfaire mon amour-propre et mon esprit, de collectionner certains journaux de Paris ou de province qui avaient parlé de moi ; mais au moment de mon départ pour l'exil, ayant laissé la clé de ma chambre à un de mes parents, Martin Jullien, un héros en fait de courage et d'abnégation, celui-ci vit un jour son petit appartement saccagé par la police et la collection à laquelle je tenais beaucoup fut volée par le commissaire de police.

Pourquoi ne le dirais-je pas, j'éprouvais une bien réelle satisfaction, à lire et à relire l'opinion des journaux qui avaient porté un jugement sur moi, chaque fois que j'avais abordé la tribune ou que j'avais pris la parole dans les réunions publiques où je me rendais souvent.

J'emprunte ici à notre grand martyr, Charles Delescluze, un extrait du compte-rendu d'un discours que je prononçai dans la séance du 31 janvier 1851 et qu'il inséra dans la *Voix du proscrit*.

« Ce discours restera, dit Delescluze, dans notre « histoire parlementaire, comme le signal de l'éman- « cipation définitive du peuple ; en effet, continue-t-il, « du jour où un représentant du peuple, vraiment « digne de son mandat a posé la loi de l'avenir, la « victoire est gagnée ; quand le travail vient affirmer « si hautement son droit sacré en face des prétentions « ennemies, son triomphe est certain. »

La population de Paris m'encourageait par ses applaudissements, et plus d'une fois, des délégations de plusieurs corps de métiers vinrent me féliciter et m'inviter à assister à leur banquet.

Il m'est resté des souvenirs bien agréables de quelques-unes de ces agapes qui avaient lieu à l'association des cuisiniers réunis ou dans d'autres lieux encore. Je dirai deux mots de celle des typographes réunis au banquet du Château-rouge. Cette grande et intelligente corporation s'était réunie en commémoration de l'adoption du tarif consenti par les délégués patrons et ouvriers, lequel datait de 1842.

Nous étions toujours en plein état de siège ; les toasts commencèrent donc sous la surveillance du commissaire de police ; ils furent assez nombreux ; parmi ceux qui prirent la parole se trouvait Pierre Leroux qui avait appartenu dans sa jeunesse à cette même corporation.

Voici quelques extraits du discours que je prononçai dans cette circonstance :

« En venant au milieu de vous, citoyens travailleurs,
« je savais à l'avance, que votre réunion d'aujour-
« d'hui n'avait d'autre but que de resserrer les liens qui
« vous unissent tous, patrons et ouvriers. Quoique
« j'appartienne à une corporation étrangère à la vôtre,
« quelques amis m'ont engagé à prendre la parole
« au nom de la solidarité sacrée qui doit réunir tous
« les travailleurs dans le présent pour le triomphe
« des idées de l'avenir. »

« Je vois resplendir dans cette enceinte, citoyens
« typograhes, les noms de vos pères et de vos chefs,
« Ah ! vous avez bien le droit de vous enorgueillir,
« de ces noms glorieux, car ceux-là qui ont créé votre
« art, furent les premiers révolutionnaires. L'igo-
« rance fut deux fois foudroyée à des dates lointaines
« par Cadmus et Gutenberg. Cadmus inventa l'al-
« phabet ; Gutenberg créa l'imprimerie. *(Acclama-*
« *tions).*

« Tous deux persécutèrent l'obscurantisme, tous
« deux donnèrent au monde le moyen de détruire le
« génie de l'immatérialité en faisant germer la vérité
« dans toutes les contrées du monde, en répandant
« l'instruction jusque dans les plus humbles de nos
« hameaux.

« Oui, citoyens, il faut pour l'amélioration du corps
« social, la régénération des individus qui le compose,
« car, comme le disait tout à l'heure, votre ami, le
« philosophe Leroux, la société ne vaut que par ce
« que valent les hommes pris chacun à chacun.

« Élevons donc bien haut, citoyens, pour la gloire

« de la France, le drapeau de l'honneur, le drapeau
« du courage qui est le nôtre. Je porte un toast à
« l'affranchissement du travail, à la régénération du
« travail par la régénération des individus. » (*Bravos*).

Invasion de l'armée française à Rome

Tout se mêle, se confond et s'enchaîne dans les
évènements qui surgirent pendant cette période de
1848 au coup d'État de 1851. Les journées de Juin
ayant décimé les forces de notre parti et donné de la
hardiesse aux ennemis de la république, rien ne
pouvait arrêter leur violence et leur audace.

Il n'y avait pas à se méprendre sur leurs intentions
criminelles, excepté ceux qui ne voulaient pas voir
clair. L'honneur de la France, comme notre devoir
de républicains, nous commandait d'empêcher ce
funeste et horrible projet qui nous faisait intervenir
dans les affaires intérieures de l'Italie.

Ce fut donc aux applaudissements de l'Extrême
gauche que Ledru-Rollin déclara à la Tribune, dans
un discours qui suffirait à immortaliser son nom,
que nous nous opposerions à cette monstrueuse
guerre, même par les armes. Cet engagement fut
ratifié par nous dans deux importantes réunions dont
l'une eut lieu dans les bureaux de la *Démocratie pacifique* ; l'autre, le 13 Juin, au siège habituel de nos
réunions, rue du Hasard. C'est de cet endroit que nous
partîmes, le même jour, entourés d'une immense
foule, pour nous rendre au Conservatoire des Arts et
Métiers. Le digne colonel de l'artillerie de la Garde na-

tionale, Guinard, que nous allâmes prendre au Palais Royal, marchait à notre tête avec ses artilleurs.

Nous fûmes vaincus sans combattre. Le peuple ne s'opposa pas à la marche de l'armée qui vint nous disperser. D'ailleurs, la démocratie parisienne, déjà si éprouvée par les récents évènements de l'année précédente ne comprit pas qu'il s'agissait, ce jour-là, d'arrêter les projets sinistres du parti clérical et du président de la république, Louis-Napoléon.

Aujourd'hui, en examinant tous les faits qui suivirent, nous pouvons à peine mesurer les conséquences désastreuses qui découlent du succès de l'invasion de l'armée française à Rome. Toujours est-il que du jour où la France trompée par les cléricaux et les bonapartistes, eut pris le pape sous sa protection, elle se trouva amenée par la force des choses et les événements qui devaient surgir, à protéger et à défendre les trônes chancelants des rois de notre continent. Mais il n'est pas inutile pour la véracité de l'histoire et pour l'instruction des générations à venir de rappeler les protestations que les Italiens nous adressèrent au moment où à la suite de leur défaite par nos armes, ils prirent la route de l'exil :

« Représentants infidèles d'une idée qui n'est pas
« la vôtre, à bout de mensonges, vous êtes condam-
« nés à vous envelopper hypocritement et sciemment
« dans le mensonge. C'est à un point qu'on peut ou-
« blier les traditions de l'honneur dont vous fûtes
« longtemps les principaux chevaliers. »

Pouvons-nous nous étonner aujourd'hui qu'un levain de haine contre nous, Français, subsiste encore au cœur de cette nation que la papauté a rendue si malheureuse pendant la durée du siècle ?

Il est vrai que plus tard, la France vola au secours de l'Italie que l'Autriche cherchait à écraser tout à fait ; mais, la France est encore responsable de cette dernière guerre, qui n'aurait pas eu lieu si nous n'avions pas aidé à détruire la république romaine.

Considérée à tous les points de vue, cette funeste intervention de nos cléricaux, qui devait nous forcer de monter la garde pendant vingt ans au Vatican, est bien un des plus grands crimes de notre histoire. Même aujourd'hui, à une distance de près d'un demi-siècle, tout homme impartial et sérieux, habitué à arrêter son esprit sur les grands mouvements qui poussent à l'émancipation des peuples, verra que la France s'est trouvée depuis, dans la nécessité de rompre avec son ancienne tradition libérale qui lui a valu les sympathies éclairées de toutes les nations du monde.

A l'intérieur, la brèche sanglante faite dans nos rangs par les proscriptions et les déportations des vaincus de l'insurrection de juin, s'élargit de nouveau. Vingt représentants du peuple, Ledru-Rollin en tête, furent exilés ou emprisonnés.

Un assez grand nombre d'autres, poussés par leur devoir autant que par leur désir de défendre la république et l'honneur de la France, sortirent du Conservatoire des arts et métiers, revêtus de leur écharpe et allèrent rue St-Martin, au devant de l'armée pour l'encourager à se joindre à nous. Malgré nos supplications, elle ne tarda pas à entraîner la foule et à faire des arrestations parmi nous.

Arrêtés nous fûmes conduits au poste de la Garde nationale où on retint le bon et digne Daniel-Lamazière, pendant que Raccouchot, Cantagrel et moi, nous enjambions la croisée du poste qui donnait sur la rue St-Martin, sans aucune opposition. Je filai à travers les rues et j'allai de ce pas jusqu'à la barrière de l'Étoile où demeurait dans une rue voisine, Madame Cabet.

Trois jours après je revins prendre ma place à la Chambre ; soit que je n'aie pas été reconnu ou filé j'échappai pour cette fois à la proscription.

Conduite du parti républicain après l'invasion romaine

J'avoue que jusqu'au moment de cette invasion de l'armée française à Rome, j'étais peu enclin à la défiance, je me défendais même dans le fond de ma conscience et par mes paroles de me laisser diriger par ceux de nos amis qui, selon moi, grossissaient outre mesure les dangers que pouvait courir alors la république.

Il me semblait que des hommes instruits, si haut placés dans notre hiérarchie sociale et qui parlaient toujours d'honneur et de liberté, ne fussent pas capables de tromper et de trahir leur pays ; telle avait été jusqu'à ce moment ma naïveté.

Mon brave ami, Jules Miot qui était assis à côté de moi à la Chambre était d'un avis contraire, il me disait à chaque instant : « Avec un président comme nous en avons un (c'était Dupin aîné), la République est exposée aux plus grands dangers. Dupin est un capon et un trembleur qui n'a aucune conviction. Par conséquent, un Changarnier ou un Napoléon pourrait quand il le voudrait venir en pleine nuit nous prendre à la gorge. Dupin ne s'y opposerait certainement pas. » Miot m'avait procuré un professeur (jeune étudiant en médecine) qui venait chaque matin, chez moi, me donner des leçons de grammaire et d'histoire. Ce digne citoyen me tenait le même langage et m'exprimait les mêmes craintes.

Un peu ahuri par d'autres de mes collègues, je sentais que le chagrin s'emparait de moi et peu s'en fallut que ce trouble jeté dans mon esprit ne m'enlevât le goût du travail, bien que les habitudes que j'avais contractées en enseignant chaque soir aux jeunes ouvriers qui venaient à mon école avaient profondément ancré dans mon cœur l'amour du travail. Disons ici que beaucoup de représentants du peuple, ne surent pas se prémunir contre le danger ; car, pendant les deux années qui précédèrent le coup d'État, nos conversations ne portaient guère que sur ce sujet.

L'un nous apportait une nouvelle, un second nous en apportait une autre. Un de nos collègues de la Montagne, Joly, de Toulouse, homme de beaucoup d'esprit, charmant et spirituel à la fois, savait si bien nous intéresser qu'on l'écoutait avec la plus grande attention. Le grand Pilhes qui nous avait affirmé la veille du 13 juin, à la réunion tenue dans les bureaux de la *Démocratie pacifique*, qu'il avait 10.000 fusils à sa disposition, et qui, m'a-t-on assuré, ne vint même pas au Conservatoire des arts et métiers, annonçait toujours que le coup d'État était préparé, mais que quelque chose avait manqué et que c'était une affaire ajournée à la semaine suivante.

Voilà dans quel état d'esprit nous vivions, sous la présidence de la République de ce coquin de Louis

Bonaparte. Notre anxiété devint plus poignante encore ; quand les chefs de la droite se furent entendus pour présenter leur néfaste projet de loi contre le suffrage universel.

Je compris que je me devais à moi-même et à notre parti de remonter ce courant créé et entretenu pour jeter le trouble dans les affaires de la France, et répandre un courant de lassitude qui devait finir par dégoûter la France de la République.

Tout en prêtant une oreille attentive à tous ces bruits sinistres, je finis par me dire : « Oui, tenons-nous prêts, veillons, mais travaillons avec constance et énergie et de manière à nous attirer la confiance du pays. »

Les longs débats apportés à la tribune par des hommes vieillis dans les intrigues des partis légitimistes et orléanistes, ainsi que par les ministres du misérable Louis Bonaparte étaient presque toujours provocateurs. Le peuple sachant qu'il n'avait rien à attendre de bon de ces hommes habiles mais très menteurs s'en détachait complètement. L'état de siège terrorisait les orateurs de réunions publiques. Proudhon, avec son style hardi et passionné remuait la population et faisait revivre les espérances de notre parti.

Un ouvrier lyonnais, Pelletier, porta à la tribune une proposition importante ; il parla en homme de cœur, des misères du peuple.

La Chambre toucha à de nombreuses questions industrielles, telles que : le travail des enfants, l'apprentissage, les livrets d'ouvrier.

Mais la majorité n'en restait pas moins odieuse à la population ; désormais, chacun voyait bien qu'il n'y avait plus rien à attendre des traîtres qui venaient de détruire le suffrage universel. Les partis, dit-on avec vérité, vivaient d'honneur et de gloire ; à nos adversaires, il ne restait que des hontes, car jamais aucun parti n'avait été chargé aussi complètement des malédictions de tout un peuple.

Pour achever le discrédit de cette majorité, les Falloux et les Montalenbert s'efforcèrent de nous donner une loi sur l'enseignement, qui plaçait nos écoles entre les mains des cléricaux et des jésuites. Heureusement Victor Hugo releva par un discours impérissable, le moral de la population ; il avait dit tout haut ce que chacun pensait dans sa conscience.

Toutes ces violences discréditaient la Chambre et préparaient un bon terrain à notre misérable président pour commettre le crime qu'il méditait.

Les dernières vacances de la Chambre

Ce n'est point sans crainte que nous nous prorogeâmes, car depuis quelque temps, il n'était question que du coup d'État. Le président de la République qui avait déjà donné plusieurs fois sa parole d'honneur qu'il voulait rester fidèle à la constitution renouvela à nouveau ses engagements ; et, cette fois, comme s'il avait voulu prendre le monde à témoin de sa sincérité. Il se rendit à Doullens où il avait été prisonnier à la suite des attentats qu'il avait commis à Strasbourg et à Boulogne. C'était bien dire qu'il ne les renouvellerait pas une troisième fois. Néanmoins cet homme était si peu cru et si peu respecté que ses assurances pacifiques augmentaient plutôt nos craintes qu'elles ne les apaisaient.

Je quittai donc Paris pour me rendre dans la Creuse où mes concitoyens devaient me faire un accueil des plus bienveillants. Nommé représentant du peuple sans être allé les voir au moment des élections et cela malgré toutes les vilenies des adversaires de la République qui n'avaient pas manqué de me représenter comme un homme adonné à tous les vices et d'une ignorance crasse, il tardait à beaucoup de me connaître et de me voir personnellement ; d'ailleurs j'avais beaucoup gagné dans leur estime, mon apparition réitérée à la tribune avait étonné bien du monde. Ma popularité se trouvait considérablement augmentée. Plusieurs de ceux des républicains de la première heure qui m'avaient si chaleureusement patronné sans me connaître m'invitèrent à me rendre dans leur localité. Des banquets avaient été organisés à Royère, à Faux-la-Montagne, à Felletin, à Aubusson et à Chénérailles et partout après m'avoir entendu, on criait : « Vive notre maçon ! »

J'étais flatté, encouragé par toutes ces démonstrations, qui étaient bien de nature à humilier mes adversaires et surtout notre préfet, Durand-St-Amand. Ce triste homme avait abandonné les républicains de Paris parmi lesquels il avait toujours vécu pour venir dans la Creuse, comme homme à poigne du président de la République, qui était à la veille d'entreprendre son coup d'État. Ce renégat aurait bien désiré une émeute pour avoir l'occasion de mettre le département en état de siège, afin de plaire au misérable Bonaparte.

Un jour, à Chénérailles, il avait résolu de me faire arrêter au milieu de la population, à mon retour d'un banquet qui s'était tenu à un endroit peu éloigné de cette ville et où j'avais été invité et accueilli avec enthousiasme. Au moment où je prenais place dans ma voiture, une rumeur s'était répandue qu'on allait voir du nouveau. La place était noire de monde.

Heureusement, l'occasion de sévir ne se présenta pas ; sur la demande du brigadier qui me demanda mes papiers, je lui tendis mon passe-port, il le regarda et me le remit.

La bande des massacreurs bonapartistes déçus dans leur plan infernal se retirèrent sans avoir les mains couvertes de sang. La population continua de crier : « Vive Nadaud, notre maçon ! »

Fut-on mécontent dans l'entourage du président de la République de me voir revenir à Paris, sans qu'il me fût arrivé un de ces accidents qui pouvait me priver de ma liberté, ou donner motif au ministère de demander à la Chambre l'autorisation de me poursuivre, toujours est-il que Durand-S*t*-Amand fut changé.

Il paraissait que depuis que Émile de Girardin avait mis en avant le nom d'un ouvrier pour les élections présidentielles de 1852, Louis Napoléon aurait vu d'un bon œil qu'on le débarrassât de moi.

Fort heureusement pour les républicains de la Creuse, Durand-S*t*-Amand fut remplacé à Guéret par Ladret de la Charrière. Bien que je ne sois pas très disposé à faire l'éloge de ce nouveau préfet, il ne m'en coûte rien d'avouer que Ladret de la Charrière se conduisit en homme de caractère et d'honneur.

Au coup d'État, il trouva la liste des républicains que son prédécesseur avait préparée, il ne la mit pas au feu, mais lorsque je pris possession en 1870 de la préfecture de la Creuse, je la retrouvai à peu près intacte dans une armoire.

Ainsi, grâce à la volonté d'un honnête homme beaucoup de citoyens échappèrent à la prison, à l'exil ou à la déportation.

Retour des vacances parlementaires

Peu de temps avant nos vacances parlementaires l'accord se rompit entre bonapartistes et royalistes. On vit alors les traîtres des deux camps cherchant à se tromper et à se trahir réciproquement.

Cette époque allait devenir la plus honteuse et la plus humiliante qu'on puisse découvrir dans les annales d'un peuple éclairé et civilisé comme nous avions la prétention de l'être. Bonaparte allait congédier son ministère et tout dans sa conduite annonçait sa détermination de ne s'inspirer dans l'avenir que de sa propre pensée.

Désormais royalistes et bonapartistes vont s'associer comme larrons en foire pour présenter une série de lois destinées à ruiner la République.

Si M. Thiers n'avait pas terminé sa carrière politique en recommandant à la France de se rallier à la République, il aurait laissé un nom honni dans notre histoire, tant les premières années de sa vie politique surtout sous la seconde république furent pleines de contradictions et fatales au développement de nos libertés.

Continuant d'étendre leurs sujets de provocation, les coalisés nous donnèrent la fameuse loi Falloux d'inoubliable mémoire ; son but était de placer toutes nos écoles dans les mains des cléricaux qui voulaient préparer notre pays à la servitude, qu'il avait si longtemps subie sous leur direction.

« Votre loi a un masque, s'écria Victor Hugo, c'est
« une loi d'asservissement ; chaque fois en effet que
« vous forgez une chaîne, vous dites : voilà une
« liberté. Toutes les fois que vous faites une pros-
« cription ; vous dites : voilà une amnistie. »

Jusque là, pourtant, le but poursuivi par nos adversaires n'avait pas encore été avoué ; car pour eux, il y avait encore à détruire le suffrage universel. Cela devait arriver, tous les adversaires de la République allèrent tenir séance sous la présidence de Napoléon à l'Élysée, et il sortit de ce conciliabule de malhonnêtes gens, la loi du 31 mai.

Dès que ce criminel projet fut connu du public, il y eut dans la population un mouvement de consternation et d'horreur. Je ne fus pas un des derniers représentants à m'en apercevoir ; ma chambre ne désemplissait pas d'ouvriers, me demandant à cor et à cri quand allaient commencer les barricades. Malheureusement la saignée que les journées de Juin avaient faite dans nos rangs était loin d'être cicatrisée. Les quelques hommes audacieux et déterminés qui nous restaient étaient bien clairsemés ; en outre, nous vivions en état de siège. Les différents quatiers de Paris étaient complètement désarmés et attendaient la rage au cœur, pour se soulever, le rapport sur la loi du 31 mai préparé par Léon Faucher, esprit dur, cruel et haineux. La discussion s'ouvrit devant la Chambre par un admirable discours de Victor Hugo ; le grand orateur ne manqua pas de flageller de sa puissante parole l'œuvre de coquinerie que se préparaient à commettre les Thiers, les Montalembert et les Falloux ; c'est dans cette circonstance que Montalembert s'écria : « Comme nous avons fait la guerre à Rome, il faut faire de même la guerre à l'intérieur de la France. »

La consternation des gauches ne saurait se décrire, un moment je craignis que les membres de la Montagne ne descendissent de leur place pour frapper le criminel provocateur qui avait soulevé cet orage.

Dans cette même discussion, nous entendîmes tomber des lèvres de M. Thiers, cette monstrueuse et infernale parole appelant : « vile multitude, » les cinq ou six millions d'électeurs que cette loi privait de leurs droits civiques. Nous ne savions plus s'il fallait nous contenir ou quitter nos bancs. La colère nous rendait fous de chagrin et de douleur ; les provocateurs ajoutaient : « Violez la loi, vous verrez ce que nous ferons ». Et dire que notre lâche président Dupin laissait passer ces abominables provocations sans rappeler les orateurs à l'ordre.

Je n'eus pas ce privilège. Ayant assez violemment interrompu de ma place dans la séance du 25 mai 1850, Dupin n'hésita pas à me rappeler à l'ordre.

Ému, décontenancé, la colère étouffait ma voix, je terminai par ces paroles : « Je n'ai, messieurs, en ce qui me concerne qu'un profond mépris pour les paroles de M. Thiers. » Ai-je besoin de le dire, le rappel à l'ordre fut maintenu.

Nos implacables adversaires grisés par le succès ne se contentèrent pas d'avoir bâillonné la presse et supprimé les réunions publiques, ils songèrent à réglementer les cabarets, car là on pouvait s'entretenir encore de la marche criminelle que suivaient le président de la République et la majorité de ses acolytes monarchistes. Une fois de plus, je m'élançai à la tribune ; en l'abordant, j'étais tellement émotionné que j'élevai la voix outre mesure. Un éclat de rire sardonique accueillit mes paroles ; le président m'interrompit pour me dire de parler plus bas.

« Puisque c'est une question de moralité publique qui vous préocupe si fort, leur dis-je ; il faut une fois pour toutes nous expliquer sérieusement et catégoriquement sur cette question. Nous sommes au nombre de ceux qui croient que l'homme qui n'est pas honnête dans la vie privée, ne peut l'être dans la vie politique. » *(Marques d'approbation sur tous les bancs).*
« Messieurs, quand on a l'honneur de représenter un pays comme la France, il faut avant tout, entendez-le bien, et dans la vie politique et dans la vie privée, prêcher d'exemples. (*De toutes parts*, très bien, très bien).

— *Voix à droite* : « C'est pour cela qu'il faut réglementer les cabarets. »

— M. NADAUD : « Et la France s'agitera et souffrira de toutes les douleurs jusqu'à ce qu'elle ait trouvé un gouvernement qui donne par lui-même l'exemple des vertus privées. » *(Approbations à gauche).*

« La démoralisation est aujourd'hui dans la société. Il faut avoir la franchise de le dire ; aucun des partis qui s'attachent à la cause des trois prétendants qui se disputent la France comme une chose, comme une proie, n'a la puissance de moraliser ce pays, parce qu'ils manquent eux-mêmes du degré de moralité qui leur serait nécessaire. »

Je terminai en demandant à la Chambre de s'occuper des questions de travail en indiquant que c'était par le travail que nous arriverions à soulager les misères publiques, le bien être étant un puissant moyen de moralisation.

Les provocations continuaient ; il n'y eut pas jusqu'à Rouher qui sortait de sa petite ville d'Auvergne, qui ne se crût autorisé à baver sur la république. Il appela la révolution de février, une simple catastrophe ; le président Dupin de plus en plus timoré et cynique se refusa de le rappeler à l'ordre. La gauche toute frissonnante de colère se leva pour demander le rappel à l'ordre de l'insolent ministre.

Rupture définitive entre le président de la République et les royalistes

La brouille devait naître entre les misérables qui obéissaient au président de la République et ceux qui reconnaissaient pour chef le général Changarnier, l'homme de la coalition des droites. Il fallut que cette rupture devienne éclatante pour que Thiers, homme très perspicace vit clair ; c'est alors qu'il prononça sa fameuse parole : « l'Empire est fait. »

On pouvait à juste raison lui répondre : il est bien tard pour vous d'ouvrir les yeux. En effet, le pays en était arrivé à honnir le président de la République et la majorité de la Chambre. Il se fut fait écharper dans les ateliers de Paris et dans tous les lieux publics celui qui aurait osé prendre la défense des Chambres. Soudainement, la loi du 31 mai qui était le retour au suffrage universel fut rapportée par le maniaque de l'Élysée. Trompé par cette mesure, le peuple ne devait pas tarder à donner ses préférences à Louis-Napoléon ; sur ce point il lui devenait impossible de se former une opinion claire et nette de la situation. J'ai souvent pensé pendant plus de trente ans à notre vote sur la proposition des questeurs, sans pouvoir me convaincre si j'avais bien ou mal fait de la voter.

Nous avions vu de si près l'indigne conduite des chefs royalistes et cléricaux ; en pensant à leurs crimes et à leurs forfaits j'ai toujours été sur ce point pris de vertige. Ma pensée dominante était celle-ci : « Que le jour où il y aurait un danger réel pour la République, le peuple se lèverait en masse et écraserait à la fois tous nos adversaires. »

Nul plus que moi n'était autorisé à croire que le peuple, dans le cas d'un coup d'État, prendrait les armes pour pulvériser la bande hideuse qui nous provoquait depuis plusieurs années.

Où commença mon inquiétude, ce fut quand j'acquis la certitude que par le rétablissement du suffrage universel, le président avait fait brèche dans l'armée des mécontents. Un très grand nombre d'ouvriers se mirent à dire et à répéter sus tous les tons, que le Président valait mieux pour eux que les Changarnier, les Montalembert et les Falloux. Je me souviens en effet que je vis diminuer le nombre des ouvriers qui venaient me voir, soir et matin, puis étant allé, selon mes habitudes, visiter un grand garni tenu par un nommé Blanche, rue de la Mortellerie, je trouvais que ces braves gens étaient bien divisés entre eux. Du côté de la Chambre, peu de soutiens, mais il n'en était pas de même quand il s'agissait de défendre le président de la République,

Pour celui qui cherchait à puiser ses inspirations au contact des masses populaires, il devenait clair jusqu'à la dernière évidence que le président gagnait des sympathies parmi les ouvriers.

Je ne manquais de faire connaître à mes collègues dans nos réunions de la rue du Hasard ce mouvement de l'opinion publique et très souvent ils me remercièrent des rapports que je croyais devoir leur faire sur cette situation d'esprit de la classe ouvrière. A cette époque, nul autre représentant du peuple n'avait été plus directement mêlé que moi aux ouvriers de Paris, car, de 1830 à 1848, je m'étais toujours tenu au courant des mouvements du parti républicain.

Un candidat à la présidence de la République en 1852.

Dans cette période de déchirement des partis où républicains, royalistes et bonapartistes s'attaquaient ouvertement ou sournoisement, Émile de Girardin vint jeter encore dans la mêlée, un brandon de discorde qui devait faire grand bruit. Il proposa dans son journal, le *Bien être universel*, la candidature d'un ouvrier pour l'élection présidentielle de 1852. Les meneurs de l'Elysée, aussi bien que les chefs de la droite, qui songeaient opposer à Louis Bonaparte un Changarnier ou un Joinville, commencèrent par rire et envisager cette proposition comme une boutade ou une nouvelle extravagance du célèbre journaliste ; mais il était difficile de croire qu'on pouvait se taire longtemps, sachant qu'on avait affaire à cet audacieux et incomparable lutteur, Émile de Girardin. A Paris on ne tarda pas à s'arracher le journal des mains des crieurs ; il en fut de même dans les autres villes ; puis, on mit aussitôt des noms en avant.

Personne ne fut plus étonné que moi d'apprendre que je me trouvais parmi les favoris de la population.

On aurait tort de croire aujourd'hui que dans l'entourage de ce malhonnête homme on était résolu à recourir à la force pour assurer sa réélection. Ceux qui l'entouraient, à part M. de Morny qui avait du courage, songeaient plutôt à remplir leurs poches qu'à jouer leurs têtes.

Bonaparte lui-même, bien que la Constitution de 1848, lui eût enlevé le droit de se représenter aux suffrages des électeurs de 1852, espérait toujours avoir assez d'influence, surtout avec l'appui de ses préfets pour dominer le mouvement électoral et le faire tourner en sa faveur.

Ce misérable voyait avec beaucoup de regret mais sans étonnement les progrès que faisait l'idée émise par Émile de Girardin. Quoique les courtisans fourbes qui l'entouraient n'osassent lui dire la vérité sur ce point, Bonaparte savait par expérience, jusqu'où pouvait aller l'entraînement populaire une fois mis en mouvement. De là, ses appréhensions et ses craintes sur le succès de la proposition de l'intrépide et hardi journaliste.

Girardin, flatté par le succès et les éloges qui lui parvenaient de tous les départements, redoubla d'énergie et d'audace.

Laissons lui la parole :

« Il nous faut un président de la République dont

« l'élection donne à la France une liberté et une pros-
« périté comme celles dont jouissent les Etats-Unis,
« qui ont toujours été bien gouvernés chaque fois
« qu'ils ont élu à la présidence de simples ouvriers.
« Telle est la conviction qui fortifie en moi cette dis-
« cussion que si j'avais à choisir à moralité égale
« pour la présidence de la République entre le pre-
« mier de nos prétendus grands hommes d'État et le
« dernier de nos artisans, je prendrais l'ouvrier.

« C'est dans cette élection que le peuple s'incarnera
« et condensera toute sa force, force invincible. Pas
« une voix ne sera perdue. En 1852 nous n'aurons pas
« à nous battre, nous n'aurons qu'à nous compter. Ce
« ne sera donc pas une bataille mais une moisson. »

C'est par un pur hasard que j'ai retrouvé dans la collection du *Populaire* de Cabet un numéro du *Corsaire*, qui parle de mon élection. — J'espère que ceux qui me connaissent et qui me liront ne supposeront pas qu'un simple motif d'orgueil et de vanité m'amène à parler de moi dans cette circonstance. C'est tout simplement pour rappeler où en était le mouvement des idées, alors qu'un vulgaire assassin, un voleur de nuit, allait prendre la France à la gorge, pendant son sommeil.

Le Corsaire du 12 septembre 1850 publia les vers suivants sur le citoyen Nadaud :

FUTUR PRÉSIDENT DE LA RÉPUBLIQUE,

« Six cent mille francs ! mon compère,
« Je crois bien que M. Nadaud
« Que vous allez nommer les vaut ;
« Mais à vous parler sans mystère,
« Pour un compagnon, le cadeau
« Me fait l'effet d'être trop beau,
— « C'est le juste prix, ma commère,
« Sueur de maçon est si chère ! »

« AUGÉ »

« Je ne sais pas si l'on peut reprocher quelque
« chose au citoyen Nadaud, répondit Cabet, mais je
« ne crois pas qu'on puisse lui reprocher d'être un
« paresseux. »

« Cabet. »

Toujours sur le même sujet, je me souviens qu'en arrivant à Bruxelles en 1852, j'allai remettre une lettre de Mme Victor Hugo à son mari ; un instant après le grand homme vint me rejoindre au salon, il tenait à la main de grandes feuilles de papier fraîchement écrites et il me dit ces paroles textuelles :

« C'est la peur qu'a eue du nom de Joinville et du vôtre dont il était question pour la présidence de la République qui a poussé Louis Bonaparte à faire son coup d'État. » — « Les lâches ont peur de tout, lui répondis-je, même de leur ombre. »

Ayant eu à parler du coup d'État, Taxile Delord, dans son histoire du second Empire, s'exprime ainsi à ce sujet :

« L'opinion, toujours portée en France à rendre la
« liberté responsable des maux et des dangers du
« pays, sentait redoubler ses alarmes ; les partis ne
« lui montraient que leur haine mutuelle et leur mu-
« tuelle impuissance ; le parti républicain ne par-
« lait que de descendre dans la rue ; il faisait planer
« ce qu'il appelait l'échéance de 1852 comme une
« terrible et mystérieuse menace sur la tête de tous.
« Il avait fait choix, disait-on, comme candidat à la
« présidence de la République, d'un maçon, nommé
« Martin Nadaud, envoyé par les socialistes de la
« Creuse à l'Assemblée législative. Citoyen honnête
« et intelligent sans doute, mais peu conforme par
« ses manières et par son instruction à l'idéal que la

« bourgeoisie française s'était fait jusqu'ici d'un chef
« de gouvernement. »

Cette idée de nommer un ouvrier à la présidence de la République, qui avait été émise par M. de Girardin, et qui était devenue celle de la portion laborieuse et militante de notre parti n'était pas du goût, on le pense bien, de notre bourgeoisie, moins encore de celui des fourbes et des traîtres engagés dans la conspiration de Louis Bonaparte, pas plus que de celui de nos royalistes.

Enfin Louis-Napoléon, dans la crainte de tout compétiteur, se décida à prendre des mesures pour s'assurer de son succès par un coup de main hardi et téméraire. Cette résolution criminelle prise avec de Morny, il travailla sournoisement à son exécution, sans le secours d'abord d'aucun autre confident, pendant plusieurs mois; puis un matin, on apprit dans le public qu'il avait fait choix d'un nouveau ministère. Résolument, l'impénétrable gredin qui était allé à Dijon déclarer la guerre à la majorité, accusa celle-ci de s'opposer à ses projets d'amélioration populaire. Après ce dernier mensonge, il n'eut plus qu'à surveiller les différentes phases que devait suivre la proposition des questeurs ayant pour but d'accorder à la Chambre des députés de pourvoir à sa défense et à sa complète sécurité. Du jour où cette proposition fut votée la résolution de ce vulgaire assassin fut définitivement arrêtée.

On vit en effet, son ministre de la guerre, Saint-Arnaud, quitter son banc, à la Chambre, pour aller prendre les ordres de son maître, et, le lendemain, le massacre de la population commença. En second lieu, il envoya un fourgon à la Banque de France pour vider les coffres de notre grand établissement financier.

En bon flibustier, il fit une large part à ses parents qu'il dota princièrement. On représenta ce coquin, comme ayant eu une certaine générosité envers ceux qui secondèrent ses desseins bas et cruels ; on le croirait assez ; on a répété à satiété que M. de Morny avait laissé quarante millions à sa mort.

Le coup d'État

Préparé avec une perfidie étonnante, le coup d'État de Louis Bonaparte sera éternellement un sujet d'études pour les moralistes et les historiens. Ils s'étonneront à bon droit que l'art de la dissimulation, du mensonge et de la trahison aient pu parvenir à faire d'aussi profonds ravages dans la conscience humaine. Nous osons affirmer que ce misérable gredin sera toujours considéré comme un des plus astucieux criminels qui aient jamais gouverné une grande nation.

On aurait pu croire que Paris et la France jouissaient de la plus parfaite sécurité.

La veille du 2 décembre, je revins assez tard d'un dîner où nous nous étions rencontrés avec Bac, Taillandier et Denis Dussoubs et quelques autres de nos amis. La conversation n'eut guère d'autre objet que de nous informer si les mesures de défense du parti républicain en cas d'attaque avaient été bien prises. Denis Dussoubs parla peu, il avait un bras en écharpe à la suite d'un accident de route, il fit facilement triompher son opinion. « Les préparatifs de défense existent ou n'existent pas, s'écria-t-il, d'une voix calme mais très énergique. On ne peut nier que tout Paris se tient en défiance depuis plus de deux ans contre un crime possible de Louis Bonaparte. Si, au moment où ce misérable agira, nous ne nous levons pas tous comme un seul homme pour descendre dans la rue, les républicains seront écrasés. »

Cette opinion était la mienne. Depuis longtemps, je disais à ceux de nos amis qui regrettaient de voir de si grandes divisions dans nos rangs : « Ne vous en effrayez pas, préparons-nous à faire notre devoir ; le mot d'ordre pour nous lever, ce ne sont pas les républicains qui pourront le donner, c'est Louis Napoléon qui s'en chargera. Le jour où il tentera son coup d'État, nous devrons opposer la force à la force, car vous verrez alors toute la population de Paris dans la rue. »

Tel était l'avis que je cherchais à faire prévaloir dans mon entourage.

Cette opinion était d'ailleurs conforme à celle de tous les députés de la montagne et de l'extrême gauche que je connaissais bien.

En sortant de ce dîner pour regagner le bas de la rue de Seine où j'habitais alors, je traversai la place de la Bastille, je suivis la rue St-Antoine jusqu'à l'Hôtel-de-ville, puis les quais jusqu'au pont des Arts. Après l'avoir traversé, je continuai ma promenade le long du quai Voltaire jusqu'à la rue du Bac, je revins sur mes pas pour gagner mon domicile de la rue de Seine. Tout dans ces quartiers était calme et tranquille; cependant, trois ou quatre heures après, le public fut éveillé par le mouvement des troupes qui devaient occuper les différents quartiers de Paris pour se tenir prêtes à écraser la population qui était sans armes et sans défense.

Mon arrestation

Il était bien près d'une heure du matin lorsque j'arrivai à mon domicile. A peine étais-je endormi que je me sentis éveillé par mon concierge qui avait remis la clef de mon appartement au commissaire de police, Lagrange. En ouvrant les yeux, je me vis entouré par ce commissaire et quatre grands diables de sergents de ville. Sans savoir où ils voulaient en arriver, le commissaire fit signe à ses agents de sortir de ma chambre, et ils allèrent s'asseoir dans une pièce voisine. « Je suis chargé, me dit-il, de faire une perquisition dans vos papiers ; mes instructions portent que vous êtes accusé de détention d'armes prohibées. Habillez-vous, je vous prie. Comme nous sommes en quelque sorte voisins, (il était du département de la Hᵗᵉ-Vienne) et que je veux éviter de compromettre nos concitoyens, je vous propose de venir jusque chez moi, là nous ferons ensemble le procès-verbal que je dois soumettre au préfet de police. Ici, en présence de mes agents, je ne puis pas dire que je fais devant eux un procès-verbal, puisque nous n'en faisons aucun. »

Sans croire cependant à sa parole, je lui répondis : « Est-ce bien vrai ce que vous me dites là, M. le commissaire de police ? »

Sur sa réponse affirmative, il congédia ses agents et je m'habillai pour le suivre. En traversant la cour et en m'engageant dans l'allée qui me conduisait dans la rue, je heurtai près du trottoir, un cabriolet qui m'attendait, j'y pris place à côté du commissaire et d'un agent. Nous tournâmes presque aussitôt dans la rue Mazarine, puis soudainement, le commissaire fit arrêter la voiture devant un reverbère, car il commençait à peine à faire clair. Faisant semblant de parcourir les ordres qu'il avait reçus, il me dit : « Je me suis trompé, c'est à Mazas que je dois vous conduire. »

— « Vous ne m'avez pas trompé, Monsieur, mais j'ai le droit de vous dire que vous êtes un homme faux et un menteur. » Je me renfermai alors dans un mutisme absolu, dévoré par une colère qui m'étouffait.

En arrivant devant la porte de la prison, je vis un grand déploiement de soldats mêlés à des sergents de ville ; mais je ne pouvais pas encore savoir si les arrestations ne comprenaient que des membres du parti républicain, ou si la Chambre entière avait été fermée par ordre du président de la République. Entré dans la cour intérieure de la prison, je vis un grand nombre de fiacres qui avaient déjà amené des républicains redoutés par leur influence dans leurs quartiers respectifs.

A mesure qu'ils arrivaient, on les conduisait dans la salle du greffe pour prendre leurs noms et les écrouer dans les cellules qu'ils devaient occuper. Rien jusque-là ne m'avait prouvé que les royalistes fussent compris dans le coup de filet de la police : mais, je n'allais pas tarder à être fixé sur ce point. Comme j'attendais, assis dans la salle du greffe, je vis entrer

Greppo et M. Thiers. La présence de ce dernier leva tous mes doutes et je me dis alors : « c'est bien la lutte entre les représentants du peuple et le président de la république qui va commencer. » Mes vœux et ceux de beaucoup d'autres républicains semblaient devoir s'accomplir. Depuis l'écrasement de notre parti dans les meurtrières journées de Juin 1848, il me semblait que nos forces seules étaient insuffisantes pour avoir raison de la coalition des droites, favorisée par le président de la république.

Cet attentat contre les lois du pays commis par un homme qui violait aussi audacieusement sa parole et ses serments, me fit croire que la démocratie tout entière de Paris allait se lever en masse.

Les évènements devaient me donner un cruel démenti, la discipline de l'armée eut facilement raison des efforts tentés par la population pour éviter à la France un incalculable malheur.

Une petite aventure à laquelle je n'attache pas beaucoup d'importance devait m'occasionner au greffe de la prison, une certaine inquiétude. Parmi les prisonniers se trouvait M. Thiers, qui était devenu très impopulaire à cause de son attitude scandaleuse.

On aurait pu croire que les républicains arrêtés se seraient mis à le bafouer. Il n'en fut pas ainsi, tous furent très corrects à son égard. Un individu seul rompit le silence ; c'était le greffier qui inscrivait nos noms sur un registre ; me trouvant en face de lui, je l'aperçus riant sous cape. Prompt comme l'éclair, j'écartai du coude les deux agents de police au milieu desquels j'étais assis, et je m'approchai du bureau pour frapper au visage ce malotru : « Respectez donc l'âge et le nom d'un homme qui a illustré la tribune française et qui a toujours servi votre cause à vous, lâche et vil réactionnaire. » A ce moment je fus saisi par plusieurs policiers qui m'entraînèrent dans une cellule du deuxième étage où je restai dix-neuf jours au secret le plus absolu, ne voyant que la main de l'employé qui m'apportait mes repas à travers un petit guichet.

Je ne croyais même pas qu'il restât dans l'esprit de M. Thiers, le moindre souvenir de cette algarade; mais quelle ne fût pas ma surprise en rencontrant à ma sortie de prison un de ses amis intimes, M. Léon de Maleville qui courut vers moi, en me tendant les mains : « Vous avez fait à M. Thiers un bien grand plaisir en le défendant contre les insultes qu'on cherchait à lui faire, le matin que vous vous êtes rencontrés à la prison de Mazas. »

Jamais, non jamais, homme ne passa des heures plus douloureuses et plus lugubres que celles que je passai dans ma cellule ; mon cœur était déchiré, il me semblait que j'étais enterré vivant. Pourtant, je crus m'apercevoir que le geôlier qui m'apportait mes repas, me regardait d'un air compatissant et bienveillant, sans pouvoir me parler ; il me faisait des mouvements de tête qui m'annonçaient bien que la victoire n'était pas de notre côté.

Après les trois premiers jours passés dans cet état de désolation, on vint me prendre pour me conduire dans une pièce exiguë qui recevait l'air par la toiture à travers des mailles en fil de fer.

La nature m'a doué d'une qualité, selon moi précieuse, il ne m'a jamais été possible dans le cours de mon existence de vivre en désœuvré, je demandai des livres et on m'en apporta ; mais c'étaient des livres religieux dont la lecture me lassait au bout d'une heure ou deux. On m'avait beaucoup vanté l'histoire de la civilisation en France et en Europe de M. Guizot ; on me l'apporta, je pris goût à cette lecture et j'avoue que ce plaisir ne fut pas passager dans mon esprit. Je repris cette même lecture étant à Ste-Pélagie, et, plus tard, lorsque je me fus improvisé professeur de français à Londres, cette lecture fit toujours mes délices.

Elle me servit d'ailleurs plus tard, quand en 1859, je fus obligé pour vivre, d'enseigner l'histoire dans un grand établissement militaire de Wimbledon, canton de Surry, où je suis resté pendant quatorze ans.

Enfin, un matin, une voiture cellulaire vint me prendre à Mazas pour me conduire à Ste-Pélagie.

Là, pas d'ennui possible sinon celui que nous causait la mort de la République. On plaça tous les représentants arrêtés dans l'aile gauche de cette prison. Greppo, Benoît, Faure, du Rhône, et moi nous étions dans la même chambre. Le général Leydet, Duvergier de Hauranne et plusieurs autres étaient nos compagnons. Nous passions des journées tranquilles et aussi agréables que possible. Nos amis venaient nous voir et nous envoyaient des provisions : vins ou autres objets de consommation, qui dépassaient même nos besoins.

Un matin, nous reçûmes une nouvelle qui allait mettre fin à cette vie assez aisée pour des prisonniers. Ce fut l'*Officiel* qui nous l'apporta ; il publiait un décret du président, sauveur de l'ordre, comme on appelait le scélérat qui habitait encore à l'Élysée-Bourbon.

Nous étions exilés à perpétuité.

L'Exil

Au moment où l'on m'ouvrit les portes de Ste-Pélagie, des rapports d'estime et de bonne confraternité s'étaient établis entre les députés monarchistes et les républicains. Le duc de Luynes, grand seigneur, était bien l'homme le plus convenable qu'il fut possible de rencontrer ; il en était de même de Duvergier de Hauranne et du général Leydet, qui a laissé un nom si respecté. Celui-ci m'appela de côté, un matin, et me tendit au nom de ses amis plus favorisés que moi par la fortune, un rouleau (je crois) de 1.000 francs. J'eus grand-peine à refuser ce cadeau, tant les instances de ses amis étaient obligeantes et pressantes ; mais je finis par bien lui persuader qu'étant un ouvrier rustique partout où j'irais, je trouverais facilement à gagner ma vie. Le digne général se tranquillisa et alla faire part de mon refus à ceux de nos collègues qui avaient souscrit cette somme.

Plus tard, j'opposai le même refus à la corporation des maçons de Londres, qui, eux aussi, organisèrent une souscription en ma faveur, dès que je fus arrivé dans cette ville. Cet acte de courtoisie et de générosité de mes compagnons de métier me toucha très profondément. Délicat, je puis l'affirmer ici, sans gloriole, je l'ai toujours été. J'informai par la voie des journaux ces bons camarades qu'ils n'eussent plus à se préoccuper de moi, que travaillant parmi eux, j'espérais bien que le produit de mon travail me suffirait amplement pour vivre.

Je remis à Louis Blanc, la somme déjà souscrite et mon digne ami s'empressa de la verser à la caisse des proscrits. Je pus faire mieux encore et toujours grâce à l'assiduité de mon travail, je ne devais jamais toucher les 12 francs par semaine que chaque proscrit pauvre reçut pendant plus de trois ans, des mains de nos amis politiques de Paris.

Au moment où je quittai la prison, j'aperçus quelques camarades qui m'attendaient de l'autre côté de la rue et qui m'accompagnèrent jusqu'à mon domicile de la rue de Seine ; notre conversation aurait pu se prolonger longtemps ; mais je fus obligé d'abréger et j'allai ensuite à l'ambassade de Belgique pour me munir d'un passe-port. L'employé qui me le délivra fut réellement courtois et d'une convenance qui me toucha beaucoup. Il savait certainement que j'étais maçon ; car il m'offrit une lettre pour un architecte de Bruxelles. J'en fus si heureux que j'écrivis aussitôt à mon père, de n'avoir aucune inquiétude sur mon sort, que le travail ne me manquerait pas dans le pays où j'allais habiter.

Arrivée à Bruxelles
Mes rapports avec les autres proscrits

Le lendemain, je me rendis dans la galerie St-Hubert qui était alors le centre le plus important de la proscription ; il me semblait que j'étais encore dans les couloirs du Palais-Bourbon, ou à la sortie d'une réunion publique de Paris tant j'y rencontrai d'amis et d'anciens collègues. Il fallut d'abord songer à se loger. Mon digne ami Agricole Perdiguier, ouvrier menuisier, qui avait fait partie de nos deux assemblées républicaines se trouvait dans mon cas ; nous partîmes donc à la recherche d'un loyer convenable et peu cher. Quelques proscrits appartenant aux journées du 15 Mai et aux journées de Juin s'offrirent à nous piloter et nous trouvâmes dans le quartier St-Lazare, le logement qui nous convenait.

Perdiguier, plus habitué que moi à la vie de famille, car j'avais toujours vécu dans les gargotes de Paris, préparait lui-même nos repas ; il était bien rare quand nos dépenses s'élevaient à un franc par jour pour chacun ; il n'en était pas de même pour ceux de nos collègues qui allaient prendre leurs repas dans les restaurants.

L'aspect de cette ville de Bruxelles, le maintien de ses habitants, leur langage et leurs mœurs, tout me rappelait une vieille ville française. D'ailleurs, la Belgique était devenue française à la suite de notre première Révolution ; elle nous était restée fidèle jusqu'à la fin du premier empire et elle avait voulu de nouveau, devenir française, après la révolution de 1830.

Comme les conversations et les discours que nous entendions prononcer dans la galerie St-Hubert, au café des Mille-Colonnes, par des députés où des hommes de lettres, nous rappelaient les noms de nos grands proscrits de la Convention qui avaient eu l'honneur de fonder la première République et de sauver l'intégrité de la Patrie, j'aurais bien toujours vécu dans ce milieu si agréable ; mais la police ombrageuse de Louis-Napoléon résolut de ne pas m'y laisser.

J'avais rencontré souvent dans mes promenades des ouvriers de mon métier. Les renseignements que j'obtenais étaient écœurants, tous m'affirmaient que le prix de leur salaire ne dépassait pas, par jour, 45 ou 50 sous. Il est vrai, me disais-je, que le *Farow* (bière) n'est pas cher, que les vivres et le logement ne le sont pas non plus, néanmoins, il ne m'est guère possible de me fixer dans ce pays.

Dans cet intervalle, les ouvriers belges songèrent à organiser une grande réunion publique en l'honneur des nouveaux proscrits.

Dans cette circonstance, d'accord avec Greppo, Perdiguier et tant d'autres, on décida que ce serait moi qui porterais la parole en leurs noms ; il n'en fallut pas davantage pour amener la police française à me chasser de Bruxelles. Le lendemain on vint m'intimer l'ordre de me rendre chez le bourgmestre et celui-ci me fit comprendre qu'il fallait quitter la ville. Deux autres de mes collègues, Schœlcher et Malardier furent frappés par le même coup.

On nous expédia, par chemin de fer, à Anvers.

Arrivé dans ce grand port de l'Escaut, je vis un spectacle des plus attrayants : des navires en grand nombre y faisaient leurs évolutions ; des matelots parlant des langues diverses et portant leurs costumes nationaux donnaient à cette ville un aspect des plus curieux et des plus étonnants pour moi, voyageur novice, qui n'étais guère sorti de Paris que pour arpenter la route de la Creuse.

Mon digne ami, Schœlcher, qui avait parcouru depuis plus de vingt ans toutes nos colonies, répondait sans peine aux questions qui semblaient devoir m'intéresser. Il fit descendre nos bagages à l'hôtel du Commerce où toutes les langues des pays avoisinants : Flamand, Hollandais, Anglais, Allemand et Français, résonnaient à nos oreilles et nous démontraient par cela même la grande importance de ce port commercial.

Mes préoccupations différaient beaucoup de celles de mon compagnon de voyage, homme de goût, artiste distingué, très grand amateur de musique ; à chaque instant je lui voyais faire emplète de certains tableaux des grands peintres de l'école flamande.

Schœlcher nous conduisit dans une cathédrale, où tout ce que je voyais me remplissait d'étonnement et d'admiration.

Pourtant, je ne voyais encore rien de ce que je cherchais à découvrir, l'homme qui est en peine de travail et qui se sent les poches vides, n'a le goût de rien ; il peut voir passer devant ses yeux les objets les plus riches de la création humaine, il reste à peu près indifférent.

Ces vieilles constructions gothiques en pignon sur la plupart des rues n'étaient pas celles devant lesquelles je m'arrêtais le plus ; ce que je recherchais, c'étaient des maisons neuves en construction, où je pourrais aller demander à m'embaucher.

Cependant, lorsque Schœlcher m'eut conduit dans la grande cathédrale et que le bruit de ces quatre cents clochettes tinta à mes oreilles, j'eus bien le sentiment du beau et du merveilleux. « Néanmoins, me disais-je, ce n'est pas à Anvers où, m'avait-on assuré, les ouvriers de mon métier gagnaient à peine trois francs par jour, que je pourrai me fixer. »

Enfin, je savais qu'en allant jusqu'à Londres, je pourrais vivre du fruit de mon travail. J'avais d'ailleurs reçu de Louis Blanc la lettre suivante qui m'éclairait sur la situation des ouvriers de ma profession :

« Mon cher ami,

« Si je n'ai pas répondu immédiatement à votre
« lettre, c'est qu'auparavant je voulais avoir quelque-
« chose à vous annoncer. Je me suis empressé d'aller
« aux renseignements. J'ai fait mieux, j'ai cherché
« s'il ne serait pas possible de vous trouver de l'em-
« ploi pour le jour même de votre arrivée ici, et j'ai
« bon espoir ; Monsieur Pickard, directeur de l'asso-
« ciation des maçons ici, m'a promis réponse à cet
« égard et j'attends cette réponse qui ne peut pas
« tarder.

« Le prix de la journée à Londres en ce qui con-
« cerne votre partie, est convenable, ce n'est pas
« moins de cinq shillings (6 fr. 25) et je crois qu'on
« peut aller au-delà ; aussitôt que M. Pickard m'aura
« écrit je vous transmettrai sa lettre.

« Adieu, mon cher ami, en dépit de tout, rien n'est
« perdu ; qu'importe que nous soyons immolés,
« pourvu que la république nous survive. Or, on
« n'exile pas pour toujours la vérité, et le droit est

« immortel.

« Salut bien cordial.

Louis BLANC.

« *Londres, le 23 janvier 1852.* »

A la lecture de cette lettre ma résolution fut bientôt prise, et je me décidai à partir.

Je quitte Anvers pour aller habiter Londres

Ayant mis les pieds sur le bateau, je déjeunai d'un appétit dévorant, mais je ne tardai pas à m'en repentir. Empoigné par le mal de mer, je souffris le martyr ; à un moment même je m'étais affaissé et je ne répondais à aucune des questions que les hommes de service m'adressaient.

Enfin, nous arrivâmes à Londres ; un *cab* nous conduisit, Schœlcher, Malardier et moi, à la porte d'un petit hôtel de *Gercard-Street* dans *Soho square*, où je dormis profondément.

Le lendemain, une de ces Françaises, à la tournure vive et dégagée, vint me réveiller pour m'annoncer que deux Anglais m'attendaient et désiraient me parler. Aussitôt, je me préparai à les recevoir. Voulant bien me servir d'interprète, cette dame m'apprit que c'était le gérant de l'association des maçons qui devait m'occuper et qui venait me chercher pour me conduire au chantier.

Ainsi commencèrent, à brûle-pourpoint, mes rapports avec les ouvriers anglais ; il fut convenu qu'on me laisserait deux jours de repos avant de revêtir la jaquette du plâtrier anglais. Très agréablement surpris par l'abord plein de franchise de mon nouveau gérant et par le désir qu'il manifestait de m'être utile, j'allai, sans plus tarder, voir Louis Blanc.

Sachant que je ne connaissais pas le moindre mot de langue anglaise, Louis Blanc demanda à m'accompagner, le lendemain matin, jusqu'à mon chantier ; il avait poussé l'amitié encore plus loin, il m'avait procuré un enfant de 13 à 14 ans, qui devait me servir d'interprète. Ce chantier se trouvait à l'extrémité sud des vastes terrains où s'élève aujourd'hui le marché d'Islington ; ce jour-là, il pleuvait à verse ; les chemins, effondrés par le va-et-vient des lourds tombereaux de briques ou de sable, étaient devenus presque impraticables aux piétons. Petit de taille, mon illustre ami marchait à côté de moi, s'enfonçant dans la boue ou dans les ornières jusqu'à mi-jambe. Je ne savais pas si je devais rire ou lui conseiller de revenir sur ses pas ; je voyais que quand il s'arrachait d'une ornière, c'était pour tomber dans une autre. J'avais vu bien des fois, Louis Blanc, assis dans le fauteuil du président de la Chambre des pairs ; ce tableau joint à celui dont je parle est resté dans ma mémoire comme un souvenir plein à la fois de grandeur et de tristesse.

Lorsque nous fûmes arrivés sur les lieux, le gérant de l'association me présenta au *forman* (maître compagnon). A son abord, à ses manières, à sa physionomie ouverte et bonne, je crus m'apercevoir que j'avais affaire à un bon et loyal camarade ; je cherchai à lui prouver que la civilité d'un ouvrier parisien savait répondre à toutes ces attentions par d'autres prévenances non moins empressées, non moins délicates.

Une fois installé sur mon échafaud, connaissant la besogne que j'avais à faire, et avant de me servir de la hachette que je tenais à la main, je proposai à mes nouveaux camarades de leur payer ma bienvenue. Après cet acte de courtoisie tout fraternel, en usage surtout en France, mon gérant offrit son bras à Louis Blanc qui reprit la route de son domicile.

Il me restait alors à faire ressortir ma bonne volonté et mon travail. Moins d'un mois après, mes qualités d'ouvrier avaient suffi pour me procurer quelques bons camarades. Ceux-ci s'efforçaient de se montrer bons enfants vis-à-vis de moi ; mais, ignorant même le nom de mes outils, je ne pouvais guère tenir conversation avec eux, je travaillai donc sans relâche.

J'eus la chance, dès le début, de me lier d'amitié avec deux braves et dignes Irlandais. Je remarquai qu'en m'apportant du mortier, ils plaçaient une main au front et faisaient le signe de la croix, je devinais qu'ils étaient catholiques ; nous devînmes des amis, à un point qu'ils venaient chaque matin me prendre à mon domicile et qu'ils me conduisaient au chantier, qui se trouvait à plus d'une lieue.

A l'heure du déjeuner, ils allaient acheter ma viande, mes pommes de terre et les faisaient cuire sous une baraque en planches où nous venions prendre nos repas.

La gargote n'existait pas comme à Paris, et chacun faisait sa cuisine à sa fantaisie.

Le genre de travail du plâtrier anglais n'est pas, à beaucoup près, aussi fatigant que celui du parisien. Une sorte de mélange de terre, de chaux et d'autres ingrédients remplace le plâtre ; cela fait néanmoins des plafonds aussi unis et aussi blancs que les nôtres. Je ne puis moins faire que d'avouer que les ouvriers anglais dépensent moins de force au travail que ceux de Paris ; celà doit tenir à la nature des matériaux qu'ils emploient ; mais, pendant les quatre années que j'ai roulé mes outils dans différents quartiers de la ville de Londres, j'ai toujours été moins harassé de fatigue, que je ne l'étais dans les chantiers de Paris.

Ainsi, dès le premier jour de mon arrivée à Londres, j'allais me perdre au milieu de la population anglaise et dans les chantiers de maçonnerie. Je n'eus donc pas, fort heureusement pour moi, à partager le sort d'un nombre très considérable de mes compagnons d'exil, ni voir de trop près les grandes misères qui accablèrent le plus grand nombre. Le travail me sauva ; je puis le dire, cette assurance d'avoir du pain en le gagnant, me soulagea beaucoup ; il me fut possible même de verser constamment mon obole à la caisse générale de la proscription.

Passons sur cette époque douloureuse et néfaste où tant d'hommes de cœur et d'honneur se sacrifièrent pour empêcher un bandit de déshonorer la France, dans une nuit lugubre, qui rappelle le massacre de la Saint-Barthélemy ou les grandes proscriptions faites lors de la révocation de l'édit de Nantes, ou les dragonnades, sous Louis XIV, de sinistre mémoire.

Parmi tous ces exilés, venant de plusieurs de nos départements, il y en avait qui possédaient quelques ressources ; mais le plus grand nombre en était réduit à se loger dans des taudis, à coucher sur la paille et à manger le pain de l'aumône. Heureusement il s'était formé à Paris, un comité qui, par l'intermédiaire d'Hippolyte Carnot, de Goudchaux et d'Emmanuel Arago, fit distribuer de faibles secours. Ainsi put être soulagée cette affreuse misère qui sévit surtout pendant les premiers mois.

Enfin, ces exilés qui se rencontrèrent dans une ou deux réunions publiques générales, se groupèrent bientôt : les uns sous la direction de Ledru-Rollin ; d'autres sous celle de Félix Pyat, et d'autres encore sous celle de Louis Blanc.

Ce triage s'opéra d'après les affinités de caractère et d'opinions de chacun.

Comme dans les anciennes proscriptions nous devions voir surgir certaines divisions entre nous ; mais je crois fermement qu'elles ne prirent jamais un caractère d'aigreur et de violence bien prononcé.

On s'exaltait assez souvent dans nos réunions ; on était forcément conduit et dirigé par le mépris que nous inspiraient Bonaparte et sa bande de flibustiers et d'assassins.

Nous nous rejetions mutuellement les fautes que notre parti avait commises. Alors, nous ne trouvions pas assez avancés les partisans de Ledru-Rollin. Ce qui apportait un certain trouble, c'était cette animosité qui existait entre les partisans de ce dernier et ceux de Félix Pyat, ou entre ceux de Barbès et de Blanqui. Puis, nous qui suivions Louis Blanc nous formions un autre petit groupe. Il n'y avait qu'un seul point où l'accord se faisait facilement entre nous tous, c'est quand on arrivait au chapitre du clergé dont la conduite nous inspirait à tous, le même mépris et la même répulsion.

J'échappai fort heureusement à ces discussions qui finissaient par devenir ennuyeuse et souvent abrutissantes, car, je devais vivre et travailler pendant bien des années au milieu de la population anglaise, à part les dimanches que je venais passer au milieu de mes compagnons d'exil.

Après avoir travaillé dans plusieurs quartiers de la ville de Londres, M. Pickard, gérant de l'*Association des maçons* n'ayant plus de travail chez lui me fit embaucher pour aller dans une superbe campagne du comté de Kent, appelée Footscray. A ce moment, j'étais devenu un assez bon plâtrier ; l'entrepreneur me plaça à côté d'un de ses meilleurs ouvriers, et je tenais assez bien mon bout. C'était du nouveau pour les ouvriers de cette localité, de voir un Français parmi eux.

Je ne fus pas longtemps à remarquer que trois ou quatre de mes camarades de chantier faisaient tout ce qui était en leur pouvoir pour me distraire ; les soirs, ils me conduisaient dans les *public house* du pays ; les dimanches, je me promenais avec eux dans les riches campagnes du plus beau comté de l'Angleterre (Kent).

J'ai eu certainement de bons et de mauvais camarades parmi les ouvriers anglais, cependant si j'avais à me prononcer sur les qualités plus ou moins sociables des ouvriers des deux pays, je serais fort embarasé. Ce qui me paraît le plus conforme à la vérité, c'est que le fond de la nature humaine est le même partout. Sans doute, le Français, à cause de son beau climat et de son vin joyeux est plus expansif, plus ouvert, plus prompt à suivre les premières impulsions de son cœur, et à vous communiquer même ses pensées les plus intimes ; mais si on pénètre à fond sous la dure écorce de John Bull on y trouve bien aussi des qualités équivalentes et des sentiments d'équité qui font sa règle de conduite auprès de ses semblables. Bien souvent je me suis pris de colère contre les uns ou les autres de mes camarades ; mais en réfléchissant, j'arrivais presque toujours à reconnaître mes torts.

La grande crise du bâtiment qui sévissait avec tant de violence au début de la guerre de Crimée, en 1854, avait presque suspendu partout nos travaux.

M'étant plaint de cette situation qui menaçait de me réduire littéralement à la misère, j'en fis part par lettre à un de mes amis qui habitait Manchester. Il me conseilla d'aller le rejoindre. A ce moment, un ennui profond me déchirait le cœur, j'avais déjà contracté quelques dettes, et ce voyage si éloigné de Londres allait m'en imposer de nouvelles. Je savais mon père dans la gêne ; ma fille venait d'entrer en pension à Guéret, chez Mme Baillet ; c'était une nouvelle dépense de quatre à cinq cents francs par an.

Voilà quel était l'état de mes petites affaires quand le manque de travail à Londres m'obligea de partir pour Manchester.

A mon arrivée dans cette grande ville du Lancashire, mon ami Frédéric, bon et digne Alsacien m'attendait. Grâce à ses relations, il me fit embaucher dans une église en construction dans un des faubourgs de la grande ville manufacturière.

Les ouvriers se montrèrent un peu froids à mon égard. Le fils du patron, jeune homme de bonne éducation, s'en aperçut, et comme je lui avais été recommandé, il me recommanda à son tour à son chef de chantier. Avec le temps, ma position devint plus tolérable. J'avais pour camarades de chantier, de véritables soiffeurs ; on se faisait apporter de gros brocs de bière et ils étaient très promptement vidés.

On m'avait procuré un logement dans un quartier où il y avait des nuées d'ouvriers et d'ouvrières des manufactures. Je commençais à voir de près le dévergondage, résultant de cette agglomération des foules sur un même point. Ce dévergondage était pourtant plus apparent que réel ; je me rappelle que dans la maison où j'habitais, j'écoutais les conversations des uns et des autres ; mais elles étaient loin d'être aussi démoralisatrices qu'on aurait pu s'y attendre dans de semblables milieux. Très souvent, il m'arrivait d'aller passer mes soirées avec des jeunes gens à *Shakespeare public house* et j'assistais aux divertissements de la population ouvrière de cette grande ville industrielle.

C'est là que depuis un temps immémorial la jeunesse se réunissait principalement les samedis soir, après la journée. C'était une sorte de théâtre comique, où les amusements les plus burlesques arrachaient à la population des éclats de rire étourdissants. On me montrait un vieil acteur qui depuis bien des années était le favori de la population.

Les deux ou trois fois que je m'y suis rendu, on applaudissait surtout la scène où on représentait de jeunes femmes qui, par jalousie, « se crêpaient le chignon » et d'autres, de vieilles ivrognesses qui faisaient la guerre aux puces avant de se mettre au lit.

A ce moment, les ouvriers des manufactures de Preston ou pour mieux dire de tout le Lancashire étaient en grève. Je me rendis avec mon ami Frédéric dans cette ville, et je vis passer devant mes yeux des faits que de ma vie, je ne pourrais oublier.

Pendant plus de quatre heures de temps, je vis arriver dans une immense salle des ouvriers portant de longs sacs remplis de sous, sur leurs épaules ; ils les vidaient sur les planches ; puis les commissaires de la grève en faisaient la distribution aux ayants-droit. Ce spectacle était d'autant plus étonnant que tous ces hommes affamés par la grève riaient beaucoup et se promettaient de réduire les exigences de leurs patrons et des capitalistes.

La grève de Preston restera une des plus formidables de toutes celles que les ouvriers ont eu à soutenir depuis un demi-siècle. L'abnégation et le courage déployés dans cette circonstance par tant de familles affamées, montre bien la fermeté et la ténacité du caractère de l'ouvrier anglais.

De plus, elle suggéra l'idée aux défenseurs de cette grande lutte de réunir à Manchester, des délégués de toutes les principales villes du nord de l'Angleterre.

Ma surprise fut grande de voir arriver dans mon chantier, des délégués qui se réunissaient là pour tenir leurs grandes assises du travail ou leur convention nationale.

Celui qui s'adressa à moi, me dit : « Je viens au nom des délégués de toutes les villes du nord de l'Angleterre, vous inviter à vous rendre parmi nous comme ayant été dans le parlement français un défenseur de la cause des travailleurs. » L'homme qui me parlait était Ernest John, un des plus célèbres chartistes du mouvement de 1848, qui avait si fortement effrayé Londres à la suite de la proclamation de la République à Paris.

Je l'accompagnai, et mon entrée parmi tous ces dignes travailleurs de l'Angleterre, fut saluée par de très vifs applaudissements. Ernest John se leva et dit aux membres de cette réunion : « Gentlemen, je
« vous propose de nommer membre honoraire de
« notre société, Martin Nadaud, le digne défenseur
« des classes ouvrières en France, au sein du parle-
« ment français, exilé par le criminel du 2 Décembre.
« Avant de voter, je vous propose d'admettre parmi
« nous, le célèbre Louis Blanc, qui habite aussi comme
« proscrit, l'Angleterre. »

Et ce courageux Anglais termina son allocution enflammée et hardie par ces mots :

« Ouvriers et ouvrières, vos intérêts sont iden-
« tiques. Les liens communs de la justice et de
« l'humanité proclament très haut qu'une confédé-
« ration puissante est la seule arme du salut qui
« nous permette de conduire sain et sauf au port notre
« vaisseau. Organisez-vous et ralliez-vous, Français
« et Anglais ; nos efforts ne tarderont pas à être
« couronnés de succès. »

Ce fut par de chaleureuses ovations, que nos deux noms furent acclamés.

Après avoir adressé mes remerciements à ces compagnons de labeur, en peu de mots ; car je ne connaissais pas leur langue, je devais voir à la lecture de leurs journaux du lendemain, que les prolétaires élevaient les mêmes plaintes qu'en France.

Louis Blanc leur adressa une lettre de remerciement dans laquelle on lit :

« Je suis touché plus que je ne puis dire des sym-
« pathies qui m'on valu ma nomination comme
« membre honoraire du parlement Labour. »

Je ne tardai pas à quitter Manchester, pour continuer mes excursions, avec mon ami Frédéric qui me servait d'interprète, jusqu'à Sheffield et Leeds. Introduit auprès des ouvriers de ces deux importantes villes manufacturières par les principaux meneurs du mouvement des *Trades Societies*, par des lettres de John Ludlow et de Thomas Hugues qui me firent connaître, j'eus d'intéressantes conversations avec ces représentants du travail, véritables chefs de ces sociétés qui commençaient à passionner le public.

Revenu à Manchester, je ne tardai pas à aller visiter les grandes mines de charbon de Wigam ; c'était la première fois de ma vie, que je descendais dans ces souterrains, d'une immense profondeur.

Au fur et à mesure que je voyais travailler ces martyrs, ces parias de notre civilisation ; mon intérêt pour eux devenait de plus en plus grand.

Mon guide me mit dans les mains, le pic dont se servaient les mineurs qui se couchaient à plat ventre pour travailler. Ceux-ci s'aperçurent bien que je savais me servir de leur outil. Je leur donnai cinq francs pour l'usage que j'avais fait de leur pioche ; en celà je ne faisais que me conformer à une vieille coutume connue et suivie dans tous les pays. Puis, remonté à la surface du sol, je me dirigeai aussitôt vers Liverpool. Là, le coup d'œil était différent : la mer dans son immensité s'offrit à ma vue et j'avoue que lorsque j'eus visité les docks et remarqué l'immense mouvement d'affaires qui se faisait avec tous les pays du monde dans cette grande place commerçante de l'Angleterre, j'acquis la conviction que l'avenir de la France se trouvait aussi au-delà des mers.

Bien plus tard, en me présentant devant les électeurs

de Bourganeuf, je leur fis part de mon opinion à ce sujet. Élu député, je m'associai à mes collègues qui demandèrent des subsides pour relever notre marine marchande ; je ne craignis pas non plus de défendre les efforts de Jules Ferry, quand il tenta d'annexer la Tunisie et le Tonkin à la France.

Voilà d'où m'est venue cette foi ardente qui n'a pas cessé depuis de me guider dans l'intérêt bien compris de notre chère France.

Je commençais à avoir une idée vague que j'écrirais, un jour, l'histoire des classes ouvrières de la Grande-Bretagne ; alors, imitant les compagnons des devoirs réunis de notre population, je pris courage ; ce voyage, me disais-je, jamais encore aucun ouvrier français ne l'a peut-être entrepris. Il fallait donc commencer à enrichir ma mémoire en examinant d'abord la surface des choses, puis mes lectures me feraient faire un pas de plus dans la connaissance de l'histoire de ce pays.

Après huit jours de promenade dans Liverpool et jusqu'à New-Brighton, je me dirigeai vers l'Irlande. Les discours si pathétiques de Daniel O'Connel attaquant pendant tout le règne de Louis-Philippe la domination anglaise, avaient trop ému les démocrates français pour que l'idée ne me vienne pas de pousser jusqu'à Dublin ; je m'y rendis, et pendant une semaine, un ancien proscrit de 1834, le brave et digne Pallote m'accompagna non seulement dans les bas fonds où gémissaient nos frères, de race gauloise et celtique, mais aussi dans les superbes campagnes de la verte Irlande.

Un dimanche, mon ami me conseilla de me rendre dans l'église Saint-André, pour y voir le tableau des plus grandes misères de la population. Au moment où je vis cette fourmilière de gens, hommes et femmes en haillons, s'agenouiller et embrasser la terre, j'eus un frissonnement de pitié et de honte qui m'émut profondément. Tous les amis du progrès et de l'indépendance des peuples n'auront jamais assez de reconnaissance pour la mémoire de l'illustre ministre anglais, Gladstone, qui s'efforce de vouloir donner à ces malheureux, une représentation nationale et des libertés qui, avec le temps, feraient disparaître les tyrannies papistes.

Continuation de mon voyage en Écosse

Si, au point de vue des connaissances intellectuelles, je n'avais pas perdu mon temps dans les pérégrinations que j'avais suivies jusqu'ici, il me restait pourtant à visiter l'Écosse. Je me dirigeai vers Greenock, où je cherchai à voir l'atelier de James Watt, qui apporta les derniers perfectionnements à la machine à vapeur ; puis, suivant la Clyde, j'arrivai à Glasgow.

De ce voyage, j'en ai parlé chaque fois qu'il m'est arrivé de demander à la tribune, la canalisation de la Seine ou l'exécution du projet de Paris port de mer, parce que j'avais vu que les Anglais, en creusant cette rivière, la Clyde, et en la rendant navigable aux bâtiments marchands, avaient fait d'un petit bourg, une ville de plus d'un million d'habitants.

En débarquant, j'aperçus à côté de moi un bâtiment de commerce portant le pavillon tricolore. Étant allé me loger en face, sur le quai, je rencontrai aussitôt un ami, Chardonel, proscrit, qui avait été secrétaire de l'abbé de Lamennais et qui avait un emploi de professeur dans un des pensionnats de la ville. Ce camarade me mena déjeuner avec un Bordelais qui faisait le commerce des eaux-de-vie et à qui appartenait le bateau portant notre pavillon.

Avec ces deux compatriotes, je ne m'ennuyai pas ; leur ayant dit que je n'avais que quelques jours à passer à Glasgow et que je tenais à visiter les principales industries, ils m'accompagnèrent chez un grand manufacturier qui me montra ses feuilles de paie afin de ne me laisser aucun doute sur les salaires de ses ouvriers.

Le lendemain, les mêmes amis me conduisirent dans les vastes forges de la ville, qui sont situées sur un plateau. Je fus réellement étonné de voir ces vastes fournaises allumées d'où sortaient de vraies flammes d'enfer. Mon étonnement redoubla quand je vis des hommes nus jusqu'à la ceinture, frappant à coups redoublés sur l'enclume, près de ces foyers ardents. Là aussi on me donna la preuve de l'importance des salaires de ces rudes travailleurs, parmi lesquels des tâcherons gagnent jusqu'à douze ou quinze francs par jour.

Si ma bourse dans laquelle mon ami Frédéric avait versé à plusieurs reprises des centaines de francs, n'avait pas été aussi à sec, je n'aurais pas suspendu si vite mes excursions ; car, je sentais que je ne commençais qu'à m'instruire.

La race écossaise, type véritable des Gaulois et des Celtes, est bien une des plus belles et des plus laborieuses de l'Europe, et, au point de vue de l'instruction, elle n'a probablement pas d'égale. Dès le milieu du XVIIe siècle (1642), un parlement écossais, sans mélange d'Anglais, ouvrit des écoles à l'usage du peuple dans toutes les communes. C'était le temps où le célèbre Knox attaquait les rois et faisait pleurer Marie-Stuart, de colère et de rage.

C'est de Glasgow aussi que, dans la première année de ce siècle, devait partir le grand mouvement des *mechanical instituts* ou écoles d'apprentissage, qui, après s'être implantées dans beaucoup de villes d'Angleterre, ont fini, trois quarts de siècle après, par être admises en France.

Mes amis voulurent pourtant me faire visiter le lac Lhomond situé au centre de ces grandes montagnes écossaises visitées si souvent et tant admirées par les touristes.

Après l'avoir parcouru d'un bout à l'autre, nous descendîmes dans un superbe hôtel ; son apparence nous fit craindre que si nous nous y arrêtions pour déjeuner, notre dépense pourrait bien être au-dessus de nos moyens. Nous nous avançâmes plus loin, jusqu'à un endroit où nous aperçûmes une cabane de pêcheurs, située au bord de la mer, et rendue célèbre par les prouesses de Rob-Roy, le héros de Walter Scott.

Là, mon ami s'occupa de nous préparer lui-même une omelette. En nous retirant, nous rencontrâmes un des plus beaux types des montagnards de l'Écosse ; sa longue chevelure grise, sa barbe blanche comme de la neige, sa carrure herculéenne indiquaient bien que ce beau vieillard appartenait à cette puissante race de nos anciens Celtes qui, à un moment donné de notre histoire, firent trembler tous les peuples du monde.

Revenu à Glasgow, je me rendis à ma dernière

étape qui fut Edimbourg, grande et superbe ville, pleine de souvenirs historiques. Pour ne mentionner que le plus important : c'est à Edimbourg que commença la révolution de 1640 qui coûta la tête du roi Charles Ier. L'Écosse devint trois fois le lieu de résidence de nos rois et on montre encore, au vieux château de Holyroad, les appartements de Marie-Stuart et les étoffes brodées de ses mains dans les chambres qu'elle occupa. Plus tard, les nobles fuyant la France que leur trahison avait forcés d'abandonner se réfugièrent dans ce même château, qui servit encore de refuge à Charles X, après 1830.

Mon ami, John Ludlow m'avait remis une lettre pour le tailleur de pierres Hugues Miller, le célèbre géologue, qui devait laisser une si éclatante réputation dans cette importante science. Hugues Miller me reçut avec la plus grande cordialité, et il voulut connaître quelques-uns des faits qui avaient contribué à m'envoyer à la chambre des députés. Enfin, après m'être bien promené dans la vieille ville d'Edimbourg, aussi bien que dans la partie neuve, je regagnai Londres par le bateau.

Ayant épuisé jusqu'à mon dernier sou, je ne sais pas comment je me serais tiré d'embarras, si mon très digne ami Hubert Valleroux ne s'était pas montré dans cette circonstance comme dans beaucoup d'autres qu'il me reste à faire connaître, plein de cœur et de dévoûment à mon égard.

Après ce voyage de quatre mois, si intéressant, si instructif pour moi, je me sentais un autre homme. J'avais appris à connaître les principales villes manufacturières de la Grande-Bretagne, leurs richesses m'avaient beaucoup frappé ; mais ce qui m'avait surtout ému ; c'était la grande misère des producteurs de toutes ces richesses.

A moins que nous voulions cesser de passer pour la première nation civilisée du monde, nous avons à nous préoccuper d'introduire dans nos lois une distribution plus équitable des profits ou bénéfices du travail entre tous les producteurs. Ce voyage accompli d'une manière un peu trop hâtive, devait pourtant laisser dans mon esprit des souvenirs ineffaçables.

Dès 1870, époque où il me fut loisible de porter à nouveau la parole devant notre peuple, soit comme préfet, soit comme conseiller municipal de Paris, ou député de la Creuse, les études que j'avais faites me furent d'une très grande utilité, principalement dans mes conférences et dans mes discours.

A mon retour à Londres, je n'eus rien de plus pressé que d'aller voir mes amis.

Dans ce nombre, il y avait un vieux proscrit de 1834, qui m'accueillait toujours bien, et qui put me procurer du travail de mon métier, en arrivant. C'était Bourra.

Bourra, homme d'énergie et de bons conseils, aidé par une femme vaillante, avait fini par s'établir teinturier. Les affaires produisent les affaires. Bourra avec d'autres ouvriers anglais hardis comme lui, fondèrent une *Building Society* (société de construction).

Par l'influence de ce camarade on m'accorda l'entreprise à façon de deux petites maisons situées dans Bayswater. Comment avais-je signé mon marché ? pas très adroitement ; mes journées sortirent moins fortes que celles des compagnons qui travaillaient avec moi. Ce travail achevé, mes ennuis pour m'embaucher recommencèrent ; j'errai pendant plusieurs semaines, de côté et d'autres, dans la grande ville, sans trouver de travail ; car, la crise produite par la guerre de Crimée avait affamé un nombre considérable d'ouvriers. Je desséchais sur place, je n'avais pas la moindre idée du lieu où je devais diriger mes pas.

A ce moment, un de ces amis rares, auprès duquel j'allai raconter mes peines, finit par me dire : « Je crois m'apercevoir que l'ennui vous gagne, que le chagrin s'empare de vous ; méfiez-vous, vous êtes dans un moment d'abattement ; il faut vous armer de courage et prendre une résolution ferme et virile pour vous relever moralement et sortir de cette impasse. »

J'abandonne mon métier et je deviens professeur

Au commencement de l'année 1855, j'abandonnai le métier de maçon et je me fis professeur de français. Ce grand changement dans mes occupations et dans mon existence je le dus à deux de mes amis, Louis Blanc et Barrère. Ils avaient été témoins de mes nombreux embarras occasionnés par le manque de travail.

« Il faut, si vous voulez nous en croire, me dirent mes amis, entrer dans l'enseignement. » Barrère ajouta : « Je ne vous demande qu'un mois pour vous préparer à notre enseignement. Prenez une petite chambre dans mon quartier et venez me voir, matin et soir, vous verrez que si vous vous donnez à l'étude avec ardeur, vous vaincrez votre hésitation et les difficultés qui vous effrayent tant. »

— « Vous vous trompez sur mon compte, lui répondis-je, mon passage à la Chambre, mon apparition même à la tribune ont pu vous faire croire que j'étais plus instruit que je ne le suis réellement. La vérité, c'est que je n'ai reçu aucune notion des principes de notre langue ; vous en serez donc, mon ami, pour votre peine, et moi pour ma honte à la suite d'un échec, que je considère comme certain. » Alors je refusai catégoriquement.

Le lendemain, je me remis à battre la ville et à chercher du travail. Il n'y a pas à Londres comme à Paris de place de Grève où les ouvriers se rendent chaque matin ; alors on est réduit à courir de quartier en quartier, de rue en rue, pour chercher à s'embaucher. C'était pour moi, le plus cruel des ennuis et des tourments que d'aller dans chaque chantier répéter auprès du *forman* : « *Chance for job, master ?* » (Embauchez-vous, patron ?)

Quand un homme a fait un semblable métier pendant des semaines et sans résultat, on me croira sans peine, quand j'affirmerai qu'il n'en faut pas davantage pour briser le corps et la volonté de l'homme le plus énergique.

Barrère qui connaissait l'attachement et l'affection que Louis Blanc avait pour moi, nous invita un jour à dîner. Dans la conversation, Louis Blanc me dit : « Je sais mieux que vous ce que vous êtes capable de faire, et il faut absolument vous décider à frapper aux portes de l'enseignement. »

La bonne et digne madame Barrère, si gracieuse et si belle, se mit de la partie, et elle m'arracha la promesse que je me confierais aux soins de son mari, pour me préparer à cette besogne.

Ce dernier, homme du métier, longtemps professeur aux Batignolles, qui tenait une pension à la Charité, lorsque le coup d'État ferma son établissement et l'obligea à se réfugier à Londres avec sa nombreuse famille de six enfants, tous en bas âge, était bien l'ami le plus sûr, le plus dévoué qu'on pût jamais rencontrer.

J'allais donc me trouver entre les mains d'un bon et sérieux précepteur.

Pendant deux mois, j'allai veiller le plus souvent possible dans cette maison. Travaillant d'arrache-pied à la langue anglaise, me perfectionnant dans notre grammaire, je fis des progrès qui ne tardèrent pas à me laisser dans l'esprit des germes d'espérance et de consolation.

Barrère suivait de près un de ces placiers qui demeurait dans une petite rue voisine de Trafalgarsquare, Adamstreet, et auquel s'adressaient les maîtres de pension, quand ils avaient besoin de professeurs.

Invité par lettre à me rendre dans le cabinet de cet agent, il me mit aussitôt en rapports avec un clergyman, portant la cravate blanche et correctement vêtu de la redingote traditionnelle du prêtre protestant.

Ce dernier commença par me dire qu'il avait peu d'élèves, douze ou quinze au plus, que par conséquent, je pourrais, si je le désirais, disposer tous les jours de quelques heures pour occuper mon temps, soit dans un autre établissement comme le sien, ou chercher à me procurer des leçons privées dans des familles de la ville ; mais, que quant à lui, il ne pouvait m'offrir que quatre cents francs par an, la table et le logement.

J'écoutai mon homme attentivement mais dans mon for intérieur, j'avais tant le désir de me placer, et un si grand besoin d'avoir du pain assuré que silencieusement, j'acceptai toutes ces conditions.

Puis, j'avais une curiosité folle de savoir ce que pouvait être une maison d'éducation, la manière surtout dont les élèves allaient se conduire avec moi, et comme, à mon tour, je m'y prendrais pour donner mes premières leçons.

Toutes ces pensées agitaient et troublaient mon esprit, mais pourtant le révérend Allen, au service duquel j'allais entrer, avait des manières si distinguées, la parole si affable que j'en éprouvai une première satisfaction qui m'enleva beaucoup de mes craintes et de ma timidité naturelle. Trois jours plus tard j'arrivai à Brighton, 4, Vernon Terrace.

Je n'eus pas à me plaindre des procédés de ce révérend ; il y avait peu de temps qu'il était resté veuf avec cinq enfants en bas âge. Je faisais lire les aînés avec les pupilles de la maison. Il me semblait qu'on était assez content de voir que je parlais toujours français à cette petite famille ; c'était pour le chef de la maison le moyen de hâter les progrès de ses élèves dans notre langue. Je ne fus donc pas très longtemps à m'apercevoir que mon assiduité et les peines que je prenais convenaient à cette famille.

A déjeuner et surtout à dîner, le père montrait bien qu'il était assez content de causer avec moi ; il comprenait toute la réserve que je portais dans nos conversations devant la jeunesse. Mais, à part cela, il était curieux comme tous les prêtres. Tenant à lui dérober mon nom à cause de mon métier, je me tenais sur une certaine réserve ; on ne me connaissait que sous mon prénom de Martin. Alors, au lieu d'occuper ailleurs mes heures de loisir, je songeai d'abord à m'instruire moi-même ; chaque heure de liberté, je la consacrais à l'étude ; dictionnaires anglais et français ne me quittaient plus. Je restai pendant neuf mois dans ce premier établissement, aussi content qu'on peut l'être de mon début. Si, du moins, je ne gagnais presque rien, j'acquérais les premières notions de ce métier et la hardiesse nécessaire pour l'exercice de la profession que je venais d'adopter.

Chaque matin, je descendais faire une promenade au bord de la mer, j'assistais aux évolutions des baigneurs et je prenais part à leurs divertissements. Ma santé qui s'était un peu altérée, redevint vigoureuse et je m'en trouvais très content. J'allais cependant quitter bientôt cette superbe ville de Brighton.

Je donnai avis, un jour, au révérend Allen que j'allais lui donner congé. En lui annonçant mon départ, je lui offris mon remplaçant, un digne proscrit de la Haute-Vienne ; c'est là que je m'aperçus qu'il n'avait pas été mécontent de mes services ; il accepta mon ami et me fit un touchant adieu devant ses enfants et ses élèves.

École de Putnay

L'occasion s'était offerte à mon ami Bourra dont j'ai déjà parlé, de me sortir de Brighton où il savait que je ne gagnais presque rien. Il m'écrivit qu'une place de douze cents francs par an était sur le point de devenir vacante chez le révérend Trimmer à

Putnay, que je n'avais qu'à venir dîner chez lui et qu'il me mettrait en rapports avec le professeur qui était disposé à quitter cet établissement.

En peu de mots, l'arrangement fut conclu et j'allai occuper cette place où il y avait environ quarante élèves. Mon prédécesseur me mit bien au courant des habitudes de la maison et des règles de l'enseignement usitées dans la pension.

Le fils du patron qui était le desservant du village, occupait un pupitre fort peu éloigné du mien. En somme, je n'eus qu'à suivre les coutumes et les usages de la maison ; les livres des élèves étaient sous mes yeux, les morceaux d'Anglais ou de Français à traduire étaient connus ; je passais tour à tour aux thèmes et aux versions, aux leçons de grammaire et aux dictées. Je ne tardai pas à gagner toute l'assurance qui m'était nécessaire pour vivre en bon maître au milieu de mes élèves.

La maison Trimmer était une très ancienne pension de Putnay, qui avait eu l'honneur d'être citée dans un temps, dans des vers de lord Byron ; elle jouissait de la confiance générale des meilleures familles de cette localité. Les élèves habitués à une bonne discipline n'étaient pas très désordonnés ; ceux de la première classe se montraient soumis et obéissants ; deux ou trois d'entre eux avaient voyagé en France avec leurs parents, et ils parlaient assez bien notre langue.

Le bruit avait couru que j'étais un ancien membre exilé du parlement français ; cela ne contribua pas peu à favoriser mes rapports avec le reste de l'école et les autres professeurs.

La corvée qui me déplaisait le plus, c'était de conduire les élèves à la messe ; mais je n'avais qu'à régler ma conduite sur celle des membres de la congrégation, je me levais ou je m'asseyais avec tout le monde et on ne m'en demandait pas davantage.

Je ne devais malheureusement pas faire un très long séjour dans cette respectable famille ; le fils Trimmer, desservant dans cette localité, alla se fixer comme curé dans un village voisin. Le père, très âgé et fatigué, abandonna son école.

Comme il m'avait annoncé sa décision à l'avance, j'attendais que j'eusse trouvé un autre emploi pour partir.

Enfin, un matin, madame Trimmer me fit appeler dans le cabinet de travail de son mari, et me dit que si je voulais me placer aux mêmes conditions que je l'étais chez eux, un de ses frères, le docteur Nicholas, de Ealing, était disposé à m'accepter.

Naturellement l'offre me convenait trop pour la refuser. Me voilà donc parti à travers champs jusqu'à Ealing.

En arrivant, je fus ébloui par l'aspect d'une superbe maison qui se trouvait dans un jardin entouré de grilles et garni d'arbres majestueux formant de riches allées ; c'est là que j'allai remettre la lettre de madame Trimmer à son frère.

Comme nos conditions avaient été faites à l'avance, il ne fut question que des journées et des heures de travail que j'aurais à lui donner. Il y avait plus d'élèves qu'à Putnay et l'enseignement était le même, mais il y avait un peu plus de travail ; il fallait entrer à l'école à sept heures du matin et, à part l'heure du déjeuner, il fallait rester à la tâche jusqu'à une heure après midi et reprendre encore les études, à quatre heures jusqu'à cinq. Pendant cet intervalle mes occupations étaient sérieuses, je ne marchandai pas mon temps à mes élèves, j'étais surtout désireux de leur apprendre à parler le français le plus vite possible, ce que ne faisait guère, disaient mes élèves, mon prédécesseur.

Le moyen le plus sûr de gagner la confiance de la jeunesse, c'est de lui montrer de l'attachement. Je restai dix-huit mois dans la maison du docteur Nicholas, sans y avoir éprouvé le moindre ennui et sans avoir jamais manqué à mes devoirs auprès de mes élèves.

Je m'étais lié dans le village, avec les membres du club littéraire (*Institut Society*). Dans ce milieu lettré et scientifique, je passais des moments tranquilles, jamais je n'avais eu plus de goût, plus d'ardeur, à travailler à mon instruction.

Chaque soir, pendant dix-huit mois, je me livrai à mes études favorites. Je puis dire que pendant mes années d'exil, l'idée de revoir la France, mieux armé pour le bon combat, ne m'abandonna qu'à de bien rares moments ; car je tendais de plus en plus à ma transformation intellectuelle.

Les membres de notre société me demandèrent avec insistance de vouloir faire des conférences sur des sujets historiques.

Je m'y hasardai, bien que connaissant imparfaitement la langue anglaise.

Un de mes élèves un nommé King, de Southampton, garçon très intelligent et qui m'était très dévoué, voulut bien copier, recopier et traduire ma première conférence.

Enfin, le 8 décembre 1857, je me lançai à parler

l'anglais, au milieu d'une société assez bien choisie.

J'avais pris pour sujet de cette première conférence des faits historiques, puisés dans l'histoire de la France et celle de l'Angleterre.

Pendant cette lecture qui dura environ deux heures, on m'accorda la plus grande bienveillance ; mais le plus content, le plus joyeux de toute la réunion, c'était moi.

J'avais traité un sujet épineux et délicat qui m'avait demandé plusieurs semaines d'étude et de réflexion. Si les faits révoltants que je vais dévoiler, me disais-je, sont connus, leur publication n'en sera pas moins intéressante pour ceux qui m'écouteront. Je commençai par flétrir les méfaits de notre antique noblesse et de notre clergé qui avaient tant torturé les masses pendant la durée de leur domination.

Je rappelle ici une citation prise dans ce discours, telle que je l'avais puisée dans Eugène Süe et Esquiros : « Au moment de la révolution de 1789, nous avions : 1.436 abbayes, 12.322 priorés, 259 chevaliers de Malte, 152.000 chapelles, 369 nonneries, 700 monastères, 180.000 manoirs. On comptait à l'actif de ces confréries 3.000 enfants illégitimes. »

La franchise et la hardiesse de mes paroles me valurent l'approbation de la réunion, et j'avoue que ce premier essai dans une langue qui n'était pas la mienne me transporta de joie. Je lisais et je relisais, les soirs, dans ma chambre, cette conférence. Mais, bientôt cela ne suffit plus à mon bonheur, je brûlais du désir d'en faire part à Louis Blanc et à Schœlcher dont les sentiments à mon égard étaient toujours des meilleurs.

Après avoir obtenu l'assentiment de ces deux amis

qui me voulaient tant de bien, j'allai passer une journée à Wimbledon, chez Duché, un de mes collègues de l'Assemblée législative, avec lequel, durant trois ans, nos rapports avaient été des plus cordiaux.

Exilé aussi au coup d'État, mon ami fut forcé pour vivre, avec sa femme et ses trois enfants, d'accepter une place de professeur dans une école préparatoire militaire de premier ordre.

Je ne manquai pas de lui parler aussi de ma conférence.

Avec un élan spontané de cœur, Mr et Madame Duché me dirent qu'ils me connaissaient une place plus avantageuse que la mienne ; ils voulaient parler de celle qu'occupait M. Duché ; car, ajoutèrent-ils : « Nous voulons aller habiter Londres afin de placer nos enfants dans le commerce. »

— « Réfléchis, avant que j'annonce mon départ à mon supérieur, termina mon ami ; nous prendrons alors des mesures pour te faire recommander auprès de mes deux patrons. »

Cela dit, j'allai voir Barrère qui avait occupé pendant quelque temps l'emploi de Duché. Il me dit : « L'affaire est bonne ; je connais un nommé Benoît qui y est resté plus de dix ans et qui a conservé les meilleurs rapports avec ces messieurs. »

Enfin, M. Benoît voulut bien se charger de me présenter dans cet établissement où on ne fit nulle difficulté pour m'admettre. On convint donc qu'à la rentrée des nouvelles vacances, c'est à dire au mois de février 1858, je prendrais possession de mon emploi.

Il ne fut question d'aucune condition ; il était entendu que mes appointements seraient identiques à ceux de mon prédécesseur, Duché ; or, ce dernier recevait 2.000 francs, c'est à dire un traitement supérieur de 800 francs à celui que j'avais à Ealing.

J'avais besoin de gagner un peu d'argent ; car, les années précédentes, celles pendant lesquelles j'avais travaillé comme maçon et celle que je venais de passer à Brighton où j'avais à peine gagné ma vie, m'avaient réduit à la plus grande gêne. Alors, pensais-je, espère, et des jours meilleurs viendront.

Fier comme un millionnaire, j'annonçai au docteur Nicholas que j'allais le quitter, et ce très digne homme, après m'avoir donné un certificat des plus élogieux que je ne manquai pas de produire à mes nouveaux patrons, me demanda un remplaçant. Je lui présentai Bocquet, l'ancien président du banquet du XIIe arrondissement, qui entraîna la chute de Louis-Philippe.

Mon arrivée à Wimbledon

J'arrivai dans cette école, ne sachant si je devais être joyeux ou triste. Trois ans auparavant, j'avais travaillé comme maçon dans cette localité. J'étais poursuivi par cette crainte que les élèves de la maison, appartenant aux grandes familles nobiliaires de l'Angleterre, n'apprissent qu'ils avaient pour professeur un ancien maçon. La jeunesse est toujours disposée à persifler ses maîtres, à les ridiculiser, à leur donner toutes sortes de noms et même à les représenter sous les plus amusantes caricatures.

Si ce malheur m'arrive, pensais-je, il n'y aura pas

à hésiter : il faudra filer.

Heureusement, la maison où j'avais travaillé était un peu éloignée du village et les ouvriers qui avaient été mes compagnons n'appartenaient pas à cette localité, et ils en étaient parti.

Je nourrissais l'espoir que nul ne me connaîtrait, sauf la nombreuse famille de mon ancien logeur, un nommé Beadle. Je résolus de me confier à cet honnête homme et d'aller lui raconter mon histoire; j'eus donc une bonne inspiration, car pendant les quatorze ans que je devais rester dans cette maison, le père et les enfants furent de la plus grande discrétion.

Je n'étais pourtant pas complètement satisfait; d'autres personnes auraient bien pu me reconnaître. A tout prix, me disais-je, il faut redoubler de prudence. Je pris la résolution de ne me promener pendant la journée que dans le vaste terrain de l'école où les élèves se recréaient et se livraient à leurs jeux de cricket ou de foot-ball.

Les élèves s'habituaient peu à peu à leur nouveau maître, ils paraissaient satisfaits de mon enseignement ; je prenais part à leurs jeux, à leurs luttes corps à corps.

Un jour il m'arriva même de faire en leur présence un tour de force qui les surprit et leur arracha des applaudissements.

On sait que les Anglais, habitués aux jeux athlétiques, sont grands admirateurs de la force ; or, il y avait là un certain nombre de jeunes gens de dix-huit à vingt ans qui quittaient l'école pour entrer dans les régiments des Indes, après avoir passé un examen à la compagnie d'Addiscombe-collège qui était la souveraine de ce vaste empire ; on faisait un essai pour soulever un énorme caillou ; les plus forts s'y acharnaient. Comme ancien maçon, je savais que lorsque nous pouvions remuer de terre de gros moellons, nous les roulions sur nos genoux et d'un vigoureux coup de mains, nous les levions au-dessus de la tête.

Bref, je levais ce fardeau, qui nous tentait tous si fort, à leurs applaudissements unanimes. Cela me fit une si grande réputation de fort à bras que je devins très populaire parmi mes élèves. Dès lors il m'arriva très souvent de leur servir d'arbitre dans leurs parties de foot-ball.

Ils me tinrent en grande estime pendant les quatorze ans que je restai dans cet établissement, cachant toujours mon nom pour ne pas laisser apercevoir le manche de la truelle du maçon.

Celui de mes deux supérieurs qui s'occupait des classiques et de la section des langues vivantes, me remit, un matin, la liste de ceux des élèves qui devaient, dans trois mois, se présenter à l'examen public à Addiscombe collège ; il me donna en même temps, d'anciennes compositions qui avaient servi dans des examens précédents. Je me mis à l'œuvre ; mais, mes élèves échouèrent. Les deux supérieurs n'en parurent guère satisfaits ; pendant deux ou trois jours ils me montrèrent une certaine froideur, ce qui me causa un assez vif ennui ; cependant les élèves blackboulés redoublèrent d'ardeur, car, soit que cet échec leur eût secoué le sang ou que parmi les nouveaux élèves qui entrèrent dans la classe, il y eût des sujets plus intelligents, nous nous occupâmes en vue de l'examen prochain, avec le plus grand zèle.

Nos efforts furent couronnés de succès, sur neuf

élèves que nous présentions, quatre furent reçus. Le supérieur, le même soir, m'adressa la note suivante :

« Dear sir.

« I pray you, to receive a small reward for your « trouble. » (Je vous prie de recevoir une petite récompense pour la peine que vous avez prise.)

Et la note contenait un chèque de cinq livres sterling (125 francs).

Comme on doit se l'imaginer, le plus important pour moi, fut d'apprendre le succès de mes élèves, succès qui m'indiquait à moi, pauvre illettré, la voie que je devais suivre pour les concours à venir.

Puis, ce n'était pas peu d'avoir gagné la confiance de mes deux supérieurs et celle de mes élèves.

Aux examens de juin et de décembre 1859, sans avoir obtenu de brillants succès dans ces concours publics, Wimbledon school s'était tenue dans un bon rang ; personnellement ma situation était assurée.

Comme je n'allais à l'école que deux fois par semaine, le soir, de sept heures et demie à neuf heures, je consentis sur la demande des patrons, à m'y rendre deux fois de plus et ils augmentèrent pour ce surcroît de travail, mes appointements de cinq cents francs, ce qui me faisait deux mille cinq cents francs, la table et le logement.

Cette même année eut lieu une grande insurrection dans les Indes ; pour une foule de motifs, dont je n'ai pas à m'entretenir ici, le gouvernement jugea à propos de se substituer à la compagnie des Indes et de prendre possession de toutes les forces de l'armée anglaise.

Il en résulta pour notre école, une nouvelle organisation et des études beaucoup plus importantes.

Wimbledon, comme école préparatoire militaire, eut à entrer en concurrence avec toutes les autres institutions libres du pays et on exigea, à part la langue française, de plus grandes connaissances de notre histoire et de notre littérature.

Ici, commence pour moi, la portion la plus laborieuse de ma vie. Comment, en effet, enseigner ce que je n'avais jamais appris ?

Il y avait bien entre les mains des élèves qui se destinaient à la carrière militaire de petits abrégés d'histoire, mais ils ne servaient guère qu'à bourrer la mémoire de ces derniers de quelques notions principales.

Avec le nouvel enseignement, je craignais surtout d'être insuffisant ; car, je ne pouvais plus me contenter de faire réciter comme un perroquet ces questionnaires.

J'avais toujours peur aussi que j'eusse à répondre à des questions qui me seraient posées par mes élèves.

Je me mis donc sérieusement à étudier notre histoire dans tous ses détails.

Mes lectures commencées dans les prisons de Mazas et de Ste-Pélagie, le goût que j'avais acquis de ces études historiques, me suggérèrent l'idée de consulter nos grands historiens, Guizot, Henri Martin et Augustin Thierry.

Puis, pour me guider dans mon enseignement auprès de mes élèves, je commençai à écrire un petit cours de notre histoire que j'ai conservé.

L'Amnistie

En décembre 1859, au moment de nos vacances, quand mon supérieur, me remit mon chèque trimestriel, je lui annonçai que j'étais compris dans l'amnistie que Louis Bonaparte venait de signer en faveur des proscrits.

Je lui fis connaître mon nom de Nadaud pour la première fois ; car je m'étais placé sous mon nom de baptême, Martin, et cela, avec l'intention de lui cacher ainsi qu'aux élèves, mon ancien métier de maçon. Nous nous mîmes à rire l'un et l'autre : « Ce n'était pas pour moi un secret, dit-il, je connaissais votre histoire depuis votre entrée chez nous ; car vos amis, Messieurs Benoît et Barrère, qui vous portent tant d'intérêt m'avaient mis au courant. »

Alors j'ajoutai : « Je vais rentrer en France ; je vous demande, Monsieur, une faveur : c'est de m'accorder quelques semaines avant de vous promettre si, oui ou non, je reviendrai chez vous. »

M'ayant invité à dîner, M. Brackenbury, et M. Wynne, mes deux supérieurs me dirent : « Vous savez que nous faisons construire un plus vaste établissement, ce qui va nous permettre de prendre un plus grand nombre d'élèves. Si donc vous voulez revenir à notre service, nous vous donnerons 1.500 francs de plus. » (Ce qui portait mes appointements à 4.000 francs, la table et le logement.)

Avec cette promesse, je partis pour revoir notre belle patrie. Je courus d'abord, en arrivant, embrasser mon très vénéré père que je n'avais pas vu depuis neuf ans ; je trouvai le vieillard tout à la joie de revoir son seul fils.

Il attendait à Pontarion, la voiture de mon ami Pizet, qui était venu me chercher à Bourganeuf. Après nos premières accolades, nous gagnâmes la maison de La Martinèche. Je tiens à rapporter ici les premières paroles que le vénérable vieillard m'adressa en route. Soudain il s'arrêta et frappa la terre d'un coup de son gros bâton noueux, et dit : « Mon enfant, si tu avais fait comme les autres, je n'aurais jamais osé lever les yeux et sortir de chez nous. »

Ces paroles ne me surprirent point. Je n'ai jamais rencontré un homme d'un caractère plus élevé et plus digne que mon père.

Huit jours après, je le quittai pour aller passer quelques jours à Paris. Je tenais à voir les deux gérants de l'*Association des maçons*, mes deux amis Cohadon et Bouyer qui travaillaient avec moi à la mairie du XIIe arrondissement, lorsque je les plaçai comme gérants à la tête de notre association. Naturellement, ils me reçurent à bras ouverts ; mais j'attendis en vain qu'ils me proposent de me faire une place parmi eux. Mon attente fut déçue.

J'ai eu longtemps sur le cœur, cet acte d'ingratitude, mais ayant mieux réfléchi à la situation de leurs affaires, je compris la difficulté de leur position.

Ils avaient pour clients les ministres de l'empire, Rouher et Fould, ainsi que Jérôme Bonaparte et une foule d'autres bonapartistes qui étaient devenus millionnaires du jour au lendemain par les moyens employés par la plupart de ces misérables.

Je vis donc clairement que ma présence dans l'association ne pouvait que leur être nuisible, et pour moi, humiliante et gênante.

Mon chagrin ne fut pas bien grand, j'écrivis à mes deux patrons à Wimbledon, qu'ils pouvaient compter sur moi à la rentrée de leurs élèves.

Je retournai donc en Angleterre où je devais rester jusqu'au jour de la déclaration de la guerre de 1870.

———

Mon retour à Londres

Au jour indiqué, je me trouvai à mon poste, au milieu de mes élèves et félicité par mes supérieurs. Je n'eus qu'à reprendre le train-train habituel de la maison.

Six mois après, nous rentrions dans la nouvelle école, grand et vaste bâtiment de style gothique qui reçut aussitôt cent vingt élèves. Je fus chargé de l'enseignement du français ; mon temps était occupé de la manière suivante : je faisais un cours à la première classe, de sept heures à huit heures ; on déjeunait ; puis, de neuf heures à une heure de l'après-midi, quatre autres classes se présentaient alternativement, deux autres me venaient de trois à cinq heures ; enfin une dernière m'arrivait de sept heures et demie à neuf heures du soir. Ensuite, après avoir enfermé les élèves dans leurs chambres, nous trouvions notre dernier repas préparé. Ce souper consistait toujours pour les professeurs, en viande froide, en bon fromage et en bière à discrétion. Cette rude journée de travail ne m'effrayait pourtant pas, je m'étais engagé à suffire à cet enseignement, sans l'aide d'un second maître.

J'avais eu un double motif pour agir ainsi : d'abord je tenais à avoir de meilleurs appointements ; puis, je ne tenais guère à avoir un collègue dans la maison faisant le même enseignement que moi ; je craignais toujours qu'il s'aperçût de mes points faibles ou de mon manque d'instruction première.

Les élèves qui me donnaient le plus de souci, étaient ceux qui se préparaient pour entrer dans l'artillerie et le génie. Si quelques mois avant de se présenter aux examens publics de Woolwich, je m'apercevais de leur infériorité, de mon chef, je les priais de venir dans ma chambre, et je les faisais travailler souvent jusqu'à onze heures du soir.

Je ne terminerai pas ce chapitre sans faire un éloge mérité, de la plupart des jeunes élèves des hautes familles de la nation anglaise.

Je n'ai aujourd'hui, sur mes vieux jours, qu'à jeter les yeux sur ma bibliothèque pour voir sur les rayons une vingtaine de volumes du plus grand prix, me venant des Peel, des Lawrence, des Cumberland, des Nicholson, des Dickens, des Ross, des Forster, des Welsey, des Chamberlin, des Cruickshank et des Jones.

Ils m'ont fait passer des heures ou plutôt des années heureuses, ces braves jeunes gens qui surent reconnaître l'attachement que j'avais pour eux. Presque chaque année à la fin des trimestres, avant de partir en vacance, quelques-uns des plus grands me prenaient sur leurs épaules, et me promenaient en triomphe dans toutes les classes en criant : « hurrah ! hurrah ! pour notre vieux *chape* (leur vieil ami), comme ils m'appelaient. »

Il y avait comme examinateurs à l'académie de Woolwich, deux anciens représentants du peuple, l'un Savoye, du Haut-Rhin, et l'autre, Alphonse Esquiros, un des plus vieux républicains de nos luttes sous Louis-Philippe.

Souvent, mes anciens collègues qui ne connaissaient le nom des élèves qu'après leur réception, m'ont dit que les élèves de Wimbledon School étaient toujours bien préparés.

Mes principaux qui m'ont occupé pendant quatorze ans ne m'ont jamais adressé le moindre reproche.

Notre respect fut constant et mutuel ; M. Brackenbury et M. Wynne étaient réellement des hommes justes, loyaux et sincères pour tous les professeurs. Le révérend Brackenbury, de l'académie de Cambridge, père de neuf ou dix enfants, avait épousé une demoiselle Delafosse, issue d'une famille de proscrits de l'édit de Nantes. Lorsqu'elle me recevait à sa table, il y avait toujours un mot en souvenir de nos dignes ancêtres qui eurent tant de mérite qu'ils enrichirent, par leur intelligence et leur travail, les pays où la brutalité des rois catholiques les avaient forcés de s'exiler. M. Brackenbury était tellement laborieux que son exemple encourageait tous ses professeurs ; à cette qualité il en ajoutait une seconde qui est bien nécessaire à tous les chefs d'établissements : il veillait à ce que nous fussions bien nourris et bien payés.

Jamais je n'ai vu une seule fois pendant quatorze ans, M. Brackenbury, ne pas être à son pupitre, à sept heures du matin, quand on faisait l'appel pour constater le retard des élèves. Il faisait alors la prière, puis il distribuait aux retardataires, un nombre plus ou moins considérable de lignes à copier ; si l'un deux se mettait dans le cas de se faire punir plus sévèrement, il l'appelait dans son cabinet, et là il lui distribuait « une bonne volée de coups de canne. » L'élève avait le droit de refuser, mais alors, M. Brackenbury écrivait à ses parents de venir le chercher : telle était la sanction.

Cette maison, outre qu'elle était connue pour sa grande discipline était également très réputée dans les jeux de foot-ball et de cricket. Les samedis, lorsque j'allais assister aux luttes de ces jeunes gens, si énergiques et si téméraires, je ne faisais qu'un vœu, c'était celui de voir passer en France des jeux aussi violents, qui sont pourtant nécessaires au développement des forces musculaires de notre jeunesse. Puis, un instant après, je devenais triste si je comparais ces jeux athlétiques, aux jeux de billes et de la toupie qui font le charme de nos enfants. C'est alors qu'on comprend mieux la parole de Wellington, disant un jour que c'était à la grande école d'Arow qu'il avait gagné la bataille de Waterloo.

Le révérend Charles Wynne, de l'académie d'Oxford, qui enseignait les classiques était également un professeur très aimé et très estimé de nous tous.

J'ajouterai pour ma satisfaction personnelle que je trouvai le temps de publier dans le journal *Le Réveil* de notre digne et héroïque Delescluze, une correspondance sur les questions ouvrières de l'Angleterre. J'ai joint, plus tard, d'autres documents que j'avais collectionnés pour servir à la publication de mon histoire de l'Angleterre.

Il peut se faire que le lecteur trouvera que j'ai fait démesurément mon éloge ; mais proscrit par un indigne gredin qui a été assez lâche pour livrer l'épée de la France à l'empereur d'Allemagne, j'ai voulu montrer aux républicains français et surtout à mes concitoyens de la Creuse, qui ont une réputation si méritée d'hommes énergiques au travail, que je n'avais pas été indigne de leur confiance, pendant mes années d'exil.

Je ne quittai l'Angleterre que le jour de la déclaration de la guerre de 1870. Arrivé à Paris, je fus conduit par des amis chez Gambetta ; le grand patriote me serra cordialement la main et me tendit en même temps, ma nomination de préfet de la Creuse.

Mon départ de Londres

A mon débarquement en France, j'avais entendu, à l'entrée de Villemomble, un convoi de soldats qui passionnaient le public par leurs cris : « A Berlin ! à Berlin ! »

Triste et abattu, je venais de quitter ma grande école militaire où j'entendais parler tous les jours des forces dont disposait l'Allemagne ; il n'était pas étonnant que mon anxiété fut plus grande que celle de la plupart de mes concitoyens.

Quelques jours après mon arrivée à Paris, je me rendis dans la Creuse ; mais quand on avait entendu parler un homme on les avait tous entendus, tant étaient grands et bruyants les applaudissements qui accompagnaient notre vaillante armée ; mais passons sur ces lugubres moments.

Absent depuis vingt ans, je m'efforçai de gagner la confiance de notre population qui devait me rendre d'abord possible toute chose par son patriotisme et son attachement à ma personne. Deux hommes ne me laissèrent pas isolés dans ma préfecture, Edmond Fayolle et le jeune Adolphe Carnot jouissant, par l'autorité de leurs grands noms si aimés et si respectés, de la considération des Creusois, qui, avec mon jeune secrétaire, Camille Barrère, aujourd'hui ambassadeur à Berne, si laborieux et si intelligent, m'attirèrent en peu de temps la confiance et les sympathies de la population.

Je ne perdrai pas de vue ici que j'ai publié dans un volume intitulé : « *Six mois de préfecture.* » les principaux évènements de cette malheureuse et fatale époque.

Privé de l'appui de la presse, surtout du journal *Le Conciliateur* qui s'était fait remarquer par ses indignes bassesses vis-à-vis de l'empire, j'eus recours au journal l'*Echo de la Creuse*, dirigé par un bon et digne républicain, Cornillon-Savary, qui sut toujours remplir avec scrupule et honneur sa noble mission de journaliste. Chaque fois en effet, que je dus m'adresser à la garde nationale, aux francs-tireurs et aux maires du département, son concours ne me fit jamais défaut. Cornillon-Savary était venu de Paris pour continuer le journal de son beau-père, le digne Betoulle. Il nous apportait en même temps, le cœur et l'esprit de la société des typographes de Paris dont il avait été le président, société qui s'était fait remarquer sous tous les gouvernements par son amour pour le peuple, et ses tendances libérales.

Je me fais ici un devoir de publier les dernières lignes que Cornillon m'adressa, au moment où je quittai la préfecture. Il disait : « Nadaud n'a pas cru « devoir conserver ses fonctions, en présence de la « retraite de celui qui, pendant quatre mois, à force « de courage et d'indomptable énergie, a tenu haut et « ferme en province, le drapeau de la France. Cette « détermination honore notre préfet, et nous ne « pouvons qu'y applaudir, comme aux termes dignes « et fermes, par lesquels, il l'annonce à ses compa- « triotes trompés et peu reconnaissants. »

Je ne devais plus perdre de vue mon bon et sincère ami ; car, depuis cette date, chaque fois que j'eus à réclamer quelques services pour notre département et sa vaillante population, Cornillon n'a jamais manqué de me seconder. Il prit une bonne part à l'organisation du banquet qui eut lieu à Guéret en 1878, à l'occasion de l'anniversaire de la prise de la Bastille, avec l'aide et l'appui de deux bons et sincères Creusois, Adenis, agent-voyer, et Fillioux, membre de la société archéologique de notre département.

A cette occasion, je prononçai un assez long discours qui fut vivement applaudi.

Je disais que : « rien n'est plus de nature à tran- « quilliser la conscience d'un homme public, que « l'approbation qu'il reçoit de ses juges naturels. »

Ce banquet eut du retentissement dans le département où la population était si désireuse d'effacer les hontes que la réaction du 16 Mai nous avait infligées.

Cornillon s'intéressa beaucoup aussi à l'organisation de la conférence interdépartementale du canal de jonction de la Garonne à la Loire, qui devait réellement desservir les véritables intérêts creusois.

C'est pour moi un devoir et une bien vive satisfaction, que d'avoir saisi cette occasion pour rendre hommage à cet honnête homme que j'aime et que j'estime bien sincèrement.

Voyage à Bordeaux

En quittant la préfecture, j'étais accablé de tristesse et d'un amer chagrin ; j'avais la conviction que l'assemblée réunie à Bordeaux, où j'avais été passer quelques semaines, allait disputer la République à la France ; j'étais à ce moment loin de croire que l'homme important de cette époque, M. Thiers, n'allait pas manœuvrer de manière à nous ramener les d'Orléans. C'est plein de cette crainte qui me déchirait l'âme, que je quittai Bordeaux pour me rendre dans mon village, où un incendie allumé par un homme criblé de dettes, avait détruit une de mes granges et les récoltes qu'elle contenait.

Ayant tourné et retourné autour de ces cendres fumantes, je me décidai à abattre les débris et à les relever. A peine étais-je à l'œuvre avec trois ouvriers de mon voisinage, que la nouvelle du succès de la population de Paris, sur les troupes qui restaient au gouvernement m'arriva.

Aucun doute ne pouvait s'élever dans mon esprit; mon devoir était tout tracé : voler au secours de la population de Paris. Subitement, je pris une voiture, j'ordonnai de me conduire avec mon secrétaire,

Camille Barrère, à la gare de Vieilleville où j'avais l'intention de prendre le train. Un accident de voiture me retint alité pendant cinq jours à Janaillat, où tous les soins me furent prodigués par une bonne et charmante femme, Madame Lunaud.

Arrivé à Paris, la première personne, chez laquelle je me rendis, ce fut chez mon ami Charles Delescluze. En me voyant, il me dit : « Vous arrivez trop tard, nos élections ont eu lieu ; tâchez néanmoins de nous rendre les services que vous pourrez. » On commença à s'occuper dans une réunion tenue avenue Victoria, de faire partir des émissaires dans les départements afin de créer une agitation destinée à influencer M. Thiers dans le sens de la République.

Je m'abouchai avec les rédacteurs du nouveau journal *Le Réveil*, puis, je publiai des articles dans lesquels je relatai, d'après des données historiques, les méfaits et les crimes qu'avaient eu à subir nos municipalités sous la monarchie et l'empire.

Cette publication, encourageante pour les défenseurs de la Commune, n'était pas de nature, je le sais bien, à désarmer nos implacables adversaires, mais je l'avoue, j'étais résolu à soutenir la Commune, si grande était ma crainte que l'assemblée de Versailles n'assassinât la République, ce qui aurait eu lieu immanquablement, si les départements n'eussent pas manifesté leur désir et leur opinion en envoyant un grand nombre de délégués auprès de M. Thiers pour le supplier de conserver la République à la France.

Enfin, ce bonheur, devait nous être réservé, et la noble population de Paris, qui avait eu à supporter les horreurs de deux sièges inoubliables qui l'avaient cruellement affamée, reçut un jour la consolante nouvelle qu'elle allait être dotée d'un conseil municipal.

Nomination d'un conseil municipal

La satisfaction fut grande parmi la population parisienne.

Jamais aucune assemblée ne montra plus d'assiduité ni plus d'ardeur au travail, que le premier conseil municipal élu, qu'ait eu notre capitale. Le conseil avait à donner de l'essor aux affaires, remettre le travail en mouvement, relever des ruines nombreuses, et, en même temps, il était animé d'un grand désir de bien servir la République.

Un jour que je dînais chez Gambetta, avec Braleret, ce dernier nous apprit qu'il y avait un conseiller municipal à élire dans le XXe arrondissement. Alors Gambetta, en nous regardant nous dit : « Nadaud, voilà votre affaire. »

Après avoir été ainsi désigné, Cartigny, Gérard et Henri Passé, trois vieux républicains éprouvés, s'empressèrent de me présenter aux électeurs, dans une réunion du quartier du Père Lachaise ; puis, le 29 novembre 1871, je fus élu et j'allai prendre place sur les bancs du Luxembourg où siégeait le conseil.

Je devais tout naturellement me préoccuper de la crise du bâtiment, parce qu'alors, tout le monde se désolait et s'affligeait de la suspension presque générale de nos travaux de construction.

M'étant préoccupé de la question, je demandai dans

la séance du 20 mai 1872, qu'on exonérât de tout impôt les maisons qui se commenceraient dans le cours de cette année. Ma proposition fut acceptée.

Depuis quelques mois, le conseil municipal était enclin à conserver les parties de l'Hôtel de Ville, les moins atteintes par l'incendie. J'allai examiner de très près ces ruines en compagnie de deux de mes collègues, Cantagrel et Vauthier, deux architectes et quatre entrepreneurs de maçonnerie. A la suite de cette enquête, ces hommees compétents se rangèrent à mon opinion qui était de démolir de fond en comble l'ancien Hôtel de ville. Mon rapport reçut l'approbation du conseil. Les ruines de cet édifice disparurent pour être remplacées par le beau et grandiose monument que Paris et les étrangers admirent tous les jours.

J'omets d'autres importants travaux auxquels je devais me livrer. Secondé par un conseil extrêmement laborieux, qui ne marchandait ni sa peine, ni son temps et mû moi-même par le grand désir que j'avais de vouloir atténuer cette immense crise, je fis un jour à mes collègues, la proposition d'élever une ville industrielle dans la plaine de Gennevilliers, pour que de ce point, on pût construire, en approfondissant la Seine, des docks et une gare qui rattacherait Paris à notre grand fleuve.

Le conseil prit en considération mon rapport ; malheureusement, on n'y a pas encore donné suite.

Mes occupations de conseiller municipal n'absorbaient pas tout mon temps ; au mois d'octobre 1872, j'ouvris une série de conférences à la salle d'Arras, sous la présidence d'un de mes collègues, Charles Floquet.

Ma pensée fixe et bien arrêtée était, comme je l'ai déjà dit, d'attirer l'attention publique sur l'industrie du bâtiment et sur la reprise du commerce de Paris. La démocratie n'était pas encore entrée dans cette période où il suffisait qu'un républicain déchire un autre républicain pour obtenir les sympathies du peuple. J'avais pris la peine de bien étudier les sujets que je me proposais de développer devant le public.

Autant il est puéril et ridicule à un homme de se vanter, autant il le serait de ne pas parler de ses succès, quand le public les reconnaît.

Dans la première conférence, les applaudissements unanimes d'une salle contenant environ deux mille personnes, couvrirent ma voix à différentes reprises et les Creusois, si nombreux dans ce quartier, qui ne m'avaient pas entendu depuis vingt ans ne furent pas des derniers à me féliciter et à me serrer la main.

Passant à grands traits sur différents sujets historiques, je commençai par leur montrer où la misère avait réduit les deux peuples anglais et français au commencement du siècle, et les moyens employés par nos deux aristocraties pour se débarrasser des meurt-de-faim.

Il y avait dans le code anglais cent vingt-trois cas de peine de mort. A celui qui dérobait un morceau de pain chez un boulanger, la mort.

A celui qui enlevait un agneau dans un champ ou coupait une aubépine, la mort.

On en vint à oublier les condamnés à mort dans les prisons, comme le prouva un membre du parlement, M. Benett, qui en trouva cent vingt-neuf, dans la seule prison de Newgate, en 1817.

La France, sous la vieille monarchie, n'était pas moins cruelle que l'Angleterre.

Pour sacrilège, brûlé vif ;

Pour régicide, écartelé ;

Pour vol de grand chemin, la roue ;

Pour les ouvriers en révolte, la roue ;

Pour les roturiers, la potence.

Dans la deuxième conférence, je fis connaître les principales luttes de la révolution du XVIe siècle qui mirent fin à l'influence du pape en Angleterre et je présentai beaucoup d'autres considérations. Je m'écriai :

« Ce n'est pas la science qui manque aux gouvernements de nos jours, l'esprit court les rues ; il y en a autant dans le voisinage de la place Maubert que dans celui de la Chaussée d'Antin ; c'est plutôt l'amour de l'humanité. Le cœur s'est refroidi, nous n'aimons pas assez nos semblables : nous manquons de cette chaleur d'âme qui, comme l'a dit si éloquemment, La Boétie, inspire les grandes pensées. »

Je continuai pendant plusieurs mois, de quinzaine en quinzaine, à faire des conférences. A ce moment, Paris était en état de siège. Mais, M. Jules Simon qui était ministre ne me retira pas l'autorisation de continuer ces réunions.

Dans la troisième ou quatrième conférence, je traitai des questions de salaires.

Nos ouvriers creusois furent très étonnés d'apprendre que nos voisins leur fussent supérieurs et que le nombre d'heures qu'on exigeait d'eux, chaque jour, était plus grand, bien qu'ils gagnassent moins d'argent.

Puis, dans d'autres conférences, j'abordai des sujets d'un intérêt plus direct, plus immédiat, tels que les importantes questions des caisses de retraites pour la vieillesse ; celles sur les sociétés de secours mutuels, la création des écoles d'apprentissage. Comme les journaux avaient annoncé que Gambetta devait présider une de mes conférences au théâtre de Belleville, il y eut foule. Je l'avoue, je m'étais sérieusement préparé.

Plus de vingt députés, de nombreux journalistes et un certain nombre de conseillers municipaux vinrent m'entendre.

Dans ma péroraison, je disais : « Armons-nous de « courage, messieurs, et si ces grandes misères mo- « rales dont je viens de vous entretenir appellent de « notre part des sacrifices pécuniaires, ne nous lais- « sons pas arrêter par quelques millions ; tout ce qui « donne de la valeur à l'homme, en donne au pays ; « il y a donc nécessité et une nécessité absolue d'an- « nexer aux écoles primaires des ateliers d'appren- « tissage. »

Gambetta, comme président, prit ensuite la parole. Il fit l'éloge du langage de Martin Nadaud : « éloquence propre aux hommes qui se sont faits eux-mêmes à travers les rudes épreuves de la vie. »... « Que faut-il conclure, dit le tribun, en présence d'un pareil esprit de solidarité ? C'est que la France se relèvera, c'est que la France sera sauvée par l'émancipation morale et intellectuelle de sa population. »

Mon élection en 1876

L'élection législative de 1876 remua le corps électoral dans toutes nos communes; ardente et passionnée fut cette lutte, prélude des funérailles de ces hommes qui s'appelaient de Broglie, Buffet et Fourtou qui avaient répété majestueusement qu'ils « voulaient mener la France, ou la faire passer par le trou d'une aiguille », comme avait osé le dire avant eux lord Palmerston.

J'avais pour concurrents dans l'arrondissement de Bourganeuf, deux bonapartistes : l'un militant, M. Bonnin, et l'autre, bonapartiste honteux, M. Émile Coutisson.

Ce dernier, flatteur et cajoleur du peuple, aimait à dire aux électeurs : « Je voudrais bien voir la figure que fera notre maçon, quand il aura à se présenter à la tribune ou dans le cabinet d'un ministre. »

Alors, ses partisans, rien que de penser à mon ignorance, s'écriaient : « Vous avez bien raison ; on n'acquiert pas du jour au lendemain, les talents nécessaires pour faire un député. »

Enfin, il y a toujours eu des hommes qui ne dédaignent pas d'abaisser ceux qui les gênent pour se grandir eux-mêmes. Plus tard ce même Coutisson ne devait pourtant pas se montrer d'une éloquence bien entraînante lors de son passage à la Chambre.

Un homme bien connu dans notre arrondissement et d'une haute valeur, Léonce de Lavergne, se jeta dans cette lutte, où les bonapartistes déployèrent tant d'acharnement. Il disait aux électeurs : « Je ne partage pas toutes les opinions de M. Nadaud, mais j'honore son caractère. »

La campagne se termina en ma faveur, mais à une assez faible majorité.

Élu député, dans la séance du 16 mai 1876, je débutai à la tribune par un assez long discours, par lequel, d'accord avec M. Tirard, ministre du commerce, je demandai un crédit de 100.000 francs pour l'envoi de délégués ouvriers à Philadelphie afin qu'ils y étudient les produits et les richesses de l'exposition des États-Unis.

La Chambre vit partir avec satisfaction cette délégation d'ouvriers qui allait nous revenir avec des rapports et des études complètes sur les différentes industries de la grande république.

Dans une autre séance, celle du 21 mai, même année, la Chambre eut à discuter un emprunt considérable destiné à l'achèvement du boulevard Saint-Germain et à la construction de l'avenue de l'Opéra.

La lutte que j'entrepris à la tribune contre mon collègue Allain-Targé, me valut les applaudissements d'un grand nombre de personnes. Je ne suivis pas mon adversaire sur le terrain où il avait placé la question : il trouvait que le budget de la ville, tel que venait de nous le laisser M. Haussmann, était déjà assez obéré et il concluait au refus de l'emprunt et par conséquent de toute entreprise de travaux publics.

Je traitai ce sujet à un autre point de vue, celui de l'assainissement des quartiers insalubres et de la démolition de plusieurs rues étroites et malsaines où la population s'étiolait de siècle en siècle.

J'avais à détruire un autre argument de mes adversaires ; ils affirmaient que nos nouveaux travaux allaient attirer une nuée d'ouvriers de province à Paris.

La réfutation de cette objection n'était pas difficile :
« Savez-vous, leur disais-je, combien de maisons il y
« a à construire dans l'avenue de l'Opéra ? Environ
« soixante ou soixante-dix. Si vous admettez qu'une
« vingtaine d'ouvriers y soient occupés à la fois, vous
« aurez un chiffre de mille à quinze cents ouvriers,
« ce qui n'est ni dangereux, ni menaçant pour la tran-
« quillité de Paris. N'oubliez pas surtout, messieurs,
« que les matériaux de construction : pierre, plâtre,
« sable, brique, ardoise, nous viennent de province
« et que vos ouvriers ont tant d'intérêt que ceux de
« de Paris à la reprise générale des travaux du bâ-
« timent. »

L'emprunt fut voté à une majorité considérable.

Jusque là les craintes de mes ennemis ne se justi-
fiaient pas, puisque les ministres et la Chambre m'a-
vaient parfaitement écouté.

Je combattis ensuite la proposition d'un de mes
collègues qui demandait, pour le compte des manufacturiers du nord, l'abolition de l'article 9 de la loi
de 1874, relative au travail des enfants dans les manufactures.

Mesure grave. Ces messieurs exigeaient que le
système des relais qui accordait une demi-journée
de repos aux enfants au-dessous de quinze ans pour
leur permettre de fréquenter l'école primaire, fût
rayé de cette importante loi.

Dans cette même séance du 25 juillet, un sujet bien
différent devait venir en discussion devant la Chambre et contre lequel la population de Paris se montrait pleine d'une juste colère. Il fallait payer les places
de chemin de fer pour se rendre à la campagne plus

cher, le dimanche que les autres jours de la semaine, et il en était de même pour les bateaux, sur tout le trajet de la Seine.

« Je ne veux rien dire de désagréable à la Chambre, « m'écriai-je, mais élever le prix de nos moyens de « circulation, les jours de fête, c'est blesser la conscien- « ce de tous les travailleurs. »

Le bruit ayant couvert ma voix, j'ajoutai : « Je finirai, « messieurs, par croire qu'il n'entre pas dans vos in- « tentions de faire quelque chose d'utile et de prati- « que pour nos populations. »

Interrompu à nouveau, je répondis : « Vous vous « flattez d'avoir des sentiments plus égalitaires que « les seigneurs anglais ; oui, je le reconnais, vous « avez ces qualités. Mais, quand on y fait appel, tout « change, et il n'y a plus rien. »

« Savez-vous ce que vous faites en n'encourageant « pas les promenades des ouvriers à la campagne, « pendant la journée du dimanche vous les poussez « au cabaret. »

— *Une voix au centre* : « Mais, c'est une interpel- « lation que vous faites. »

— M. NADAUD : « J'explique ma pensée, on n'est « pas toujours court à volonté, je voudrais savoir « l'être.

« Tenez pour certain que les ouvriers qui aiment les « promenades à la campagne, n'aiment pas le cabaret. »

— « C'est très vrai, très bien ! très bien ! »

« Chaque fois que vous verrez un homme prendre « plaisir à ramasser des fleurs, à examiner les créations « de la nature, soyez convaincus qu'il y a chez cet « homme un commencement de moralité. Cette mora- « lité, il l'apporte dans sa famille et c'est par le déve-

« loppement de ces sentiments que vous ferez réelle-
« ment un peuple tel qu'il doit être. »

— *Très bien, ! très bien ! et applaudissements sur divers bancs.*

A la fin de cette première session, je revins à Bourganeuf pour rendre compte à mes électeurs de mon mandat. J'eus la joie d'entendre dire à beaucoup de mes amis que je leur avais tenu beaucoup plus que je ne leur avais promis.

Pourquoi ne le dirais-je pas ? J'avais été humilié par mes adversaires politiques que leurs mauvaises passions, leur haine contre un simple ouvrier avaient aveuglés.

La lutte des 363 pour le triomphe de la République

Réélu à une grande majorité à la suite du succès décisif des 363 qui devait écraser pour toujours les Buffet, les Fourtou, les de Broglie et la coalition des ennemis de la République dans les rangs desquels s'était enrôlé M. Coutisson, me sentant raffermi par le corps électoral, je m'aperçus que la Chambre m'accordait une certaine confiance ; aussi je visais à éviter le plus possible les personnalités. Étudier, me fortifier, suivre le travail des commissions avec assiduité furent mes principales préoccupations.

Je me liai d'amitié avec le sous-bibliothécaire de la Chambre des députés, Pecqueur, un homme d'un très grand mérite, avec qui, je devais travailler avec assiduité.

Ancien secrétaire de Louis Blanc à la commission du Luxembourg, Pecqueur avait publié un livre d'économie politique qui avait été couronné par l'Académie ; il me donna un vigoureux coup de main pour m'aider à préparer le premier discours que je devais prononcer sur les travaux publics. Ce premier discours était complet.

Je m'efforçai d'appeler l'attention de la Chambre sur des sujets très dignes d'elle.

Dans la séance du 1er décembre 1876, je suppliai le ministre de concéder des lots de travaux à des associations ouvrières. Je cherchai à démontrer à la Chambre que nous ne pourrions pas nous défendre de la concurrence que les nations étrangères faisaient à notre commerce avant d'avoir relevé notre marine marchande et fait de Paris un port de mer et avant aussi d'avoir achevé notre système de canalisation commencé, je crois, par Sully, et dont, à chaque génération, le développement s'est arrêté.

Je secondai également de mon mieux le grand projet de M. de Freycinet relatif à notre réseau de chemins de fer.

« Mais, messieurs, dis-je, je veux rendre immédiatement justice à la commission du budget et à son honorable rapporteur, M. Sadi Carnot qui n'a pas hésité à accepter les crédits demandés et à accorder des allocations prévues au chapitre du budget.

« Ces crédits s'élèvent à plus d'un milliard ; ce chiffre est beau à constater, car si nous voulons détruire à tout jamais les espérances des ennemis de de la république, nous ne pouvons le faire qu'en imprimant au travail national, un grand et prodigieux élan.

« Je dis et je soutiens que la Chambre ne doit pas oublier que le budget des travaux publics est le budget des pauvres.

« Je demandai une augmention de salaires au profit de nos ingénieurs et de nos conducteurs des ponts et chaussées de 4e et 5e classe, et de nos cantonniers. »

Les journaux applaudirent à mon langage, quelques-uns exagérèrent même mes qualités d'ouvrier et d'orateur ; tout bas je n'en étais pas fâché.

Dans cette même séance du 2 décembre 1876, je remontai une seconde fois à la tribune. Il s'agissait d'organiser tout un système de sociétés coopératives, comme l'avait demandé M. Laroche-Joubert, par une proposition. Ce ne fut pas le principe que je devais combattre, mais le moyen indiqué par mon collègue.

« A mon avis, dis-je à la Chambre, la réglementation de notre collègue est inutile, la liberté nous suffit, comme elle suffit aux Anglais qui voient prospérer ces sociétés depuis vingt-cinq ans qu'ils ont songé à y avoir recours. »

Discours divers
Mon intervention dans les discussions

Prenant goût de plus en plus à mes occupations parlementaires et me sentant encouragé par des collègues bienveillants, je demandai à la Chambre que l'on reprît l'enquête sur le régime des prisons, à laquelle s'était livrée l'Assemblée constituante qui nous avait précédés. C'était le digne Pecqueur, homme de tant de cœur et d'une conscience si pure, qui

m'avait conseillé d'étudier cette question. Il ajoutait :
« Vous vous devez, vous, enfant du peuple, à ceux qui sont tombés et qui n'ont plus ni les moyens, ni la volonté de sortir de l'abîme de misères où ils se trouvent plongés. »

C'était une question qu'il me paraissait bien difficile de faire aboutir. Cependant, en y réfléchissant, il me semblait que mes sentiments et mon cœur devaient me faciliter cette tâche.

Un jour, je lisais attentivement un discours de M. Bardoux, ancien ministre, aujourd'hui sénateur. L'énumération qu'il nous avait faite de l'augmentation de la criminalité en France me fit frémir de honte ; car, selon lui, la proportion avait plus que doublé et triplé, dans ces derniers temps. D'un autre côté, M. l'avocat général de la cour de Paris m'avait appris que le nombre des prisonniers qui avait été de 4.300, en 1830, s'était élevé, à cette époque, à 58.400 ; c'est à dire qu'il était devenu 13 ou 14 fois plus élevé.

Ému par un si lamentable tableau, je devinai bientôt que je ne pouvais plus me baser sur l'enquête précédente ; l'idée me vint de demander à M. le Ministre, l'autorisation de visiter nos prisons, ce qui me fut aussitôt accordé. Je me rendis d'abord à la Petite Roquette ; un employé complaisant, qui avait reçu du directeur, l'ordre de m'accompagner, m'ouvrit l'une après l'autre les cellules où étaient enfermés de jeunes enfants qui étaient occupés à des tours et façonnaient divers petits objets. J'avoue qu'en les questionnant sur les différentes causes qui avaient amené leur arrestation, je ne tardai pas à m'apercevoir que ces malheureux enfants étaient presque tous de fieffés petits menteurs. Je sortis de là pour me rendre à la grande Roquette ; puis, je visitai les prisons de la Santé, de Poissy, de Melun, sans avoir appris grand'chose ; mais, je me sentis gagner par la commisération et je résolus de me rendre utile à ces malheureux en réparant les torts que la société avait pu avoir contre eux.

Enfin, je portai à la tribune, le fruit de mes études et de mes recherches, dans la séance du 10 février 1878.

« Quel est le ressort, demandai-je, que nous devons
« faire mouvoir pour arrêter cet effrayant accrois-
« sement du nombre des délits et des crimes ?

« Il faut, à mon avis, que cette Chambre s'adresse
« au public, qu'elle s'inspire de cette pensée, que nous
« sommes presque le dernier des peuples civilisés au
« point de vue du régime pénitentiaire.

« Il est réellement honteux pour nous de savoir que
« les sociétés de patronage n'existent que de nom,
« bien que l'utilité en ait été reconnue sous tous les
« gouvernements depuis la Restauration.

« Il faut pourtant faire revivre ces sociétés tuté-
« laires, car si nous abandonnons les prisonniers
« libérés à leur sortie de prison, tout le bien que nous
« aurons pu leur faire sous clé sortira rapidement
« de leur cœur et ils songeront à recommencer leurs
« méfaits. »

Après avoir fait l'énumération de toutes les sociétés philanthropiques fondées en Angleterre et avoir signalé tous les bienfaits moraux résultant de ces sociétés, je m'élevai avec vigueur contre l'organisation du travail dans nos prisons, qui était dans les mains de quelques exploiteurs, qui rongeaient l'État aussi bien que les malheureux condamnés.

« C'est surtout pour l'enfance que nous devons fonder
« de bonnes et utiles institutions. Si nous manquions
« à cette noble mission, nous ne mériterions pas
« qu'on nous désignât pour être les législateurs de ce
« grand pays qui s'appelle la France. » *Applaudissements.*

Dans ce même intervalle, je harcelai le président de la Chambre pour qu'il mît à l'ordre du jour ma proposition sur les écoles manuelles d'apprentissage.

A ce propos, une discussion s'engagea entre M. Tirard, ministre du commerce, et moi. Puis, dans la séance du 9 septembre 1878, pour stimuler le zèle et l'ardeur de la Chambre, je prouvai à mes collègues qu'ils auraient tort de fermer les yeux sur cet enseignement suivi avec tant de soin, en Angleterre et en Allemagne. « Jugez-en, messieurs, tandisque nous
« commençons par conduire nos petits enfants dans
« des salles d'asile au milieu d'un air presque fétide,
« mais toujours malsain, les Allemands ont créé de
« vastes cours, des jardins où il y a des fleurs d'un
« côté et de l'autre des outils. On apprend à ces enfants les noms de ces outils ; ils connaissent non
« seulement leurs noms mais ils savent s'en servir.

« Est-ce que nous resterons stationnaires ? Est-ce
« que dans l'Europe entière nous serons à peu près
« les seuls à faire exception ? — Ce serait pour nous
« une honte. J'ai la conviction profonde, et je voudrais
« la faire partager par la Chambre, que cette question
« est la plus importante que les jeunes gens de la
« fin de ce siècle auront à résoudre. »

La Chambre envoya à sa commission, cette proposition qui devait être réalisée plus tard par un ministre qui a été bien injustement calomnié, Jules

Ferry.

MM. René Brice et Dugué de la Fauconnerie voulurent ensuite supprimer le droit des pauvres sur les recettes des théâtres ; cette mesure allait surtout diminuer assez considérablement le budget de l'assistance publique. La Chambre comprit, et elle rejeta la proposition de nos deux collègues.

Un autre député, M. Frébaut s'opposait à ce qu'on démolît les bâtiments de l'exposition au Champ-de-Mars et à l'Élysée. Je m'y opposai et j'eus aussi gain de cause.

Il y avait à abroger un décret de 1850 qui avait retiré aux conseils de prud'hommes la nomination de leurs présidents. Une première fois, le Sénat avait repoussé cette proposition.

La question revint devant la Chambre et passa de nouveau dans les commissions ; nommé rapporteur, je me livrai à une assez longue étude. Ayant demandé l'urgence, elle fut acceptée et la Chambre vota l'abrogation de cette vieille relique de l'empire ; dès lors, les conseils de prud'hommes furent régis par le droit commun.

Puis, à propos des travaux du nouvel Hôtel des Postes, le bonapartiste Haentjens, attaqua ce projet comme entraînant des dépenses trop considérables, je ne manquai pas de me lancer à la tribune, mû par deux considérations : en premier lieu, assainir ce quartier déjà assez encombré par l'église St-Eustache, et, en second lieu, donner du travail aux ouvriers.

Mais une question épineuse et dure à enlever ce fut celle qui avait pour but de diminuer les heures de travail de la journée des ouvriers. Je procédai avec beaucoup de ménagement, vu l'opposition que je pressentais.

Je fus bien inspiré ; car, un de nos collègues, M. Marcel Barthe, vieux républicain de 1848, fit une charge à fond pour faire repousser par la Chambre, ma proposition. Il réveilla toutes les rancunes qui pouvaient exister dans l'esprit de la Chambre par le souvenir des discours injustement critiqués que Louis Blanc avait prononcés au Luxembourg sur cette question. Il n'oublia pas de faire revivre les intempérances du langage tenu par les ouvriers pendant la période des ateliers nationaux et dans beaucoup d'autres circonstances.

Je lui répondis par un très long discours qui se trouva tout naturellement inséré à l'*Officiel* de la séance du 16 février 1878 :

« Ne portez pas, mon collègue, lui dis-je, la discus-
« sion sur ce terrain, en réveillant de vieilles rancunes,
« dont doit peu se souvenir cette chambre ; car, comme
« vous, je suis un homme de 1848. Je vais vous dire
« de suite ce qui me préoccupe : c'est d'alléger les
« peines, la souffrance imposées à notre population
« par une journée démoralisante et écrasante d'heures
« de travail ; il semblerait, cher collègue, que nos
« usiniers, nos manufacturiers ne peuvent lutter qu'à
« la condition de tenir nos ouvriers à l'attache comme
« des esclaves, du soleil levant au soleil couchant.

« Votre erreur est grande, cher collègue, ce sont
« précisément les deux nations où la journée de travail
« est la plus courte, l'Angleterre et les États-Unis, qui
« nous font la plus sérieuse et la plus dangereuse
« concurrence. »

Nous devions revenir plus tard sur cette question, car elle devait faire la navette, du Sénat à la Chambre, pendant bien des années, pour se terminer d'une façon qui fait plutôt honte à nos sénateurs et à nos députés qu'elle ne leur fait honneur. En effet, la loi qui fixe la journée à onze heures de travail me paraît souverainement injuste.

Je ne me lassai pas. Je m'étais promis si souvent, pendant mes années d'exil, de ne jamais oublier la triste condition du peuple, que jamais je ne passais le moindre instant sans songer à l'accomplissement de mes devoirs ; autrement j'avais du remords et il me semblait que je ne gagnais pas l'argent qu'on me donnait. Aussi, je me hâtai de déposer un projet de loi pour la création d'une caisse nationale de retraites pour la vieillesse.

D'accord avec Charles Floquet, Amédée Lefaure, Clémenceau et d'autres de mes collègues, je fis cette proposition dans la séance du 11 Décembre 1879. Dans le libellé, je disais : « La question ouvrière envisagée sous toutes ses formes, intéresse non seulement les travailleurs manuels de l'industrie et de l'agriculture ; mais encore la nation entière. » J'ajoutais qu'un regard, tant soit peu attentif, sur le sort des classes ouvières, démontre que, s'il est vrai qu'un certain nombre de travailleurs habiles et robustes réussissent, à force de privations de tous genres, à se mettre à l'abri des malheurs et des infirmités de la vieillesse, il n'en est pas moins exact d'affirmer que la très grande majorité de nos concitoyens en est réduite à avoir recours à l'assistance publique et à demander le pain de l'aumône, sur leurs vieux jours.

Ainsi, dès que la Chambre eût envoyé ce projet de loi, devant une commission composée de MM. Bertolon, Paul Casimir-Périer, Guyot, du Rhône,

Maze, plusieurs autres de nos collègues et moi nous nous empressâmes d'adresser un projet d'enquête à la presse, aux industriels et aux sociétés ouvrières. Cette enquête ne fit que nous confirmer l'utilité et l'importance de notre projet de loi ; mes collègues me firent l'honneur de me désigner pour être leur rapporteur ; j'avoue que je m'efforçai de me rendre digne d'un travail qui me tenait beaucoup à cœur.

Sachant que les luttes du passé devaient servir d'exemple à l'avenir, je crus devoir remonter à l'origine des sociétés de secours mutuels, qui existaient autrefois chez les juifs, chez les Grecs et chez les Romains, ainsi qu'à celle des corporations qui subsistèrent en France jusqu'en 1789.

Dans ce long rapport, après avoir parlé des louables efforts de la Convention nationale, il me fut facile de prouver que l'idée d'une caisse nationale de retraites naquit sous l'influence des évènements de notre Révolution de 1848. Il y eut à cette époque de sérieuses tentatives qui ne réussirent pas ; ce ne fut ni le désir ni la volonté qui manquaient aux représentants de notre seconde République ; mais, tiraillés en tous sens par la conduite infâme d'un gouvernement astucieux et fourbe, la Chambre n'eut bientôt plus aucune orientation durable et suivie.

Voilà pourquoi ce fut à nous qu'incomba cette grande mission de doter la France de cette bonne loi qui régit aujourd'hui les sociétés de secours mutuels et qui tend de plus en plus à sortir la population, de la misère et de la dégradation morale où la royauté et les prêtres l'avaient plongée.

A la suite de tous ces discours et de ces longs rapports pleins de faits historiques que je livrai à la Chambre, mes collègues comprirent bien que j'avais utilisé mes années d'exil pour augmenter mon petit bagage littéraire. Je pris en même temps parmi eux un peu d'ascendant.

Je sentais en effet aux conversations auxquelles je me mêlais avec mes collègues, que mes relations devenaient plus faciles et plus agréables.

Un jour, j'entendis murmurer dans les couloirs de la Chambre un certain bruit : il était question de me nommer questeur de la Chambre, mais comme je n'avais fait la moindre démarche auprès de mes collègues pas plus que je n'en fis jamais pendant les huit années que je devais occuper cette honorifique fonction, je restais incrédule.

Enfin, par le plus surprenant hasard, mes protecteurs devaient être les employés de la Chambre, les huissiers et les collets rouges, ainsi qu'on désigne tout le personnel.

Les rapports des députés avec les employés sont constants ; chacun d'eux a son garçon de vestiaire ; ils se voient soit en arrivant à la Chambre, soit en partant.

Alors l'employé disait en riant et d'une manière respectueuse : « Vous avez un questeur à nommer ; nous voudrions bien voir arriver à ce poste, Martin Nadaud, nous l'aimons tous beaucoup. »

Qu'avais-je fait à ces braves et dignes serviteurs ? — Rien, absolument rien, sinon que je ne passais pas à côté d'eux sans les saluer ou tenir avec certains des conversations familières. Mais, ils n'ignoraient pas que je sortais de leur classe et qu'ils n'avaient jamais découvert en moi le moindre degré d'orgueil ou de vanité.

Il est vrai qu'une fois mon nom mis en avant, mes collègues me prouvèrent que j'avais parmi eux de bonnes et sérieuses sympathies.

L'Exposition de 1878

Pendant les années qui suivirent les désastres de la guerre de 1870 et les luttes néfastes des hommes du 16 mai qui menaçaient toujours de livrer la République aux partisans des anciennes dynasties, ces querelles réitérées avaient par leur bruit et leur animation, étourdi et comme paralysé la France. Du travail, du grand mouvement d'affaires nécessaire à l'existence d'un peuple, il en était à peine question. Cependant, un jour, le président de la République, l'homme des réactionnaires, de Mac-Mahon, qui ne fut heureusement pas de leur acabit, se rendit au tribunal de commerce, rue de Lutèce. Là, bien que soldat, il parla le langage des affaires. L'effet de sa parole fut grand et comme prodigieux. Trois ou quatre journalistes, Émile de Girardin en tête, osèrent parler de l'ouverture d'une exposition pour 1878. On ne tarda pas à discuter l'emplacement du terrain où elle pourrait avoir lieu, et finalement, on choisit le Champs de Mars et le Trocadéro.

La Chambre des députés se décida alors à nommer une commission dont j'eus l'honneur de faire partie ; mais il n'y eut pas d'entendement possible. A la deuxième réunion, on fit valoir que les travaux étaient trop importants pour que nous puissions être en mesure d'ouvrir l'exposition au 1er mai 1878,

Ingénieurs et architectes furent consultés, mais n'osèrent pas prendre un engagement précis, tant les travaux en sous-sol leur paraissaient d'une importance plus considérables que ceux en élévation.

Un seul homme était bien décidé à aller de l'avant et à se mettre de suite au travail : c'était le ministre du commerce, M. Teysserenc de Bord ; je me ralliai à son opinion avec tant d'ardeur et d'animation que plusieurs membres de la commission, revinrent sur leur premier vote.

J'avais prouvé par un langage pratique, appuyé par de nombreux exemples que la chose était possible. J'ajoutai : « Que vos architectes, Monsieur le ministre, fassent des lots, puis, mettez-les en adjudication, avec condition expresse que les entrepreneurs s'engageront à vous livrer leurs travaux au jour que vous leur fixerez. »

La commission décida de soumettre cette question aux Chambres. L'opposition que nous firent les bonapartistes et les orléanistes fut vive et même tumultueuse.

Dans la séance du 1er avril 1878, je prononçai un discours plus hardi que correct parce que, à propos des dépenses que les travaux devaient nécessiter, un bonapartiste, au nom de ses amis, demandait que les ministres fussent mis dans l'obligation de montrer leurs livres de dépenses à la Chambre.

« Je ne crois pas, messieurs, dis-je, que cela soit
« bien digne du parlement ; je ne veux pas apporter
« à cette tribune un esprit de défiance, car chacun
« sait que la moralité et l'honnêteté de nos ministres
« est hors de toute atteinte. »

Je ne sais plus à quel propos le ministre Teysserenc de Bord eut à m'écrire, toujours est-il que dans cette lettre, il me remercia du vigoureux coup de main que je lui avais donné. Il alla plus loin ; chaque fois qu'il me rencontrait, il me disait qu'assurément notre exposition aurait été retardée de plus d'une année sans mon vigilant concours.

Inauguration du chemin de fer de Bourganeuf à Vieilleville

Cette fatale assemblée nationale, qui a voté la constitution qui nous régit encore, d'une manière assez déplorable, comprit pourtant la nécessité de doter tous nos chefs-lieux d'arrondissement d'un chemin de fer.

Naturellement, Bourganeuf devait avoir le sien. A ce propos, il s'éleva au sujet de l'emplacement de notre gare, entre un petit clan de propriétaires, à la tête duquel se trouvait M. Delage, propriétaire de Rigour, et le reste de la population, un différend assez difficile à trancher. On en était venu à se demander si les intérêts de notre population allaient être sacrifiés à une poignée d'intrigants sans loyauté et sans pudeur.

Dès que le maire de la ville et le conseil municipal virent que, grâce aux manœuvres adroites et aux démarches persistantes des principaux intéressés, la gare allait être érigée dans le trou de Rigour, à plus de deux mille mètres du centre de la ville, les habitants et la municipalité commencèrent à se lamenter et à agir ; on n'entendit plus qu'un cri d'indignation qui fut bientôt partagé par les habitants des principales communes de l'arrondissement.

A qui ces messieurs devaient-ils adresser leurs protestations si ce n'est à leur député ? Naturellement, j'ouvris les yeux à mon tour. J'avais alors pour ami intime, le maire de Bosmoreau, Durand. Il m'écrivit à Paris, une lettre qui ne me permettait pas de rester spectateur indifférent dans cette lutte où les intérêts de Bourganeuf étaient en jeu.

Durand disait : « Le tracé Delage sacrifie les mines de Bosmoreau, tout aussi bien que les intérêts réels de notre ville. »

Au lieu de répondre à mon ami, je m'empressai de quitter Paris pour venir sur les lieux. Dès que j'eus parcouru attentivement la ligne, je m'en retournai à Paris et je me présentai avec un double plan chez le directeur des chemins de l'État. Notre conversation ne me satisfit pas ; les lettres que je recevais de Bourganeuf m'annonçaient d'autre part, que le travail des sondes se continuait vers Rigour.

Que faire ? je demandai aussitôt une audience au ministre des travaux publics qui était alors M. Varroi. Il me convoqua dans son cabinet, en présence du directeur des chemins de fer de l'État et de deux autres ingénieurs. Aux questions posées par le ministre, ces messieurs ne soutinrent que mollement leur projet, mais ils ne l'abandonnèrent pas. Je sortis du cabinet du ministre pourpre de colère et plein d'une vive indignation ; mais, ayant demandé une deuxième audience, le ministre m'apprit qu'il avait nommé un nouvel ingénieur, M. Daigremont, et qu'il attendait de lui une seconde étude. Le ministre ne tarda pas à la recevoir et dans cette étude l'ingénieur lui annonçait qu'il avait modifié le premier tracé et qu'il plaçait la gare de Bourganeuf au centre de notre ville.

Je fis aussitôt connaître cette heureuse nouvelle à nos amis et à la population.

Nos commerçants surtout venaient d'échapper à une combinaison qui aurait été désastreuse pour eux, attendu que la gare se trouvant très éloignée, cela leur aurait occasionné des frais de transport plus grands et une perte réelle dans leurs affaires.

De plus, comme nous sommes en un pays d'agriculture et d'élevage, nos campagnards et les marchands n'auraient pas eu la gare à proximité pour embarquer leurs produits, ce qui aurait encore été préjudiciable au commerce local.

L'inauguration du chemin de fer fut une fête magnifique dont on se souvient encore dans notre ville; il y eut un banquet à la fin duquel furent prononcés plusieurs discours. En somme, pendant cette journée, j'eus ma bonne part des compliments et des ovations du public.

J'ai également été assez heureux de faire voter par la Chambre des députés, la ligne de Bourganeuf à Felletin, mais je suis sorti trop tôt de la vie politique pour m'attacher à son exécution avec toute l'énergie et la ténacité qu'il aurait fallu lui donner, mais j'espère toujours que tôt ou tard nous verrons réaliser ce projet ; car il n'est pas possible qu'on abandonne ainsi une ligne dont l'ancien ministre des travaux publics, M. de Freycinet, est venu dire dans notre commission : « Qu'il la considérait comme très importante dans son système général de chemins de fer. »

A ce propos, je me souviens qu'étant allé présenter

mes civilités à M. de Freycinet, après mon échec électoral, il me dit qu'il n'oublierait jamais que j'avais été parmi les premiers députés qui avaient accepté et défendu son grand projet de travaux publics. Il me rappela de nouveau l'importance de la ligne de Bourganeuf à Felletin ainsi que de tout l'ensemble de son projet.

En effet, dans la séance du 23 février 1881, je disais :
« Si ma mémoire m'est fidèle, il y a longtemps
« déjà que l'on dit que les projets de M. de Freycinet
« ne seront pas exécutés.

« Nous avons pour devoir de montrer au pays que
« nous sommes décidés à exécuter les chemins de fer
« que nous avons votés et, puisqu'il y a aujourd'hui
« un projet à l'ordre du jour, votons-le, et nous en
« voterons d'autres demain. Il faut que les projets de
« M. de Freycinet s'accomplissent, il faut que l'on
« puisse dire partout : la République a tenu parole
« au peuple, elle a fait de grands travaux et achevé
« en 7 ou 8 ans ce que l'empire n'a pu faire en 20
« années. » *Très bien ! Très bien ! à gauche. Exclamations à droite.*

Le ministre avait donc, je crois, raison de me dire que j'avais déployé de l'énergie et de l'activité pour soutenir le réseau qu'il proposait.

Il me semble que depuis on aurait dû s'occuper davantage de la ligne si importante qui doit relier Bourganeuf à Felletin, et dont on n'a pas reparlé depuis si longtemps.

La suppression du mur d'enceinte de Paris

Dans le cours des années que j'ai passées dans nos différentes assemblées, ma pensée dominante comme ma plus importante préoccupation a été de viser aux moyens d'encourager et de développer le plus possible l'industrie du bâtiment ; mais de toutes les tentatives que j'ai pu faire dans ce sens, je place au premier rang deux de mes propositions dont l'initiative m'appartient entièrement. La première est ancienne, elle date de 1849, époque à laquelle je demandai des modifications à la loi du 3 mai 1841 sur l'expropriation publique.

Cette proposition reprise par les bonapartistes suggéra à Louis-Napoléon son décret du 20 février 1852, décret qui lui permit, en l'appliquant à sa façon, de bouleverser la capitale au gré de M. Haussmann, sans trop faire crier les Parisiens. On sait ce qui eut lieu ensuite : démolitions et reconstructions incessantes pendant près de vingt ans. Pourquoi n'avait-on pas gardé ma proposition de loi ? — parce que j'appartenais à l'extrême-gauche. Mais, malgré mes opinions, des journaux bien éclairés soutinrent en 1854 ; et un peu plus tard, en 1862, que ma proposition avait déterminé un grand mouvement d'affaires.

J'eus lieu, malgré cela, de me montrer satisfait ; le travail auquel j'avais songé a été exécuté.

Ensuite, je demandai par un second projet de loi du 24 juillet 1882, que la Chambre voulut bien abroger le décret de 1840 qui avait établi la zône militaire qui enfermait Paris dans un cercle de plus d'un million de mètres carrés de terrain improductif et inoccupé.

Des entrepreneurs et des propriétaires vinrent, un matin, chez moi, pour me demander de présenter à la Chambre un projet de loi qui devait rendre toute l'étendue de cette zône, libre de toute entrave, et prête à recevoir des constructions. Nous ne nous fîmes pas d'illusions, nous savions que nous allions avoir pour adversaire acharné, l'état major militaire; néanmoins, on finit par se dire que ces messieurs produiraient leur défense et que les députés ne manqueraient pas de soutenir la leur.

En déposant ma proposition, je disais : « Nous n'ignorons pas, messieurs, que le projet de loi que nous soumettons à vos délibérations ne soulève des critiques de plus d'un genre. On ne manquera pas de faire valoir que cette muraille est nécessaire en cas de guerre pour la défense de Paris.

« Je me contenterai de vous soumettre l'opinion du grand Carnot, qui, au moment où il organisait la victoire, se souciait peu de la défense des capitales ; voici la réponse qu'il fit à l'empereur Napoléon qui l'avait consulté, en 1815, sur les moyens de fortifier Paris :

« Il vous faut, dit-il, deux cents millions, trois ans
« de travaux; puis, soixante mille hommes prendront
« Paris en vingt-quatre heures. » Telle avait été aussi sur cette défense, l'avis du maréchal de Saxe et de Napoléon lui-même : « Toute armée qui s'enferme,
« disait-il, est perdue pour la victoire ; elle est forcée,
« un jour donné, par la famine. »

« Ne perdons pas de vue, messieurs, disais-je, que l'enceinte seule couvre une bande de cent quarante-deux mètres de largeur, sur une circonférence de 33.165 mètres de long ; ce qui fait une superficie de 4.709.430 mètres carrés ; en outre, l'espace occupé par la servitude militaire a 250 mètres de large sur une circonférence de même longueur. Elle comprend donc une étendue de terre de 8.291.250 mètres carrés. »

Il y avait là de quoi faire réfléchir les députés sur l'inutilité de cette zône. Il n'y eut pourtant pas de vote ni à la commission, ni à la Chambre ; mais peu à peu l'opinion publique s'occupa avec ardeur de la question, enfin des propriétaires plus hardis que les autres construisirent de nombreuses maisons à leurs risques et périls, sans craindre qu'un jour on se trouvât dans la nécessité d'abattre ces maisons ; et, depuis, Paris s'étend toujours de plus en plus.

C'est donc avec raison que je me flatte d'avoir été le premier à prendre l'initiative de ce grand mouvement de construction qui a créé peu à peu de petites villes autour de la grande.

Des logements insalubres

Dès la première année de mon élection, en 1849, je m'étais occupé de cette question morale et humanitaire des logements insalubres, comme on peut le voir à l'*Officiel* du 7 octobre de la même année et du 8 août 1850. Je fus très heureux de reprendre cette idée, à la date du 31 janvier 1882, toujours affecté de la négligence des pouvoirs publics.

A cette époque, j'avais vu de près les taudis de Londres aussi bien que ceux de Paris ; en outre, je venais de passer six ans au conseil municipal de Paris, et, comme chacun de mes collègues, j'étais allé de quartier en quartier pour étudier les rapports que la loi de 1850, sur ce même sujet, nous avait obligés de faire. Malheureusement cette loi ne nous autorisait pas à pénétrer dans l'intérieur des maisons, pas plus que dans les manufactures ni les usines, ce à quoi visait ma nouvelle proposition.

Le rapport que je fus chargé de faire à la Chambre au nom de la commission, dénonçait des abus qui avaient fini par engendrer des maladies scrofuleuses dans ces tristes et lugubres habitations. Comme l'avait déjà très justement déclaré le rapporteur de la loi de 1850, M. de Riancey qui s'était exprimé ainsi : « L'air « vicié et corrompu qui séjourne dans ces misérables « logis finit toujours par créer des maladies spéciales, « causant souvent une mortalité effrayante. »

J'ajoutai : « N'est-il pas de toute nécessité, Messieurs, que les pouvoirs républicains interviennent « pour améliorer un état de choses aussi lamentable « et aussi révoltant ? » Je continuai : « Agissons avec « vigueur, messieurs, l'humanité nous le commande « et l'intérêt bien compris de notre pays nous en « fait un sérieux et important devoir. »

Je me rappelle qu'à ce moment, des collègues de la droite me disaient en riant : « Il est heureux qu'il n'y ait pas dans votre parti, beaucoup de députés comme vous, vous feriez aimer la république. »

Ce compliment je ne l'acceptai pas ; je ne le méritais pas seul ; car, sur ce point, ma mémoire est fidèle, j'ai toujours vu le parti républicain, dans toutes ses nuances, brûlant du plus vif désir d'améliorer la condition morale et physique du peuple.

Comme l'adoption de mon rapport se traînait devant la Chambre, de session en session, pris d'une juste indignation, le 3 août 1884, je prononçai quelques paroles qui firent taire ceux qui m'interrompaient. Je commençai par dire à la Chambre qu'il me venait à l'esprit une bien triste pensée. — « Parlez, parlez. » — « Je crois que l'apparition du choléra dans notre vieille Europe, au lieu d'avoir été un malheur a été au contraire, un grand bienfait ; sans le choléra, en France, comme à Londres, je doute que les pouvoirs publics eussent jamais songé à porter la pioche dans les quartiers pauvres.

« C'est la peur que les quartiers riches fussent atteints à leur tour par le choléra, qui nous a valu un commencement d'intervention du législateur. »

Proposition sur les portes et fenêtres

Continuant sur ce même sujet, je déposai, d'accord avec mon collègue, M. Vacher, une proposition tendant à supprimer l'impôt des portes et fenêtres, et, pour émouvoir la Chambre, je lui apprenais que nous avions en France 21.270 maisons sans la moindre ouverture, où l'air et la lumière n'arrivaient dans ces misérables habitations que par les portes ou par un trou pratiqué dans ces portes, et que nous avions encore 186.436 autres cabanes avec deux petites croisées, ce qui permettait à peine aux habitants de respirer et de vivre. O dérision ! Pour échapper à l'impôt, on diminuait le plus possible le nombre d'ouvertures qui étaient nécessaires à une bonne aération et aux soins hygiéniques des familles.

Ceux qui prendront la peine de consulter les journaux et de lire les écrits du temps verront que nous ne négligions aucune des réformes économiques et sociales qui étaient de nature à élever le moral de nos populations et à leur apprendre à aimer la république. Aussi, lorsque j'ai vu un député de la Creuse, M. Émile Cornudet, s'acharner à faire disparaître l'impôt des portes et fenêtres, je lui ai toujours donné mon approbation la plus sincère.

Les ouvriers des ports et des ateliers d'Indret

Les ouvriers des ports et des ateliers de l'État à Indret, apprenant par la voie des journaux qu'ils avaient à la Chambre des défenseurs résolus et convaincus, m'écrivirent pour me demander si je voulais défendre, à la Chambre, leurs droits méconnus par leur administration. Il y avait une si grande sincérité dans leurs réclamations que je n'hésitai pas à les défendre à la tribune, ce qui eut lieu dans la séance du 1er décembre 1882.

Les logements manquaient à Indret et ailleurs, ce qui mettait les ouvriers dans la nécessité de faire, soir et matin, un trajet de quatre ou cinq kilomètres, et, par conséquent, il fallait qu'ils se lèvent à trois ou quatre heures du matin pour ne rentrer qu'à neuf heures du soir. Aussi réclamaient-ils avec ardeur de ne commencer leurs journées qu'à six heures du matin et de la terminer à six heures du soir.

Comme je savais que les ouvriers de l'arsenal de Woolwich, comme ceux des États-Unis, n'entraient dans leurs chantiers qu'à sept heures du matin pour le quitter à cinq heures et demie, j'embarrassai beaucoup le ministre de la marine qui put difficilement me donner de bonnes raisons. J'ajoutai : « Nos travailleurs sont plutôt victimes de nos règlements intérieurs que de nos lois. Agissez sur ce point, M. le ministre, vous êtes en droit de le faire. Et pourquoi hésiteriez-vous ? la république ne saurait tenir les ouvriers à l'attache comme la monarchie qui n'avait aucun souci de leur sort.

« Votre prédécesseur était entré dans cette voie ; faites un pas de plus, le devoir comme l'équité vous le prescrivent. »

Alors, comme ces dignes ouvriers m'avaient appris qu'il y avait quantité de terrain convenable pour la construction de petites maisonnettes, j'ajoutai :

« Pourquoi ne ferait-on pas à Indret ce qu'ont fait à Mulhouse de bons et dévoués citoyens. Hélas ! cette grande ville manufacturière ne nous appartient plus ; mais ce n'est pas une raison pour ne pas y jeter un regard. »

M. le ministre de la marine me répondit que son administration ne demanderait pas mieux que de construire des cités ouvrières, qu'elle y gagnerait deux choses : une augmentation de bien-être pour les ouvriers et une augmentation aussi de travail productif ; mais qu'elle était arrêtée par la dépense.

— « Que vous faut-il ? une augmentation dans le budget, de 100.000 francs, au chapitre concernant les salaires des ouvriers ? »

Des applaudissements couvrirent ma voix ; mais le ministre des finances invoqua aussitôt la pénurie de son budget, et ce fut tout.

Je fus récompensé de mon intervention par les

remerciements des dignes travailleurs qui s'étaient adressés à moi.

Conférences

Mon nom devenait populaire dans d'autres villes industrielles. Invité à aller à Rouen, Elbeuf, Lillebonne et Troyes, je ne manquai pas de m'y rendre. Beaucoup de journaux me consacrèrent des éloges plus ou moins mérités. Comme à ce moment, les fameuses lois, appelées, depuis, les lois scélérates, n'avaient pas encore été votées par les Chambres, les conférenciers avaient des sujets toujours bien préparés que nous assaisonnions de quelques amères critiques à l'adresse de ceux qui ne voulaient pas consentir à rendre le service militaire obligatoire, de ceux qui étaient opposés à la séparation de l'Église et de l'État, comme de ceux surtout qui ne voulaient pas chasser les prêtres de nos écoles en votant le principe intégral de la laïcité.

Nous étions si bien accueillis par toutes les populations qu'en les quittant nous emportions la satisfaction d'avoir fait de bonne besogne ; en effet, on n'enflamme pas le cœur et l'âme d'un peuple sans qu'il lui en reste de souvenirs durables et sans les rattacher de plus en plus à la république.

Discours sur le libre échange

Plusieurs de nos collègues avaient demandé la révision du traité général des douanes ; ils portèrent donc cette question devant la Chambre ; je résolus, non sans hésitation, de prendre part à cette discussion, pensant y apporter quelques vérités.

Les discours de Bastiat sur le libre échange, sa longue polémique avec Proudhon, avaient laissé de bons souvenirs dans ma mémoire, puis j'avais lu pendant bien des années *Le Star*, journal de M. Brigth, qui avait également contribué à me donner du goût pour ces études. Je savais ensuite que le traité conclu par Cobden avec Rouher et Napoléon avait été onéreux pour la France sur bien des points et, dans ma pensée, je n'avais jamais perdu de vue ce sujet. Je me mêlai donc dans la séance du 26 février 1885, à la série des orateurs qui avaient traité cette question. Je m'exprimai ainsi :

« Lorsque de vieux républicains, comme il y en a beaucoup dans cette Chambre, ont été témoins depuis plus d'un demi-siècle des efforts louables tentés par les philanthropes, par les hommes de progrès, pour résoudre le problème de la vie à bon marché et pour abolir autant que possible la misère, et que ces hommes se trouvent en présence d'un projet de loi tel que celui qui nous occupe, je vous assure, messieurs, que leur douleur dépasse toute mesure.

« Qu'on le veuille ou qu'on ne le veuille pas, grâce à ce projet de loi, nous tournons le dos au progrès. (*Très bien ! très bien ! sur divers bancs à gauche*). — Nous méconnaissons tous les principes proclamés par Mirabeau père, l'ami des hommes, (*Mouvements divers*) par Turgot, par tous les hommes de nos révolutions, par tous ceux enfin qui par leurs écrits et leurs paroles ont honoré la France et lui ont donné aux yeux du monde sa légitime réputation de nation généreuse et bienfaitrice du peuple.

« Oui, messieurs, tout ce que nous avons espéré, tout ce que nous avions demandé pour faire aimer la République, pour la faire pénétrer dans l'esprit de tous les Français sans distinction de classe, le projet de loi en discussion nous le refuse. »

Je continuai sur ce ton vigoureux et énergique pendant un bon moment, passant en revue tous les faits qui dans mon esprit devaient faire augmenter le blé et autres objets de première consommation ; je terminai en disant :

« N'oubliez pas messieurs que nos 13.500 bureaux de charité regorgent de nos malheureux concitoyens. »

Loi sur les accidents du travail (13 Mars 1883)

Quelques jours après, je repris comme rapporteur, la loi sur les accidents du travail. « Nous sommes, dis-je, en présence de deux principes représentés par deux écoles d'économie politique. Il y a les économistes du laisser passer et du laisser faire.

« Il y a aussi les économistes qui puisent leurs arguments dans le droit humain.

« Vous n'avez pour vous convaincre de cette vérité qu'à lire le livre des sentiments moraux d'Adam Smith, les ouvrages de Turgot et de tant d'autres hommes de bien et de dévouement.

« Messieurs, depuis longtemps j'habite Paris ; en travaillant dans les chantiers, j'ai suivi le mouvement des idées modernes, je n'ai pas compris que nos gouvernements en France n'aient pas songé à doter notre pays d'une bonne loi sur l'assistance légale. Mais non, nous nous sommes contentés de dire à nos vieillards :

« Ah qu'on est fier d'être Français,
« Quand on regarde la colonne. »

On rit.

« Je suis loin d'être fier, messieurs, je suis au contraire profondément affligé comme Français de voir que nos malheureux vieillards sont complètement abandonnés.

(Très bien ! très bien ! à gauche.)

« Voyez nos règlements, un homme se présente à l'assistance publique, on lui demande son âge. — « Soixante ans, répond-il. » — « Vous passerez plus tard, quand vous aurez soixante-dix ans ; alors on vous inscrira.

« Vous le savez comme moi, et vous vous plaignez qu'il y ait trop de récidivistes, quand la faim pousse la plupart de ces invalides du travail à avoir recours aux moyens les plus extrêmes.

(Mouvements divers).

« Ecoutez, mes chers collègues, sachons nous dire des vérités ; vous savez bien que je ne cherche pas à diviser la société en riches et en pauvres, mais je vous conjure d'adopter des mesures, de prendre des décisions régulières, honnêtes et sociales, pour les plus infortunés de nos concitoyens.

(Très bien ! Très bien !)

« Ce matin encore, j'ai ouvert un livre de M. de Girardin et j'en ai lu cinq ou six pages. M. de Girardin qui n'était certes pas pour vous un homme de désordre, écrivait, et Stuart Mill l'a dit également : « En dehors de l'assurance universelle, vous ne parviendrez pas à alléger la misère. »

« Laissez-moi ajouter que M. Prévost-Paradol avant de mourir nous a laissé un livre. Ouvrez-le, messieurs, vous y trouverez ceci : « qu'il n'y a en France que onze ou douze personnes assurées sur cent pour prévenir les malheurs de la vieillesse tandis qu'en Angleterre il y en a soixante-seize. »

M. Frédéric Passy attaqua vivement notre projet de loi. « Il faut dire aux ouvriers, répondit-il, que s'ils ont la plénitude de leurs droits, il ne faut pas leur enseigner l'oubli de leurs devoirs, ni surtout exagérer leurs droits. ».

Je continuai dans un discours très écouté par la Chambre, à présenter des arguments pour soutenir le principe obligatoire de l'assurance que j'avais introduit dans ma proposition, pour le cas où les ouvriers seraient blessés.

Elle n'eut pas de chance, cette loi sur les accidents, elle alla d'une Chambre à l'autre pendant plusieurs années, et finit par être définitivement rejetée ; elle était pourtant d'une haute importance pour le peuple, puisqu'elle devait forcer les patrons à assurer leurs ouvriers contre les accidents du travail.

Ce rapport m'avait valu les compliments du président de la commission, Gambetta, et ceux de Clémenceau, esprit droit et énergique, homme d'une rare indépendance de volonté et de caractère, qui a rendu à la république d'éminents services en tourmentant les tièdes et les indécis.

Les syndicats du bâtiment

J'eus à m'occuper d'un projet de loi d'une grande importance pour certaines opérations que nécessitent les travaux des villes. J'étais en rapport avec plusieurs membres du comité local du XIe arrondissement ; ces messieurs, parmi lesquels il y avait deux architectes, un entrepreneur et des propriétaires engagés dans les constructions se mirent à préparer un projet de loi appelé selon eux, et avec raison, à faciliter diverses expropriations dans certains quartiers de Paris. La question était si pressante et d'une si grande utilité que nous allâmes de suite prendre l'avis de leur député, qui était M. Floquet. Ce dernier, comme légiste, eut à mettre la main à ce projet ; nous le signâmes tous les deux et on le déposa sur le bureau de la Chambre, puis il suivit la filière ordinaire de tous les projets de lois.

Le jour de la discussion, le 24 juin 1883, je commençai par dire à la Chambre que la commission n'était pas dans l'erreur en affirmant que la proposition de loi qui nous était soumise aurait pour conséquence de faciliter considérablement les entreprises de travaux publics et qu'elle aurait aussi pour effet d'alléger le budget des grandes villes de France.

« En ce moment, repris-je, il s'agit si bien d'une loi d'affaires que les hommes les plus compétents, après avoir étudié, recherché les causes qui ont amené la grande crise du bâtiment, sont d'avis que cette crise aurait pu être évitée si, sur ce point, notre législation n'avait pas été empirique. »

Plus tard, M. Yves Guyot qui appartenait à notre commission, fut chargé du rapport, et il fut assez heureux pour le faire adopter par la Chambre.

Cette proposition qui est aujourd'hui une loi d'État, autorise la formation de syndicats légaux et leur permet de commencer une opération quelconque sans crainte d'être entravés, comme on l'était auparavant par la mauvaise volonté d'un propriétaire.

Le syndicat fait des offres à la municipalité et quand ils se sont mis d'accord, l'opération peut commencer, sans qu'il soit nécessaire d'avoir recours à l'expropriation ; car, il arrivait souvent que l'obstination d'un seul propriétaire pouvait indéfiniment retarder une entreprise, comme le cas s'était présenté pour l'achèvement du boulevard Haussmann.

La Chambre comprit que cette addition à la loi sur les syndicats ruraux enlèverait beaucoup d'entraves et favoriserait dans une large mesure, l'initiative des municipalités.

Aujourd'hui, quand on le voudra, disparaîtra notre système de centralisation, qui, grâce à une mauvaise loi, étouffait, dans notre pays, la liberté des citoyens.

J'espère que peu à peu, notre nouvelle loi mieux appréciée, rendra de réels services au pays.

Réunion des appareilleurs et des maîtres compagnons

Les années de 1882 à 1885 virent consacrer le principe tutélaire de l'instruction obligatoire et laïque. Elles resteront donc comme les plus mémorables et les plus fructueuses dans l'histoire des classes ouvrières.

A un autre point de vue, elles virent aussi le scrutin départemental remplacer le scrutin d'arrondissement, ce vote qui a semé la corruption à pleines mains et a abaissé le niveau moral des électeurs au moyen des distributions d'argent ou des promesses menteuses faites trop souvent par des candidats.

Je me rappelle qu'étant venu passer mes vacances dans la Creuse, le président de la société des maîtres compagnons et des appareilleurs m'écrivit : « qu'on comptait bien sur le doyen des maîtres compagnons pour assister à leur fête. »

Je m'y rendis, et comme j'avais connu les pères de cette vaillante jeunesse qui avait dirigé autrefois nos travaux de construction, je fus fort heureux de me trouver dans ce milieu de jeunes gens qui fréquentaient nos écoles d'architecture, et que l'on pouvait considérer comme étant l'élite des ouvriers du bâtiment.

La réunion eut lieu le dimanche 16 septembre 1883 au milieu d'une très grande assistance de Creusois.

M. Maréchal, le président, m'ayant donné la parole, je m'exprimai ainsi :

« Mesdames,

« Mes chers amis,

« Dans le cours de ma vie, j'ai assisté à un grand
« nombre d'agapes, mais jamais je n'ai vu de banquet
« où l'esprit général des hommes qui le compose
« m'ait donné une aussi vive satisfaction que celle
« que j'éprouve en ce moment.

« En entrant parmi vous, il me semble avoir secoué
« le nombre des années qui pèsent sur mes épaules ;
« je me retrouve au milieu des enfants de mes an-
« ciens camarades, de mes compagnons de travail avec
« lesquels j'ai passé plus des trois quarts de ma
« jeunesse. Je suis toujours ému, lorsque je me
« retrouve au sein de la grande famille des ouvriers
« du bâtiment. Elle a fait pour moi plus que je n'ai
« fait pour elle ; cependant je me rends cette justice,
« que j'ai voulu beaucoup pour elle.

« Je ne veux pas faire ici de politique, ni rappeler
« les évènements qui m'ont éloigné de mon pays pen-
« dant vingt ans, mais je tiens à constater un fait
« qui établit le rôle actif que j'ai rempli, dès 1849,
« dans la préparation des lois d'expropriation pour
« cause d'utilité publique. Le décret de 1852 en
« vertu duquel Louis-Napoléon a bouleversé Paris,
« a été conçu par moi. L'Empire me l'a emprunté,
« mais il est mon œuvre ; je n'ai jamais revendiqué
« cet honneur, mais je suis ici au milieu de mes
« affectueux amis, et avec eux, je ne veux pas être
« modeste jusqu'à la simplicité.

« Eh ! bien, c'est grâce à ma proposition, reprise
« et appliquée par les hommes qui m'ont exilé de
« France que l'Empire a pu exécuter tant de travaux
« d'utilité publique, et montrer ainsi que la dictature
« d'un maître sait rendre quelquefois des services au
« travail. »

Mais, j'abrège. On entendit ensuite M. Stanislas Ferrand, le président, démontrer d'une façon claire et nette que nos crises presque périodiques dans le bâtiment provenaient de notre mauvaise organisation du crédit public.

La séance fut alors levée au milieu des applaudissements de cette belle et importante réunion des travailleurs du bâtiment.

Le banquet Grisel

L'importante réunion des appareilleurs et des maîtres-compagnons de la grande industrie du bâtiment fut comme un rayon lumineux qui pénétra dans l'esprit de tous les autres corps de métiers, et l'exemple qu'ils venaient de donner fut bientôt suivi.

Comme j'avais eu des rapports avec le directeur du journal *Les Employés des chemins de fer*, je fus au nombre des invités à cette fête, qui eut un grand retentissement. Ainsi, plus de trois cents députés ou sénateurs et des conseillers municipaux promirent leur concours et se firent inscrire pour assister à ce banquet. Il en résulta que plus de 1.500 citoyens vinrent prendre place à cette cérémonie qui avait pour but d'honorer la conduite d'un de ces ouvriers d'élite qui allait voir briller sur sa poitrine la croix de la Légion d'honneur.

Qui avait eu la généreuse pensée d'organiser cette grande manifestation ?

—. Le président du conseil des ministres, Gambetta, qui avait déjà décoré Maffrand, un ouvrier maçon.

Sur l'estrade d'honneur se trouvait Victor Hugo, président de cette imposante réunion ; à droite de notre grand citoyen, était Grisel, dans une tenue modeste et digne, et à gauche, le ministre des travaux publics, Raynal, qui décora le courageux mécanicien, en présence de cette grande assemblée de républicains.

Victor Hugo se leva. Il ne prononça que ces simples mots :

« Il y a, messieurs, deux sortes de réunions publi-
« ques : les réunions politiques et les réunions so-
« ciales. La réunion politique vit de la lutte si utile
« au progrès. La réunion sociale a pour base, la paix
« si nécessaire aux sociétés.

« La paix, c'est ici le mot de tous ; cette réunion
« est une réunion sociale ; c'est une fête.

« Le héros de cette fête se nomme Grisel ; c'est un
« ouvrier, c'est un mécanicien. Grisel a donné toute
« sa vie, — cette vie qui unit le bras laborieux au cer-
« veau intelligent, — il l'a donnée au grand travail des
« chemins de fer. »

Après ce discours qui produisit une profonde impression, Grisel remercia ses amis et ses collègues, puis Gambetta se leva à son tour.

Comme dans toutes les grandes occasions de sa vie, il prononça un long discours. Les applaudissements qu'il reçut de tous les convives lui dirent assez combien était grande l'estime qu'on avait pour lui.

Il dit alors : « Je veux célébrer à mon tour l'alliance
« du prolétariat et de la bourgeoisie ; et qui donc
« pourrait s'y refuser dans ce pays, quand existe
« l'alliance du travail manuel et du génie ? (Il fait

allusion à Victor Hugo). Y aurait-il quelqu'un pour
« protester ? (*Applaudissements prolongés*).

« Ah ! Messieurs, dans ce monde d'ouvriers, ou
« plutôt dans ce monde du travail ; car ce mot « ou-
« vrier » me déplait et je voudrais, comme Michel de
« L'Hôpital le disait au milieu des guerres de reli-
« gion, supprimer toutes ces dénominations, toutes
« ces distinctions qui divisent, quand il faudrait rap-
« procher, dans ce monde du travail, qui comprend
« dans son immensité tous ceux qui font œuvre d'in-
« telligence, de labeur et de probité. »

« Grisel nous disait tout à l'heure en parlant de la
« classe ouvrière : « Protégez-nous. » Non, ce n'est
« pas de la protection qu'il faut ; c'est de la collabo-
« ration. (*Très bien ! adhésions et vifs applaudissements*).

« Je ne dirai rien de plus, je ne vous parlerai pas
« de Nadaud, vous le connaissez, il vous appartient
« tout entier, corps et âme, vous l'avez entendu tout
« à l'heure dans cette langue franche et simple qui
« coule de ses lèvres, de son âme tout entière. Vous
« direz, avec quelle véhémence, que tout ce qu'il a
« d'intelligence, d'activité et d'honneur, il l'a consa-
« cré à votre cause. » (*Vifs applaudissements et cris de
vive Nadaud !*)

J'avais parlé avant l'honorable ministre qui venait
de décorer Grisel.

A mon tour je ne citerai que quelques paroles du
discours que je prononçai :

« Ce qui m'a frappé dans les paroles que vient de
« prononcer le mécanicien Grisel, c'est le vœu qu'il a
« adressé aux sénateurs et députés en disant : « Pro-
« tégez-nous ! »

« Vous protéger, mon cher Grisel, protéger la
« classe des travailleurs manuels, notre devoir est
« plus grand et plus élevé ; nous vous devons des
« lois, une législation complète, à l'abri de laquelle
« tous les Français, sans distinction de classe, trouve-
« ront la protection que les citoyens sont en droit
« d'attendre d'un pays civilisé comme le nôtre.

« Oui, mon cher camarade de labeur et de travail,
« vous avez le droit de vous plaindre ; jusqu'ici on a
« fait peu de chose pour vous. Cependant je prie ceux
« d'entre vous qui connaissent l'histoire, de réfléchir
« avant de condamner notre époque.

« Examinons, si vous le voulez bien, ce qui s'est fait
« depuis le grand réveil de 1789. (*Applaudissements.*)

« Sans doute, vous avez raison de dire qu'on a
« fait jusqu'ici peu de chose pour la classe ouvrière ;
« mais, remarquez-le bien, c'est nous-mêmes qui
« devons nous efforcer de faire un pas en avant. Le
« législateur ne nous doit que la liberté, la paix et la
« sécurité. (*Vifs applaudissements.*)

« Ne cherchons pas la désunion des classes, nous
« devons au contraire nous rapprocher les uns des
« autres ; depuis quelque temps, nous semblons nous
« conduire comme de grands enfants. On ne devrait
« poursuivre que les malhonnêtes gens, et la jalousie
« règne partout contre les hommes de talent, les
« aristocraties de la nature. Cessons de nous déchi-
« rer ; l'homme de cœur au pouvoir est assez mal-
« heureux de se voir contraint d'ajourner souvent
« les projets qu'il s'efforce de faire aboutir.

« En ce qui me concerne, je suis partisan de voir
« travailler les ouvriers français à l'organisation
« d'une grande fédération, qui, bien organisée, leur

« profitera beaucoup sans risquer d'amener aucun
« trouble dans les affaires politiques ou sociales de
« notre pays. ...»

Rarement une réunion composée de tant de républicains éprouvés et de tant d'hommes de talent ne s'était séparée au milieu d'une joie plus grande et d'applaudissements plus enthousiastes.

Le brave mécanicien, Grisel, en était troublé et ému ; chacun courait vers lui pour serrer sa main caleuse, signe certain que désormais le travail était tenu en honneur dans notre vieille société qui l'avait dédaigné et méprisé pendant la durée des siècles.

Lutte pour le scrutin de liste et le scrutin d'arrondissement

Comme pour hâter les progrès de cette alliance tant désirée dont nous venons de parler, entre la bourgeoisie et le travailleur journalier, Victor Hugo, Gambetta et les vieux républicains de la veille, songèrent à introduire dans notre loi électorale, le scrutin de liste.

Je me rappelle que Gambetta qui avait été en quelque sorte forcé par ses amis d'accepter le ministère dans des circonstances indépendantes de sa volonté, vint nous dire qu'il ne pourrait pas gouverner avec une majorité issue du scrutin d'arrondissement ; et il ajouta que, quel que fut le ministère qui viendrait après lui, il craignait bien qu'il lui fut impossible de bien servir la République.

Dans le discours qu'il prononça à cette occasion,

il fit passer à pleines mains des vérités qui impressionnèrent vivement la Chambre. Il triompha donc momentanément ; les élections qui eurent lieu en 1885 se firent au scrutin de liste.

Je vins alors dans la Creuse. Nous organisâmes un comité central à Guéret, comme on l'avait fait dans beaucoup d'autres départements. Afin d'agir avec ensemble, on convint qu'on se rallierait sur les quatre candidats qui obtiendraient la majorité d'un congrès, formé par les républicains les plus notables du département.

Chacun prit l'engagement d'honneur de se désister en faveur des candidats que le congrès aurait placé à la tête de sa liste ; mais les exclus ne tardèrent pas à rompre leur parole, il en résulta que deux listes de candidats se présentèrent devant le corps électoral. La lutte fut courtoise, néanmoins comme nous avions décidé que nous nous présenterions dans nos vingt-cinq cantons, il arriva que, dans nos réunions électorales, on échangea plus d'une fois, des paroles aigres-douces.

Au point de vue de nos principes, nous étions tous d'accord ; nous voulions l'application du programme de la rue Cadet, élaboré par une réunion composée des membres de l'union républicaine et des membres de l'extrême gauche où dominait l'influence de Clémenceau.

Il n'y avait donc aucune différence entre les candidats qui composaient l'une ou l'autre des deux listes, les électeurs écoutaient notre raisonnement, sans trop le comprendre ; la plupart pensaient que chacun prêchait pour son saint.

Mes trois collègues, Cornudet, Mazeron, Villard,

et moi, nous nous mîmes à parcourir notre département. J'avais déjà fait une partie de cette besogne en 1849 ; mais le candidat et les électeurs étaient heureux de se revoir et de s'entretenir des réformes du jour, et surtout de l'avenir que la République réservait à la France.

Mon passé de 1848 et mes années d'exil me valurent dans chacun de nos cantons quelques bonnes et chaleureuses ovations.

Je n'entrerai pas dans les discussions que nous eûmes avec nos concitoyens. Les réunions électorales dans la Creuse sont en quelque sorte des réunions de Paris ou de Lyon, car il est bien rare qu'on ne rencontre pas dans chacun de nos villages des ouvriers qui soient imbus des idées démocratiques de nos deux grandes villes.

Les électeurs tinrent la balance égale entre les deux listes républicaines, puisqu'ils prirent autant d'élus dans l'une que dans l'autre ; mais le département n'en fut pas moins représenté par de sincères républicains.

L'Assemblée de 1885, qui était sortie de ce mouvement du scrutin de liste, se montra toujours sérieuse et animée des plus louables intentions ; elle n'eut guère pour accomplir sérieusement son mandat qu'à voter les différentes propositions laissées en suspens par les assemblées précédentes.

Cependant, comme les conservateurs avaient eu des succès dans des élections partielles, les députés qui n'avaient pas pris la peine de travailler et de se faire connaître, eurent peur pour affronter à nouveau le scrutin de liste. Ils songèrent à faire revivre le scrutin d'arrondissement, et nous retombâmes alors entre les mains de l'aristocratie d'argent, et le corps électoral fut de nouveau livré aux intrigues de tous genres.

Mon rapport sur l'assistance publique

Je suis fier en terminant ce livre, de montrer au peuple que le zèle que j'ai déployé dans l'accomplissement de mes devoirs, n'a pas toujours été vain.

J'envisageais souvent cette importante question de l'assistance publique, ayant toujours considéré les règlements de notre administration comme une moquerie de nos gouvernements à l'égard du peuple.

Après avoir eu le bonheur de faire adopter mon projet sur les sociétés de secours mutuels et celui sur les caisses de retraites pour la vieillesse, il me tenait beaucoup à cœur de soumettre cette question à la Chambre. Que nous faut-il, me disais-je, sinon un directeur général ayant pour mission de centraliser tous nos efforts, toutes nos études ? Dès que Charles Floquet vint au ministère, il appela aussitôt à cette fonction, M. Monod, ancien préfet, homme humain et très juste.

Ce dernier nomma à son tour une commission dont je fis partie et qui devait tenter d'organiser une institution nationale de l'assistance publique.

Le rapport que j'avais présenté, signé de vingt de mes collègues, parmi lesquels était un député de la Creuse, M. Cornudet, se trouve en entier, dans les annales de la Chambre des députés, séance du 12 mars 1886.

Je commençais ainsi :

« Des hommes de cœur de tous les partis, que la lamentable condition des vieillards et des invalides du travail affectent d'une manière si douloureuse, savent que l'assemblée législative de 1849 a laissé inachevée la loi si éminemment sociale de l'assistance publique.

« Disons à la louange de cette assemblée, qu'elle déclara son intention bien arrêtée d'étendre cette loi bienfaisante et humaine à la population tout entière, car la première partie de son œuvre n'était applicable qu'à la ville de Paris. Comment cette promesse faite au peuple, a-t-elle été tenue par les gouvernements qui se sont succédé depuis 1850 ? La main tremble, le cœur se resserre en songeant que depuis cette trompeuse promesse, elle a été constamment éludée ; pourtant il s'agit de millions d'êtres humains que la misère harcèle et que la faim continue de torturer.

« En effet, messieurs, sans remonter à l'antiquité où les secours publics étaient savamment organisés, l'histoire nous apprend que dans plusieurs ordonnances rendues sous le règne de François Ier, il avait été question de l'organisation des secours à domicile et même de l'assistance obligatoire ; mais l'étonnement cesse, quand on sait, qu'au XVIe siècle, tous les protestants en lutte contre la papauté, avaient été désireux de garantir à tout homme son existence, par le travail ; mais, vaincus en France par les catholiques à la suite d'abominables et atroces guerres civiles, une fois qu'ils furent écrasés et chassés de France, il ne sera plus question pendant trois siècles ni du droit au travail, ni de l'assistance obligatoire.

« L'éternel honneur de la Constituante de 1789 sera

d'avoir fait revivre ce grand principe du droit au travail et de l'assistance obligatoire ; puis on lira un peu plus tard dans la déclaration des droits de l'homme, les lignes suivantes : « Les secours publics sont « une dette sacrée, la société doit la subsistance aux « citoyens malheureux, soit en leur procurant du « travail, soit en assurant les moyens d'existence à « ceux qui sont en état de travailler. »

« Malheureusement, ces mesures n'eurent aucune suite. Elles sont bien tristes, on le voit les péripéties qu'a eu à subir depuis des siècles, cette loi sur l'assistance publique. L'histoire nous montre qu'elle a toujours été promise et aussi toujours ajournée.

« Sous la Législative, un seul de ses membres, Bernard Dairy s'occupa avec beaucoup de courage de cette question ; mais le rapport qu'il lut en séance ne fut pas même discuté.

« Sous la Convention, la grande assemblée était à peine réunie, qu'elle ordonna à son comité de secours publics de lui soumettre dans un rapport les moyens les plus efficaces pour éteindre la mendicité, et le 6 mars 1794, Barrère s'acquitta de cette glorieuse mission. Jamais d'aussi puissantes raisons n'avaient été données pour faire tourner la révolution au profit du peuple. Plus d'aumône, plus d'hôpitaux ; tel est le but vers lequel, il conseillait à la Convention de marcher ; puis il ajoutait : « Laissons à l'insolent « despotisme les fastueuses constructions des hôpi- « taux pour engloutir les malheureux qu'il a faits. »

Occupons-nous de demander à tous les agents nationaux près des communes, le tableau des citoyens sans propriété, et l'état des biens nationaux encore invendus, dont la division peut attacher tous les citoyens à la propriété et à la patrie.

« La Convention décréta aussitôt le grand livre de bienfaisance nationale et des indigents devaient recevoir des pensions variant de 60 à 80 livres et dans certains cas allant jusqu'à 180. Nous n'entrerons ici dans aucun détail ; nous laisserons ce soin à la commission qui devra étudier notre proposition.

« Selon nous, les représentants du suffrage universel n'ont pas à étudier de questions plus graves que celles qui se multiplient chaque jour devant l'ouvrier accablé de labeur, à mesure qu'il descend de degré en degré les échelons de la pauvreté et de la misère.

« Que firent les thermidoriens après la mort de l'illustre Robespierre, ces réactionnaires éhontés et corrompus ? Ils reléguèrent de nouveau les grands projets humanitaires de la Convention au nombre des chimères qui, disaient-ils, avaient traversé le cerveau des représentants de cette incomparable assemblée.

« Disons-le avec un amer regret et presque avec des pensées de désespoir : ce fut au moment où les ouvriers sans travail et les vieillards sans ressource étaient le plus nombreux que le premier consul eut l'impitoyable pensée de faire retour à la législation du passé qui n'avait jamais su que punir et torturer les mendiants récidivistes. Alors Napoléon la fit revivre par le décret du 24 vendémiaire an III, qui autorisa la transportation des mendiants, puis, pour achever son œuvre, il décréta l'établissement des dépôts de mendicité où, depuis, les vieux travailleurs terminèrent leur douloureuse existence.

Voilà où tant d'efforts viennent aboutir, sous la Restauration, comme sous le règne de Louis-Philippe ;

toutes les institutions charitables porteront l'estampille du monde clérical : mais on le sait, ce fut au cri du droit au travail, que le peuple se souleva en 1848. Oui, sur toutes les bannières des corps de métiers, qui allèrent saluer à l'Hôtel-de-Ville le gouvernement provisoire, on lisait ces mots : « Droit au travail, organisation du travail. » Et nous, qui ne pouvons avoir oublié les séances tenues au Luxembourg, sous la la présidence de Louis Blanc, nous sommes encore, et nous resterons toute notre vie, sous l'impression de cette belle époque de 1848.

« Rappelons que l'Assemblée constituante, à peine réunie, nomma un comité du travail avec mission d'étudier et de préparer les lois importantes. On vit en effet un conservateur têtu, Dufaure, puis Billaut et Ledru-Rollin, se trouvant d'accord pour inscrire dans le premier projet de la constitution, le principe du droit au travail, qui avait été adopté par la Convention. C'était un bel hommage rendu à la mémoire de nos illustres conventionnels, — même pensée, même esprit, même amour des pauvres et de la justice.

« Malheureusement après les désastreuses journées de Juin 1848, l'assemblée rejeta l'article de la première constitution, qu'elle avait voté, et on le remplaça par l'article 13 de la constitution, qui ne manquait pas d'importance pour ceux des représentants du peuple qui voulaient se livrer à ces questions de travail et d'assistance publique.

« L'étude à laquelle se livra cette commission, présidée par le général Duvivier, qui désirait être utile au peuple, donna naissance à de très bons rapports.

« Le ministre de l'intérieur Dufaure, se souvenant

qu'il avait été partisan du droit au travail, disait :
« Arrêtons-nous à la première application que la loi va faire du travail, considéré comme un moyen de venir en aide aux populations en cas de chômage de l'industrie. » Et le ministre demandait la création d'ateliers temporaires dans tous nos cantons ; et il ne voulait pas pour cela qu'on invoquât la nécessité du budget.

« Plus tard, M. Thiers tiendra le même langage dans son grand rapport sur l'assistance publique. »

« M. Thiers n'était certainement pas partisan du droit au travail ; il reconnut pourtant comme M. Dufaure, la nécessité d'organiser pour les temps de crise et de chômage, des ateliers industriels. Frappé de la périodicité des crises à époques presque fixes, il voulait voir dans un ministère une division qu'on qualifierait de division des travaux réservés. »

Je rappelai dans ce rapport qui m'avait donné beaucoup de peine à préparer, l'opinion de M. de Lamartine, dont l'éloquence impressionna vivement la Chambre. Il avait dit : « Nous pensons que quand
« les prolétaires, — cette classe survenue dans la so-
« ciété par suite des phénomènes industriels qui les
« a non pas produits, mais multipliés, malheureuse-
« ment, — quand cette classe de prolétaires, dans des
« circonstances fatales, exceptionnelles, par des
« chômages, par des misères unanimes, par des besoins
« de travail qui ne seront pas satisfaits, par les condi-
« tions ordinaires des industries, par les infirmités,
« par un nombre d'enfants excédant les forces de la
« famille, quand par toutes ces conditions de force
« majeure, d'accidents supérieurs à la prévision hu-
« maine, des hommes sur la surface de la République

« manquent de pain, nous reconnaissons pour eux le
« droit au travail, j'entends par là, messieurs, le droit
« à l'existence, le droit de vivre, c'est-à-dire le droit
« au travail en cas de nécessité démontrée et à des
« conditions de salaires inférieures au taux des salaires
« privés, en sorte que nul individu ne puisse offrir
« ses bras sans trouver du pain ou souffrir sans être
« soulagé de la misère, sur le sol de la République. »

Voilà quels étaient les sentiments et la pensée qui m'animaient en présentant ma proposition à la Chambre. J'eus, ce jour là, une bonne inspiration, car, comme je l'ai dit en commençant, un ministre, Charles Floquet, fit faire un grand pas dans le sens indiqué par moi, à cette importante question de l'assistance publique.

Enfin, dans la séance du 4 mai 1887, j'exprimai les mêmes sentiments dans un discours que la Chambre écouta avec une bienveillance extrême ; mes conclusions furent adoptées par 450 voix contre 243.

Grande discussion sur les travaux publics

Après ma nomination à la questure, ayant mon logement dans les bâtiments du Palais-Bourbon, j'avais pris l'habitude de faire, chaque matin, à la première heure, une tournée à la Chambre ; je causais avec les uns ou les autres de nos employés qui appropriaient les salles de service. Cette tournée faite, je venais m'asseoir dans la grande salle des lectures de la Chambre des députés, où je trouvais non seulement les journaux de Paris, mais aussi ceux de province et les journaux anglais que je lisais couramment.

J'avais donc toutes les facilités de me tenir au courant des faits, des mouvements politiques et internationaux et de prendre des informations sur les questions que j'avais à traiter dans les commissions ou à la tribune. En sortant de là, je me trouvais avantageusement renseigné, puis je ne manquais pas de noter les idées personnelles que ces lectures m'avaient suggérées. Curieux par nature, je me sentais heureux de m'entretenir avec nos deux bibliothécaires, Laurent et Pecqueur, deux érudits, deux bons et véritables amis. Dès que je m'étais décidé à étudier une question, je ne manquais pas d'aller assommer mes deux amis de mes observations.

Un jour, ayant voulu traiter, dans la séance du 3 février 1887, de la question des travaux publics, je l'étudiai à différents points de vue. Après avoir critiqué les économies faites sur ce budget, je démontrai à la Chambre que nous allions augmenter la crise ouvrière en retardant d'année en année, l'amélioration de nos ports, la continuation de nos canaux, la rectification de nos rivières ; je remontai au traité de commerce entre l'Angleterre et la France signé en 1860 et je m'efforçai de prouver que, dans cette circonstance, le représentant de l'Angleterre, Cobden, avait joué le complice de Bonaparte, le présomptueux Rouher.

Je disais : « Que la Chambre me permette de lui rappeler des faits qui sont déjà éloignés de nous ; beaucoup d'entre vous, messieurs, n'ont pas oublié la protestation et les réclamations des chambres de commerce en France, à l'époque où fut signé ce traité.

On s'écriait de partout que nous n'étions pas prêts à entrer en lutte avec la grande nation anglaise. »

M. Lecour : « Et c'était vrai. »

— « Avant de signer le traité de 1860, l'Angleterre avait travaillé, elle s'était préparée depuis quarante ans pour soutenir la lutte au point de vue de la fabrication à bon marché, avec toutes les nations continentales.

« Il est un ministre anglais, Huskinson, dont le nom est peu connu, parmi nous — celui de Robert Peel l'a fait oublier, — et qui a rendu les plus éminents services à son pays. A cette époque le canal de Leeds qui traverse l'Angleterre jusqu'au sud était terminé, la Clyde était canalisée, le port de Greenock était terminé, on travaillait activement au port de Liverpool, à celui de Newcastle, à celui de Cardiff, à celui de Hull.

« La France, en 1860, n'était pas préparée pour entrer en lutte avec l'Angleterre si bien outillée ; savez-vous quelle idée se répandit dans l'esprit de nos concitoyens, et j'entends encore les mêmes récriminations de temps en temps ; on déclara que les produits sortant du sol anglais ou de son sous-sol, c'est-à-dire des entrailles de la terre, coûtaient moins à extraire ou à fabriquer que les produits similaires dans notre pays.

« Messieurs, je tiens à protester avec la dernière énergie contre ces assertions. Non, ce n'est pas vrai ! telle n'est pas notre situation ; ce qui est vrai, c'est que nous sommes mal outillés. J'affirme donc de la façon la plus absolue, que le sol français est aussi avantageux pour les producteurs, que le sol anglais ; mais il est bien moins travaillé. Je vais dire quelque chose qui blessera peut-être quelques-uns de mes collègues ; mais lorsqu'on aura répandu ce bruit, cette opinion que les produits de l'Angleterre coûtent moins à obtenir que les nôtres ; que verrons-nous se produire en France ? Nous verrons que le parti conservateur français cherchera, comme il a toujours cherché à le faire, pour lutter et se défendre contre la concurrence de nos voisins, à mettre des impôts sur la nourriture du peuple, sur le pain, sur le vin, sur une infinité d'autres objets (*bruits*) ; et qu'on ne dise pas à nos conservateurs français, que l'aristocratie anglaise s'est grevée depuis quarante ans, de plus de 35 o/o pour dégrever d'autant les objets utiles à la nourriture du peuple ! Oui, Messieurs, croyez-le bien, les salaires sont plus élevés en Angleterre, les heures de travail moins nombreuses et la vie à meilleur marché qu'en France.

« Messieurs, pour améliorer notre situation, il suffirait de le vouloir ; nous disposons d'un personnel d'ingénieurs et de conducteurs des ponts et chaussées d'une grande valeur. J'affirme que ce sont de bons Français, des hommes instruits et laborieux. (*Très bien ! Très bien !*) Or, nous avons le grand tort de les laisser sans direction ; il nous serait pourtant si facile de décider la création, au ministère des travaux publics, d'une division qu'on appellerait la division des travaux réservés ; cette division aurait sous ses ordres, tous les ingénieurs et les conducteurs des ponts et chaussées des départements et au besoin les préfets ; elle ferait procéder à des études cadastrales. Le cadastre en mains, on déterminerait ainsi, les endroits où il existerait des sources utilisables, les portions de terrain qu'il conviendrait de reboiser et les routes à exécuter. Les études à faire à ces divers points de vue, ont été tout à fait négligées dans notre pays, malgré leur nécessité que tout le monde reconnaît. De là, messieurs, les crises commerciales qui vont être plus fréquentes encore à l'avenir, et qui ne peuvent être atténuées qu'à la condition de prendre à l'avance des mesures pour les combattre. Ne pas organiser cette division du travail, ce serait n'avoir aucune prévoyance, ce serait gouverner les affaires du pays, comme un homme sans conduite gouverne sa bourse et ses affaires.

« Tels seraient le but, la direction des travaux réservés de cette vaste organisation du travail.

(*Très bien ! Très bien !*)

« Les projets seraient préparés, achevés, prêts à être mis à exécution, de telle façon que l'on puisse, du jour au lendemain, mettre des portions de travail en adjudication. Nous ne dépenserions plus au hasard, l'argent des contribuables comme nous le faisons dans presque tous les départements, surtout pendant l'hiver. On ne sait comment employer les ouvriers des manufactures en chômage, et on les envoie la plupart du temps, casser les cailloux sur les grandes routes.

« Si nous étions une nation réfléchie, prévoyante, nous devrions connaître tous les endroits où il y a un coup de pioche à donner dans notre pays. Messieurs, savez-vous quels sont les deux premiers de nos concitoyens français qui ont demandé la création d'une division du travail au ministère des travaux publics ? Ces deux hommes ont illustré longtemps la tribune française : ce sont MM. Dufaure et Thiers. Si quelques-uns de mes collègues veulent prendre la peine de lire et d'étudier les rapports que ces deux anciens ministres ont fait au moment, où nous discutions sur l'assistance publique, en 1850, ils y trouveront les idées que je viens d'émettre.

« Messieurs, je suis un peu embarrassé pour aller plus loin. (*Parlez, parlez*).

« Portez vos regards sur tous les grands travaux que vous avez voulu exécuter, et vous constaterez qu'entre le vote du projet et son exécution, il s'est toujours écoulé un laps de temps trop considérable, grâce au manque d'entente entre la Chambre des députés et le Sénat qui se paralysent, comme des voisins jaloux de leurs prérogatives mutuelles, et qui, dans leurs luttes, sacrifient les intérêts du peuple. »

Le Métropolitain

J'ai à peine le courage d'énoncer ce titre dans mes souvenirs. J'ai pourtant bien désiré la construction du métropolitain et je l'ai demandée au conseil municipal de Paris et à la tribune de la Chambre, dans la séance du 21 juillet 1887.

Puisque cet important projet a été momentanément abandonné par les élus de la ville de Paris, je me contenterai de mentionner ici le commencement de mon discours prononcé à cette occasion :

« J'avais espéré prouver d'une façon évidente que le métropolitain n'est pas une œuvre purement parisienne, que c'est une œuvre nationale. Le métropolitain fait partie de l'outillage du pays, comme nos fleuves, nos rivières, nos canaux, nos ports font partie de cet outillage.

« Le conseil municipal décida, en 1872, qu'une commission serait envoyée à Londres pour étudier le métropolitain.

« J'avais vu commencer et terminer la première ligne de nos voisins. M. Alphand qui était un homme distingué et très curieux, aimait assez à marcher à côté de moi pendant cette traversée, parce que je parlais un peu anglais. (*On rit*).

« Ne riez pas, mes chers collègues, je vous dirai que peu d'années après mon arrivée à Londres, j'ai fait en public des conférences qui ne faisaient pas rire les Anglais.

« Nous suivions la plus grande ligne du métropolitain, chacun des membres de la commission avait un journal à la main et pouvait le lire, l'air était suffisant et la fumée n'incommodait personne. Alors, M. Alphand me dit : « Vous aviez raison de nous parler de l'utilité du métropolitain ; voilà une œuvre bien conçue et il serait facile d'en faire autant à Paris. »

Puisque les conseillers municipaux ont décidé d'envoyer aux calendes grecques, cette vaste opération, je passerai sous silence la fin de mon discours, prononcé à la Chambre, le 27 juillet 1887.

Quand nous arrivâmes à Londres, des membres du parlement anglais étaient venus nous attendre à la station de Cherring Cross et, le soir, nous fûmes invités à dîner chez le lord maire de la cité, qui, d'accord avec son conseil nous fit une réception des plus amicales. De nombreux discours furent prononcés, on choqua le verre à l'union, à la paix, à la prospérité des deux pays. Je croyais bien que plus rien ne devait entraver l'exécution de notre métropolitain ; j'avais compté sans la routine parisienne.

Travaux Publics (2 Mars 1888)

Comme un homme enfermé dans un champ clos, après ma nomination à la questure, je ne sortais plus de l'enceinte du Palais-Bourbon. Je vivais là et j'y travaillais d'une manière assidue et régulière. Cependant les distractions ne pouvaient manquer à un homme aimant l'étude et le travail et prenant du goût à ses devoirs de la Chambre. Comme les années précédentes, le budget des travaux publics devait attirer mon attention. Mes études ne se bornaient pas aux questions seules de la bâtisse. Je n'oubliais jamais les grands intérêts de la France, et les moyens nécessaires au développement de la richesse nationale. A ce point de vue, j'étais assez rude pour la Chambre ; je lui reprochais d'avoir contracté d'assez mauvaises habitudes de travail ; car, elle abordait un jour des projets de lois de la plus haute importance et les laissait pendant plusieurs années sans s'en occuper.

« Pour bien prouver, messieurs, dis-je à mes collègues, dans la séance du 2 mars 1888, que l'esprit de suite n'est pas au nombre de nos plus belles qualités, savez-vous qu'il a été question de créer Paris port de mer dès le commencement du XVIII⁰ siècle ? Oui, à cette époque on se livra à différents projets ; mais les longues guerres, sous Louis XIV et sous Louis XV, suspendirent cette vaste entreprise nationale ; néanmoins, tout fut préparé en 1780 pour donner la concession à un marquis que vous connaissez historiquement mieux que moi, le marquis de Crécy.

« Malheureusement, la mort surprit cet énergique et vaillant citoyen, sa famille voulut continuer, elle ne le put pas, parce que la France se trouva engagée dans la guerre de Sept ans, puis dans celles de la Révolution française et de l'empire. Mais ce que, peut-être, nous ne savons pas assez, et cela stimulera probablement notre zèle, c'est que le projet de Paris port de mer, fut repris sous la Restauration, car on trouve une ordonnance du 15 février 1825, qui accordait à une compagnie la concession de cet important travail. Eh ! bien, messieurs, ce que la vieille monarchie et la Restauration ont voulu entreprendre, pourquoi la République ne le ferait-elle pas ?

« Oh ! messieurs, si nous ne prenons pas au sérieux ce projet de loi, nous pouvons arriver plus tôt que nous le croyons à la décadence du commerce français.

« Un mot de plus nous prouvera d'autant mieux que nous avons la facilité de continuer ce projet, que nous avons dans le syndicat des entrepreneurs publics de France, des preneurs solides et sérieux. Ne perdez pas cela de vue, M. le ministre. Encore une fois, n'oubliez pas que nos valeureux ancêtres, ceux qui nous donnèrent le Canada, l'Acadie, la Louisiane, St-Domingue, Madagascar et les Indes, sont les mêmes hommes qui, non contents d'avoir planté le drapeau de la France dans tous les pays connus (*Très bien, très bien, à droite*) voulurent que Paris devint un port de mer.

« Vous seriez sans excuse, M. le Ministre, si vous ajourniez plus longtemps cette entreprise.

« Dans cette question des travaux publics, avant d'aller plus loin, permettez-moi de donner un conseil à la Chambre, mais je voudrais qu'il fût donné par des personnes ayant plus d'autorité que moi : que si nous n'arrivons pas à nommer une commission du travail et si cette commission ne reçoit pas de nous des pouvoirs aussi étendus que ceux que nous recevons du suffrage universel, les lois que nous voterons resteront dans l'oubli et n'aboutiront à rien. »

A la fin de la même année, nous eûmes de nouveau à nous préoccuper du budget des travaux publics ; des députés demandèrent une réduction de vingt-cinq millions, ce qui devait arrêter certaines opérations.

Dans ces conditions, mon devoir était tout tracé, ce fut de soumettre à nouveau les questions que j'avais déjà présentées à la Chambre, au commencement de cette même année.

Dans la séance du 25 novembre 1888, je m'exprimai

ainsi :

« L'année dernière, j'ai traité la question des ports et la concurrence que l'Angleterre peut faire à notre commerce ; je voudrais donc que le gouvernement, autant que possible, fit achever complètement quatre ou cinq de nos principaux ports. »

M. GUILLAIN (*commissaire du gouvernement*) : « C'est ce que nous allons faire. »

M. MARTIN NADAUD : « Nous avons à nous défier de l'outillage des nations européennes qui vont nous faire une concurrence redoutable. Je ne dis pas que nous n'avons rien fait ; je sais au contraire que nous avons beaucoup travaillé ; mais le malheur, c'est que nous n'avons pas assez de fixité dans nos idées. (*Très bien, très bien, à gauche*). Et ceux qui n'ont pas voulu l'achèvement immédiat du plan de M. de Freycinet, ont fait un tort énorme à notre pays ; c'est ainsi que nous avons laissé prendre l'avance, à l'Allemagne, et déjà Anvers est achevé.

« De tous côtés nous nous payons de mots, mais nous n'agissons pas comme des gens vigoureux, qui veulent faire triompher tous les droits de leur pays. (*Très bien, très bien, à gauche*).

« Je n'ose pas vous donner un conseil, Monsieur le ministre. »

M. LE MINISTRE DES TRAVAUX PUBLICS : « Donnez ! »

M. MARTIN NADAUD : « Vous avez une grande expérience, mais j'en ai une aussi, et je suis d'autant plus désintéressé dans la question qu'on ne dira pas que je parle dans l'intérêt de mon département. La mer ne baigne pas le département de la Creuse, *(on rit)*, mais laissons cette question, l'idée de Paris port de mer, semble passée maintenant dans nos habitudes, on le désire, on en parle, c'est beaucoup.

« Eh ! bien, monsieur le ministre, n'oubliez pas ce travail, et le jour où Paris pourra communiquer avec les mers, soyez sans inquiétude, l'activité de nos négociants, l'intelligence de nos ouvriers nous garantiront contre la concurrence étrangère.

Chaque fois que nous sommes battus sur un point quelconque, ce n'est pas la valeur individuelle des Français qui est vaincue, ce sont les gouvernements qui ne nous ont pas outillés et qui nous ont abandonnés.

Les heures de travail des femmes et des enfants dans les manufactures

J'aurais voulu ne pas scinder cette question, mais elle s'est présentée si souvent devant les deux chambres, qu'il m'a bien fallu la surveiller, l'attendre pour ainsi dire à l'affût, pour l'arrêter au passage.

Enfin le 2 février 1888, il fallut bien me décider, je montai à la tribune et voici l'amendement que je déposai, d'accord avec mon collègue, M. Achard, vieux et robuste républicain qui était resté en exil, pendant toute la durée de l'Empire, sans broncher, car il avait fait le sacrifice de ses intérêts et des amitiés de sa famille :

« Il est interdit d'employer à aucun travail de nuit,
« les filles et les femmes de tout âge. Tout travail entre
« 6 heures du soir, et 6 heures du matin est considéré
« comme travail de nuit.

« Dans les manufactures, fabriques, usines, chan-

« tiers et ateliers, quels qu'ils soient, ou en général,
« hors de la famille, sous les ordres d'un patron, les
« femmes de tout âge ne pourront être occupées que
« de six heures du matin à six heures du soir pendant
« cinq jours de la semaine. La journée du samedi ne
« comprendra que sept heures de travail. »

« Je vais tout de suite vous dire, messieurs, que les arguments que je vais développer devant vous, l'ont été je crois par d'autres orateurs.

Un Membre a droite. : « Alors ne recommencez pas. »

M. Martin Nadaud : « Non, mon cher collègue, je ne veux pas recommencer, je n'aime pas à parler, pour ne rien dire, (On rit) et je suis au nombre de ces députés qui voudraient ne plus voir faire à cette tribune des discours d'une heure ou d'une heure et demie, parce que j'estime qu'on peut développer tout ce qu'on a à dire quand on connaît bien son sujet, en peu de mots.

« Ce qui m'attriste, messieurs, c'est de voir que des hommes éclairés comme vous, ne tiennent aucun compte de l'expérience qui a été faite sur notre vieux continent ; car, dix ans avant la Révolution de 1789, la limitation des heures de travail pour les ouvriers des deux sexes avait été demandée par les esprits les plus élevés et les cœurs les plus nobles.

« Laissez-moi, messieurs, à ce propos vous rappeler un fait :

« Robert Owen qui occupait huit cents ouvriers, réduisit leur journée à dix heures, cet homme devint tellement populaire, tant le besoin était grand de voir introduire dans notre vieille Europe, cette diminution de la journée de travail, que les rois, à la suite de la bataille de Waterloo (*Exclamations*), — n'ayez pas peur, messieurs, je veux aller vite, — les rois s'étant réunis en congrès, à Aix-la-Chapelle, voulurent voir Robert Owen, il se rendit auprès d'eux et le mémoire qu'il leur présenta fut traduit dans toutes les langues. Après l'entrevue, Robert Owen prononça ces paroles : « J'ai rencontré beaucoup de bienveillance de la part des rois ; ils savent écouter, ils ne savent pas agir. » Eh ! bien, messieurs, je vois avec un grand plaisir que vous m'écoutez ; vous ne ferez pas comme les rois, vous agirez.

« La question en resta là devant la Chambre, mais elle fut reprise, la semaine suivante, le 12 juin.

Je disais : « La première question qui fut posée par les ouvriers à leurs représentants, en 1789, fut la question des heures de travail. Je dis qu'à cette époque, les ouvriers qui vivaient sous la vieille monarchie, travaillaient un nombre d'heures égal à celui pendant lequel ils travaillent aujourd'hui encore dans certains endroits ; on faisait douze heures. C'est ce qui m'engage à supplier mes collègues de prendre notre proposition en réelle considération. On a prononcé de magnifiques discours ; on vous a dit tout ce qu'on a pu pour vous prouver par des chiffres que les salaires étaient insuffisants.

« Mais, comme l'a fait remarquer notre honorable rapporteur, il y a là une question de sentiments, dont il faut bien tenir compte. Il existe, en effet, dans le cœur humain, une infinité de sentiments qui ne peuvent pas être traduits dans un texte législatif ou par des chiffres. Il y a un, je ne sais quoi, qui ne tombe pas sous la plume des économistes du laisser-faire et du laisser-passer. Je ne condamne pas ces économistes, ils ont une belle page dans notre histoire, ils ont fait avancer le progrès matériel ; il n'en n'est pas moins vrai qu'ils ont été beaucoup trop loin, en soutenant à outrance, cette abominable loi de l'offre et de la demande, (*Très bien ! très bien ! à gauche,*) loi qui aboutit à l'abandon des faibles et qui les met à la merci de ceux qui ont des capitaux, de ceux qui ont de l'instruction, de ceux dont la volonté n'a pas été brisée par la misère. Qu'est-ce en effet que la volonté ? Le plus énergique, le plus courageux des hommes, quand il souffre, quand il n'a pas de travail, quand il voit pleurer sa femme et ses enfants, se laisse abattre, sa volonté se brise ; et lorsque l'homme n'a plus de volonté, on peut faire de lui tout ce qu'on veut. Il baisse la tête et subit la loi du plus fort.

« Messieurs, revenons à ces grands sentiments d'humanité de nos pères qui ont fait dire à l'Europe entière que la France était le pays de la justice, le pays de l'humanité. (*Très bien !*)

« On était tellement convaincu que nous étions les amis du progrès, qu'en 1789, les peuples venaient à nous volontairement ; nous n'avons pas même pu recevoir tous ceux qui venaient, parce qu'il y avait des considérations politiques qui nous en empêchaient. »

Malgré mes supplications, notre amendement échoua.

Séance du 28 Mai 1888
Les vieilles corporations

Dans une séance animée et houleuse, M. Albert de Mun, avec le talent qu'on lui connaît, et l'ascendant qu'il exerçait sur son parti, se mit à faire l'éloge des vieilles corporations chrétiennes, et du coup il ajouta : « Je ne crains pas d'appeler tout le monde à la vie corporative et d'essayer par une impulsion décisive d'y entraîner tous les éléments du corps social. » Puis avec son éloquence entraînante, il chercha à prouver qu'en Autriche, en Allemagne et en France, les peuples s'acheminent vers ce but.

Pour M. de Mun, la France était livrée à un individualisme où les intérêts particuliers sont en conflit perpétuel avec la société, et engendrent des haines mortelles.

Ce fut de ma part, je l'avoue, un peu hardi que de venir à la tribune après ce puissant orateur, néanmoins je m'y hasardai ; car juste au moment où j'hésitais le plus, une idée résultant de mes lectures me vint, qui ne me permit plus de douter de moi. J'avais trouvé la réponse que j'avais à faire.

M. Martin Nadaud. — « La Chambre comprend bien qu'après le discours qu'elle vient d'entendre, j'aurais dû suivre l'avis de ceux de mes amis qui m'ont fait signe de ne pas monter à cette tribune (On rit). — « Parlez ! parlez ! »

« Il y a dans les arguments qui ont été développés ici, par M. le comte de Mun, certaines affirmations que nous ne pouvons pas laisser passer sous silence. Je serai bref, je ne remonterai pas à nos régimes des corporations. Ces institutions ont été contraires au développement de nos industries, depuis le jour surtout où furent publiés les règlements d'Étienne Boileau. »

« Il y a deux périodes dans l'existence des corporations, avant Etienne Boileau, elles étaient animées d'un esprit libéral ; à cette époque elles avaient une organisation que nous voudrions leur voir adopter aujourd'hui. Des prud'hommes, élus par tous les membres participants les dirigeaient. On trouve dans les règlements d'Etienne Boileau, un aperçu qui fait connaître la transformation malheureuse que subirent les corporations, depuis Louis IX, jusqu'à la Révolution française.

« Boileau avait dit : « Nous voulons englober tous les métiers, nous voulons les rendre tous solidaires. »

Voilà donc les métiers privés de leurs libertés et placés sous la direction d'un agent royal, appelé prévost ou le grand chambrier, et, en effet, messieurs, on les rendit tellement solidaires qu'il n'est pas besoin de grandes connaissances historiques pour savoir que les rois d'accord avec les évêques publièrent des édits qui sont aussi despotiques les uns que les autres depuis le XIV° siècle jusqu'au XVIII°. On tyrannisait constamment le peuple, et la misère, vous le savez bien, était devenue si grande que plus de quarante édits (ou lois) furent rendus, portant que les mendiants devront être transportés à Madagascar. Dans certains cas, il était même ordonné de prendre des ouvriers à la sortie des ateliers, quand ils se mettaient en grève ; c'est ce qui s'est fait sous le règne de François Ier.

Mais, la question, messieurs, n'est plus là ; on

pourrait beaucoup s'étendre sur cette institution des corporations. Je veux dire cependant à la Chambre, que les ouvriers de mon temps, attendaient tous de la liberté. C'est ce qui a fait dire à Louis Blanc que les ouvriers français n'avaient pas eu de liberté complète jusqu'à l'avènement de la République.

« Ni la monarchie, ni l'empire ne leur ont donné la liberté ; ce sont les républicains de nos jours qui ont demandé et obtenu l'abrogation de la loi du 14 juin 1791, par laquelle il était défendu aux ouvriers de se réunir, de choisir des syndics. En vertu de cette même loi, ces malheureux étaient livrés à la merci des maîtres ; cette loi a duré pendant la Restauration et le gouvernement de Louis-Philippe ; c'est la République actuelle qui a eu l'honneur d'en délivrer le peuple. »

Et je continuai : « Aujourd'hui, nos syndicats commencent à être prospères ; ne venez donc pas nous parler des vieilles corporations. N'ayez point de doute sur l'efficacité des chambres syndicales ouvrières ; avant de les condamner, attendez encore quelques années, et soyez certains que nous verrons organiser un régime de liberté dans notre pays, et que de ce mouvement, sortiront la paix et la tranquillité.

« On parle toujours de l'accord qui doit exister entre les ouvriers et les patrons, mais avant que cette paix se fasse, il y a une autre question à résoudre, c'est celle de la répartition des bénéfices du travail ; c'est celle que l'on discute tous les jours dans les ateliers. Est-ce que vous croyez que le prolétariat est éternel ? Est-ce que l'homme n'est pas appelé à jouir des fruits de son travail intégral ?

C'est là la véritable question à l'ordre du jour, et

tant que les produits ou bénéfices du travail ne seront pas équitablement répartis, attendez-vous à ce que la lutte continue ; malheureusement, elle durera, j'en ai peur, longtemps encore, mais, en définitive, vous n'arriverez pas à une solution avant que la question sociale, la question des producteurs soit décidée, selon les règles de l'équité et de la justice. » (*Très bien ! très bien ! à gauche*).

Voilà quelle fut ma réponse au discours si bien étudié de M. le comte de Mun, et mes amis ne me surent pas mauvais gré de m'être jeté à l'improviste dans cette discussion.

Le manque d'eau à Paris (25 Janvier 1888)

Le manque d'eau dans la plupart des maisons et surtout dans les quartiers pauvres avait attiré depuis bien des années l'attention des municipalités, tout aussi bien que celle des hygiénistes et du corps médical de Paris tout entier.

En parcourant un rapport d'un de nos collègues, M. Bourneville, député de Paris et homme d'une grande intégrité de caractère, je me rappelai que j'avais été occupé comme ouvrier, dès 1833, à poser les premières bornes fontaines dans les rues du XXe arrondissement.

Comment ? me disais-je, à Londres, il y a de l'eau dans toutes les maisons, tandis qu'à Paris, sur tous les points il en manque !

Je ne pouvais donc moins faire que de soutenir le rapporteur, M. le docteur Bourneville, dans une question d'une importance aussi grande pour les intérêts, la santé et l'hygiène de la population parisienne. Cependant, je craignais qu'avec les habitudes contractées par nos administrations, nous n'aboutissions à rien si nous n'exigions pas une loi prescrivant que tous les propriétaires soient tenus obligatoirement d'avoir de l'eau dans leurs maisons, à tous les étages.

Je ne veux publier ici que quelques fragments du discours que je prononçai.

Dès le début, la droite, toujours assez sceptique quand on ne parle pas de l'un ou de l'autre de ses princes, ne m'écoutait pas avec trop d'attention.

« Messieurs, je vous en prie, lorsque nous parlons d'affaires sérieuses, écoutez les orateurs qui cherchent à vous apporter de bonnes raisons.

« Je me place ici, pour juger de l'utilité du projet, au point de vue de la population de Paris.

« Ah ! ah ! » (*A droite.*)

« Je vous en prie, ne m'interrompez pas. »

« On ne pourra pas assainir Paris sans achever les égouts. Il faut que vous les terminiez ; et nous n'aurons rien fait pour l'hygiène publique, tant que tous les propriétaires de Paris n'auront pas été obligés de par la loi, entendez-vous bien, d'avoir de l'eau dans leurs maisons, à tous les étages.

« Vous me permettrez bien de comparer la ville de Londres à la ville de Paris ; vous n'entrez pas dans la plus pauvre maison à Londres, sans voir de huit heures du matin à dix heures, l'eau couler en abondance. (*Très bien ! très bien !*)

« Tout s'en va à l'égout, et les rues, les maisons sont propres. »

« Mais, messieurs, mon but à moi est plus simple ; je n'ai pas à prendre part à la lutte qui s'engage entre les députés de Seine-et-Oise qui ne veulent pas que leur département reçoive les détritus des eaux d'égout de la capitale, et ceux qui, comme M. Bellegrand, ne redoutent pas cette infection, parce qu'ils croient que ces eaux sont de nature à fertiliser le sol où elles seront déversées ; mon but à moi est plus simple, le voici résumé en deux mots :

« Sur ce point, nous sommes tous d'accord, car vous ne voulez pas qu'un pareil état de choses se perpétue dans notre capitale. Messieurs, l'hygiène est moralisatrice, j'ai toujours remarqué que les hommes qui se tiennent propres, comme ceux qui s'adonnent au travail, sont presque tous de bons citoyens et de bons pères de famille. (*Très bien ! très bien !*)

« Au nom de la morale publique, de l'hygiène générale, de nos mœurs et de notre civilisation, je vous en supplie, messieurs, ne rejetez pas ce projet de loi. Écoutez les gens qui l'ont étudié à fond. Il en est un que j'aperçois devant moi, qui est fort compétent en cette matière ; vous l'entendrez, vous retiendrez de ses bons arguments, ce qui vous paraîtra utile ; mais enfin, vous ne pouvez pas rejeter un projet de loi si bien mûri. »

J'insistai donc pour que le gouvernement nous présentât un projet de loi obligeant tous les propriétaires à avoir de l'eau en abondance dans leurs maisons.

Le centenaire de la Révolution de 1789 à Bourganeuf

En 1889, au début de notre grande et magnifique exposition, le gouvernement eut l'idée de célébrer le centenaire de la grande révolution française.

A Bourganeuf, le 5 mai 1889, je prononçai le discours suivant :

« *Mes chers concitoyens,*

« Le jour tant désiré et si impatiemment attendu venait de luire sur la France, chaque département, chaque ville et chaque village se préparaient pour assister à cette fête de réjouissance et d'allégresse et de patriotisme universel. Ils eurent mille fois raison, ceux qui, deux ans après cette date, eurent la lumineuse pensée d'effacer notre calendrier grégorien, catholique et monarchiste pour y substituer cette simple date, l'an premier de la république française.

« La commune de Bourganeuf bien connue pour ses idées républicaines ne pouvait moins faire aujourd'hui que de mêler ses cris de joie et de patriotisme à ceux de la nation entière ; c'est ce qu'a bien compris votre conseil municipal, et, pour mon compte, je l'en félicite hautement.

« Je ne voudrais pas, mes chers concitoyens, louer démesurément les qualités de notre race, elle est sujette comme toutes les nations du monde à des faiblesses et à des défaillances ; il n'en est pas moins vrai qu'on ne lui ravira jamais l'honneur d'avoir été la première dans le monde à proclamer les droits de l'homme et les principes de fraternité nés dans nos loges maçonniques.

« Que se passa-t-il donc à Versailles, le 5 Mai 1789 ? Il s'agissait de l'ouverture des États-généraux. Et pourquoi cet évènement eut-il la puissance de troubler les esprits, de soulever comme par enchantement, toutes les passions bonnes ou mauvaises du cœur humain ? C'est que depuis des siècles et des siècles, la monarchie absolue avait façonné les Français à la servitude.

« Il ne restait aucune institution libre pour éclairer notre marche vers cet idéal de justice et d'égalité, entrevu par les rédacteurs de la déclaration des droits de l'homme. La chaire de l'église avait bien eu le privilège de garder ses coudées franches, mais elle s'était servi de son influence pour aider à écraser toutes nos libertés.

« A cette époque, messieurs, il y avait cent cinquante ans que nos dominateurs, les rois et les prêtres, n'avaient pas daigné convoquer les États-généraux.

« Demandons-nous donc, ce que la France avait gagné pour s'être livrée à ses oppresseurs. D'abord, par la révocation de l'édit de Nantes, la portion industrielle et laborieuse de nos concitoyens, ceux qui avaient conquis pour nous, le Canada, les Indes et plusieurs autres colonies très prospères, fut chassée de France par les conseils du confesseur de Louis XIV, ou plus tard, par les conseils d'une Pompadour quelconque qui avait voulu avoir sa guerre de sept ans, comme Madame Bonaparte voudra avoir celle de 1870.

« A l'intérieur, nos finances furent livrées au pillage des favorites de la cour ou des intendants généraux. Il vous est arrivé, comme à moi, mes chers concitoyens de lire Labruyère, de lire notre illustre Vauban, et vous vous êtes sentis assurément émus jusqu'au fond du cœur.

« Ces deux grands hommes ne vous montrent-ils pas qu'un nombre considérable de nos concitoyens parmi les plus pauvres étaient réduits à vivre de fruits sauvages et même de glands.

« Tel était donc, mes chers concitoyens, l'état de la France, lorsque les États généraux se réunirent à Versailles, pour travailler au bonheur de la patrie et du genre humain. C'est quand on voulut sonder l'étendue et la profondeur des ravages que mille ans de soumission à nos maîtres nous avaient faits, que tous ces maux attirèrent l'attention des députés de la nation.

« Messieurs, l'Église a mis au nombre des péchés capitaux, l'orgueil, et dans ce cas elle a eu raison. C'est l'orgueil des classes, qui fut cause des évènements les plus tragiques de cette grande et mémorable époque.

« Les nobles et le clergé ne voulurent point délibérer avec les députés du tiers-état ou de la bourgeoisie. Que dis-je ? Messieurs ; même pour entrer dans la salle des délibérations, ils ne voulurent pas passer par la même porte que leurs collègues députés du tiers-état ; ils poussèrent l'audace et l'infamie jusqu'à requérir des ouvriers pour enlever les bancs sur lesquels devaient s'asseoir les bourgeois du tiers-état.

« Oui, ces fameux dominateurs, tentés par une sorte de folie furieuse revinrent une seconde fois à la charge, et c'est alors que Mirabeau adressa les fameuses paroles que vous connaissez au marquis de

Dreux-Brézé : « Allez dire à votre maître que nous sommes ici par la volonté du peuple et que nous n'en sortirons que par la force des baïonnettes ». C'est alors que la population de paisible qu'elle était devint grondeuse et menaçante.

« Les bruits d'émeute et de révolution produisirent une suspension de travail qui ne tarda pas malheureusement à devenir générale ; en effet, on vit bientôt, s'attrouper dans tous les quartiers de Paris, la population qui rendait le roi et la reine responsables de ses souffrances.

« Un jour, on le sait, on partit pour Versailles où habitait la cour, en chantant le fameux couplet ;

« De gré ou de force, nous ramènerons
« Le boulanger, la boulangère et le petit mitron. »

« Je ne suivrai pas plus longtemps, messieurs, la marche des évènements ; ce que je viens de vous dire, suffit pour vous prouver que si la révolution devint par la suite violente et impitoyable pour le clergé et la noblesse, c'est grâce à leur orgueil et à leur dédain pour la grande masse de la population laborieuse dont les souffrances avaient dépassé toutes mesures.

« La grande tâche des conventionnels allait commencer, la France n'étant en possession d'aucune de ses libertés, il fallut se mettre à l'œuvre. Avec quelle ardeur et quel courage ne le fit-on pas ? Une fois que l'organisation des comités fut complète, les grandes mesures se suivirent sans relâche. Le décret qui ordonna la vente des biens possédés par la noblesse et le clergé, porte la date du 28 mars 1793. Aujourd'hui, que voyons-nous en France, messieurs ? Nous voyons ce que l'on ne voit chez aucune autre nation du continent, treize ou quatorze millions de petits propriétaires, dont la liberté et la vie sont assurées.

« Dans le même intervalle, la Convention décréta que chaque commune aura sa maison d'école. Si cette mesure ne fut pas exécutée, c'est que la France devait retomber sous la domination des Napoléons et des Bourbons. Mais, messieurs, la République d'aujourd'hui va exécuter le programme de nos devanciers.

« Je sens que je parle d'histoire à des citoyens qui, sur ce point en savent probablement autant et plus que moi. Travaillons donc avec ardeur au développement de nos institutions républicaines et l'histoire dira que nous nous sommes montrés dignes de nos illustres ancêtres. »

« *Vive la République !* »

Inauguration du monument de Louis Blanc

Avant de quitter Paris probablement pour toujours, j'avais été désigné par les amis de Louis Blanc, et par ceux de la famille Raspail pour prendre part aux travaux des comités chargés d'élever un monument, à Paris, à chacun de ces deux illustres républicains.

Aussi, est-ce avec orgueil et un plaisir bien grand, que j'insère dans les souvenirs de ma vie politique les deux discours que je prononçai à l'inauguration des monuments destinés à perpétuer la mémoire de ces deux fidèles serviteurs du peuple.

En arrivant à Paris, en 1830, je ne devais pas tarder à entendre prononcer les noms de ces deux grands citoyens. C'est sous leur inspiration que j'appris à épeler les mots de république, de patrie et de liberté.

A ce moment, nous, les ouvriers républicains de la première heure, nous ne raisonnions pas, nous étions des croyants résolus et sincères prêts à donner notre vie au premier appel de nos chefs aimés et vénérés.

Enfin, ma jeunesse de simple soldat de la démocratie devait s'écouler parallèlement à celle de Raspail et de Louis Blanc.

Après avoir contribué à propager et à recueillir les listes de souscription, un de nos amis, le citoyen Lagrange, député du Rhône, homme très estimé, fixa le jour de l'ouverture de cette patriotique cérémonie qui eut lieu le 26 février 1887, en présence d'une foule de plus de vingt mille personnes entassées sur la place Monge ou dans les rues adjacentes.

Je prononçai le discours suivant :

« *Mesdames, Messieurs*,

« Nous ne croyons pas qu'il y ait eu jamais en France un homme ayant cherché avec plus de courage, de constance et d'opiniâtreté à se rendre utile au peuple que Louis Blanc.

« Pendant plus d'un demi-siècle, son rêve fut de voir le peuple passer de la condition simple de salarié à la condition d'associé.

« Nous qui l'avons connu avant la Révolution de 1848, et qui, pendant dix-neuf ans, avons vécu à Londres, à côté de lui, dans une intimité étroite, nous affirmons que cette pensée fut la pensée dominante de toute sa vie.

« Au collège, chaque fois qu'il avait un moment de loisir, il lisait et relisait le *Contrat social* et l'*Emile* de celui qu'il devait toujours considérer comme son maître, Jean-Jacques Rousseau.

« A peine sorti du collège, le premier article qu'il adressa à un journal visait la question des rapports entre ouvriers et maîtres. C'en était fait ! Cet homme si fortement trempé pour les luttes héroïques s'était creusé un sillon d'où il ne s'écartera plus.

« Le premier adversaire qu'il rencontra, fut Armand Carrel auquel il était allé, en compagnie de Dupont de Bussac, présenter son article.

« A peine la lecture commencée, Carrel se leva, et furieux, ahuri, il jeta le manuscrit sur la table. Louis Blanc empocha son article et sortit, profondément attristé.

« Mais Carrel était un homme de cœur, il lui envoya le même jour un de ses amis, avec mission de lui faire des excuses et de le prier de venir le voir.

« On le voit, au début de sa vie, le grand homme eut à défendre ses opinions socialistes contre l'homme le plus marquant de cette époque déjà lointaine.

« Disons-le à l'honneur de la génération qui suivit la Révolution de 1830, le peuple que les monarchies et l'Église avaient tenu dans une ignorance presque absolue, trouva dans les rangs de la bourgeoisie des homme de la valeur de Saint-Simon, de Fourier, de Raspail, de Pierre Leroux, de Cabet et d'Eugène Süe, des hommes qui sondèrent à fond, les plaies du paupérisme.

« En même temps, de simples ouvriers se hasardèrent à fonder des journaux qui se lisaient dans les ateliers.

« C'est dans cet intervalle, que vous fîtes paraître, ô vous dont nous contemplons, en ce moment, le mâle visage, le livre de l'*Organisation du travail*.

« Évènement prodigieux qui eut pour première conséquence de détacher le peuple du gouvernement de juillet, en même temps que du parti libéral qui l'abusait par des phrases pompeuses en jouant pour ainsi dire à cache-cache avec les abus dont vivent les monarchies et toutes les religions.

« Louis Blanc fut bien alors l'homme en qui mirent leur confiance les victimes de notre imparfaite organisation sociale.

« Enfin, la monarchie de Juillet est renversée, la République proclamée et le gouvernement provisoire vient siéger à l'Hôtel-de-Ville.

« Aussitôt Louis Blanc tient à remplir ses promesses et il crée la commission du travail, qui siégea au Luxembourg et dans laquelle, patrons et ouvriers, discutèrent ensemble leurs intérêts.

« Il fut exilé par des républicains en août 1848. Il se réfugia à Londres où je l'ai connu, et où nos rapports ont été continuels pendant dix-neuf ans. »

Je passai ici sous silence la belle conduite de mon ami pendant notre proscription pour laisser la parole à d'autres orateurs.

Inauguration du monument Raspail

M'étant trouvé à Paris, au moment où la population de notre héroïque capitale jointe à celle de nos départements songea à élever un monument à Raspail, sur une de nos places publiques, ses fils, en souvenir d'un passé de plus de 40 ans qui m'avait rattaché à leur illustre père, me firent l'honneur de me nommer président du comité de l'érection du monument qui consacre l'immortalité de ce nom si populaire.

C'est pourquoi j'insère ici dans mes mémoires, le discours que je prononçai le 7 juillet 1889, jour de l'inauguration de ce monument, en présence d'une foule considérable :

« Mesdames, chers compatriotes,

« Le monument de François-Vincent Raspail que nous inaugurons aujourd'hui, manquait dans notre ville de Paris.

« Désormais, la population pourra venir contempler les traits et le mâle visage d'un des hommes les plus grands par le caractère, par l'intelligence et par la profondeur de son esprit, aussi fécond qu'humanitaire, que la France ait produits.

« Sa réputation de savant n'est pas seulement française, elle est européenne, et c'est une réputation bien méritée. (*Très bien ! très bien !*)

« S'il fallait, Mesdames et Messieurs, vous faire l'énumération de tous les martyrs qu'a produits le parti républicain, depuis le jour où Charlotte Corday assassina Marat, jusqu'au jour où le grand Victor Hugo arracha des mains du bourreau la tête de Barbès, vous frémiriez d'indignation et de colère.

« Mais le plus grand de nos martyrs, celui qui a gémi le plus souvent dans les cachots et dans les forteresses de la monarchie, celui qui a été le plus abominablement calomnié, c'est François-Vincent Raspail. Il a été persécuté pour ses opinions politiques depuis sa jeunesse jusqu'à sa mort.

« Mon collègue, M. Achard, vient de vous le dire. Plusieurs orateurs vous feront connaître encore la vie de cet homme illustre.

« Je veux seulement vous dire, qu'étant tout jeune encore, sa grande âme s'indigna à la vue des massacres qui eurent lieu dans le midi à la restauration des Bourbons, en 1815.

« Le bruit courait partout que Raspail allait être condamné à mort parce qu'il avait publié une lettre dans laquelle il flétrissait les crimes commis par les assassins à la solde de la monarchie. Sa mère informée que l'on se proposait d'arrêter son fils, le déroba à la haine de ses persécuteurs et il vint se fixer à Paris.

« Nous ne pouvons qu'esquisser à grands traits l'existence de cet homme incomparable au point de vue du caractère.

« A peine arrivé à Paris, il vit se dresser, sur la place de l'Hôtel-de-Ville l'échafaud où devaient tomber les têtes des quatre sergents de la Rochelle.

« A partir de ce jour, Raspail voue une haine éternelle, non seulement à la royauté, mais à tous les oppresseurs du peuple. Et aussitôt il cherche à se mettre en contact avec tous ceux qui voulaient renverser cette dynastie maudite des Bourbons de la branche aînée, qui nous était venue à la suite des armées étrangères. Il entra dans la société des *Carbonari* ; il y connut Lafayette, il y connut Benjamin Constant, il y connut Voyer-d'Argenson, et avec tous ces hommes illustres, il protesta avec une extrême vigueur contre le gouvernement des jésuites.

« Puis, il se lia avec Godefroy Cavaignac, avec Armand Carrel, avec les Bastide et les Thomas, hommes résolus, que la population de Paris devait trouver sur les barricades de Juillet 1830.

« M. Achard vous l'a dit, Raspail fut grièvement blessé à la prise de la caserne de Babylone.

« Permettez à un contemporain de cette époque lointaine, quoiqu'il n'était qu'un très simple soldat de la démocratie, d'évoquer ces souvenirs de sa jeunesse.

« Oui, Raspail a été l'un des fondateurs du parti républicain moderne. Vous le savez tous, au moment où, avec les hommes que je viens de nommer, il est entré dans la vie politique militante, il y avait plus d'un demi-siècle que l'on n'osait plus prononcer le mot de « *République.* » Quand on voulait parler d'un brigand, on disait : « C'est un républicain »

« Ces jeunes hommes firent respecter le parti républicain naissant, et pendant les quatre ou cinq premières années du règne de Louis-Philippe, on entendit parler de République dans la classe populaire, et il y eut émeutes sur émeutes.

« Les tribunaux et les prisons ne se désemplissaient pas de ces martyrs inconnus qui ne laissent aucun nom dans l'histoire, et qui ne sont autres que ces vaillants et courageux ouvriers traités en bêtes de somme jusqu'au jour où la révolution de 1848 leur mit dans la main l'arme de délivrance, le suffrage universel. (*Bravo ! Très bien !*)

« Raspail et ses amis fondèrent la Société des Droits de l'Homme et celle de la Libre-Pensée. Vous avez parlé, mon cher collègue, M. Achard, de la Société de la Libre-Pensée. Quand on vint proposer à Raspail d'en faire partie, voici quelle fut sa réponse, elle est bonne à faire connaître à nos jeunes générations :

« Oui, je veux bien entrer dans la Société de la
« Libre-Pensée, mais à une condition, c'est que tous
« ceux qui s'y feront inscrire prendront l'engagement
« de ne pas se servir de prêtre, ni à la naissance de
« leurs enfants, ni à leur mariage, ni à la mort. »

(*Applaudissements*).

« Et, Mesdames et Messieurs, cet homme dont le mensonge n'a jamais effleuré les lèvres prêcha d'exemple toute sa vie. Nous qui connaissons sa famille depuis longtemps, nous qui avons l'honneur de siéger à la Chambre des députés avec deux de ses fils, nous pouvons vous affirmer que jamais ces derniers n'ont oublié les leçons que leur donna leur illustre père ; car, il faut bien le dire à l'honneur de cette famille, jamais père ne fut plus respecté par ses enfants que le grand citoyen dont nous inaugurons en ce moment le monument.

« La première fois qu'il fut condamné, ce fut en 1831. On avait voulu fixer la liste civile du roi Louis-Philippe à 14 millions, et Raspail dans une lettre disait :

« Il faudrait enterrer vivant sous les ruines des « Tuileries, le Français qui oserait demander à la « France quatorze millions par an, pour vivre. »

« Raspail fut condamné à quinze mois de prison. On le mena, les menottes aux mains, d'une prison à l'autre, de Paris à Versailles et de Versailles à Paris.

« A sa sortie de prison, il songea immédiatement à fonder le journal le *Réformateur*, avec un ami que les républicains ne doivent jamais oublier, avec Kersausie.

« Kersausie était neveu du premier grenadier de France, Latour-d'Auvergne.

« Il avait de la fortune. A ce moment, le cautionnement des journaux était de 100.000 francs ; Raspail, l'illustre Raspail était arrivé à Paris aussi pauvre que la plupart des ouvriers de mon département qui viennent travailler à Paris pour gagner leur pain.

« Le cautionnement fut fait. Mais on avait juré dans l'entourage de Louis-Philippe de perdre cet homme qu'on connaissait si grand par la volonté, le caractère et le dévouement. En peu d'années, Raspail eut à payer pour son journal 115.000 francs d'amendes. Naturellement le journal cessa de paraître, et le gouvernement qui avait si souvent violé la loi pour abattre ce Samson jusqu'alors invincible, croyait bien en avoir fini avec un adversaire si redoutable.

« Lors de l'attentat de Fieschi qu'il ne connaissait pas, Raspail avait été appelé à Nantes pour des affaires personnelles. A son grand étonnement, lors de son arrivée dans cette ville, les gendarmes l'arrêtèrent.

« Il fut reconduit à Paris d'étape en étape. On le mena devant le juge d'instruction, et là il apprit qu'il avait pris part au complot de Fieschi. Mais quelle ne fut pas la surprise du magistrat Zangiacommi ? Raspail s'obstina à ne pas lui répondre ; il avait beau parler, multiplier les accusations, l'accusé restait silencieux. A la fin, le juge lui dit : « Mais, Monsieur Raspail, si vous étiez à ma place que feriez-vous ? » A ces mots, Raspail sort de son mutisme et lui dit : « Si j'étais à votre place, j'irais prendre des douches. » (*On rit et grands applaudissements*).

« Le Procureur de la République intenta une action contre lui pour ce fait, et Raspail fut condamné à deux ans de prison et cinq ans de surveillance, et chose monstrueuse, on l'enferma à la Force au milieu de douze cents voleurs et de plusieurs assassins parmi lesquels se trouvait Lacenaire.

« Mais ce n'était pas tout ; il fallait se débarrasser d'un tel adversaire. On n'y put pas réussir, car jamais il n'avait connu les organisateurs de la machine infernale.

« Ah ! je voudrais bien, Mesdames, Messieurs, que tout le monde ait connaissance des idées émises dans le journal le *Réformateur*, qui date de 1834.

« Raspail, dans une série d'articles, se fit l'apôtre du suffrage universel.

« En outre, vous n'êtes pas sans vous rappeler qu'en 1848, le peuple de Paris s'enthousiasma avec raison pour ces grandes questions sociales qui avaient préoccupé tous les hommes de bien depuis un demi-siècle ; dans le *Réformateur*, vous trouverez énumérées et examinées toutes les questions difficiles que nous n'avons pu encore résoudre d'une façon définitive à la satisfaction de nos malheureux prolétaires.

« Mais je veux être bref. J'ai si bien connu Raspail dans ma jeunesse que je pourrais vous parler de lui longtemps.

« Le 24 février, je me trouvais avec toute la population parisienne à l'Hôtel-de-Ville. Le gouvernement provisoire était réuni et, il faut bien l'avouer, les membres de ce gouvernement qui voulaient la République n'y étaient pas en majorité. Certains voulaient proclamer la régence de madame la duchesse d'Orléans qui était allée à la Chambre des députés tenant son fils par la main. Dès que le peuple entendit dire que Raspail se dirigeait du côté de l'Hôtel-de-Ville, plus de dix mille hommes vêtus de blouses ou de bourgerons vinrent lui faire cortège et l'accompagnèrent jusqu'à l'entrée de la salle où délibéraient les membres du gouvernement provisoire.

« Oui, messieurs, ce grand homme fit proclamer

immédiatement et devant lui la République, et il ne se serait pas retiré, si, à ce jour et à cette heure, la République n'avait pas été proclamée.

« Vous avez dit, mon cher Achard, que Raspail s'était mêlé à regret à la manifestation du 15 mai en faveur de la Pologne.

« C'est la vérité ; Raspail n'a jamais eu confiance en ceux qui parlent trop, ni en ceux qui parlent sans réflexion. Il soupçonnait dans l'entourage de ceux qui poussaient la population à l'émeute, des intrigues politiques, et il avait raison, puisque, le soir même, lui et Barbès allèrent coucher au donjon de Vincennes.

« Mais là où se manifeste de la façon la plus éclatante le grand caractère de Raspail, c'est à son procès de la cour de Bourges.

« Oh ! jeunes gens, lisez ces pages ; elles vous arracheront des larmes. Aujourd'hui, on cherche des textes de loi pour condamner certains grands coupables qui conspirent contre la République, mais alors, on condamna Raspail à six ans de prison sans la moindre preuve de culpabilité ; mais je me hâte, car je veux terminer.

« Le cœur me saigne encore quand je pense qu'il s'est trouvé des juges en France, des juges de notre génération pour condamner ce grand homme à deux ans de prison, à l'âge de quatre-vingt-un ans, rien que pour avoir fait l'éloge de Charles Delescluze.

« Mes chers concitoyens, un dernier mot : Au nom du Comité qui m'a fait l'honneur de me choisir pour son président, je remercie le Conseil municipal de Paris, le Conseil général de la Seine, un certain nombre de Conseils municipaux de France et tous les citoyens qui ont pris part à cette souscription nationale, et nos plus sincères félicitations aux auteurs de cette magnifique statue due au talent des deux frères Morice, auxquels la ville de Paris est déjà redevable de l'imposant monument qui orne si admirablement la place de la République.

« A vous, Monsieur le Préfet de la Seine, à vous, Messieurs les membres du Conseil municipal et du Conseil général, à vous tous, patriotes de Paris, nous confions ce monument, vous l'entourerez de votre respect, et tous ceux qui, de génération en génération, passeront devant ce bronze, s'inclineront en disant : « Voilà un des plus grands hommes que la France ait produits. »

Vive la République ! (*Applaudissements répétés et cris de : vive la République !*)

Séance du 9 Décembre 1889

Opinion de M. Éliez-Evrard, rapporteur des élections de Bourganeuf, sur Martin Nadaud.

« M. Coutisson a obtenu 4.120 voix
« M. Martin Nadaud — 3.908 —
« M. Coutisson a été proclamé député, comme ayant réuni le plus grand nombre de voix ; les opérations se sont faites régulièrement ; aucune réclamation ne figure dans les procès-verbaux dressés dans chaque commune, le jour des élections.

« Les membres du comité républicain de Bourganeuf ont déposé contre l'élection de M. Coutisson une protestation portant sur plusieurs chefs différents.

« Après un examen minutieux des griefs formulés dans cette protestation ; elle n'a pas paru de nature à vicier l'élection.

« Une affiche de la dernière heure a retenu l'attention de votre 3e bureau.

« Dans cette affiche on reproche à M. Nadaud de toucher 1.050 fr. par an, comme victime du 2 Décembre, pour augmenter sa grosse fortune ; on l'accuse d'avoir endetté la France de huit milliards, augmenté les impôts, voté la guerre du Tonkin et de vouloir la continuer dans le but d'enrichir les voleurs.

« Le 3e bureau regrette vivement que des électeurs, dans la chaleur de la lutte en soient arrivés à de pareilles accusations qui ne reposent sur aucun fondement, et contre lesquelles proteste la vie entière de M. Nadaud, une vie de travail, d'honneur et de loyauté.

« L'accusation de toucher les 1.050 fr. est absolument ridicule, tout le monde sachant que jusqu'ici, M. Nadaud a partagé tous les ans, cette somme entre vingt vieillards de son pays. »

Telle est l'opinion émise par le 3e bureau qui a statué sur ces élections. Les termes en sont trop honorables pour que nous les passions sous silence.

CONCLUSION

En terminant ce livre, qui est une simple esquisse de ma vie d'ouvrier, de professeur et de député, j'ai pour premier devoir d'adresser mes plus sincères remerciements aux électeurs de la Creuse.

Je ne puis pas avoir oublié qu'il y a près d'un demi-siècle, ils me sortirent de l'obscurité, et que pendant bien des années, ils m'honorèrent de leur confiance, comme député.

Je me rends cette justice, que lorsqu'ils me remplacèrent, en 1889, je n'avais pas dévié de la ligne de conduite que j'ai toujours suivie ; je dirai plus, à aucune autre époque de ma carrière politique, je n'avais travaillé à la Chambre à des sujets plus conformes aux véritables intérêts de la patrie républicaine. C'est probablement pourquoi, je n'ai jamais ressenti, depuis, le moindre ennui de cet échec, pas plus que la moindre aigreur de caractère contre le corps électoral. Il est vrai aussi que je savais que lorsqu'un homme cherche à prendre part aux affaires de son pays, il doit s'attendre à subir la volonté éclairée ou rétrograde des électeurs.

Élevé à la bonne école des vieux républicains, j'avais dans l'esprit des principes fixes et bien arrêtés que mon échec n'était pas de nature à troubler. J'avais passé d'ailleurs par d'autres épreuves sans m'émouvoir.

A peine le décret d'exil fut-il rendu contre moi, que j'eus à défendre à une très digne femme, Mme George Sand, de faire la moindre démarche en ma faveur, auprès du triomphateur, comme elle en avait manifesté l'intention.

Quelques années plus tard, Berrier-Fontaine, ancien président de la société des *Droits de l'homme*, devenu le médecin de Louis-Napoléon, qu'il avait beaucoup connu étant comme lui en exil à Londres, sous Louis-Philippe, vint me parler de ma situation personnelle ; mais il ne tarda pas à s'apercevoir que nous avions à changer de conversation. Il comprit qu'à aucun prix, il n'avait à me parler de l'empire, et nous nous quittâmes.

Il m'est permis de rappeler ici, un autre acte de fidélité à nos principes.

Les électeurs de l'arrondissement de Bourganeuf, m'ayant offert la candidature à la mort de M. Sallandrouze, je refusai, pour ne pas avoir à prêter serment à Louis-Napoléon. A ce propos, je leur adressai par la voie des journaux, une assez longue lettre d'où j'extrais les lignes suivantes :

« Messieurs, beaucoup d'entre vous m'offrent la
« candidature. Les circonstances sont telles pour la
« démocratie que je dois à mes amis et aux électeurs
« qui veulent bien m'accorder leur confiance, une
« déclaration digne de vous et de notre cause à tous,
« qui est celle du droit et de la liberté.

« Je n'estime pas qu'il soit de mon devoir de prêter
« serment à l'empire. »

J'agissais dans cette circonstance, contrairement à la pensée de beaucoup de républicains d'alors qui eurent le tort, selon moi, d'accomplir cet acte.

Si aujourd'hui, je ne puis présenter à mes lecteurs, une œuvre de style, j'ai du moins la prétention d'offrir au peuple, aux ouvriers, mes camarades, un livre de bonne foi, qui ne les égarera pas dans des subtilités fausses et mensongères.

Quelle conclusion ai-je à présenter à mes lecteurs ? Aucune ; car le progrès est si lent dans nos sociétés, qu'on peut dire qu'il est en rapport avec la somme de courage et de volonté que chacun doit apporter aux affaires publiques. Donc, pour accélérer le progrès dans nos sociétés, pour arracher le pouvoir des mains de l'aristocratie d'argent, il faut d'abord une grande discipline dans les esprits et une énergie de caractère très grande, prête à se manifester à tout moment.

Les ouvriers qui cherchent à s'instruire, et qui me feront l'honneur de me lire, verront que je n'ai pas hésité à dénoncer les roueries et les méfaits de l'aristocratie royaliste, impérialiste et cléricale.

Une chose pourtant très consolante, m'a justement frappé, c'est qu'au fur et à mesure que j'ai suivi les différentes phases de notre histoire contemporaine, j'ai vu grandir notre peuple en moralité, en connaissances historiques, en sciences économiques et sociales ; j'ai fait connaître dans ce livre les noms des premiers de nos ouvriers qui ont tenu la plume en même temps que l'outil.

Bénissons donc ces grandes secousses qui s'appellent des révolutions ; chacune d'elles a arraché des mains de certains conservateurs, ennemis de la République, une partie des moyens qui leur avaient servi à opprimer le peuple pendant la durée des siècles. Nos lois sur l'enseignement primaire ont reçu leur première application après la Révolution de 1830, elles se sont continuées en 1848 et elles se sont complétées sous notre dernière République ;

car, aujourd'hui, le prêtre est fort heureusement chassé de nos écoles laïques.

Le lecteur verra aussi quels furent les premiers efforts de ces républicains vaillants, généreux, humains, qui songèrent à doter le peuple de cette arme défensive qu'on appelle le suffrage universel. Il verra également la perversité des moyens employés par Louis-Napoléon, pour confisquer la République et nos libertés.

Je n'ai pas manqué non plus, de dévoiler dans la mesure de mes forces les partisans de la famille d'Orléans qui rêvent à nouveau de renverser la République.

Je n'ai pas tu les fautes commises par le parti républicain qui a eu la maladresse de se croire trop faible pour entrer en lutte ouverte contre le pape et ceux qu'on appelle les grands dignitaires de notre église ; c'est une faute colossale qu'on est en droit de reprocher à nos amis.

Cette question vidée, c'était la France en repos, vivant tranquille au milieu des bienfaits de la paix, sans être dans la nécessité d'attaquer ses voisins, et les attendant chez elle de pied ferme ; mais ne perdons pas courage, de nombreux pronostics nous indiquent que les temps ne sont pas très éloignés, où cette question ne tardera pas être reprise.

On a vu déjà aux dernières luttes qui ont eu lieu dans notre assemblée actuelle que nous sommes à la veille de voir former dans le parlement deux grands partis : le parti conservateur qui vit sans s'occuper des misères du peuple, et le parti radical soucieux de voir prospérer la république. Qu'on le veuille ou qu'on ne le veuille pas, du jour où le parti radical aura la sagesse de se présenter devant la France sans autre épithète que celle de républicain anticlérical, il entraînera le pays à sa suite. La question sociale, qui est une question de discussion toujours pendante, toujours ouverte, aura fait un grand pas.

Nous sommes donc réellement arrivés à une époque où les ouvriers des différentes industries, comme ceux de l'agriculture, vont avoir à jouer un rôle plus élevé et plus caractéristique qu'ils l'ont eu jusqu'alors ; ils vont, dis-je, avoir à fournir au parlement un nombre plus considérable de députés pris dans leurs rangs.

La Révolution de 1848 a vu commencer ce mouvement ; je n'ai pas oublié qu'à côté de moi, il y avait à la Législative, deux menuisiers, Agricole Perdriguier et Michaud Boutet, Giland, le serrurier, Pelletier, le cuisinier, Greppo et Benoît, deux ouvriers en soie, Foud, l'agriculteur, et Doutre, le typographe.

Je ne veux pas dire que la France sera mieux représentée par des travailleurs manuels que par des bourgeois affranchis de tout préjugé religieux, partisans sincères de toutes nos libertés collectives et surtout d'une meilleure répartition des produits du travail.

Mais, au point de vue de l'influence générale à exercer sur le pays, la question n'est plus la même. On ne saurait jamais trop rechercher les soutiens les plus sûrs de nos institutions et les meilleurs moyens d'en assurer la perpétuité.

L'idée que j'émets aujourd'hui, me paraît bonne à suivre dans nos intérêts d'avenir. Il y a longtemps qu'elle m'a hanté l'esprit pour la première fois.

Dans la séance du 31 janvier 1851, j'ai prononcé les

paroles suivantes que je tiens à répéter en terminant ce volume :

« Je dis, Messieurs, que le peuple, s'il veut s'affran-
« chir, est obligé de venir faire ses lois lui-même,
« et au lieu de voter pour vous, de voter pour lui.

« Un membre a droite : C'est lui qui nous a nom-
« més.

« M. Martin Nadaud. Il s'est trompé. (*Rires à droite*).
« Il faut en un mot, que le peuple fasse, en 1852, ce
« qu'a fait le tiers-état en 1789, quand il s'est intro-
« duit dans le parlement. Vous êtes les fils du tiers-
« état, vous êtes les enrichis de la révolution et vous
« n'avez encore rien fait pour le peuple. (*Applaudis-
« sements à l'extrême gauche*).

« Oui, nous voulons, que les travailleurs se fassent
« représentants et qu'ils vous débordent dans toutes
« les administrations, comme vous avez débordé les
« nobles d'autrefois. »

J'ajoute aujourd'hui, à quarante-cinq ans de date, que le plus impérieux des devoirs pour le peuple, est de moins s'occuper d'éplucher les défauts de ses adversaires que de chercher à se corriger des siens. »

Telles sont mes conclusions ; car, avec le suffrage universel, institution toute pacifique, l'avenir appartient certainement au peuple.

Martin NADAUD.

TABLE DES MATIÈRES

I. Dédicace.
II. Avertissement.
Préambule. — Naissance de Léonard. — Origine de ma famille. 1
Les pierres druidiques. 2
État des mœurs et de l'éducation qu'on nous donnait. 5
Une fête des maçons. Léonard ira-t-il à l'école ou n'ira-t-il pas? 9
Préparatifs du départ pour Paris. — Fatigue du voyage 24
Léonard sert les maçons à Villemomble 39
La Révolution de 1830. — Arrivée à Paris. — Description d'un garni. — Je tombe de trois étages. . 41
Léonard pose la hotte pour prendre la truelle 63
Une tournée au village après trois ans d'absence. . 67
Mon retour à Paris. — La crise du bâtiment. — Physionomie de la Creuse pendant l'hiver. 80
L'esprit de fierté s'éveille chez les maçons 82
Accident de travail. — Je vais à l'hôpital. 83
Un des plus durs moments de ma vie. 86
Mon entrée dans la société des *Droits de l'homme* . . 90
Absence regrettable de rapports entre les ouvriers . 93
Les salles de chausson. — Dévergondage 95
Du mouvement des écoles. 99
Nos précurseurs dans l'émigration creusoise. 108
Nos chantiers pendant les années 1835 et 1836. 116
Le gouvernement retire au peuple le moyen de s'instruire. 122
Départ pour aller passer le conseil de révision à Bourganeuf 132
Troisième voyage de la Creuse à Paris. 142
Mariage du duc d'Orléans. Grande fête à Paris 144
Le café Momus. — Réunions. 151
Année 1838. Retour chez Delavallade. 153

Retour au pays. Année 1839. Mon mariage	161
Année 1839. Après mon mariage	171
Campagne de 1840	179
Origine des premières luttes du peuple pour reconquérir la République et ses libertés	193
Une exposition de forçats sur la place du Palais de Justice	206
Une journée passée au Palais de Justice	207
Le roi des barricades	210
Conséquence politique de l'écrasement de la population lyonnaise	211
Valeur et dévoûment des chefs du parti républicain	215
Continuation de mes chantiers, (1841 et 1842)	220
Date de mon dossier politique	228
Retour au pays	230
Chantiers de 1843 à 1848. Intelligence des jeunes ouvriers	235
Contruction de la maison d'école de la rue de Pontoise	245
Chantier de la mairie du Panthéon	250
Efforts réitérés et constants du parti républicain	257
Origine des journaux fondés par des ouvriers et création d'une littérature populaire	265
Continuation de la crise industrielle et belle conduite de l'Académie des sciences morales	270
Les écoles socialistes entrent en lutte	273
Retour au chantier de la Mairie du Panthéon	290
Aspect de la place du Panthéon	291
Envahissement des Tuileries	294
Elections générales. — Assemblée constituante	296
Réunion de la Sorbonne	302
Mon départ	305
Mon retour à Paris	307
Une réunion de maçons sur la place du marché St-Jean	313
Fondation de l'Association des maçons	317

Mon élection à l'assemblée législative	322
Invasion de l'armée française à Rome	333
Conduite du parti républicain après l'invasion romaine	336
Les dernières vacances de la Chambre	339
Retour des vacances parlementaires	342
Rupture définitive entre le président de la République et les royalistes	346
Un ouvrier candidat à la Présidence de la République, en 1852	348
Le coup d'État	353
Mon arrestation	355
L'Exil	360
Arrivée à Bruxelles. — Mes rapports avec les autres proscrits	362
Je quitte Anvers pour aller travailler à Londres	366
Mon voyage en Ecosse	378
J'abandonne mon métier et je deviens professeur. — Début à Brighton	383
Écoles de Putnay et de Wimbledon	387
L'Amnistie	398
Mon retour à Londres	400
Mon départ de Londres	404
Ma nomination de préfet	405
Voyage à Bordeaux	407
Ma nomination au conseil municipal de Paris	409
Mon élection en 1876	414
La lutte des 363 pour le triomphe de la République	418
Discours divers. — Mon intervention dans les discussions	420
L'Exposition de 1878	429
Inauguration du chemin de fer de Bourganeuf à Vieilleville	431
La suppression du mur d'enceinte de Paris	435
Des logements insalubres	437
Proposition sur les portes et fenêtres	439
Les ouvriers des ports et des ateliers d'Indret	440

Conférences	442
Discours sur le libre-échange	443
Loi sur les accidents du travail (13 Mars 1883)	444
Les syndicats du bâtiment	447
Réunion des appareilleurs et des maîtres compagnons	449
Le banquet Grisel	451
Lutte pour le scrutin de liste et le scrutin d'arrondissement	455
Mon rapport sur l'assistance publique	458
Grande discussion sur les travaux publics	464
Le Métropolitain	470
Travaux publics (2 mars 1888)	471
Les heures de travail des femmes et des enfants dans les manufactures	475
Les vieilles corporations	479
Le manque d'eau à Paris (25 janvier 1888)	482
Le centenaire de la Révolution de 1789, à Bourganeuf	485
Inauguration du monument de Louis Blanc	489
Inauguration du monument Raspail	492
Opinion de M. Éliez-Évrard, rapporteur des élections de Bourganeuf, sur Martin Nadaud (9 décembre (1889)	500
Conclusion	503
Table des matières	509

Bourganeuf, Imp. A. Duboueix.

www.ingramcontent.com/pod-product-compliance
Lightning Source LLC
Chambersburg PA
CBHW051125230426
43670CB00007B/678